कला की जरूरत

अंर्स्ट फिशर

कला की जरूरत

अनुवादक

रमेश उपाध्याय

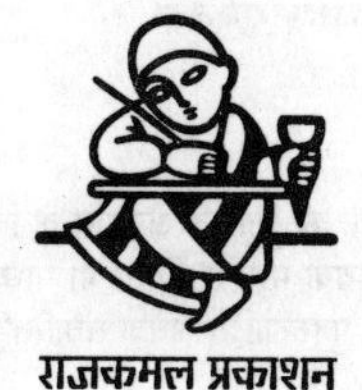

राजकमल प्रकाशन

ISBN : 978-81-7178-093-8

मूल्य : ₹695

पहला संस्करण : 1990
चौथा संस्करण : 2019

प्रकाशक : राजकमल प्रकाशन प्रा. लि.
1-बी, नेताजी सुभाष मार्ग, दरियागंज
नई दिल्ली-110 002

शाखाएँ : अशोक राजपथ, साइंस कॉलेज के सामने, पटना-800 006
पहली मंजिल, दरबारी बिल्डिंग, महात्मा गांधी मार्ग, इलाहाबाद-211 001
36 ए, शेक्सपियर सरणी, कोलकाता-700 017

वेबसाइट : www.rajkamalprakashan.com
ई-मेल : info@rajkamalprakashan.com

मुद्रक : बी.के. ऑफसेट
नवीन शाहदरा, दिल्ली-110 032

KALAA KI ZAROORAT
Hindi Translation of the Necessity of Art
by Ernst Fisher

भूमिका

मार्क्सवादी दृष्टि से कला और साहित्य को समझने-समझाने तथा मार्क्सवादी सौंदर्यशास्त्र के निर्माण में पहल करनेवाले चिंतकों में अर्न्स्ट फिशर, अत्यंत विवादास्पद होते हुए भी, हमेशा आदर के साथ याद किए जाएँगे। उनका जन्म 1899 में ऑस्ट्रिया के एक सैनिक-परिवार में हुआ था। उन्होंने भी एक सैनिक के रूप में ही अपना जीवन आरंभ किया, किंतु उनकी ज्ञान-पिपासा उन्हें ग्राज़ नामक नगर में ले गई, जहाँ उन्होंने दर्शनशास्त्र का अध्ययन और एक कारखाने में श्रमिक के रूप में काम किया। ग्राज़ में ही वे मजदूर-आंदोलन से जुड़े और आरंभ से ही मजदूर वर्ग के प्रवक्ता एवं संगठनकर्ता के रूप में अपनी क्षमताओं का परिचय देने लगे। कुछ समय तक उन्होंने पत्रकार के रूप में एक सामाजिक-जनवादी समाचारपत्र में काम किया और 1927 में विएना जाकर मजदूरों के एक अखबार में काम करने लगे, जिसके संपादकीय विभाग में वे 1934 तक रहे। इस बीच उन्होंने सामाजिक-जनवादी पार्टी के अंदर ही वामपंथी विपक्ष के निर्माण की प्रक्रिया शुरू की, लेकिन 1934 में जब इस पार्टी ने फासीवाद के आगे घुटने टेक दिए तो वे कम्युनिस्ट पार्टी में शामिल हो गए।

दूसरे विश्वयुद्ध के दौरान अर्न्स्ट फिशर ने मास्को रेडियो में काम किया। युद्ध के बाद ऑस्ट्रिया में जो नई सरकार बनी, उसके निर्माण में भी फिशर की महत्वपूर्ण भूमिका थी। उस सरकार में वे कुछ समय तक शिक्षा मंत्री भी रहे। उसके बाद उन्होंने एक नए समाचारपत्र की स्थापना की तथा राजनीति में सतत सक्रिय रहते हुए कई वर्षों तक उसके प्रधान संपादक रहे। 1959 के बाद अर्न्स्ट फिशर पूरी तरह साहित्य के लिए समर्पित हो गए। 1968 में जब उन्होंने चैकोस्लोवाकिया में सेना भेजने के लिए सोवियत संघ का विरोध किया तो उन्हें कम्युनिस्ट पार्टी से निकाल दिया गया। परंतु इस बीच उन्होंने मार्क्सवादी साहित्यशास्त्री और कला-चिंतक के रूप में विश्वव्यापी ख्याति अर्जित कर ली थी।

अर्न्स्ट फिशर ने सर्जनात्मक लेखन के क्षेत्र में भी काफी काम किया। उनका पहला कविता-संग्रह 1920 में ही प्रकाशित हो चुका था। इसके बाद भी उन्होंने कविताएँ लिखीं और अनेक नाटकों की रचना के साथ-साथ अपनी आत्मकथा भी लिखी। परंतु उनको मान्यता मिली साहित्य-चिंतक और कला-मर्मज्ञ के रूप में। उन्होंने *समय और साहित्य, कला और सहअस्तित्व, कला : विचारधारा के विरुद्ध* आदि कई प्रसिद्ध और विवादास्पद पुस्तकें लिखी हैं, किंतु इस शृंखला में लिखी गई उनकी पहली पुस्तक *कला की जरूरत* सबसे महत्वपूर्ण मानी गई और इसी से उन्हें विश्वव्यापी ख्याति प्राप्त हुई।

कला की जरूरत पहली बार 1959 में जर्मन भाषा में प्रकाशित हुई थी। इसका पहला अंग्रेजी अनुवाद 1963 में प्रकाशित हुआ और तबसे यह पुस्तक संसार की अनेक भाषाओं में प्रकाशित हो चुकी है। इस पुस्तक में अर्न्स्ट फिशर ने कला के मूल उद्गमों से लेकर उसके संभावित भविष्य तक को मानव-इतिहास की प्रगतिशील प्रक्रिया में देखा है। ऐसा करते हुए उन्होंने सामाजिक विकास एवं प्रगति के नियमों को ध्यान में रखते हुए कला के सामाजिक प्रकार्य, उपयोग तथा उसमें आनेवाले ऐतिहासिक परिवर्तनों पर विचार किया है। मार्क्सवादी

सौंदर्यशास्त्र के निर्माण में यह पुस्तक यद्यपि एक आरंभिक प्रयास ही है, फिर भी इसके ऐतिहासिक महत्व से इनकार नहीं किया जा सकता। मार्क्सवादी दृष्टि से कला और साहित्य को समझने में इस पुस्तक की उपयोगिता आज भी बनी हुई है।

अनुवाद की दृष्टि से *कला की जरूरत* एक मुश्किल किताब है। मूलतः जर्मन भाषा में लिखी गई यह पुस्तक पश्चिमी जगत के उस पाठक-वर्ग को संबोधित है, जो न केवल जर्मन जानता है, बल्कि अंग्रेजी, फ्रांसीसी, इतालवी आदि भाषाओं का तथा उनमें लिखे गए साहित्य का भी जानकार है। इसके अलावा, इस पुस्तक में केवल कला और साहित्य का ही नहीं, बल्कि दर्शन, इतिहास, विज्ञान, समाजशास्त्र, राजनीति आदि का भी प्रासंगिक समावेश है। सामाजिक चेतना के इन विभिन्न क्षेत्रों से संबंधित पारिभाषिक शब्दावली को, एकरूपता का ध्यान रखते हुए, हिंदी की प्रचलित शब्दावली में प्रस्तुत करना बहुत आसान काम नहीं है। फिर, बहुत-से संदर्भरहित उद्धरण तथा उदाहरण भी इस पुस्तक में मौजूद हैं, जो अनुवादक के लिए खासी दिक्कत पैदा करते हैं।

मैंने इस पुस्तक का अनुवाद मूल जर्मन से नहीं, बल्कि अन्ना बोस्टोक द्वारा किए गए इसके अंग्रेजी अनुवाद से किया है। अनुवाद से अनुवाद करने की भी अपनी समस्याएँ होती हैं। फिर भी मैंने यथासंभव प्रयास किया है कि हिंदी अनुवाद शुद्ध और सुपाठ्य हो। अन्ना बोस्टोक ने अपने अंग्रेजी अनुवाद में रोमन, इतालवी और फ्रांसीसी भाषाओं के अनेक शब्दों, वाक्यांशों, उद्धरणों आदि को इन्हीं मूल भाषाओं में रहने दिया है—शायद इस विचार से कि अंग्रेजी का प्रबुद्ध पाठक इन्हें मूल में भी समझ लेगा—लेकिन मैंने हिंदी के पाठकों को तथा विशेष रूप से साहित्य और कला के युवा अध्येताओं को ध्यान में रखते हुए उन्हें हिंदी में ही प्रस्तुत किया है। मुझे भी ये तमाम भाषाएँ नहीं आतीं, इसलिए ऐसे अंशों के अनुवाद के लिए मैंने इन भाषाओं के जानकार लोगों से सहायता ली है। मैं ऐसे सभी लोगों का तथा उनसे संपर्क कराने में सहायक अपने मित्र बलदेव शर्मा का आभारी हूँ।

अन्ना बोस्टोक ने अपने अंग्रेजी अनुवाद में अंग्रेजी से इतर भाषाओं के कवितांशों के उद्धरण पहले मूल भाषा में प्रस्तुत किए हैं और फिर उनका अंग्रेजी अनुवाद दिया है। मुझे लगा कि हिंदी अनुवाद में इस पद्धति को अपनाना अनुवाद को पाठकों के लिए अनावश्यक रूप से बोझिल बनाना होगा और इससे पुस्तक के मुद्रण में भी अनेक प्रकार की कठिनाइयाँ उत्पन्न होंगी। अतः मैंने कवितांशों के अनुवाद सीधे हिंदी में ही प्रस्तुत कर दिए हैं। कवितांशों के अनुवाद में मेरे कवि-मित्र कुलदीप सलिल ने मेरी बड़ी सहायता की है। मैं उनका आभारी हूँ।

समझ नहीं पा रहा हूँ कि मैं अपने मित्र डॉ. श्यामबिहारी राय और डॉ. कर्णसिंह चौहान के प्रति, अपनी पत्नी श्रीमती सुधा उपाध्याय के प्रति, और अपनी बेटियों प्रज्ञा और संज्ञा के प्रति कैसे आभार व्यक्त करूँ। लेकिन यह सच है कि यदि राय साहब और कर्णसिंह बार-बार आग्रह करके मुझे इस पुस्तक के अनुवाद के लिए प्रेरित न करते रहते, सुधा जी अनुवाद में मेरी सहायता न करतीं, और प्रज्ञा-संज्ञा इसकी पांडुलिपि तैयार करने में मेरा हाथ न बटातीं तो मुझसे यह काम कभी पूरा न हो पाता।

मैं राजकमल प्रकाशन का अत्यंत आभारी हूँ कि यह पुस्तक इतने सुंदर रूप में प्रकाशित होकर हिंदी के पाठकों तक पहुँच रही है।

107, साक्षरा अपार्टमेंट्स,
ए-3, पश्चिम विहार, नई दिल्ली-110 063

रमेश उपाध्याय

क्रम

पहला अध्याय

कला का काम

'कविता के बिना काम नहीं चल सकता, लेकिन मैं यह नहीं बता सकता कि उसका काम क्या है।' अपनी इस आकर्षक विरोधाभासी सूक्ति में ज्याँ कॉक्टो ने कला की जरूरत और साथ ही परवर्ती काल की पूँजीवादी दुनिया में उसकी संदिग्ध भूमिका का सार प्रस्तुत कर दिया है।

चित्रकार मोंद्रियाँ ने कला के 'तिरोभाव' की बात कही थी। उसका विश्वास था कि यथार्थ उत्तरोत्तर कलाकृति की जगह लेता जाएगा, क्योंकि कलाकृति सारतः उस संतुलन की स्थानापन्न है, जो आजकल यथार्थ में नहीं पाया जाता। 'ज्यों-ज्यों जीवन अधिक संतुलित होता जाएगा, त्यों-त्यों कला तिरोहित होती जाएगी।'

कला 'जीवन की स्थानापन्न' है, अथवा आसपास की दुनिया से मनुष्य का संतुलन स्थापित करानेवाला साधन है—इस विचार में कला के स्वरूप और उसकी जरूरत की आंशिक पहचान निहित है। और चूँकि मनुष्य तथा चारों ओर की दुनिया के बीच किसी स्थायी संतुलन की आशा उच्चतम रूप में विकसित समाज के अंदर भी नहीं की जा सकती, इसलिए इस विचार में यह संकेत भी निहित है कि कला सिर्फ अतीत में ही जरूरी नहीं थी, बल्कि हमेशा जरूरी रहेगी।

मगर क्या कला वास्तव में एक स्थानापन्न से अधिक कुछ नहीं है? क्या वह मनुष्य और बाह्य जगत के बीच के एक गहनतर संबंध को भी अभिव्यक्ति नहीं देती है? क्या सचमुच कला जो काम करती है, उसका सार किसी फार्मूले में प्रस्तुत किया जा सकता है? क्या उसे बहुत-सी और विभिन्न प्रकार की जरूरतें पूरी नहीं करनी पड़ती हैं? और यदि कला के उद्गमों पर विचार करते हुए हम उसके मूल काम को जान भी लें, तो क्या वह काम भी समाज के बदलने के साथ-साथ बदल नहीं गया है? क्या उसके नए कार्य अस्तित्व में नहीं आ गए हैं?

यह पुस्तक ऐसे ही सवालों का जवाब देने की एक कोशिश है, जिसका आधार यह दृढ़ विश्वास है कि कला की जरूरत हमेशा रही है, आज भी है, और आगे भी रहेगी।

सबसे पहले तो यह समझ लेना निहायत जरूरी है कि हम एक अद्‌भुत प्रपंच को स्वयंसिद्ध जैसी चीज मानकर चलते हैं। निश्चय ही यह अद्‌भुत बात है कि करोड़ों लोग पुस्तकें पढ़ते हैं, संगीत सुनते हैं, नाटक देखते हैं, सिनेमा जाते हैं। आखिर क्यों? अगर यह कहा जाए कि वे दिल बहलाने के लिए, आराम पाने के लिए, मनोरंजन के लिए ऐसा करते हैं, तो यह कोई जवाब नहीं है; क्योंकि यह तो साध्य को सिद्ध मानकर तर्क करना हुआ। सवाल उठता है, इसमें दिल-बहलाव, आराम या मनोरंजन की क्या बात है कि आप किसी और की जिंदगी तथा समस्याओं में अपने को डुबो दें? अथवा किसी चित्र या संगीत से या फिर किसी उपन्यास, नाटक या फिल्म के पात्रों से अपना तादात्म्य कर लें? इस 'अवास्तविकता' के प्रति हमारी प्रतिक्रिया ऐसी क्यों होती है कि मानो वह घनीभूत वास्तविकता हो? यह कैसा अजीब, रहस्यमय मनोरंजन है? और यदि इसका जवाब कोई यह कहकर दे कि हम एक असंतोषजनक अस्तित्व से समृद्धतर अस्तित्व में पलायन करना चाहते हैं, एक जोखिमरहित अनुभव प्राप्त करना चाहते हैं, तो अगला सवाल उठता है : हमारा अपना अस्तित्व क्यों काफी नहीं है? हम अपने अपूर्ण जीवन को अन्य आकृतियों से, अन्य रूपों से पूर्णता क्यों प्रदान करना चाहते हैं? हम किसी रंगशाला के अंधकार में बैठकर आलोकित रंगमंच को क्यों देखना चाहते हैं? उस रंगमंच पर जो कुछ होता है, महज एक खेल होता है, फिर भी वह हमें इतना तल्लीन क्यों कर देता है कि हमें और किसी चीज का ध्यान ही नहीं रहता?

स्पष्ट बात है कि मनुष्य स्वयं से बढ़कर कुछ होना चाहता है। वह एक *संपूर्ण* मनुष्य बनना चाहता है। वह एक अलग-थलग व्यक्ति होकर संतुष्ट नहीं रहता; अपने वैयक्तिक जीवन की आंशिकता से निकलकर वह उस 'परिपूर्णता' की ओर बढ़ने की कोशिश करता है, जिसे वह महसूस करता और चाहता है। वह जीवन की ऐसी परिपूर्णता की ओर बढ़ना चाहता है, जिससे वैयक्तिकता अपनी तमाम सीमाओं के कारण उसे वंचित कर देती है। वह एक ऐसी दुनिया की ओर बढ़ना चाहता है, जो अधिक बोधगम्य हो, जो अधिक न्यायसंगत दुनिया हो। वह एक ऐसी दुनिया की ओर बढ़ना चाहता है, जो *सार्थक* हो। वह अपने निजी जीवन की घेरेबंदी में, अपने निजी व्यक्तित्व की अस्थायी और अनिश्चित सीमाओं में स्वयं को नष्ट कर डालने की मजबूरी के विरुद्ध विद्रोह करता है। वह किसी ऐसी चीज से अपना संबंध जोड़ना चाहता है, जो 'मैं' से बढ़कर हो, जो उसके अपने आप से बाहर की कोई चीज हो, मगर जो उसके लिए परम आवश्यक हो। वह अपने चारों ओर की दुनिया को आत्मसात कर लेना और उसे अपनी निजी दुनिया बना लेना चाहता है। विज्ञान और प्रौद्योगिकी में वह अपने जिज्ञासु और संपूर्ण विश्व को पा जाने के लिए आतुर 'मैं' को दूरतम स्थित तारामंडलों जितनी दूरियों तक और

परमाणु के अंतरतम के रहस्यों जितनी गहराइयों तक विस्तृत कर देना चाहता है। कला में वह अपने सीमित 'मैं' को समष्टिगत अस्तित्व से जोड़ना चाहता है, अपनी वैयक्तिकता को *सामाजिक* बनाना चाहता है।

यदि मनुष्य की प्रकृति यह होती कि वह व्यक्ति से बढ़कर और कुछ न होना चाहता, तो उसकी यह इच्छा अबूझ तथा अर्थहीन होती; क्योंकि तब वह व्यक्ति के रूप में ही पूर्ण *होता;* अर्थात् वह उतना ही होता जितना कि हो सकता था। मनुष्य की यह इच्छा कि वह अपने आप से बड़ा हो, पूर्णता प्राप्त करे, यह बताती है कि वह केवल व्यक्ति नहीं, उससे कुछ अधिक है। वह अनुभव करता है कि उसे पूर्णता तभी प्राप्त हो सकती है, जब वह दूसरों के उन अनुभवों को अपना बना ले, जो संभाव्य रूप में उसके अपने अनुभव हो सकते थे। मगर मनुष्य जिसे अपनी संभाव्यता समझता है, उसमें वह सबकुछ आ जाता है जो संपूर्ण मनुष्यता कर सकती है। कला पूर्णत्व में व्यक्ति के इस विलयन का अपरिहार्य साधन है। उसमें मनुष्य की दूसरों से जुड़ने की तथा दूसरों के अनुभवों एवं विचारों में साझेदार होने की अपार क्षमता का प्रतिबिंबन होता है।

और फिर भी, संपूर्ण यथार्थ से एकात्म होने के साधन के रूप में, व्यक्ति को संपूर्ण विश्व से जोड़ने के तरीके के रूप में, वह जो कुछ नहीं है, उससे तादात्म्य करने की इच्छा की अभिव्यक्ति के रूप में की गई कला की यह परिभाषा क्या बहुत रूमानी नहीं है ? किसी फिल्म या उपन्यास के नायक से तादात्म्य के अपने लगभग उन्मादपूर्ण अहसास के आधार पर यह निष्कर्ष निकाल लेना कि यही कला का सार्वभौमिक एवं मौलिक काम है, क्या उतावलापन नहीं है ? क्या कला में मनुष्य की अपने आपको खो देने की इस 'आसुरी' वृत्ति का विरोधी तत्त्व नहीं पाया जाता है ? क्या उसमें वह 'देवत्व' का तत्त्व भी निहित नहीं होता है—मनोरंजन और संतोष का वह तत्त्व, जो वस्तुतः इस तथ्य में निहित है कि प्रेक्षक प्रस्तुति से अपना तादात्म्य *नहीं* करता, बल्कि उससे *दूर हो जाता है;* यथार्थ के जान-बूझकर किए गए प्रस्तुतीकरण के जरिए यथार्थ की सीधी शक्ति पर विजय प्राप्त करता है; और कला में उस सुखद स्वतंत्रता को उपलब्ध करता है, जिससे दैनंदिन जीवन के बोझ उसे वंचित कर देते हैं ? और क्या यही द्वैत एक ओर यथार्थ से तन्मयता और दूसरी ओर उसे नियंत्रित करने की उत्तेजना—स्वयं कलाकार के काम करने के ढंग में भी दिखाई नहीं देता ? कारण, इसमें कोई भ्रम नहीं होना चाहिए कि कलाकार के लिए उसका काम बहुत ही सचेत और विवेकपूर्ण प्रक्रिया है, जिसके अंत में कलाकृति एक वशीभूत यथार्थ के रूप में सामने आती है। वह अपना काम किसी उन्मादपूर्ण प्रेरणा की अवस्था में कदापि नहीं करता है।

कलाकार होने के लिए अनुभव को पकड़ना, उस पर अधिकार करना, उसे स्मृति में रूपांतरित करना, और स्मृति को अभिव्यक्ति में, वस्तु को रूप में

रूपांतरित करना आवश्यक है। कलाकार के लिए भावना ही सबकुछ नहीं है, उसके लिए निहायत जरूरी है कि वह अपने काम को जाने और उसमें आनंद ले; उन सारे नियमों को समझे, उन तमाम कौशलों, रूपों और परिपाटियों को समझे, जिनसे प्रकृति रूपी चंडिका को वश में किया जा सके और कला के अनुशासन के अंतर्गत लाया जा सके। वह आवेग जो कलाप्रेमी को ग्रस लेता है, सच्चे कलाकार की *सेवा करता है*। कलाकार उस आवेग रूपी वन्य पशु के हाथों क्षत-विक्षत नहीं होता, बल्कि उसे वश में करके पालतू बनाता है।

तनाव और द्वंद्वात्मक अंतर्विरोध कला में अंतर्निहित होते हैं। कला न केवल यथार्थ के गहन अनुभव से उद्भूत होनी चाहिए, बल्कि *निर्मित* भी अवश्य होनी चाहिए। उसे वस्तुपरकता में से अपना रूप ग्रहण करना चाहिए। उन्मुक्त कलाक्रीड़ा दरअसल निपुणता का नतीजा है। अरस्तू, जिसे अक्सर गलत समझा जाता रहा है, यह मानता था कि नाटक का काम भावनाओं को परिशुद्ध करना है, आतंक और दया पर विजय प्राप्त करना है, ताकि ओरेस्टीज अथवा ईडीपस से तादात्म्य करनेवाला प्रेक्षक उस तादात्म्य से मुक्त हो सके और भाग्य की अंधी कारगुजारियों से ऊपर उठ सके। कला में जीवन के बंधन थोड़ी देर के लिए तोड़कर फेंक दिए जाते हैं, क्योंकि कला यथार्थ की अपेक्षा एक भिन्न प्रकार से 'विमोहित' करती है, और यह सुखद अस्थायी विमोहन ही दरअसल 'मनोरंजन' की प्रकृति है—उस आनंद की प्रकृति, जो त्रासद कलाकृतियों से भी प्राप्त होता है। बर्टोल्ट ब्रेश्ट ने इस आनंद के बारे में, कला के इस मुक्तिदायी गुण के बारे में कहा है :

> हमारे रंगमंच के लिए निहायत जरूरी है कि वह समझ से पैदा होनेवाले रोमांच को प्रोत्साहित करे और लोगों को यथार्थ में परिवर्तन करने से प्राप्त होनेवाले आनंद का प्रशिक्षण दे। हमारे प्रेक्षक सिर्फ यही न सुनते रहें कि प्रोमेथियस को कैसे मुक्त किया गया, बल्कि वे स्वयं को भी उसे मुक्त करने के आनंद का प्रशिक्षण दें। हमारे रंगमंच से उन्हें आविष्कारक तथा खोजकर्त्ता को अनुभव होनेवाले तमाम संतोष और सुख के अनुभव का प्रशिक्षण मिलना चाहिए; मुक्तिदाता द्वारा अनुभव की जानेवाली तमाम विजयों के अनुभव का प्रशिक्षण मिलना चाहिए।

ब्रेश्ट का कहना है कि वर्गसंघर्ष वाले समाज में शासकवर्गीय सौंदर्यशास्त्र कलाकृति से जिस 'तात्कालिक' प्रभाव की माँग करता है, वह यह है कि प्रेक्षकों के बीच की सामाजिक भिन्नताएँ दब जाएँ और इस प्रकार कलाकृति के आस्वाद के समय प्रेक्षक एक ऐसी समष्टि बन जाए, जो वर्गों में विभक्त न हो, बल्कि वे 'सार्वभौमिक मनुष्य' बन जाएँ। दूसरी तरफ ब्रेश्ट जिस 'गैर-अरस्तूई' नाटक की

वकालत करता था, उसका उद्देश्य ही यह था कि पूँजीवादी दुनिया ने अनुभूति और विवेक के बीच जो द्वंद्व पैदा कर दिया है, उसे हटाकर प्रेक्षकों को वर्गों में विभाजित किया जाए।

> पूँजीवाद के युग में—जब वह युग अपनी समाप्ति पर पहुँच रहा था—अनुभूति और विवेक दोनों विकृत हो गए और परस्पर एक बुरी, अनुत्पादक लड़ाई में उलझ गए; परंतु नया उदीयमान वर्ग और उसके पक्ष में लड़नेवाले लोग इस बात के लिए चिंतित हैं कि अनुभूति और विवेक की यह लड़ाई *उत्पादक* हो। हमारी अनुभूतियाँ हमें विवेक से अधिकतम काम लेने के लिए प्रेरित करती हैं, और हमारा विवेक हमारी अनुभूतियों को परिशुद्ध करता है।

हम जिस अलगाव की दुनिया में रहते हैं, उसमें सामाजिक यथार्थ को मनमोहक तरीके से, एक नई रोशनी में, विषय और चरित्रों के 'पार्थक्य' के जरिए प्रस्तुत किया जाना आवश्यक है। मगर कलाकृति प्रेक्षकों को निष्क्रिय तादात्म्य के जरिए नहीं, बल्कि उनके उस विवेक को जगाते हुए मुग्ध करे, जो कर्म और निर्णय की माँग करता है। नाटक में उन नियमों को, जिनका पालन करते हुए मनुष्य एक साथ जीते हैं, 'अस्थायी और अपूर्ण' मानकर चलना आवश्यक है, ताकि प्रेक्षक मात्र दर्शक न बना रहे, बल्कि उसे कुछ अधिक उत्पादक कर्म के लिए प्रेरित किया जा सके; नाटक के साथ-साथ उसके मन में विचार का उत्प्रेरण होता चले और अंततः उसे यह निर्णय देने के लिए प्रेरित किया जा सके कि 'यह कोई तरीका नहीं है। यह तो बड़ी अजीब और अविश्वसनीय बात है। यह चीज बंद होनी चाहिए।' और इस तरह प्रेक्षक, जो कोई मजदूर आदमी या औरत है, नाटक में इसलिए आएगा कि :

> ...मनोरंजन के रूप में वह अपनी अत्यंत कठोर और कभी समाप्त न होनेवाली उन मशक्कतों का आनंद ले, जो अपना पेट भरने के लिए उसे करनी पड़ती हैं, और उस परिवर्तन से उसे धक्का लगे, जो उसके भीतर लगातार हो रहा है। यहाँ वह सरलतम ढंग से *अपने आपको उत्पन्न कर सकता है,* क्योंकि अस्तित्व का सरलतम ढंग कला में ही संभव है।

यह दावा किए बिना कि ब्रेश्ट का 'महाकाव्यात्मक नाटक' ही मजदूर वर्ग के जुझारू नाटक का एकमात्र संभव प्रकार है, मैं ब्रेश्ट के इस महत्त्वपूर्ण सिद्धांत को कला की द्वंद्वात्मकता के रूप में तथा इस बात के उदाहरण के रूप में उद्धृत कर रहा हूँ कि बदलती हुई दुनिया में कला का काम कैसे बदलता है।

कला का *उद्देश्य* कभी बिल्कुल एक जैसा नहीं रहता। उस वर्गीय समाज में,

जो स्वयं अपने भीतर ही युद्धरत रहता है, कला का काम अपने मूल रूप में कई अर्थों में भिन्न होता है। फिर भी, भिन्न सामाजिक स्थितियों के बावजूद कला में ऐसा कुछ होता है, जो अपरिवर्तनीय सत्य को व्यक्त करता है। यही वह चीज है, जो बीसवीं शताब्दी में जीनेवाले हम लोगों को प्रागैतिहासिक गुहाचित्रों से अथवा अत्यंत प्राचीन गीतों से प्रभावित होने में समर्थ बनाती है। कार्ल मार्क्स ने महाकाव्य को एक अविकसित समाज का कलारूप बताया था और कहा था :

> लेकिन दिक्कत यह समझने में नहीं है कि यूनानी कला और महाकाव्य सामाजिक विकास के कुछ रूपों से संबंधित हैं। दिक्कत असल में यह समझने में होती है कि वे आज भी क्यों हमारे सौंदर्यात्मक आनंद के स्रोत और कई अर्थों में कला के प्रतिमान तथा अनम्य आदर्श बने हुए हैं।

फिर इस सवाल का जवाब मार्क्स ने यह कहते हुए दिया था कि :

> मानवता का वह सामाजिक बचपन, जिसमें उसका सुंदरतम विकास हुआ था, फिर कभी न लौटनेवाले युग के रूप में एक शाश्वत आकर्षण क्यों न पैदा करे? कुछ बालकों की परवरिश ठीक से नहीं होती, तो कुछ बालक अकाल प्रौढ़ हो जाते हैं। बहुत-सी प्राचीन जातियाँ दूसरी श्रेणी में आती हैं। यूनानी लोग सामान्य बालक थे। उनकी कला में हमारे लिए जो आकर्षण है, उसका उस समाज व्यवस्था के आदिम चरित्र से कोई विरोध नहीं है, जिसमें वह पैदा हुई थी। दरअसल यह आकर्षण उस समाजव्यवस्था के आदिम चरित्र से ही पैदा होता है और इसका कारण यह है कि वे अपरिपक्व सामाजिक स्थितियाँ अब कभी लौटकर नहीं आ सकतीं, जिनमें कला का उदय हुआ और जिनके अंतर्गत ही वह प्रकट हो सकती थी।

आज यदि हम प्राचीन यूनानियों की तुलना अन्य जातियों से करें, तो हमें इस बात में संदेह हो सकता है कि यूनानी 'सामान्य बालक' थे। सच तो यह है कि स्वयं मार्क्स और एंगेल्स ने एक भिन्न संदर्भ में यूनानी जगत के समस्यामूलक पक्षों की ओर ध्यान खींचा था, जिसमें काम करना हेय समझा जाता था, स्त्रियों को नीचा दरजा दिया जाता था, और शृंगार केवल गणिकाओं तथा लड़कों के लिए आरक्षित था। और तब से अब तक हमें यूनानी सौंदर्य, प्रशांतता और सामंजस्य के वीभत्स पक्ष के बारे में और भी बहुत कुछ पता चल चुका है। आज प्राचीन जगत के बारे में हमारे विचार विंकलमान, गेटे और हेगेल के विचारों से आंशिक रूप में ही मेल खाते हैं। पुरातात्त्विक, नृतात्त्विक और सांस्कृतिक खोजों से परिचित होने के बाद अब हम यह नहीं कह सकते कि यूनानी कला मनुष्यता के 'बचपन' की कला थी। इसके विपरीत आज हम यह देखते हैं कि उसमें कुछ ऐसा है, जो अपेक्षाकृत बाद का है,

परिपक्व है, और पेरिक्लीज के युग में जब वह कला अपनी पराकाष्ठा पर पहुँची थी, उसमें पतनशीलता और अपकर्ष के लक्षण प्रकट होने लगे थे। फिडियास महान का अनुकरण करनेवाले मूर्तिकारों द्वारा निर्मित बहुत-सी कलाकृतियाँ—बड़ी संख्या में निर्मित नायकों, व्यायामी, चक्रक्षेपी और रथी लोगों की मूर्तियाँ—जो कभी 'अभिजातवादी' (क्लासिकल) कहकर सराही गई थीं, आज मिस्र या माइसीनिया की कलाकृतियों से तुलना करने पर खोखली और निरर्थक नजर आती हैं। लेकिन इन चीजों में ज्यादा गहराई तक जाने पर हम मार्क्स द्वारा उठाए गए सवाल और दिए गए जवाब से बहुत दूर चले जाएँगे।

महत्त्वपूर्ण बात यह है कि मार्क्स ने एक अविकसित सामाजिक अवस्था की कालानुबंधित कला को *मानवता के एक क्षण* के रूप में देखा और यह माना कि इसी में कला की अपने ऐतिहासिक क्षण से परे जाकर कार्य करने की, एक शाश्वत आकर्षण उत्पन्न करने की, क्षमता निहित है।

हम इस बात को यों भी कह सकते हैं कि समस्त कला अपने काल से अनुबंधित होती है और जहाँ तक वह एक खास ऐतिहासिक स्थिति के विचारों और आकांक्षाओं से, आवश्यकताओं और आशाओं से मेल खाती है, मानवता का प्रतिनिधित्व करती है। लेकिन इसके साथ ही कला इस सीमा के पार भी जाती है, उस ऐतिहासिक क्षण में वह निरंतर विकास का आश्वासन देते हुए मानवता के एक क्षण को भी जन्म देती है। प्रचंड परिवर्तन और सामाजिक उथल-पुथल के कालों के बावजूद अब तक के समूचे वर्गसंघर्ष में निरंतरता का जो अंश रहा है, उसको हमें कभी भी कम करके नहीं आँकना चाहिए। दुनिया की ही तरह मानवता का इतिहास भी केवल अंतर्विरोधी विरलता का ही नहीं, बल्कि अविरलता का भी इतिहास है। प्राचीन और बहुत पहले भुलाई जा चुकी-सी लगनेवाली चीजें भी हमारे अंदर सुरक्षित रहती हैं, हम पर प्रभाव डालती रहती हैं—जिसका अक्सर हमें अहसास भी नहीं होता—और फिर, अचानक, वे फिर से उभर आती हैं तथा हैडीज की उन छायाओं की तरह हमसे बात करने लगती हैं, जिन्हें ओडेसियस अपना रक्त पिलाया करता था। विभिन्न कालों में, सामाजिक स्थिति और उदीयमान अथवा पतनशील वर्गों की आवश्यकताओं के अनुसार, प्रच्छन्न और विस्मृत बहुत-सी चीजें पुनः प्रकाश में आ जाती हैं, मानो उन्हें नया जीवन मिल गया हो। जैसे यह आकस्मिक नहीं था कि लेस्सिग और हर्डर ने सामंतों और दरबारियों के विरुद्ध उनकी नकली बालोंवाली टोपियों के फैशन तथा सिकंदर जैसी तमाम समकालीन मिथ्या मुद्राओं के विरुद्ध विद्रोह करते हुए जर्मनों के लिए शेक्सपियर को खोज निकाला था, ठीक वैसे ही आज भी यह आकस्मिक नहीं है कि पश्चिमी योरप मानवतावाद के अपने अस्वीकार तथा अपनी संस्थाओं के पूजा-वस्तु वाले चरित्र के चलते प्रागैतिहासिक काल की पूजा-वस्तुओं तक जा पहुँचता है और अपनी

वास्तविक समस्याओं को छिपाने के लिए मिथ्या मिथक गढ़ता है।

विभिन्न वर्गों तथा सामाजिक व्यवस्थाओं ने अपने निजी लोकाचार विकसित करते हुए एक सार्वभौम मानवीय लोकाचार बनाने में अपना योगदान किया है। स्वतंत्रता की धारणा यद्यपि हमेशा किसी वर्ग या समाजव्यवस्था की परिस्थितियों और उद्देश्यों के अनुसार बनती है, फिर भी उसमें एक सर्वव्यापी विचार बनकर उभरने की प्रवृत्ति पाई जाती है। इसी तरह कालानुबंधित कला में भी मानवता की अपरिवर्तनीय रहनेवाली विशेषताएँ आ जाती हैं। होमर, एस्कीलस और सोफोक्लीज़ जहाँ तक दास-प्रथा पर आधारित समाज की सीधी-सादी परिस्थितियों का प्रतिबिंबन करते हैं, वहाँ तक वे कालानुबंधित हैं और पुराने पड़ चुके हैं। लेकिन जहाँ तक उस समाज में उन्होंने मनुष्य की महानता को खोज़ा है, मनुष्य के द्वंद्वों और आवेगों को कलात्मक रूप दिया है, वहाँ तक वे हमेशा की तरह आज भी आधुनिक हैं। पृथ्वी पर अग्नि को लानेवाला प्रोमेथियस, भटकता और लौटता हुआ ओडेसियस, टेंटालस और उसके बच्चों की नियति—इस सबमें हमें प्रभावित करनेवाली मौलिक शक्ति सुरक्षित है। हालाँकि हम 'एंटीगोन' की विषयवस्तु को—एक रक्त-संबंधी को सम्मानपूर्वक दफनाने का अधिकार पाने के लिए लड़ी जानेवाली लड़ाई को—पुरानी मान सकते हैं; हालाँकि उसे समझने के लिए हमें ऐतिहासिक टीकाओं की आवश्यकता पड़ सकती है; फिर भी एंटीगोन की आकृति आज भी उतनी ही प्रभावपूर्ण है, जितनी हमेशा थी, और जब तक दुनिया में इंसान रहेंगे, वे उस स्त्री के इन शब्दों से प्रभावित होते रहेंगे कि 'मेरा स्वभाव है प्यार में सहभागी होना, नफरत में नहीं'। ज्यों-ज्यों हम बहुत पहले भुला दी गई कलाकृतियों से परिचित होते जाते हैं, त्यों-त्यों उनकी भिन्नताओं के बावजूद उनमें मौजूद समान एवं अविरल तत्त्व हमारे सामने स्पष्ट होते जाते हैं। एक खंड से दूसरा खंड जुड़ता जाता है और संपूर्ण मानवता निर्मित होकर हमारे सामने आती जाती है।

निरंतर अधिक-से-अधिक संख्या में मिलते जा रहे साक्ष्यों के आधार पर हम यह निष्कर्ष निकाल सकते हैं कि कला अपने मूल रूप में *जादू* थी। वह एक वास्तविक मगर अनजानी दुनिया पर अधिकार प्राप्त करने के लिए प्रयुक्त एक जादुई उपकरण थी। धर्म, विज्ञान और कला अपनी भ्रूणावस्था में प्रच्छन्नतः जादू के रूप में संयुक्त थे। आगे चलकर क्रमशः कला की यह जादुई भूमिका सामाजिक संबंधों को उद्भासित करने की, मंदबुद्धि होते जाते समाजों में मनुष्यों को प्रबुद्ध बनाने की, सामाजिक यथार्थ को पहचानने और बदलने में मनुष्यों की सहायता करने की भूमिका में बदलती चली गई। आज एक अत्यंत जटिल समाज को उसके बहुविध संबंधों तथा सामाजिक अंतर्विरोधों के साथ मिथक के रूप में प्रस्तुत नहीं किया जा सकता। ऐसे समाज में, जहाँ अभिधात्मक पहचान तथा सर्वव्यापी

चेतना की आवश्यकता हो, पूर्ववर्ती युगों के उन अनम्य कला-रूपों को, जिनमें जादू का तत्त्व अभी तक काम करता था, तोड़कर कोई नया रास्ता निकालने की और अधिक खुले रूपों तक पहुँचने की—मसलन उपन्यास की-सी स्वतंत्रता प्राप्त करने की—जबर्दस्त माँग होगी ही। सामाजिक विकास की विशिष्ट अवस्था के अनुसार किसी खास समय में कला के दो तत्त्वों में से कोई एक तत्त्व प्रमुखता प्राप्त कर लेता है : कभी जादुई सांकेतिकता, तो कभी तार्किकता और प्रबोधकता; कभी स्वप्न जैसी सहज अनुभूति, तो कभी बोध को तीव्र बनाने की इच्छा। लेकिन कला सुलाए चाहे जगाए, चीजों पर परदा डाले चाहे रोशनी डाले, वह यथार्थ का ऐसा वर्णन कदापि नहीं होती जैसे रोग का निदान मात्र हो। उसका काम तो हमेशा *संपूर्ण* मनुष्य को प्रभावित करना होता है, 'मैं' का अन्य लोगों के जीवन से तादात्म्य स्थापित करने में समर्थ बनाना होता है। उसे उन चीजों को अपनी बनाने में समर्थ बनाना होता है, जो उसकी नहीं हैं मगर उसकी हो सकती हैं। ब्रेश्ट जैसा महान शिक्षक कलाकार भी सिर्फ विवेक और तर्क से नहीं, बल्कि अनुभूति और सांकेतिकता से भी काम लेता है। वह कलाकृति के जरिए अपने प्रेक्षकों से महज मुठभेड़ ही नहीं करता, बल्कि उन्हें उसके अंदर आने भी देता है। वह स्वयं भी इस चीज के प्रति सचेत था और उसने कहा था कि यह चरम वैषम्यों की समस्या नहीं, बल्कि बदलते हुए बलाघातों की समस्या है। ''इस प्रकार भावनात्मक रूप से सांकेतिक अथवा शुद्ध तार्किक रूप से अभिप्रेरक चीजें संप्रेषण के एक साधन के रूप में प्रमुखता प्राप्त कर सकती हैं।''

सच है कि दुनिया को बदलना ही जिसकी नियति है, उस वर्ग के लिए कला का सारभूत काम *जादू करना* नहीं, बल्कि *प्रबुद्ध बनाना* तथा *कर्म की प्रेरणा देना* है; लेकिन यह भी सच है कि जादू का जो अंश कला में बचा रह गया है, उसे पूरी तरह निकालकर नहीं फेंका जा सकता; क्योंकि अपनी मूल प्रकृति के इस सूक्ष्म अवशेष के बिना कला कला नहीं रह जाती।

अपने विकास के तमाम रूपों में, गरिमा और ठिठोली में, अभिप्रेरणा और अतिशयोक्ति में, सार्थकता और निरर्थकता में, कल्पना और यथार्थ में, कला का जादू से कुछ न कुछ संबंध जरूर रहा है।

कला इसलिए जरूरी है कि आदमी दुनिया को समझ सके और बदल सके। लेकिन कला इसलिए भी जरूरी है कि उसमें जादू (आकर्षण) अंतर्निहित होता है।

दूसरा अध्याय

कला के उद्गम

कला का जन्म लगभग मनुष्य के जन्म के साथ ही हुआ है। यह कार्य का एक रूप है और कार्य मनुष्य की ही एक विशिष्ट गतिविधि है। मार्क्स ने इन शब्दों में कार्य को परिभाषित किया था :

> श्रम की प्रक्रिया ··· एक सोद्देश्य गतिविधि है ··· जिसके द्वारा प्राकृतिक तत्त्वों को मानवीय आवश्यकताओं के अनुरूप बनाया जाता है; यह मनुष्य और प्रकृति के बीच भौतिक तत्त्व के विनिमय को संपन्न करने की एक आम शर्त है; यह एक ऐसी शर्त है जिसे प्रकृति मानव-जीवन पर नित्य लागू करती है, और इसलिए यह सामाजिक जीवन के रूपों से स्वतंत्र है—अथवा, यों कहें कि यह समान रूप से समस्त सामाजिक रूपों में पाई जाती है।[1]

मनुष्य प्राकृतिक चीजों का रूपांतरण करके उन पर अपना अधिकार करता है। कार्य प्राकृतिक चीजों का रूपांतरण है। मनुष्य प्रकृति पर जादू करने के सपने भी देखता है, वह जादुई तरीकों से चीजों को बदलने और उन्हें नया रूप देने के सपने भी देखता है। यथार्थ में कार्य का जो अर्थ है, वही अर्थ कल्पना में जादू का है। मनुष्य आदिकाल से ही जादूगर है।

उपकरणों की भूमिका

मनुष्य उपकरणों (टूल्स) के जरिए मनुष्य बना। उसने उपकरणों का निर्माण या उत्पादन करके अपना निर्माण या उत्पादन किया। अतः यह प्रश्न कि पहले मनुष्य बना या पहले उपकरण बने, निरा शास्त्रीय प्रश्न है। मनुष्य के बिना उपकरण संभव नहीं थे और उपकरणों के बिना मनुष्य संभव नहीं था। दोनों एक साथ अस्तित्व में आए और दोनों परस्पर अविच्छेद्य रूप से संबंधित हैं। एक अपेक्षाकृत

1. कैपिटल, एलेन एंड अनविन, 1928।

अधिक विकसित जीवधारी प्राकृतिक चीजों के साथ-साथ कार्य करते हुए मनुष्य बना और कार्य करते समय उपयोग में लाई जानेवाली चीजें उपकरण बनीं। मार्क्स द्वारा दी गई एक अन्य परिभाषा है :

> श्रम का उपकरण वह वस्तु-समुच्चय है, जिसे श्रमिक अपने और अपने श्रम की विषयवस्तु के मध्य सन्निविष्ट करता है, और यह उपकरण उसकी गतिविधि के संचालक का काम करता है। श्रमिक चीजों के यांत्रिक, भौतिक एवं रासायनिक गुणों का उपयोग अन्य चीजों को प्रभावित करने तथा अन्य चीजों को अपनी उद्देश्यपूर्ति के लायक बनाने के लिए करता है। जीवन-निर्वाह के बने-बनाए साधनों—जैसे फलों—को इकट्ठा करने की बात छोड़ दें, जिसके लिए मनुष्य के शारीरिक अंग ही श्रम के उपकरण के रूप में पर्याप्त होते हैं, तो श्रमिक जिस चीज पर सीधा नियंत्रण प्राप्त करता है, वह चीज श्रम की विषयवस्तु नहीं, बल्कि श्रम का उपकरण होती है। इस प्रकार प्रकृति उसकी गतिविधियों के लिए एक उपकरण बन जाती है, ऐसा उपकरण जिससे वह अपने शारीरिक अंगों की क्षमता बढ़ाता है, अपना कद हाथ भर या उससे भी ज्यादा ऊँचा उठा लेता है, चाहे धर्मग्रंथों में कुछ भी लिखा रहे··· श्रम के उपकरणों के उपयोग और निर्माण की पहली शुरुआत हालाँकि कुछ अन्य जीव-जातियों में पाई जाती है, लेकिन यह खासतौर पर मानवीय श्रम-प्रक्रिया की विशेषता है, और इसीलिए बैंजामिन फ्रैंकलिन ने मनुष्य की परिभाषा 'उपकरण बनानेवाले प्राणी' के रूप में की थी।[2]

मनुष्य से पहले का वह प्राणी, जो मनुष्य के रूप में विकसित हुआ, ऐसे विकास के लिए समर्थ था; क्योंकि उसके पास एक विशेष अंग था—हाथ—जिससे वह चीजों को पकड़ सकता था और थामे रह सकता था। हाथ संस्कृति का सारभूत अंग है, मानवीकरण का प्रवर्त्तक है। इसका अर्थ यह नहीं है कि अकेले हाथ ने ही मनुष्य का निर्माण किया। प्रकृति, और विशेष रूप से जैव प्रकृति, कारण और प्रभाव की ऐसी सरल और एकपक्षीय शृंखला की अनुमति नहीं देती। जटिल संबंधों की कोई व्यवस्था—एक नई *गुणवत्ता*—हमेशा विभिन्न प्रकार के अन्योन्याश्रित प्रभाव-समुच्चय से उत्पन्न होती है। मनुष्य को मनुष्य बनाने के लिए आवश्यक परिस्थितियाँ पैदा करने में एक साथ बहुत-सी चीजों ने काम किया, जैसे कुछ जैव संरचनाओं का वृक्ष की अवस्था में रूपांतरित हो जाना, जिससे घ्राणशक्ति की कीमत पर दृष्टि का विकास हुआ; चौड़े थूथन का सिकुड़ जाना, जिससे आँखों की स्थिति बदलने में सुविधा हुई, अधिक तीक्ष्ण और अधिक सही दृष्टि-संवेदन से युक्त प्राणी में इस इच्छा का उत्पन्न होना कि वह प्रत्येक दिशा में देखे, जिससे

2. वही।

शरीर की सीधी तनी हुई मुद्रा का अनुबंधन हुआ; शरीर की सीधी तनी हुई मुद्रा के कारण सामने के अंगों का मुक्त हो जाना और मस्तिष्क के आकार का बढ़ जाना; आहार में परिवर्तन हो जाना, आदि-आदि। लेकिन सीधे तौर पर निर्णायक अंग हाथ ही था। टामस एक्विनास ने बहुत पहले 'इंद्रियों की इंद्रिय' हाथ के अद्वितीय महत्त्व को समझ लिया था और कहा था कि 'हाथ ही मनुष्य के विवेक और चेतना का जनक है!' और यह सच है कि हाथ ने ही मानवीय विवेक को मुक्त किया तथा मानवीय चेतना को उत्पन्न किया। गोर्डन चाइल्ड ने 'दि स्टोरी ऑफ टूल्स' (उपकरणों की कहानी) में कहा है :

> मनुष्य उपकरण बना सकते हैं, क्योंकि उनके अगले पैर हाथों में बदल गए हैं; वे चीजों को दोनों आँखों से देखते हैं, इसलिए दूरियों का निर्णय ठीक-ठीक कर सकते हैं; और उनका स्नायुतंत्र बहुत नाजुक तथा मस्तिष्क बड़ा जटिल होता है, इसलिए वे हाथ और बाँह के संचालन का नियंत्रण कर सकते हैं तथा उनका बिल्कुल सही तालमेल उस चीज से बिठा सकते हैं, जिसे वे दोनों आँखों से देखते हैं। लेकिन ऐसा नहीं है कि वे किसी अंतर्जात सहजबुद्धि से उपकरणों का निर्माण और इस्तेमाल करना जान लेते हों; यह तो उन्हें प्रयोग से ही, परीक्षण-पद्धति से ही सीखना पड़ता है।[3]

उपकरणों के इस्तेमाल से उन सर्वथा नए संबंधों की एक व्यवस्था अस्तित्व में आई, जो एक जाति और बाकी सारी दुनिया के बीच बन गए थे। काम की प्रक्रिया में कारण और परिणाम का जो प्राकृतिक संबंध था, उलट गया। प्रत्याशित, पूर्वकल्पित परिणाम 'उद्देश्य' बनकर कार्य की प्रक्रिया का विधायक बन गया। घटनाओं के बीच का वह संबंध, जो 'परमता' अथवा 'परम कारण' की समस्या के रूप में दार्शनिकों को परेशान करता रहा है, एक खास मानवीय विशेषता के रूप में विकसित हुआ था। मगर यह समस्या क्या है? एक बार फिर मुझे मार्क्स की एक स्पष्ट परिभाषा को उद्धृत करने की अनुमति दीजिए :

> श्रम पर हमें इस रूप में विचार करना पड़ेगा कि यह मानव जाति की ही अनोखी विशेषता है। मकड़ी के क्रियाकलाप बुनकर के क्रियाकलाप से मिलते-जुलते हैं; और मधुमक्खी जिस कौशल से अपना छत्ता बनाती है, उसके सामने बहुत-से मानव वास्तुकार शर्म से सिर झुका लेंगे। मगर सर्वाधिक अकुशल वास्तुकार को भी सर्वश्रेष्ठ मधुमक्खी से विशिष्ट बनानेवाली चीज यह है कि वास्तुकार यदि छत्ता बनाएगा तो मोम का छत्ता बनाने से पहले वह उस छत्ते को अपने दिमाग में बना चुका होगा। श्रम की

3. वी. गोर्डन चाइल्ड, दि स्टोरी ऑफ टूल्स, कोबेट पब्लिशिंग कंपनी, 1944।

> प्रक्रिया उस चीज के निर्माण पर जाकर पूरी होती है, जो इस प्रक्रिया के शुरू होने से पहले ही काम करनेवाले की कल्पना में मौजूद थी; यानी पहले से ही एक आदर्श रूप में मौजूद थी। इस प्रक्रिया में महज यह नहीं होता कि श्रमिक प्राकृतिक वस्तुओं को रूपांतरित कर देता है, बल्कि इसके साथ ही वह स्वयं से पृथक् अस्तित्व रखनेवाली प्रकृति में अपने उद्देश्य की पूर्ति भी करता है—उस उद्देश्य की पूर्ति, जो उसकी गतिविधियों का विधायक होता है; उस उद्देश्य की पूर्ति, जिसके अधीन वह अपनी इच्छाशक्ति को नियोजित करता है।

काम के स्वरूप की यह परिभाषा उस समय की है, जब वह पूर्णतः विकसित, पूर्णतः मानवीय अवस्था में पहुँच चुका है। लेकिन काम के इस परम रूप तक पहुँचने के लिए बहुत लंबी यात्रा करनी पड़ी है, और इसी से मनुष्य बनने से पहले का प्राणी अपने परम मानवीकरण तक पहुँचा है। उद्देश्य से निर्धारित कर्म—और इससे मस्तिष्क की उत्पत्ति, चेतना के रूप में मनुष्य के सबसे पहले सृजन की उत्पत्ति—एक दीर्घ और कष्टसाध्य प्रक्रिया का परिणाम था। सचेत अस्तित्व का अर्थ है सचेत कर्म। मनुष्य का मूल अस्तित्व एक स्तनपायी जीव का अस्तित्व था। मनुष्य एक स्तनपायी जीव है, किंतु वह चेतनासंपन्न होने पर अन्य स्तनपायी जीवों से भिन्न कुछ करने लगता है। पशु भी 'अनुभव' से काम लेता है, अर्थात् अनुबंधित प्रतिवर्तों की एक व्यवस्था के अनुसार काम करता है, जिसे हम पशु का 'सहजज्ञान' कहते हैं। लेकिन मनुष्य के रूप में विकसित हुई जैव संरचना ने एक नए प्रकार का अनुभव प्राप्त किया, जो शुरू में भले ही बहुत मामूली-सा लगा हो, लेकिन उसे एक अनोखे मोड़ पर ले आया। वह अनुभव यह था कि प्रकृति को मनुष्य की उद्देश्यपूर्ति के साधन के रूप में इस्तेमाल किया जा सकता है। प्रत्येक जैव संरचना अपने चारों ओर की दुनिया के साथ चयापचय की अवस्था में रहती है—वह लगातार उस दुनिया को कुछ देती रहती है और उससे कुछ लेती रहती है—लेकिन वह जो कुछ लेती है, सीधे लेती है। इस चयापचय में किसी चीज की मध्यस्थता नहीं होती। केवल मानवीय कार्य माध्यमयुक्त चयापचय है। इसमें साधन उद्देश्य से पहले आ जाते हैं; और उद्देश्य का उद्‌घाटन साधनों के इस्तेमाल से होता है।

जैविक अंग प्रतिस्थापनीय नहीं होते कि उनकी जगह कोई और चीज या दूसरे अंग लगाए जा सकें। यह सच है कि उनका निर्माण बाह्य जगत की परिस्थितियों से अनुकूलन करने के परिणामस्वरूप हुआ, किंतु पशु के लिए आवश्यक है कि वह उन्हीं अंगों से काम चलाए, जो उसे मिले हैं, और जितना काम ले सकता हो, उन्हीं से ले। मगर श्रम का उपकरण, जो शरीर से बाहर की चीज है, *प्रतिस्थापनीय होता है,* और ज्यादा कारगर उपकरण को अपनाने के लिए आदिम उपकरण का

परित्याग किया जा सकता है। प्राकृतिक अंग के साथ कार्यकुशलता का प्रश्न ही नहीं उठता; वह तो जैसा है, है। पशु के लिए उसी प्रकार जीना अनिवार्य है, जिस प्रकार वह अपने अंगों के साथ जी सके; उसे बाहय जगत से उसी प्रकार अनुकूलित होना पड़ेगा, जिस प्रकार उसके अंग उस जगत से अनुकूलित हैं। लेकिन वह प्राणी जो अपने शरीर से बाहर की किसी चीज का इस्तेमाल उपकरण के रूप में करता है, अपनी आवश्यकताओं को उस उपकरण से अनुकूलित करने के लिए बाध्य नहीं है। इसके विपरीत वह उस उपकरण को अपनी आवश्यकताओं के अनुकूल बना सकता है। इस संभावना के उदय से पहले कार्यकुशलता का प्रश्न ही नहीं उठता।

मनुष्य की यह खोज कि कुछ उपकरण अन्य उपकरणों की तुलना में अधिक या कम उपयोगी हैं, और एक उपकरण को दूसरे से प्रतिस्थापित किया जा सकता है, उसे अनिवार्यतः इस खोज तक ले गई कि सदोष उपलब्ध उपकरण को अधिक कार्यक्षम बनाया जा सकता है। अर्थात् यह आवश्यक नहीं कि उपकरण सीधे प्रकृति से ही प्राप्त किया जाए, बल्कि उसका *उत्पादन* भी किया जा सकता है। अधिक या कम कार्यकुशलता की खोज के लिए प्रकृति का विशिष्ट निरीक्षण स्वतः ही आवश्यक है। पशु भी प्रकृति का निरीक्षण करते हैं तथा प्राकृतिक कारण एवं परिणाम पशुओं के मस्तिष्क में भी प्रतिबिंबित या पुनरुत्पन्न होते हैं। परंतु पशु के लिए प्रकृति एक पूर्वप्राप्त तथ्य है, जिसे वह किसी भी प्रयास से अपनी इच्छानुसार नहीं बदल सकता, वैसे ही जैसे कि वह अपने शरीर को नहीं बदल सकता। केवल शरीर-बाहय, प्रतिस्थापनीय और परिवर्तनीय साधन के होने पर ही प्रकृति को एक नए संदर्भ में देखना और घटनाओं का पूर्वानुमान करना, उनकी प्रत्याशा करना तथा उन्हें घटित करना संभव है।

मान लीजिए, पेड़ से एक फल तोड़ना है। मनुष्य बनने से पहले का प्राणी उस फल की ओर हाथ बढ़ाता है, लेकिन पाता है कि उसकी बाँह बहुत छोटी है। वह हरचंद कोशिश करता है कि फल तक पहुँच जाए, लेकिन नहीं पहुँच पाता; और बार-बार असफल रहने पर वह उस प्रयास को छोड़ देने तथा अपना ध्यान कहीं और लगाने के लिए बाध्य हो जाता है। लेकिन यदि यह प्राणी कहीं से एक छड़ी उठा ले, तो उसकी बाँह की लंबाई बढ़ जाएगी; और यदि वह छड़ी छोटी पड़े तो वह दूसरी और फिर तीसरी छड़ी चुन सकता है, जब तक कि अंततः वह उस फल को तोड़ने लायक छड़ी न पा जाए। इसमें नवीनता का तत्त्व क्या है? यह विविध प्रकार की संभावनाओं की खोज तथा उनमें से एक को चुनने की योग्यता है, अतः यह एक चीज की तुलना दूसरी चीज से करने की तथा उसकी अधिक या कम कार्यकुशलता का निर्णय करने की योग्यता है। उपकरणों का इस्तेमाल शुरू कर देने पर सिद्धांततः कुछ भी असंभव नहीं रहता। पहले जिस चीज तक पहुँचना अथवा जिस कार्य को संपादित करना असंभव था, अब उसके लिए केवल सही उपकरण तलाश

करने की जरूरत रह जाती है। इस प्रकार प्रकृति पर अधिकार करने की एक नई शक्ति प्राप्त कर ली गई है, और यह शक्ति *संभावित रूप में असीम* है। इसी खोज में जादू का, और इसीलिए, कला का भी एक मूल स्रोत निहित है।

उच्चतर स्तनपायी जीव के मस्तिष्क में एक वंशागत अन्योन्याश्रित प्रभाव स्थिर हो चुका है : मस्तिष्क का वह केंद्र जो भूख का संकेत देता है, अर्थात् यह बताता है कि शरीर में आवश्यक आहार की कमी है, और मस्तिष्क का वह केंद्र जो किसी आहार को, मसलन फल को, देख या सूँघकर उत्तेजित होता है—ये दोनों केंद्र एक-दूसरे को प्रभावित करते हैं। एक केंद्र के उत्तेजित होने पर दूसरा भी उत्तेजित हो जाता है। इस क्रियाविधि में एक नाजुक-सा तालमेल है : प्राणी को भूख लगती है, तो वह आहार खोजने लगता है। पेड़ पर फल लगा है, लेकिन दूर होने के कारण उसे छड़ी की सहायता से—पेड़ से फल तोड़नेवाले एक उपकरण के माध्यम से—ही तोड़ा जा सकता है; अतः उस प्राणी और आहार के बीच उपकरण की इस मध्यस्थता से मस्तिष्क के उक्त दोनों केंद्रों में एक नया संपर्क स्थापित हो जाता है। तत्पश्चात् यह नई मानसिक प्रक्रिया असंख्य बार दोहराई जाने के कारण सुदृढ़ हो जाती है। आरंभ में यह प्रक्रिया केवल एक दिशा में चलती है : मस्तिष्क के 'भूख' और 'फल' वाले दोनों केंद्रों के उत्तेजन में एक तीसरे केंद्र का उत्तेजन भी शामिल हो जाता है, जिसे मोटे तौर पर हम छड़ी वाला केंद्र कह सकते हैं। अब वह प्राणी उस फल को देखता है, जिसे वह पाना चाहता है, और छड़ी को तलाशने लगता है, जो उससे संबद्ध हो गई है। मगर अब भी हम इसे चिंतन की प्रक्रिया नहीं कह सकते, क्योंकि इसमें उद्देश्य का वह तत्त्व गायब है, जो कार्य-प्रक्रिया की विशेषता है, और जिससे चिंतन का जन्म होता है। अभी उस छड़ी का उद्देश्य फल तोड़ना नहीं है, अभी वह फल तोड़ने का एक उपकरण मात्र है। लेकिन यदि बार-बार दोहराने से इस क्रियाविधि का परिष्कार हो जाए, तो इस एकतरफा प्रक्रिया को—मस्तिष्क के केंद्रों की इस परस्पर-निर्भर कारगुजारी को—उलटा भी जा सकता है। अर्थात् तब यह प्रक्रिया यों भी चल सकती है कि छड़ी यह रही, वह फल कहाँ है, जिसे यह तोड़ सकती है?

इस प्रकार वह छड़ी (अथवा वह उपकरण) आरंभ बिंदु बन जाती है। अब यह साधन एक साध्य का (फल तोड़ने का) निमित्त बन गया। छड़ी महज एक छड़ी नहीं रही। इसमें जादुई ढंग से एक नई चीज जुड़ गई है। यह नई चीज है एक कार्य, जो अब उसकी सारभूत अंतर्वस्तु बन गया है। और इसीलिए अब यह उपकरण उत्तरोत्तर अधिक दिलचस्प बनता जाता है। अब उसकी परीक्षा इस दृष्टि से होने लगती है कि इसमें अपने उद्देश्य को पूरा करने की क्षमता अधिक है या कम। सवाल उठने लगता है—क्या इसे ज्यादा काम का, ज्यादा उपयोगी, ज्यादा प्रभावी नहीं बनाया जा सकता? क्या इसे बदला नहीं जा सकता कि यह अपने उद्देश्य को

बेहतर ढंग से पूरा कर सके ? पहले जो एक स्वतःस्फूर्त प्रयोग-प्रक्रिया चलती थी, सभी प्रकार के चिंतन को जन्म देनेवाली 'हाथों से सोचने' की प्रक्रिया, वह अब धीरे-धीरे सोद्देश्य विचार में रूपांतरित होने लगती है। मानसिक प्रक्रिया में होनेवाला यह उलटफेर ही दरअसल उस चीज की शुरुआत है, जिसे हम कार्य, सचेत अस्तित्व, सचेत क्रिया और मानसिक क्रिया द्वारा परिणाम का पूर्वानुमान कहते हैं। हर प्रकार का चिंतन उस प्रयोग-प्रक्रिया का ही संक्षिप्त रूप है, जो पहले हाथों से होती थी और अब मस्तिष्क से होने लगी है। पहलेवाले असंख्य प्रयोग अब 'स्मृति' नहीं रहे बल्कि 'अनुभव' बन गए हैं।

इस बात को एक अन्य उदाहरण के जरिए ज्यादा आसानी से समझा जा सकता है। गोर्डन चाइल्ड ने 'द स्टोरी ऑफ टूल्स' (उपकरणों की कहानी) में लिखा है :

> अब तक पाए जानेवाले सबसे प्राचीन अथवा आदिपाषाण युग के उपकरण पत्थरों से बने हुए हैं। पेकिन मानव द्वारा प्रयुक्त उपकरण स्फटिक के थे, जिन्हें वह जान-बूझकर एकत्र करता था और अपनी गुफा में ले जाता था। इनमें से ऐसे बहुत कम थे, जिन्हें चीनी वनमानुष ने अपनी जरूरतों को बेहतर ढंग से पूरा करने के लिए कृत्रिम रूपाकार दिया था। और जो उपकरण वह एकत्र करता था, उनमें भी कोई मानक रूप नहीं पाया जाता, जिससे लगता है कि उनसे कई काम लिए जाते होंगे। दरअसल ऐसा लगता है कि जब भी किसी उपकरण की जरूरत पड़ती थी, उस तात्कालिक जरूरत के लिए पत्थर का कोई सुविधाजनक टुकड़ा चुनकर काम में ले लिया जाता था। अतः संयोग से प्राप्त हो जानेवाले ऐसे उपकरणों को हम *सांयोगिक उपकरण* कह सकते हैं···
>
> इसके बाद *मानकीकृत उपकरण* आते हैं। निम्न पुरापाषाण-युग के विभिन्न आकारों तथा विविध प्रकारों के जो ढेरों सांयोगिक उपकरण मिलते हैं, उनमें दो-तीन रूप एकदम अलग दिखाई देते हैं और पश्चिमी योरप, अफ्रीका तथा दक्षिणी एशिया के बहुत-से स्थानों पर बार-बार सामने आते हैं। इनमें बहुत कम भिन्नता पाई जाती है। स्पष्ट है कि इनके निर्माता एक जाने-पहचाने मानक नमूने की नकल करने की कोशिश करते रहे होंगे।

इससे कुछ अत्यंत महत्त्वपूर्ण बातें सामने आती हैं। मनुष्य अथवा मनुष्य बनने से पहले के प्राणी ने चीजों का संग्रह करते समय मौलिक रूप से यह खोज कर ली थी कि, मसलन, शिकार को फाड़ने, काटने या कुचलने के लिए दाँतों और नाखूनों की जगह पैनी धारवाला पत्थर काम में लाया जा सकता है। इस प्रकार उपलब्ध पत्थर *सांयोगिक उपकरण* बन जाता है और जब वह अपना तात्कालिक काम पूरा कर देता है, तब उसे फेंक दिया जाता है। मानवाकार वानर भी कभी-कभी ऐसे

सांयोगिक उपकरणों का इस्तेमाल करते हैं। बार-बार के इस्तेमाल से मस्तिष्क में पत्थर और उसकी उपयोगिता के बीच एक दृढ़ संबंध स्थापित हो जाता है। वह प्राणी, जो आगे चलकर मनुष्य बना, ऐसे उपयोगी पत्थरों का संग्रह तथा संरक्षण करना शुरू कर देता है, यद्यपि प्रत्येक पत्थर के साथ अभी किसी निश्चित काम अथवा ठोस उद्देश्य का संबंध स्थापित नहीं हुआ है। ये पत्थर किसी भी काम में लाए जा सकते हैं। जब जैसी जरूरत आ पड़े, उनका प्रयोग किया जाता है और विशिष्ट उपयोग के लिए उनकी परीक्षा की जाती है। बार-बार और विभिन्न प्रकार से प्रयोग करने पर, इस 'हाथों से सोचने' की प्रक्रिया में, धीरे-धीरे दो बातें सामने आती हैं : पहली तो यह कि एक विशिष्ट आकार के पत्थर अन्य पत्थरों की अपेक्षा अधिक उपयोगी हैं, अर्थात् आकस्मिक रूप से प्राप्त प्रकृति-प्रदत्त चीजों में से कुछ चीजों को चुनना संभव है। इस खोज़ से उद्देश्य का संदर्भ उत्तरोत्तर अधिक प्रमुख होता जाता है; और दूसरी यह खोज कि प्रकृति-प्रदत्त चीजों की प्रतीक्षा करना आवश्यक है, क्योंकि प्रकृति को सुधारा जा सकता है। प्राकृतिक रूप से पानी, हवा और मौसम आदि विभिन्न तत्व पत्थर को ऐसा आकार दे सकते हैं कि वह 'हथियाने लायक' बन जाए। जब लगभग मनुष्य बन चुके प्राणी ने ऐसी प्रकृति-प्रदत्त चीजों को 'हाथ में लिया' और उपकरणों के रूप में उनका इस्तेमाल करने लगा, तो उसके सक्रिय हाथों ने यह खोज की कि वह स्वयं भी पत्थर को आकार दे सकता है और उसे बदल सकता है। इस खोज से उन प्राणियों ने यह जाना कि चकमक के टुकड़े में पैनी धारवाला उपयोगी उपकरण बनने की संभावना (पोटेंशियलिटी) अंतर्निहित है।

इस संभावना में रहस्य जैसी जरा भी कोई बात नहीं है। यह कोई 'शक्ति' नहीं है, जो पत्थर के अंदर विद्यमान हो; न ही यह पल्लस एथेने की तरह सर्जनात्मक चेतना से सहसा निकल पड़ी थी। इसके विपरीत सर्जनात्मक चेतना तो बाद में इस *शारीरिक* खोज के परिणामस्वरूप उत्पन्न हुई कि पत्थरों को तोड़ा, चीरा और पैना किया जा सकता है तथा उन्हें एक या दूसरा आकार दिया जा सकता है। उदाहरण के लिए कुल्हाड़ी का आकार, जिसे प्रकृति यदाकदा बनाती रहती है, अनेक क्रियाकलापों के लिए उपयोगी था, अतः धीरे-धीरे मनुष्य उस प्राकृतिक आकार की नकल करने लगा। इस तरीके से उपकरण बनाते समय वह किसी 'सर्जनात्मक भाव' का अनुपालन नहीं कर रहा था। उसके आदर्श थे वे पत्थर, जो उसे पड़े मिल गए थे और जिनकी उपयोगिता को वह प्रयोगों से परख चुका था। उसने उन अनुभवों के आधार पर एक उत्पादन किया, जो अनुभव प्रकृति से काम लेते समय उसे प्राप्त हुए थे। और इस उत्पादनकाल में उसके दिमाग में वह चीज नहीं थी, जो किसी भाव की अंतिम परिणति हो। वह किसी योजना को क्रियान्वित नहीं कर रहा था। उसने अपने सामने एक बहुत ही वास्तविक कुल्हाड़ी देखी और

वैसी ही एक और कुल्हाड़ी बनाने की कोशिश की। वह किसी भाव को मूर्त रूप नहीं दे रहा था, बल्कि एक चीज की नकल कर रहा था। वह तो बहुत धीरे-धीरे हुआ कि उसने प्राकृतिक चीजों की नकल करना छोड़ा। उपकरण का इस्तेमाल करते हुए और लगातार उसके साथ प्रयोग करते हुए धीरे-धीरे वह उसे अधिक उपयोगी तथा अधिक कार्यक्षम बनाने लगा। कार्यकुशलता उद्देश्य से पहले की चीज है, क्योंकि बहुत पहले से ही मस्तिष्क के बजाए हाथ खोजकर्त्ता रहा है। (इसे समझने के लिए किसी बच्चे को एक गाँठ खोलने की कोशिश करते देखना ही काफी होगा। बच्चा 'सोचता' नहीं, प्रयोग करता है। यह तो बहुत धीरे-धीरे ही, अपने हाथों के अनुभव से ही, वह समझ पाता है कि गाँठ कैसे लगी हुई है और उसे खोलने का सबसे अच्छा तरीका क्या है।)

परिणाम की प्रत्याशा, अर्थात् कार्य की प्रक्रिया के उद्देश्य का निर्धारण, संकेंद्रित शारीरिक अनुभवों के बाद ही संभव है। यह प्राकृतिक चीजों को लगातार ध्यान में रखने तथा बहुत सारे कमोबेश सफल परीक्षणों का परिणाम है। उद्देश्य का विचार आगे देखने से नहीं, बल्कि पीछे देखने से पैदा होता है। सचेत अस्तित्व और सचेत कर्म का विकास कार्य की प्रक्रिया में तथा कार्य के साथ-साथ हुआ है, और प्रत्येक उपकरण को एक विशिष्ट आकार तथा चरित्र देने के लिए उसके स्पष्टत: निर्धारित उद्देश्य का आविर्भाव तो बाद की ही अवस्था में हुआ। मनुष्य को प्रकृति से ऊपर उठने तथा एक सर्जक के रूप में उसका मुकाबला करने में बहुत लंबा समय लगा।

और जब वह सर्जक के रूप में प्रकृति का मुकाबला करने लगा तो फर्क यह पड़ा कि उसका मस्तिष्क अब चीजों को यथावत् प्रतिबिंबित नहीं करता था, बल्कि कार्य के अनुभव के कारण अब वह प्राकृतिक नियमों का प्रतिबिंबन भी कर सकता था और *कारणपरक* संबंधों का भी ध्यान रख सकता था। (उदाहरण के लिए अब वह समझ सकता था कि शारीरिक ऊर्जा को उपकरण में तथा उपकरण से उस वस्तु में स्थानांतरित किया जा सकता है, जिस पर कार्य किया जाना है। अथवा अब वह समझ सकता था कि घर्षण से ताप उत्पन्न होता है।) इस प्रकार मनुष्य ने प्रकृति का स्थान ले लिया। अब उसने प्रकृति-प्रदत्त वस्तुओं की प्रतीक्षा करना छोड़ दिया। अब वह वांछित वस्तुएँ प्रकृति से उत्तरोत्तर बलपूर्वक प्राप्त करने लगा। वह प्रकृति को उत्तरोत्तर अपनी सेविका बनाता गया। और उसके उपकरणों की बढ़ती हुई उपयोगिता से, उनके उत्तरोत्तर विकसित होते जाते विशिष्ट चरित्र से, मनुष्य के हाथ और प्रकृति के नियमों के साथ उनके उत्तरोत्तर सफल अनुकूलन से, उनके प्रवर्द्धित *मानवीकरण* से ऐसी चीजों का सृजन होने लगा, जो प्रकृति में प्राप्त नहीं होती थीं। इसके साथ ही किसी भी प्राकृतिक चीज से उपकरण का साम्य उत्तरोत्तर समाप्त होता गया। उपकरण के कार्य ने उसकी मूल प्रकृति-साम्यता

> संवेदनाएँ, और उसकी आत्मा के तमाम शक्तिशाली आवेग चीख-पुकार तथा अस्पष्ट जंगली ध्वनियों के द्वारा व्यक्त होते थे।

अभिव्यक्ति के ये पाशविक साधन निस्संदेह भाषा के ही तत्त्व हैं। "सभी मौलिक भाषाओं में इन प्राकृतिक ध्वनियों के अवशेष आज भी सुनने को मिल सकते हैं।" फिर भी हर्डर यह समझता था कि ये प्राकृतिक ध्वनियाँ भाषा की 'असली जड़ नहीं, बल्कि उन जड़ों का पोषक रस मात्र' थीं।

भाषा अभिव्यक्ति का उतना नहीं, जितना कि संप्रेषण का साधन है। मनुष्य धीरे-धीरे चीजों से परिचित होता गया "और उसने उन चीजों को, उनकी ध्वनियों के द्वारा यथासंभव प्रकृति का अनुकरण करते हुए, प्रकृति से लिए हुए नाम दे दिए...यह एक प्रकार का मूकाभिनय था, जिसमें शरीर और मुद्राओं का समन्वय होता था।" मूल भाषा शब्दों, संगीतात्मक ध्वनियों और अनुकरणमूलक मुद्राओं से मिलकर बनी थी। हर्डर आगे कहता है :

> पहले-पहल बनी शब्दावली सांसारिक ध्वनियों से संग्रहीत शब्दावली थी। अभी किसी शब्द का भाव कर्म और उसके कर्ता के मध्य निलंबित था। *स्वर* ठीक उसी प्रकार किसी वस्तु का संकेत करता था, जिस प्रकार *वस्तु* किसी *स्वर* का संकेत करती थी। और इस प्रकार *क्रिया* बन गई *संज्ञा* तथा *संज्ञा* बन गई *क्रिया*...

अभी आरंभिक मनुष्य अपने क्रियाकलाप और उससे संबंधित वस्तु में स्पष्ट भेद नहीं करता था। दोनों मिलकर एक अनिश्चित एकता बन जाते थे। यद्यपि शब्द एक *संकेत* बन गया था (जो अब साधारण अभिव्यक्ति अथवा अनुसरण मात्र नहीं रहा था) तथापि इस संकेत में अभी एक साथ बहुत-सी धारणाएँ समाहित रहती थीं। शुद्ध अमूर्तन की अवस्था तो क्रमशः बाद में आई :

> संवेदी विषय संवेदिक ढंग से वर्णित होते थे—और उनका वर्णन कितनी ही तरफ से, कितने ही पक्षों से किया जा सकता था। अतः भाषा निराले, अनुशासनहीन शब्द-व्युत्क्रमों से, अनियमितताओं और व्यवहार-वैचित्र्यों से भरी होती थी। जहाँ संभव होता था, बिंबों के रूप में बिंबों की प्रतिकृति तैयार कर ली जाती थी और इस प्रकार रूपकों, मुहावरों तथा संवेदी संज्ञाओं का प्रचुर सजन हुआ।

हर्डर बताता है कि अरबों के पास शेर के लिए पचास, साँप के लिए दो सौ, शहद के लिए अस्सी और तलवार के लिए एक हजार से ज्यादा शब्द थे। यों भी कह सकते हैं कि संवेदी संज्ञाएँ अभी पूर्णतः अमूर्तनों में संकेंद्रित नहीं हुई थीं। भाषा के 'दैवी उत्पत्ति' के सिद्धांत में विश्वास रखनेवालों से वह विडंबनापूर्ण स्वर में पूछता है—

की जगह ले ली और बढ़ती हुई कार्यक्षमता के परिणामस्वरूप उसका उद्देश्य यानी यह बौद्धिक पूर्वानुमान कि वह क्या करने में समर्थ है, उत्तरोत्तर अधिक महत्त्वपूर्ण होता गया। कार्य के स्वरूप का यह रूपांतरण तभी संभव था, जब कार्य अपेक्षाकृत अधिक विकसित अवस्था में आ पहुँचा।

भाषा का विकास

कार्य की दिशा में विकास करने के लिए पशुजगत को ज्ञात कतिपय आदिम संकेतों से आगे बढ़कर अभिव्यक्ति और संप्रेषण के साधनों की कोई नई व्यवस्था आवश्यक थी। लेकिन कार्य ने ऐसी व्यवस्था को केवल आवश्यक ही नहीं बनाया, बल्कि उसे प्रोत्साहित भी किया। पशुओं को आपस में कुछ ज्यादा संप्रेषित नहीं करना पड़ता। उनकी भाषा नैसर्गिक होती है, जिसमें खतरे, सहवास आदि के लिए संकेतों की एक प्रारंभिक व्यवस्था रहती है। कार्य की प्रक्रिया में और कार्य के जरिए ही जीवित प्राणियों को एक-दूसरे से कुछ कहने की ज्यादा जरूरत पड़ती है। अतः भाषा का जन्म उपकरणों के साथ ही हुआ।

भाषा की उत्पत्ति के अनेक सिद्धांतों में कार्य और उपकरणों की महत्त्वपूर्ण भूमिका की या तो उपेक्षा कर दी जाती है, या उसे बहुत कम करके आँका जाता है। यहाँ तक कि जिस हर्डर ने अपने क्रांतिकारी अध्ययन से और भाषा की 'दैवी उत्पत्ति' के सिद्धांत के विरुद्ध अपने प्रतिभाशाली तर्कों के जरिए अत्यंत महत्त्वपूर्ण तथ्यों पर पड़े परदे हटाए, वह भी भाषा की उत्पत्ति में कार्य के महत्त्व को नहीं देख पाया। कालांतर में हुए अनुसंधान के परिणामों का पूर्वानुमान-सा करते हुए उसने प्रागैतिहासिक मानव का वर्णन इस प्रकार किया :

> मनुष्य ज्यों ही दुनिया में आया, तरह-तरह की चीजों का एक विराट महासागर-सा उसके चारों ओर उमड़ पड़ा! एक चीज को दूसरी चीज से अलग करके पहचानने में, अपनी विभिन्न संवेदनाओं को पहचानने में, और जिन संवेदनाओं को उसने पहचान लिया था, उन पर निर्भर करने में उसे कैसा महान प्रयास करना पड़ा होगा!

हर्डर ने पहले ही यह अनुमान लगा लिया था, जिसे बाद में विज्ञान ने पुष्ट किया, कि प्रागैतिहासिक मनुष्य ने संसार को एक अनिश्चित समष्टि के रूप में देखा, और उसे उस संसार के निवासी के रूप में अपने तथा उस संसार के बीच आवश्यक संतुलन स्थापित करने के लिए उसके अनेक तथा जटिल पक्षों में से अपने जीवन के लिए सारभूत पक्षों को अलगाना, पहचानना और चुनना पड़ा। हर्डर सही कहता है कि—

> भाषा मनुष्य के पास उस समय भी थी, जब वह पशु की अवस्था में था। उसके शरीर की तमाम वन्य एवं हिंस्र संवेदनाएँ, तमाम पीड़ादायक

ईश्वर ने इस फालतू शब्दावली का आविष्कार क्यों किया ?

और फिर

> किसी आदिम भाषा के समृद्ध होने का कारण यह होता है कि दरअसल वह दरिद्र होती है। उसके आविष्कारकों के पास कोई योजना नहीं थी, इसलिए वे फिजूलखर्ची से बच ही नहीं सकते थे। तब क्या ईश्वर के बारे में यह माना जाए कि वह सर्वाधिक अविकसित भाषाओं का निठल्ला आविष्कारक है ?

और अंततः

> यह भाषा जीवंत भाषा थी। संकेतों के विशाल रंगपटल ने ही मानो उन लयों और यतियों को स्थापित कर दिया था, जो बोले हुए शब्द को परिसीमित रखती थीं; और वास्तविक शब्दावली में निहित परिभाषाओं की प्रचुरता ने व्याकरण की कला का स्थान ले रखा था।

मनुष्य ज्यों-ज्यों अधिक अनुभव प्राप्त करता जाता है, ज्यों-ज्यों वह विभिन्न वस्तुओं के विभिन्न पक्षों को पहचानता जाता है, उसकी भाषा अनिवार्यतः समृद्ध होती जाती है।

> ज्यों-ज्यों उसके अनुभव तथा उसकी अपनी नई विशेषताएँ उसके मस्तिष्क में बार-बार दोहराई जाने लगती हैं, उसकी भाषा दृढ़तर एवं अधिक प्रवाहमयी होती जाती है। वह जितना ही अधिक चीजों को अलग-अलग पहचानता और वर्गीकृत करता जाता है, उतनी ही उसकी भाषा अधिक व्यवस्थित होती जाती है।

अलेक्जांडर फॉन हुंबोल्ट ने हर्डर की क्रांतिकारी खोजों का विकास और परिष्कार किया, हालाँकि कुछ मायनों में उसने हर्डर के भौतिकवादी तथा द्वंद्वात्मक विचारों को भाववादी और आध्यात्मिक मोड़ दे दिया। हुंबोल्ट ने कहा कि भाषा 'एक ही साथ बिंब भी है और संकेत भी, वह न तो वस्तुओं द्वारा उत्पन्न प्रभावों से पैदा होती है, न मात्र वक्ता की मनमानी इच्छा से।' उसने इतनी ही स्पष्टता के साथ यह भी देखा कि विचार 'आमतौर पर न केवल भाषा पर निर्भर करता है, बल्कि कुछ हद तक प्रत्येक भाषा से निर्धारित भी होता है।' इससे गेटे की कही हुई एक बात याद आती है कि 'जनगण जितना भाषा का निर्माण करते हैं, उससे कहीं अधिक भाषा जनगण का निर्माण करती है।' उच्चारण के महत्त्व पर जोर देते हुए (जिसके बिना अभिव्यक्ति तो संभव है, पर भाषा कभी संभव नहीं) हुंबोल्ट लगभग एक रहस्यवादी निष्कर्ष पर पहुँचा :

> कोई आदमी एक शब्द को भी सच्चे अर्थों में समझ सके—अर्थात् वह उसे

> एक संवेदी मनोवेग के रूप में नहीं, बल्कि एक धारणा को परिभाषित करनेवाली उच्चरित ध्वनि के रूप में समझ सके—इसके लिए आवश्यक है कि उसके मस्तिष्क में संपूर्ण भाषा पहले से विद्यमान हो। भाषा में कुछ भी अलग-थलग नहीं होता। उसका प्रत्येक तत्त्व स्वयं को संपूर्ण/समग्र का अंग घोषित करता है। स्वभावतः यह माना जाता है कि भाषा का निर्माण क्रमशः धीरे-धीरे हुआ, किंतु उसका वास्तविक आविष्कार किसी एक ही क्षण में संभव हुआ होगा। मनुष्य भाषा से ही मनुष्य बना है, लेकिन भाषा का आविष्कार करने के लिए वह जरूर पहले से मनुष्य रहा होगा।

हम वहाँ तक तो इससे सहमत हो सकते हैं कि जहाँ तक इसमें यह भाव पूर्वानुमानित है कि प्रागैतिहासिक मनुष्य ने दुनिया को एक अनिश्चित समग्र (होल) के रूप में देखा और उसमें से अंश-अंश लेकर भाषा का निर्माण किया। परंतु समस्या का यह द्वंद्वात्मक समाधान हुंबोल्ट के पास नहीं है कि मनुष्य कार्य और भाषा के साथ मनुष्य बना, जिससे एक तरफ मनुष्य को और दूसरी तरफ कार्य और भाषा को पहले उत्पन्न मानने से पैदा होनेवाली उलझन दूर हो जाती है। उसने एक द्वंद्वात्मक प्रक्रिया की ओर संकेत मात्र किया और उसे भाववादी शब्दावली में व्यक्त किया कि 'चिंतन और कार्य की पारस्परिक निर्भरता से स्पष्ट है कि भाषाएँ वस्तुतः पहले से ज्ञात किसी सत्य को प्रस्तुत करने की साधन नहीं, बल्कि उस क्षण तक अज्ञात सत्य की खोज करने की साधन हैं।' निश्चय ही यह एक प्रगतिशील खोज का मसला है, लेकिन खोज इसमें 'सत्य' की नहीं, बल्कि यथार्थ की होती है—उस यथार्थ की, जो कार्य में और कार्य के जरिए, भाषा में और भाषा के जरिए निर्मित होता है।

हुंबोल्ट के जमाने से आज तक भाषा संबंधी जो बहुत-से सिद्धांत बने हैं, उनमें से मैं मौथनर के सिद्धांत का उल्लेख करना चाहता हूँ, क्योंकि वह काफी विचारोत्तेजक है। मौथनर ने कहा था कि भाषा 'प्रतिवर्ती ध्वनियों' से उत्पन्न हुई, लेकिन उसने इसमें एक बात और जोड़ी कि भाषा में अनुकरण भी एक सारभूत तत्त्व है। न केवल मानवीय (हर्ष, वेदना, आश्चर्य आदि की) प्रतिवर्ती ध्वनियों का, बल्कि अन्य प्राकृतिक ध्वनियों का अनुकरण भी भाषा में किया जाता है। इसके साथ ही भाषा को महज अनुकरण हरगिज नहीं माना जाना चाहिए। उसका उच्चरित होना भी निहायत जरूरी है। अर्थात् उसका उन मामलों में भी, जहाँ वास्तविक ध्वनियों का अनुकरण किया जाता है, स्वयं वस्तु के सुदूर 'पारंपरिक' सादृश्य का वहन करनेवाला एक संकेत बन जाना निहायत जरूरी है। सारा ध्वनि-अनुकरण वास्तव में संकेतों और रूपकों के निर्माण का मसला है। इन रूपकों में प्रायः वास्तविक चीजों से एक रहस्यात्मक सामंजस्य रहता है, जिसके कारण इनसे हमें बिजली के चमकने, मेघों के गरजने, मृत्यु और ऐसी बहुत-सी

चीजों का *स्मरण* होता है। मौथनर लिखता है, 'यही अथवा इसी से मिलती-जुलती कोई अवस्था भाषा के निर्माण की अवस्था रही होगी, न कि उन 'भाषा की जड़ों' की अवस्था, जिनकी किंवदंतियाँ हम सुना करते हैं।'

भाषा की यह दोहरी प्रकृति कि वह संप्रेषण का साधन है और अभिव्यक्ति का साधन भी, वह यथार्थ का बिंब है और उसका संकेत भी, वह किसी वस्तु का 'संवेदिक' ग्रहण है और उसका अमूर्तन भी—सदा से ही दैनंदिन गद्य से भिन्न, कविता की विशिष्ट समस्या रही है। भाषा के उद्गम तक जाने की इच्छा कविता में अंतर्निहित रहती है। शिलर ने लिखा है :

> भाषा हर चीज को विवेक की शब्दावली में प्रस्तुत करती है, लेकिन कवि से अपेक्षा की जाती है कि वह हर चीज को कल्पना की शब्दावली में प्रस्तुत करे। कविता स्वप्न-चित्र की माँग करती है, जबकि भाषा केवल धारणाएँ प्रदान करती है। इसका अर्थ यह है कि शब्द जिस वस्तु को निरूपित करता है, उससे उसकी ऐंद्रिय तथा वैयक्तिक प्रकृति का अपहरण कर लेता है और उस पर अपना गुणधर्म यानी एक सामान्यता आरोपित कर देता है, जो मूल वस्तु में नहीं होती। इस प्रकार उस वस्तु का निरूपण या तो स्वतंत्रतापूर्वक नहीं हो पाता या निरूपण होता ही नहीं, मात्र वर्णन होता है।

प्रत्येक कवि के अंदर एक मौलिक, 'जादुई' भाषा की चाह होती है।

मौथनर भाषा की उत्पत्ति 'प्रतिवर्ती ध्वनियों' से मानता था। उससे एक सर्वथा भिन्न संदर्भ में पावलोव ने भाषा को अनुबंधित प्रतिवर्तों और इंगितों की व्यवस्था के रूप में परिभाषित किया। मौथनर की प्रतिवर्ती ध्वनियाँ हर्ष, वेदना आदि को व्यक्त करने के मौलिक तथा अस्फुट साधन हैं। पावलोव के अनुबंधित प्रतिवर्त बाह्य जगत में एक क्रमिक शृंखला के अंतर्गत घटित होनेवाली घटनाओं के अनुरूप जीवित स्नायुतंत्रों में घटित होनेवाली घटनाएँ हैं। (उदाहरण के लिए, घंटी की उस आवाज को सुनते ही, जो कुत्ते को खाना देने के समय का इंगित बन चुकी है, कुत्ता लार टपकाने लगता है।) यहाँ शब्द एक इंगित है और भाषा इंगितों की अत्यंत विकसित व्यवस्था है। सम्मोहन की प्रकृति पर विचार करते हुए पावलोव ने लिखा है :

> निश्चय ही मनुष्य के लिए शब्द अपने आप में वैसा ही वास्तविक अनुबंधित प्रतिवर्त है, जैसी कि वे अन्य अनुबंधित प्रेरणाएँ, जो मनुष्य और पशुजगत में समान होती हैं; लेकिन सबसे बड़ी बात यह है कि अन्य किसी भी प्रेरणा की तुलना में शब्द अधिक महत्त्वपूर्ण और व्यापक होता है। सच्चाई तो यह है कि पशुजगत में ऐसी कोई प्रेरणा है ही नहीं, जिसकी तुलना मात्रा अथवा गुण की दृष्टि से मानवीय शब्द के साथ दूर-दूर तक भी की जा सके⋯शब्द

की व्यापकता एवं समृद्ध अंतर्वस्तु देखकर ही यह समझा जा सकता है कि सम्मोहित व्यक्ति को उसके बाह्य तथा अंतर्जगत दोनों से संबंधित इतने अधिक और विभिन्न क्रियाकलाप कैसे सुझाए जा सकते हैं।

कार्य के बिना, अर्थात् उपकरणों के इस्तेमाल से प्राप्त अपने अनुभव के बिना, मनुष्य प्रकृति के अनुकरण के रूप में तथा क्रियाओं और वस्तुओं को निरूपित करनेवाले चिह्नों की एक व्यवस्था के रूप में—अर्थात् एक *अमूर्तन* के रूप में—भाषा का विकास नहीं कर सकता था। मनुष्य ने सुस्पष्ट, विभेदीकृत शब्दों का निर्माण केवल इसलिए नहीं किया कि वह हर्ष, वेदना, आश्चर्य आदि प्रकट करने में सक्षम था, इसका कारण यह भी था कि वह *कार्य करनेवाला प्राणी* था।

भाषा और चेष्टा का परस्पर बड़ा घनिष्ठ संबंध होता है। इससे बुशर ने यह निष्कर्ष निकाला कि वागिंद्रियों की उन अनुबंधित क्रियाओं से वाणी का विकास हुआ, जो उपकरणों के इस्तेमाल में होनेवाली शारीरिक चेष्टाओं की आनुषंगिक थीं। जिस प्रकार हाथ अधिक परिष्कृत रूप में स्पष्ट हुए, उसी प्रकार वागिंद्रियाँ भी सुस्पष्ट हुईं—और यह प्रक्रिया तब तक चली, जब तक जागृत होती हुई चेतना ने इन अनुबंधित क्रियाओं पर अधिकार नहीं कर लिया और उन्हें संप्रेषण की एक व्यवस्था के रूप में विकसित नहीं कर लिया। यह सिद्धांत समष्टिगत कार्य की प्रक्रिया पर जोर देता है, जिसके बिना आदिम इंगितों और सहवास तथा भय संबंधी चीत्कारों के कच्चे माल से एक सुव्यवस्थित भाषा का निर्माण कदापि संभव नहीं था। पशु द्वारा परिवेश में हुए परिवर्तन की सूचना देने के लिए किया गया इंगित एक भाषिक 'कार्य प्रतिवर्त' में विकसित हुआ। यह प्रकृति से अनुकूलित होने की निष्क्रिय अवस्था से प्रकृति में परिवर्तन करने की सक्रिय अवस्था में संक्रमण का संधिकाल था।

विविध प्रकार के सैकड़ों 'सांयोगिक उपकरणों' में से प्रत्येक को किसी विशिष्ट संकेत द्वारा पृथक् करके पहचानना असंभव है; परंतु यदि कुछ मानक उपकरण विकसित हो जाते हैं, तो उनके लिए कोई विशिष्ट संकेत अथवा नाम या *संज्ञा*, निर्धारित करना संभव भी हो जाता है और आवश्यक भी। जब किसी मानक उपकरण की बार-बार नकल की जाती है, तो एक सर्वथा नई बात होती है। समस्त अनुकृतियाँ, जो आपस में एक जैसी बनाई जाती हैं, एक ही आदि प्ररूप के आधार पर निर्मित होती हैं। उनमें वही आदि प्ररूप अपने कार्य, अपने रूप, और मनुष्य के लिए अपनी उपयोगिता के साथ बार-बार सामने आता है। यदि एक कुल्हाड़ी को देखकर उसी जैसी बहुत-सी कुल्हाड़ियाँ बना ली जाएँ, तो अनेक कुल्हाड़ियों के होने पर भी दरअसल वे सब एक ही कुल्हाड़ी हैं। मनुष्य मूल कुल्हाड़ी के बजाए उसकी किसी भी अनुकृति को ले सकता है, क्योंकि वे सब समान उद्देश्य की पूर्ति करती हैं, समान प्रभाव उत्पन्न करती हैं, और अपने कार्य में

समतुल्य अथवा एकरूप होती हैं। मानक कुल्हाड़ी का कोई भी नमूना हाथ आ जाए, उसका अर्थ कुल्हाड़ी ही होगा, कोई दूसरा उपकरण नहीं। इस प्रकार पहला अमूर्तन, पहला धारणात्मक रूप, स्वयं उपकरणों से प्राप्त हुआ। प्रागैतिहासिक मनुष्य ने अनेक भिन्न कुल्हाड़ियों में समान रूप से पाए जानेवाले गुण का, कुल्हाड़ी होने के गुण का, अमूर्तन किया, और ऐसा करते हुए उसने कुल्हाड़ी की 'धारणा' का निर्माण किया। उसे मालूम नहीं था कि वह ऐसा कर रहा है, फिर भी वह एक धारणा को जन्म दे रहा था।

समरूप निर्माण

मनुष्य ने पहले उपकरण के सदृश दूसरा उपकरण बनाया और ऐसा करते हुए एक नया, समान रूप से उपयोगी तथा समान रूप से मूल्यवान उपकरण उत्पन्न कर दिया। इस प्रकार 'समरूप निर्माण' मनुष्य को *वस्तुओं पर अधिकार करने की एक शक्ति* प्रदान करता है। वह पत्थर जो पहले बेकार था, अब मूल्यवान हो जाता है, क्योंकि उसे एक उपकरण के समरूप बनाया जा सकता है और मनुष्य की सेवा में नियुक्त किया जा सकता है। 'समरूप निर्माण' की इस प्रक्रिया में कुछ जादुई चीज है। इससे प्रकृति पर अधिकार प्राप्त होता है। अन्य अनुभवों से इस अद्‌भुत खोज की पुष्टि होती है। यदि आप किसी पशु की नकल करें, अपने आपको वैसा ही दीखनेवाला और वैसी ही बोली बोलनेवाला बना लें, तो आप उसे आकर्षित कर सकते हैं, ज्यादा आसानी से उसका पीछा कर सकते हैं, और शिकार ज्यादा आसानी से आपके हाथ लग जाता है। यहाँ भी सादृश्य एक शक्ति का, जादू का, हथियार है। जीव-जातियों की आदिम सहजबुद्धि इस खोज को और भी ज्यादा बल प्रदान करती है। यह सहजबुद्धि समस्त पशुओं को अपनी ही जाति के उन प्राणियों के प्रति संदेहास्पद बना देती है, जो असामान्य हो जाते हैं, जिनका रंग उनसे मिलता-जुलता नहीं होता, और जो किसी भी प्रकार से असाधारण होते हैं। वे सहज ही जाति के विरुद्ध विद्रोह करनेवाले मान लिए जाते हैं। उन्हें मार डालना या प्राकृतिक जगत से बाहर खदेड़ देना जरूरी हो जाता है। इस प्रकार सादृश्य सर्वत्र महत्त्वपूर्ण है और प्रागैतिहासिक मनुष्य, जिसे अब उपकरणों की तुलना करने, उनका चयन करने और उनकी अनुकृति बनाने का अभ्यास हो चुका था, *समस्त सादृश्य को बहुत अधिक महत्त्व देने लगा था।*

एक सादृश्य से दूसरे सादृश्य की ओर बढ़ते हुए वह अमूर्तनों की उत्तरोत्तर बढ़ती हुई संपदा तक आ पहुँचा। अब वह संबंधित वस्तुओं के पूरे समूहों को एक ही नाम देने लगा। ऐसे अमूर्तनों की प्रकृति यह होती है कि वे अक्सर (हालाँकि हमेशा नहीं) किसी वास्तविक संपर्क या संबंध को व्यक्त करते हैं। याद रखने की बात है कि एक खास तरह के सारे उपकरण उस प्रथम उपकरण से उत्पन्न हुए,

जिसकी वे अनुकृति या नकल थे। यही बात भेड़िया, सेब आदि बहुत-से अन्य अमूर्तनों के बारे में सच है। नए खोजे गए संपर्कों में प्रकृति प्रतिबिंबित होती है। मस्तिष्क में अब प्रत्येक उपकरण का प्रतिबिंबन किसी विलक्षण वस्तु के रूप में नहीं होता, न अब वह प्रत्येक समुद्री घोंघे का प्रतिबिंबन इस प्रकार करता है। एक ही प्रकार के सभी उपकरणों, समस्त समुद्री घोंघों, समस्त वस्तुओं और जीवित प्राणियों के लिए एक-एक *संकेत* विकसित हो गया है। भाषा में संकेंद्रण और वर्गीकरण की इस प्रक्रिया से बाह्य जगत के बारे में, जिसमें मनुष्य अन्य सब मनुष्यों के साथ रहता है, उत्तरोत्तर अधिक स्वतंत्रतापूर्वक संप्रेषण संभव हो जाता है।

यही बात प्रक्रियाओं के बारे में, और सबसे बढ़कर कार्य की सामाजिक प्रक्रिया के बारे में सच है। उभरती हुई मानव-समष्टि ने एक ही प्रक्रिया को हजारों बार दोहराया। क्रमशः उसको इस समष्टिगत क्रियाकलाप के लिए एक संकेत यानी अभिव्यक्ति का एक साधन मिल गया। माना जा सकता है कि एक प्रकार की लयात्मक नियमितता का प्रतिबिंबन करनेवाला यह संकेत स्वयं कार्य की प्रक्रिया से उत्पन्न हुआ। यह संकेत एक विशिष्ट क्रियाकलाप की ओर इशारा करता था और उससे इतने प्रत्यक्ष रूप में संबद्ध था कि इसकी ध्वनि अथवा इसका दृश्य मस्तिष्क के तमाम केंद्रों को, जहाँ यह क्रियाकलाप दर्ज होता था, तुरंत उत्तेजित कर देता था। ऐसे संकेत प्रारंभिक मनुष्य के लिए बहुत महत्त्वपूर्ण थे। कार्य करनेवाले लोगों के समूह या समष्टि में इन संकेतों का एक संगठनात्मक प्रकार्य हुआ करता था, क्योंकि उस समूह या समष्टि के प्रत्येक सदस्य के लिए इनका एक ही अर्थ होता था।

कार्य की समष्टिगत प्रक्रिया के लिए समष्टि को एक सूत्र में बाँधनेवाली एक कार्य-लय आवश्यक होती है। यह कार्य-लय कमोबेश स्पष्ट एक राग के साथ चलती है, जो समवेत स्वर में उच्चरित होता है। चाहे अंग्रेजी का 'Heave-o-ho!' हो, चाहे जर्मन का 'Horuck', चाहे रूसी का 'E-uchnyem' (अथवा हिंदी का 'हैया-हो'—अनु.), ये राग कार्य के लयबद्ध संपादन के लिए आवश्यक हैं। गीत में टेक के रूप में बार-बार आनेवाली ऐसी ध्वनियों में एक जादू होता है, और वह जादू यह है कि इनके सहारे समष्टि के बाहर कार्यरत अकेला व्यक्ति भी अपने साथ समष्टि को सुरक्षित रखता है। जार्ज थामसन ने (दुर्भाग्य से प्रस्तुत पुस्तक के लगभग समाप्त होने तक मैं उनकी उत्कृष्ट कृति 'स्टडीज़ इन एंशिएंट ग्रीक सोसायटी': दि प्रि-हिस्टारिक एजियन' से परिचित नहीं था, अतः उनका उल्लेख मैं चलते-चलाते ही कर पा रहा हूँ) प्राचीन कार्य-गीतों का विश्लेषण टेक (समवेत स्वर में उच्चरित समष्टिगत राग) और वैयक्तिक आशुकविता के रूप में किया है। उन्होंने अन्य बातों के साथ-साथ एक स्विस मिशनरी जूनोड द्वारा लिपिबद्ध एक

राग उद्धृत किया है। ठोंग जाति का एक लड़का किसी अफ्रीका की सड़क के किनारे अपने योरपीय मालिकों के लिए पत्थर तोड़ते हुए गाता था :

'बा हि शानी-सा, एहे!
बा कु हि ह्लूफा, एहे!
बा न्वा माखोफी, एहे!
बा न्या हि न्जिकी, एहे!

अर्थात्

करते हैं बरताव बुरा हमसे वे, एहे!
और बड़ी करते हैं सख्ती हम पर, एहे!
खुद पीते हैं वे काफी के प्याले, एहे!
और हमें वे कुछ भी ना देते हैं, एहे!

कार्य की प्रक्रिया के लिए पहले-पहल बने शब्दसंकेत, वे रागमयी ध्वनियाँ, जो समष्टि के लिए एकसरीखी लय प्रदान करती थीं, संभवतः आदेशात्मक संकेत भी थे, जिनका उद्देश्य समष्टि को सक्रिय होने के लिए उद्बुद्ध करना था, (उसी तरह जैसे चेतावनी की चीत्कार तत्काल एक निष्क्रिय—उदाहरणार्थ उसे सुनकर पशु-यूथ के भाग जाने जैसी, प्रतिक्रिया उत्पन्न करती है)। इस प्रकार अभिव्यक्ति के प्रत्येक भाषिक साधन में एक ऐसी *शक्ति* संचित होती थी, जो मनुष्य और प्रकृति दोनों को प्रभावित करती थी।

बात सिर्फ इतनी नहीं थी कि प्रागैतिहासिक मनुष्य शब्दों को एक शक्तिशाली उपकरण मानता था, उन्होंने सचमुच प्रकृति पर उसके नियंत्रण को बढ़ा दिया था। भाषा ने न केवल मानवीय क्रियाकलाप में बुद्धिमत्तापूर्ण ढंग से तालमेल बिठाना संभव बना दिया, अनुभव का वर्णन और संप्रेषण भी संभव बना दिया, और इस प्रकार इससे कार्यकुशलता में सुधार संभव हो गया; बल्कि उसने वस्तुओं के साथ विशिष्ट शब्दों को जोड़कर उन्हें अन्य वस्तुओं से अलगाना और इस प्रकार उन्हें छिपाए रखनेवाली प्राकृतिक गुमनामी से निकालकर मनुष्य के नियंत्रण में लाना भी संभव बना दिया। यदि मैं जंगल में उगे किसी पेड़ पर खाँचा बना दूँ, तो समझिए कि वह पेड़ मारा गया। मैं किसी और से कह सकता हूँ कि जाओ, जिस पेड़ पर मैंने निशान लगाया है, उसे काट लाओ। वह आदमी जाएगा और उस पर बने खाँचे से उस पेड़ को पहचान लेगा। किसी चीज को नाम देने का भी ऐसा ही प्रभाव होता है। वह चीज *चिह्नित* हो जाती है, दूसरी चीजों से अलग पहचानी जाती है, और मनुष्य को प्राप्त हो जाती है। उपकरणों के निर्माण से लेकर उन्हें चिह्नित करने और उन पर अधिकार करने तक विकास की एक अविच्छिन्न रेखा दिखाई देती है। (मसलन उपकरणों पर अधिकार करने का अर्थ यह है कि उनमें एक

खाँचा या कई खाँचे बनाकर अथवा उन पर कोई अलंकरण करके उन्हें पहचानने लायक बनाया जाता है और इसके बाद उन्हें कोई नाम दे दिया जाता है, जिससे वे समष्टि के अन्य सदस्यों की पहचान और पकड़ में आ जाएँ।)

अनुकरण के द्वारा मानक उपकरण का पुनरुत्पादन किया गया, जिसने एक प्रकार के जादू से उसे अन्य पत्थरों से अलग कर दिया, जो अभी तक प्रकृति की ही शक्ति के अधीन थे। माना जा सकता है कि अभिव्यक्ति के प्रथम भाषिक साधन भी अनुकरण के अलावा और कुछ नहीं थे। शब्द को बहुत हद तक वस्तु के समरूप माना जाता था। शब्द वस्तु को पकड़ने, समझने और उस पर अधिकार करने का साधन था। हम पाते हैं कि प्रायः सभी आदिम जातियों में यह विश्वास प्रचलित था कि किसी वस्तु, व्यक्ति या भूत-प्रेत को नाम देकर उसे वश में किया जा सकता है (नहीं तो उसकी जादुई शत्रुता का खतरा मोल लेना पड़ सकता है)। यह विचार असंख्य लोककथाओं में सुरक्षित चला आ रहा है। हमारे लिए केवल उस धूर्त *रंपेल्स्टिल्ट्स्किन* को ही याद कर लेना काफी होगा, जो विजयोल्लास में कहा करता था :

खुश हूँ, नहीं किसी को ज्ञान
रंपेल्स्टिल्ट्स्किन है मेरा नाम।

अभिव्यक्ति का कोई साधन—कोई संकेत, बिंब, ध्वनि अथवा शब्द—उसी तरह एक उपकरण था, जिस तरह कोई कुल्हाड़ी या चाकू। यह और कुछ नहीं, मनुष्य द्वारा प्रकृति को वश में करने का एक और तरीका था।

इस प्रकार उपकरणों के इस्तेमाल और समष्टिगत कार्य-प्रक्रिया के जरिए प्रकृति में से एक सत्ता (मनुष्य) का विकास हुआ, जिसने पहली बार एक सक्रिय *विषय* के रूप में संपूर्ण प्रकृति का मुकाबला किया। लेकिन इससे पहले कि मनुष्य स्वयं अपना विषय बनता, प्रकृति उसके लिए *वस्तु* बन चुकी थी। प्रकृति में पाई जानेवाली कोई चीज कार्य की वस्तु अथवा उपकरण बनकर ही वस्तु बनती है। विषय और वस्तु का संबंध कार्य के द्वारा ही बनता है।

मनुष्य और प्रकृति के क्रमिक अलगाव ने मानवीय अस्तित्व की अत्यंत गहन समस्याओं में से एक समस्या यह पैदा की कि मनुष्य उत्तरोत्तर एक सर्जक के रूप में प्रकृति का सामना करते हुए भी स्वयं प्रकृति की एक सर्जना बना रहता है। अतः मनुष्य की 'दोहरी प्रकृति' की बात करना सर्वथा तर्कसंगत है। स्वयं प्रकृति की रचना होते हुए भी उसने एक 'प्रति-प्रकृति' अथवा 'अति-प्रकृति' की रचना कर डाली है। अपने कार्य के द्वारा उसने एक नए प्रकार के यथार्थ का निर्माण कर लिया है, जो एक ही साथ संवेदी और अति-संवेदी दोनों ही है।

यथार्थ कभी भी बिना किसी संबंध के साथ-साथ मौजूद पृथक् इकाइयों का

अंबार नहीं होता। प्रत्येक भौतिक 'कुछ' अन्य प्रत्येक भौतिक 'कुछ' से अंतः-संबंधित होता है। वस्तुओं के बीच संबंधों की एक व्यापक विविधता हुआ करती है। ये संबंध भौतिक वस्तुओं की ही तरह वास्तविक होते हैं और वस्तुएँ अपने पारस्परिक संबंधों में ही यथार्थ को संघटित करती हैं। ये संबंध ज्यों-ज्यों समृद्धतर और जटिलतर होते जाते हैं, त्यों-त्यों यथार्थ की प्रकृति भी समृद्धतर और जटिलतर होती जाती है। कार्य के द्वारा उत्पादित किसी वस्तु को लें। यह क्या है ? यांत्रिक यथार्थ की शब्दावली में यह अन्य 'द्रव्यमानों' की ओर गुरुत्वाकर्षित 'द्रव्यमान' के सिवा कुछ नहीं है। ('द्रव्यमान' स्वयं भी एक संबंध के लिए दिया गया शब्द है।) भौतिक-रासायनिक यथार्थ की शब्दावली में यह ठोस भौतिक तत्त्व का, अणुओं और परमाणुओं के एक खास तरह के संयोजन से बना एक खंड है, जिस पर इन कणों के कुछ नियम लागू होते हैं। मानवीय और सामाजिक यथार्थ की शब्दावली में यह एक उपकरण है, उपयोगिता-मूल्य वाली एक वस्तु है, और यदि इसका विनिमय किया जाए, तो इसका विनिमय-मूल्य भी हो जाता है। प्रकृति और अपने साथी मनुष्यों के साथ मनुष्य के नए संबंधों ने भौतिक तत्त्व के इस खंड में प्रविष्ट होकर इसमें एक नई अंतर्वस्तु और गुणवत्ता भर दी है, जो इसमें पहले नहीं थी। अतः मनुष्य, जो एक कार्य करनेवाली सत्ता है, एक नए यथार्थ का, एक अति-प्रकृति का सर्जक है, जिसका सबसे असाधारण उत्पादन है मस्तिष्क। यह कार्य करनेवाली सत्ता कार्य के द्वारा अपना उन्नयन करती है और चिंतन करनेवाली सत्ता बन जाती है। चिंतन, अर्थात् मस्तिष्क, प्रकृति के साथ मनुष्य के माध्यमयुक्त चयापचय का आवश्यक परिणाम है।

अपने कार्य के द्वारा मनुष्य दुनिया को जादूगर की तरह रूपांतरित करता है। कोई लकड़ी का टुकड़ा, कोई हड्डी, या कोई पत्थर एक नमूने से मिलता-जुलता बनाया जाता है और इससे वह उसी नमूने में रूपांतरित हो जाता है; भौतिक वस्तुएँ संकेतों, नामों और धारणाओं में रूपांतरित हो जाती हैं; मनुष्य स्वयं पशु से मनुष्य में रूपांतरित हो जाता है।

मानवीय सत्ता में मूल में मौजूद यही जादू समस्त कला का सारतत्त्व है और यही शक्तिहीनता की भावना के साथ शक्ति की चेतना भी उत्पन्न करता है। उपकरण बनानेवाला वह पहला आदमी पहला कलाकार था जिसने पत्थर को ऐसा रूप दिया कि पत्थर मनुष्य की सेवा कर सके। नाम देनेवाला वह पहला आदमी भी एक महान कलाकार था, जिसने प्रकृति की विशालता में से एक वस्तु को छाँट कर अलग किया, जिसने किसी चिह्न के माध्यम से उसे वश में किया, और भाषा की इस सर्जना को शक्ति के एक उपकरण के रूप में अन्य मनुष्यों के हवाले किया। संगठन करनेवाला वह पहला आदमी कला का पैगंबर था जिसने लययुक्त राग के द्वारा कार्य की प्रक्रिया में तालमेल बिठाया और इस प्रकार मनुष्य की समष्टिगत

शक्ति को बढ़ाया। वह पहला शिकारी, जिसने पशु का रूप धरा और अपने शिकार के साथ इस तादात्म्य के जरिए शिकार की प्राप्ति में वृद्धि की; पाषाण युग का वह पहला आदमी, जिसने उपकरण या हथियार को एक विशेष खाँचे या अलंकरण द्वारा चिह्नित किया वह पहला मुखिया, जिसने समान प्रकार के पशुओं को आकर्षित करने के लिए प्रस्तर-पिंड या वृक्ष के ठूँठ पर उस जाति के पशु की खाल मढ़ी; ये सभी कला के आदिपुरुष थे।

जादू की शक्ति

प्राकृतिक चीजों को बाह्य जगत को प्रभावित और परिवर्तित करने में समर्थ उपकरणों में बदला जा सकता है, यह बड़ी उत्तेजक खोज थी। इसने निरंतर प्रयोगशील तथा धीरे-धीरे चिंतन के प्रति सचेत होते हुए आदिम मनुष्य के मन में अनिवार्यतः यह भाव भी उत्पन्न किया कि जादू के उपकरणों से असंभव को भी संभव बनाया जा सकता है। अर्थात् कार्य का प्रयास किए बिना ही प्रकृति को 'सम्मोहित' किया जा सकता है। समरूपता और अनुकरण के अत्यधिक महत्त्व से अभिभूत उस आदिम मनुष्य ने यह निष्कर्ष निकाला कि चूँकि सभी समरूप चीजें एक जैसी होती हैं, इसलिए 'समरूप निर्माण' के जरिए वह प्रकृति को वश में करने की असीम शक्ति प्राप्त कर सकता है। वस्तुओं को हस्तगत और नियंत्रित करने की; संकेतों, बिंबों और शब्दों के माध्यम से सामाजिक क्रियाकलाप को प्रेरित करने और घटनाओं को संभव बनाने की जो नई-नई शक्ति उसे प्राप्त हुई थी, उससे प्रेरित होकर वह भाषा में अनंत जादुई शक्ति की कल्पना करने लगा। वह इच्छा की इस शक्ति पर मुग्ध था कि उससे ऐसी चीजों का भी पूर्वानुमान तथा निर्माण करना संभव है, जो अभी मौजूद नहीं हैं, बल्कि अभी मन में ही एक भाव के रू में आई हैं। इच्छा की शक्ति पर इस प्रकार मुग्ध होकर वह अनिवार्यतः इच्छा के कार्यों पर एक अत्यंत दूरगामी, असीम शक्ति आरोपित करने लगा। उपकरण-निर्माण का जादू अपरिहार्य रूप से जादू को अनंतता तक विस्तृत करने के प्रयास की दिशा में ले गया।

रूथ बेनेडिक्ट की पुस्तक 'पैटर्न्स ऑफ कल्चर' (संस्कृति के प्रतिरूप) में इस विश्वास का एक अच्छा उदाहरण मिलता है कि अनुकरण से अवश्य ही शक्ति प्राप्त होती है। डोबू द्वीप का एक जादूगर चाहता है कि उसके शत्रु को प्राणांतक रोग लग जाए।

> जादूगर अपने शत्रु को अपने जादू से जो रोग लगाना चाहता है, उसकी प्रत्याशा में वह उस रोग की चरम अवस्था में होनेवाली पीड़ा का अनुकरण करता है। वह जमीन पर लोटता हुआ तड़पता है और मरोड़ खा-खाकर

चीखता है। उसका विश्वास है कि इसी तरह से, यानी रोग के प्रभावों की हू-ब-हू पुनर्प्रस्तुति के बाद ही, उसका मंत्र उद्दिष्ट कार्य कर पाएगा।

और आगे लिखा है :

मंत्र भी उतने ही सुस्पष्ट होते हैं, जितनी कि उनके साथ-साथ की जानेवाली क्रियाएँ... नीचे गांगोसा नामक भयानक रोग लगाने का मंत्र दिया जा रहा है। यह रोग उसी तरह शरीर का मांस खा जाता है, जिस तरह कठफोड़वा अपनी कठोर चोंच से पेड़ के तने को फाड़-फाड़कर खाता है। कठफोड़वा इस रोग का इष्ट प्राणी है और उसी के नाम पर इस रोग का नामकरण किया गया है।

कठफोड़वा सीगासीगा का
लोवाना पेड़ की चोटी पे,
वह काटे है, वह काटे है,
वह फाड़-फाड़ खा जाए है,
वह नाक से फाड़े,
कनपटियों से फाड़े,
वह गले से फाड़े,
चूतड़ पे से फाड़े,
वह जीभ से फाड़े,
गरदन से फाड़े,
वह नाभि से फाड़े,
वह गुदा से फाड़े,
वह गुरदे से फाड़े,
वह आँतों से फाड़े,
वह फाड़ डालता
वह खड़े-खड़े ही फाड़ डालता।
कठफोड़वा टोकूकू का
लोवाना पेड़ की चोटी पे,
वह[4] दोहरा हो झुक जाएगा
वह पीठ पकड़ झुक जाएगा,
वह हाथ बाँध झुक जाएगा,
वह गुरदे पकड़ झुक जाएगा,
वह सिर को पकड़ झुक जाएगा,

4 रोग का शिकार।

वह ऐंठ-ऐंठ झुक जाएगा
वह चीख-चीख मर जाएगा
वह रो-रो के मर जाएगा।
लो, आई-आई,
उड़ती हुई आई,
वह[5] तेजी से आई!

कला एक जादुई उपकरण थी और प्रकृति पर अधिकार करने तथा सामाजिक संबंधों का विकास करने में मनुष्य के काम आती थी। मगर केवल इसी तत्त्व के आधार पर कला के उद्‌गमों की व्याख्या करना गलत होगा। प्रत्येक नवनिर्मित गुण एक नए संबंध-समुच्चय का परिणाम होता है, जो कभी-कभी अत्यंत जटिल हो सकता है। कला के जन्म में दीप्तिवान, चमकीली, जगमगाती चीजों के आकर्षण (जो केवल मनुष्यों में ही नहीं, पशुओं में भी पाया जाता है) तथा प्रकाश के दुर्दमनीय आकर्षण की अपनी एक भूमिका रही होगी। लैंगिक आकर्षण ने—जैसे पशुओं के चमकीले रंग, तीक्ष्ण गंध, सुंदर त्वचा और भड़कीले पंखों ने और मनुष्यों के आभूषणों, सुंदर वस्त्रों तथा मोहक शब्दों और मुद्राओं ने—उद्दीपन प्रदान किया होगा। जैव तथा अजैव प्रकृति की लयों—जैसे दिल की धड़कन की लय, साँस की लय, संभोग की लय—और रूप के तत्त्वों व प्रक्रियाओं तथा उनसे प्राप्त आनंद की लयात्मक पुनरावृत्तियों तथा कार्य संबंधी लयों की भी महत्त्वपूर्ण भूमिका रही होगी। लयात्मक गति कार्य में सहायक होती है, प्रयास को समन्वित करती है, और व्यक्ति को सामाजिक समूह से जोड़ती है। कोई भी लयभंग अप्रिय होता है, क्योंकि वह जीवन तथा कार्य की प्रक्रियाओं में बाधा पहुँचाता है, अतः हम कलाओं में लय को अनुपात और सममिति रूपी नैरंतर्य की पुनरावृत्ति के रूप में समाविष्ट पाते हैं। और अंततः, कलाओं के लिए अनिवार्य है एक ऐसा तत्त्व, जो भयावह होता है, जो आतंक उत्पन्न करता है, और जिसके बारे में यह माना जाता है कि वह शत्रु को वश में करने की शक्ति प्रदान करता है। स्पष्ट है कि कला का निर्णायक प्रकार्य (काम) था प्रकृति को, किसी शत्रु को, संभोग के साथी को, अर्थात् यथार्थ को वश में करना और मानव-समष्टि को शक्तिशाली बनाना। मानवता के उदय-काल में कला का 'सौंदर्य' से कोई ज्यादा संबंध नहीं था, और किसी प्रकार की सौंदर्यात्मक इच्छा से तो उसका कोई कतई लेना-देना नहीं था। उस समय कला मानव समष्टि द्वारा जीवित रहने के लिए किए जानेवाले संघर्ष में एक जादुई उपकरण या हथियार थी।

आदिम मनुष्य के अंधविश्वासों पर अथवा प्रकृति को वश में करने के उसके उपायों पर व्यंग्यपूर्वक मुस्कराना बहुत गलत होगा, भले ही ये उपाय उसने

5. मंत्र की अभौतिक शक्ति।

अनुकरण के जरिए, तादात्म्य के जरिए, बिंबों और भाषा की शक्ति के जरिए, जादू के जरिए, सामूहिक लयात्मक गतियों के जरिए अथवा ऐसी ही अन्य चीजों के जरिए किए हों। चूँकि उसने प्रकृति के नियमों का पालन करना, कारण और परिणाम के संबंधों को खोजना, सामाजिक संकेतों, शब्दों, धारणाओं और परिपाटियों वाले एक सचेत संसार का निर्माण करना अभी शुरू ही किया था, इसलिए यह स्वाभाविक ही था कि वह असंख्य मिथ्या निष्कर्षों पर पहुँच गया और साम्यानुमान से दिग्भ्रमित होने के कारण उसके मन में बहुत-से ऐसे भाव उत्पन्न हुए, जो मूलतः गलत थे। (उनमें से बहुत-से भाव आज तक हमारी भाषा और दर्शन में किसी न किसी रूप में सुरक्षित हैं।) फिर भी कला की सर्जना में उसने अपनी शक्ति बढ़ाने तथा अपने जीवन को समृद्ध बनाने का एक वास्तविक तरीका अपने लिए खोज निकाला था। शिकार पर जाने से पहले जन-जातियाँ जो उन्मत्त नृत्य करती थीं, उससे वास्तव में उनके अंदर शक्ति की भावना बढ़ जाती थी। युद्ध के समय शरीर पर रंग पोतने और चिल्लाने से योद्धा वास्तव में अधिक दृढ़ निश्चयी और शत्रु को आतंकित करनेवाला बन जाता था। गुफाओं में बनाए जानेवाले पशुओं के चित्र वास्तव में शिकारी की सुरक्षा की भावना तथा शिकार से श्रेष्ठतर होने की भावना के निर्माण में सहायक होते थे। परिपाटियों का सख्ती से पालन करते हुए संपन्न किए जानेवाले धार्मिक समारोह वास्तव में जनजाति के प्रत्येक सदस्य को सामाजिक अनुभव की शिक्षा देने और उसे समष्टि का अभिन्न अंग बनाने में सहायक होते थे। मनुष्य, जो खतरनाक, अबूझ और आतंककारी प्रकृति का मुकाबला करनेवाला एक कमजोर प्राणी था, अपने विकास में जादू से बहुत लाभान्वित हुआ।

मूल जादू धीरे-धीरे धर्म, विज्ञान और कला में जाकर भिन्न हो गया। पता नहीं कब स्वांग का प्रकार्य बदल गया। स्वांग जादुई शक्ति प्राप्त करने के लिए किए जानेवाले अनुकरण से शुरू हुआ था। आगे चलकर वह रक्त-बलि के स्थानापन्न नाट्य-समारोहों में परिवर्तित हो गया। डोबू द्वीप का वह कठफोड़वा वाला गीत, जिसे मैं ऊपर उद्धृत कर चुका हूँ, अब भी शुद्ध जादू है, लेकिन आस्ट्रेलिया की कुछ आदिम जनजातियाँ जब वस्तुतः स्वांग के माध्यम से मृतकों को प्रसन्न करने की प्रक्रिया में खून का बदला लेने की तैयारी-सी करती दिखाई देती हैं, तब यह जादू नहीं रह गया है। यहाँ जादू नाटक और कलाकृति में रूपांतरित हो गया है। एक अन्य उदाहरण है द्जागा नामक नीग्रो लोगों के द्वारा किसी पेड़ को काटते समय किया जानेवाला जादुई अनुष्ठान। वे पेड़ को उस आदमी की बहिन कहते हैं, जिसकी जमीन पर वह उगा होता है। उस पेड़ को काटने की तैयारी वे इस तरह करते हैं, मानों बहिन की शादी करनेवाले हों। पेड़ को काटने से एक दिन पहले वे उस पर दूध, बियर और शहद चढ़ाते हैं और कहते हैं— 'माना म्फू (विदा,

मेरी बच्ची !), मेरी बहिन, मेरी बेटी, मैं तुम्हारे लिए एक दूल्हा लाया हूँ, वह तुमसे शादी करेगा।' और पेड़ कट जाने के बाद उसका मालिक जोर-जोर से विलाप करने लगता है—'तुमने मेरी बहिन को मुझसे छीन लिया।' यहाँ जादू का कला में संक्रमित हो जाना स्पष्ट है। पेड़ एक जीवित शरीर-रचना है। उसे काटकर जनजाति के सदस्य उसके पुनर्जन्म की तैयारी करते हैं—ठीक वैसे ही, जैसे दीक्षा और मृत्यु को वे यह मानते हैं कि यह समष्टि के मातृ-शरीर से व्यष्टि का पुनर्जन्म है। यह दरअसल गंभीर समारोहात्मक और कलात्मक खेल के बीच का नाजुक संतुलन साधकर की जाने वाली प्रस्तुति है। पेड़ के मालिक के छद्म कारुणिक विलाप में एक प्राचीन भय और जादुई अभिशापों की अनुगूँज मौजूद रहती है। यह समारोहात्मक संस्कार नाटक में सुरक्षित चला आ रहा है।

राजा की बलि देने की व्यापक प्रथा में भी मूलतः मनुष्य और पृथ्वी का जादुई तादात्म्य मौजूद था। फ्रेजर ने सिद्ध किया है कि राजा का पद सबसे पहले गर्भाधान तथा उर्वरता संबंधी जादू से उत्पन्न हुआ। नाइजीरिया में राजा आरंभ में रानियों के पति मात्र हुआ करते थे। रानियों के गर्भाधान से भूमि उर्वर हो जाती है, इस जादुई विश्वास के कारण रानियों को गर्भ धारण करना पड़ता था। हालाँकि उनके पति चंद्र देवता के पार्थिव प्रतिनिधि माने जाते थे, लेकिन जब वे अपने कर्तव्य का पालन कर चुकते थे, रानियाँ उनका गला घोंट कर उन्हें मार डालती थीं। हित्ती लोग मार डाले गए राजा का रक्त अपने खेतों में छिड़कते थे और उनका मांस 'परियाँ' खा जाती थीं, जो वास्तव में कुतिया, घोड़ी और सूअरी के मुखौटे लगाए रानी के पीछे चलनेवाली चेरियाँ हुआ करती थीं। ज्यों-ज्यों मातृसत्ताक व्यवस्था पितृसत्ताक व्यवस्था में परिवर्तित होती गई, त्यों-त्यों रानी को प्राप्त सत्ता उत्तरोत्तर राजा को प्राप्त होती गई, लेकिन बहुत समय तक राजाओं को रानियों का वेश बनाकर राज करना पड़ा। राजा जनानी पोशाक पहनकर और नकली छातियाँ लगा कर रानी को रूपायित करता था, लेकिन राजा के सत्ताधारी हो जाने के कारण रानी अब उसे मार नहीं सकती थी। फिर भी राजा की बलि देने की जादुई प्रथा बनी रही, इसलिए अब राजा के बजाए उसके किसी स्थानापन्न की बलि दी जाने लगी और अंततः स्थानापन्न की जगह पशुओं की बलि दी जाने लगी। यथार्थ मिथक बन गया, जादुई समारोह धार्मिक नाटक बन गया, और अंततः जादू स्वयं कला बन गया।

कला वैयक्तिक नहीं, बल्कि समष्टिगत उत्पादन थी। यह और बात है कि जादूगर लगभग ऐसा कलाकार था, जिसमें वैयक्तिकता की प्रारंभिक विशेषताएँ प्रकट होने लगी थीं। आदिम समाज परस्पर घनिष्ठ रूप से संबद्ध एक सघन समष्टिवाद का रूप था। समष्टि से निकाल दिए जाने और अकेले पड़ जाने से बढ़कर भयानक बात और कोई नहीं थी। समूह या जनजाति से व्यक्ति के बिछुड़

जाने का अर्थ था मृत्यु, जबकि समष्टि का अर्थ था जीवन और जीवन की अंतर्वस्तु। कला अपने सभी रूपों में—अर्थात् भाषा, नृत्य, लयात्मक रागों, जादुई समारोहों आदि में—*सर्वोत्तम* सामाजिक गतिविधि थी, जो सबके लिए समान थी और सभी मनुष्यों को प्रकृति तथा पशु-जगत से ऊपर उठाती थी। कला का यह समष्टिपरक चरित्र पूरी तरह कभी भी नष्ट नहीं हुआ—तब भी नहीं, जब आदिम समष्टि के टूटकर बिखर जाने के बहुत लंबे समय बाद उसका स्थान वर्गों और व्यक्तियों वाले समाज ने ले लिया।

कला और वर्गीय समाज

बेशोफेन और मौर्गन की खोजों से प्रोत्साहित होकर मार्क्स और एंगेल्स ने समष्टिगत जनजातीय समाज के विघटन की, उत्पादन की शक्तियों के क्रमिक विकास की, प्रगतिशील श्रम-विभाजन की, वस्तु-विनिमय पर आधारित व्यापार के जन्म की, पितृसत्ताक शासन में संक्रमण की, व्यक्तिगत संपत्ति, सामाजिक वर्गों तथा राज्य की शुरुआतों की प्रक्रिया का वर्णन किया। तब से आज तक असंख्य विद्वान प्रभूत प्रमाणों के आधार पर इस प्रक्रिया के प्रत्येक ब्यौरे का विश्लेषण कर चुके हैं। जार्ज थामसन की 'एस्कीलस एंड एथेंस' और 'स्टडीज़ इन एंशिएंट ग्रीक कल्चर' नामक कृतियाँ इस क्षेत्र में अत्यंत महत्त्वपूर्ण हैं। प्राचीन यूनान में श्रम की बढ़ी हुई उत्पादकता एक ऐसी स्थिति की ओर ले गई, जिसमें 'डेमियर्गोई' अर्थात् 'समुदाय के लिए कार्य करनेवाले श्रमिक' मुखिया बुजुर्गों और काश्तकारों वाले समुदाय के अंग माने जाते थे। मुखिया को खेती से होनेवाली किसी भी अतिरिक्त पैदावार का निपटारा करने का अधिकार था। उसे नियमित रूप से खिराज मिला करता था। जनजातियों के बीच मौजूद मैत्रीपूर्ण संबंधों के कारण उपहारों का जो आदान-प्रदान होता था, उसने वस्तु-विनिमय का रूप ले लिया और व्यापार का विकास हुआ। मुखियों और श्रमिकों ने सबसे पहले गोत्र के बंधन तोड़े। मुखिया भूस्वामी बन गए और श्रमिकों ने स्वयं को शिल्पीसंघों में संगठित कर लिया। जनजातीय ग्राम भूस्वामियों द्वारा शासित नगर-राज्य में रूपांतरित हो गया। यह वर्गीय समाज की शुरुआत थी।

जिस प्रकार जादू प्रकृति से मनुष्य के एकत्व और समस्त विद्यमान वस्तुओं से तादात्म्य की भावना के अनुरूप था (यह तादात्म्य गोत्र में अंतर्निहित था), उसी प्रकार कला पार्थक्य की भावना के अनुरूप थी और वह पार्थक्य की शुरुआतों की अभिव्यक्ति बनी। गणचिह्नवाला गोत्र एक *संपूर्णता* को निरूपित करता था। गोत्र का गणचिह्न स्वयं उस गोत्र की अमरता का प्रतीक था। वह ऐसी समष्टि का प्रतीक था, जिसमें से व्यक्ति उभरता था और फिर उसी में विलीन हो जाता था।

वह इकसार सामाजिक ढाँचा चारों ओर की दुनिया का एक 'आदर्श' था। विश्व की व्यवस्था समाज की व्यवस्था के अनुरूप थी। कुछ जातियाँ सबसे छोटी सामाजिक इकाई को *कुक्षि या कोख* कहती हैं। इस सामाजिक समष्टि में जीवित और मृतक दोनों एक साथ निवास करते हैं। फादर फॉन विंग ने 'एटुडेस बाकोंगो' में लिखा है :

> जमीन बँटी हुई नहीं होती, बल्कि सारी जमीन संपूर्ण जनजाति की होती है। उस पर जीवितों का ही नहीं, मृतकों का भी हक होता है; बल्कि पहला हक तो मृतकों का ही होता है, जिन्हें 'बाकुलू' कहते हैं। जनजाति और वह जमीन, जिस पर वह रहती है, एक अविभाज्य संपूर्णता है और इस संपूर्णता पर 'बाकुलू' का शासन होता है।

जी. स्ट्रेहलो ने मध्य आस्ट्रेलिया की आरांडा तथा लोरिट्जा नामक जनजातियों के बारे में लिखा है :

> ज्यों ही किसी स्त्री को पता चलता है कि वह गर्भवती हो गई है, अथवा *रातपा* (गणचिह्न) उसके भीतर प्रविष्ट हो गया है··· त्यों ही संभावित बालक का दादा *मुलगा* वृक्ष के पास जाता है और उसमें से एक छोटा-सा *त्जुरुंगा* (गुप्त या प्रच्छन्न गणचिह्न का आकार, जो व्यक्ति को उसके पूर्वजों से तथा संपूर्ण विश्व से जोड़ता है) काट लेता है। उस पर वह ओपोसम के दाँत से गण के पूर्वज या उसके गणचिह्न से संबंधित चिह्न उकेरता है··· गण, गण के पूर्वज और गण की संतान (अर्थात् पुरोहित, जो समारोहों में अपने अलंकरणों तथा मुखौटे से गणचिह्न को मूर्तिमान करता है) त्जुरुंगा गीतों में एकत्र एक इकाई के रूप में आते हैं···।"

मनुष्य, पशु, वृक्ष, पत्थर और जीवन तथा मृत्यु के और समष्टि तथा व्यष्टि के स्रोतों की पूर्ण एकता प्रत्येक जादुई समारोह का आधार होती है।

ज्यों-ज्यों मनुष्य स्वयं को प्रकृति से उत्तरोत्तर पृथक् करते गए, ज्यों-ज्यों मूल जनजातीय एकता श्रम के विभाजन और संपत्ति के स्वामित्व के द्वारा नष्ट होती गई, त्यों-त्यों व्यक्ति और बाह्य जगत के बीच का संतुलन उत्तरोत्तर भंग होता गया। बाह्य जगत के सामंजस्य का अभाव उन्माद, आत्मविस्मृति और पागलपन की ओर ले जाता है। सुरा देवी या सुरा देव की विशिष्ट मुद्रा—देह मेहराबी और सिर पीछे की ओर फिका हुआ—उन्माद की चिरप्रतिष्ठित मुद्रा है। महान इतालवी मार्क्सवादी एंटोनियो ग्राम्शी ने 15 फरवरी 1932 के दिन जेल से लिखे गए एक पत्र में मनोविश्लेषणात्मक पद्धति के बारे में लिखा था कि यह पद्धति उन सामाजिक तत्त्वों पर ही उपयोगी ढंग से लागू की जा सकती है, जिनका वर्णन स्वच्छंदतावादी साहित्य में यह कहकर किया जाता है कि वे :

अपमानित एवं आहत हैं... परंपरागत विश्वास है कि ऐसे लोगों की संख्या बहुत कम है, लेकिन वास्तव में उनकी संख्या बहुत बड़ी है। अर्थात् यह पद्धति उन लोगों पर लागू की जा सकती है, जो आधुनिक जीवन के लौह अंतर्विरोधों में जकड़ गए हैं। (अगर केवल वर्तमान की बात करें तो आधुनिक जीवन की बात कह सकते हैं, अन्यथा हर युग में अतीत के मुकाबले एक वर्तमान हुआ करता है।) ये लोग दूसरों की सहायता के बिना उन अंतर्विरोधों का सामना नहीं कर सकते, उन पर विजय नहीं पा सकते, और एक नई नैतिक शांति और स्वतंत्रता प्राप्त नहीं कर सकते। अर्थात् ये लोग इच्छा के मनोवेगों और प्राप्तव्य लक्ष्यों के बीच स्वयं संतुलन स्थापित नहीं कर सकते...।

संकट के कुछ ऐसे दौर आते हैं, जिनमें वर्तमान और अतीत का वैषम्य आत्यंतिक रूप ग्रहण कर लेता है। आदिम सामाजिक समष्टि से वर्गीय समाज के मुट्ठीभर शासकों और 'अपमानित और आहत' जनगणवाले 'लौह युग' में संक्रमण का दौर, ऐसा ही दौर था।

'आपा खो देने' अथवा उन्मादी हो जाने की दशा में आदमी जबर्दस्ती समष्टि की या वैश्विक एकता की पुनर्रचना करता है। ज्यों-ज्यों सामाजिक विभेदीकरण बढ़ता गया, त्यों-त्यों ऐसे दौर आते गए, जिनमें एक ओर तो पैशाचिक आवेशों से ग्रस्त समष्टि हुआ करती थी, और दूसरी ओर वे व्यक्ति होते थे (हालाँकि वे प्रायः संघों या शिल्पीसंघों में संगठित हुआ करते थे), जिनका सामाजिक प्रकार्य (फंक्शन) आविष्ट या 'प्रेरित' होना ही हुआ करता था। ये आविष्ट व्यक्ति भाग्यशाली भी हो सकते थे और अभागे भी, लेकिन ये ही वे पैगंबर, ऋषि और गायक थे, जो व्यक्ति और बाह्य जगत के बीच की अस्तव्यस्त एकता और सामंजस्य को पुनः प्रतिष्ठित करने का काम करते थे। प्लेटो ने 'आयन' में लिखा है :

> महाकाव्यों के रचयिता समस्त श्रेष्ठ कवियों की अपनी एक उत्कृष्टता होती है। ये महाकवि कला के कारण नहीं, बल्कि उत्प्रेरित और आविष्ट होने के कारण ऐसी प्रशंसनीय कविताएँ कह जाते हैं। यही बात प्रगीतात्मक कवियों के साथ है। वे भी अपनी सुंदर प्रगीतात्मक रचनाएँ करते समय अपनी सुध-बुध उसी तरह खो देते हैं, जिस तरह उपासनारत कोरीबांटे लोग नृत्य करते समय अपने होश-हवास खो बैठते हैं। दरअसल, जब वे सामंजस्य और लय में आते हैं, सुरा देव की तरह हर्षोन्मत्त और आविष्ट हो जाते हैं। अपने आवेश में वे उसी तरह सुंदर रचनाएँ करते हैं, जिस तरह सुरा देव आविष्ट होने पर तो नदियों से दूध और मधु निकालते हैं, लेकिन होश में होने पर वैसा नहीं करते।

प्लेटो ने कहा था कि आविष्ट व्यक्ति के मुख से ईश्वर बोलता है। ईश्वर समष्टि का ही नाम है। पैशाचिक आवेश की अंतर्वस्तु थी व्यक्ति के भीतर एक विकट तरीके से समष्टि का, एक प्रकार के सामूहिक सारतत्त्व का पुनर्सृजन। इस प्रकार विभेदीकृत समाज में कला जादू से विकसित हुई, और इसका कारण भी यही था कि समाज में विभेदीकरण हो रहा था और यह विभेदीकरण जिस पार्थक्य की ओर ले जाता था, वह भी बढ़ रहा था।

वर्गीय समाज में वर्गों का प्रयास होता है कि कला को यानी समष्टि की शक्तिशाली आवाज को, अपने विशिष्ट उद्देश्यों की पूर्ति के लिए अपनी सेवा में नियुक्त कर लिया जाए। पायथिया अपने आनंदातिरेक में जो उद्गार व्यक्त कर बैठी थी, उनको कुलीनतंत्रीय पुरोहितों ने बड़ी चतुराई से संपादित कर दिया था। समष्टि के वृंदगान से वृंदगान के नेता का विकास हुआ; पावन स्तोत्र शासकों के प्रशस्तिगान बन गए; गोत्र के गणचिह्न कुलीनतंत्र के देवताओं में उपविभाजित हो गए। अंत में वृंदगान का नेता अपनी आशुकविताई और आविष्कारकता के बल पर पहले तो राज-दरबार का चारण बना, और फिर बाजारू गायक बन गया। इसीलिए एक तरफ तो हमें शक्ति और *यथास्थिति* का अर्थात् राजा-महाराजाओं, कुलीन परिवारों और उनके द्वारा स्थापित और उनकी विचारधारा में सार्वभौम व्यवस्था के रूप में प्रतिबिंबित व्यवस्था का, 'दैवी' महिमामंडन दिखाई देता है, और दूसरी तरफ दिखाई देता है वह 'आसुरी' विद्रोह, जो निम्न वर्गों की ओर से किया जा रहा था। इस विद्रोह में पुराने जमाने की आवाज थी, उस भग्न समष्टि की आवाज थी, जिसने अब गुप्त संगठनों तथा संप्रदायों में शरण ले रखी थी। यह विद्रोह समाज के उल्लंघन और विखंडन के विरुद्ध था, व्यक्तिगत संपत्ति की *हेकड़ी* और वर्गीय शासन की दुष्टता के विरुद्ध था। यह विद्रोह एक ओर पुरानी व्यवस्था और पुराने देवताओं की वापसी का उद्घोष करता था, तो दूसरी ओर सामूहिक संपत्ति और न्याय के आगामी स्वर्ण-युग का उद्घोष करता था। एक ही कलाकार में अंतर्विरोधी तत्त्व प्रायः मिले-जुले रहते थे—विशेष रूप से उन युगों में, जब पुराना समष्टिवाद अभी बहुत दूर की चीज नहीं हुआ था और जनगण की चेतना में अभी भी विद्यमान था। यहाँ तक कि 'दैवी' कलाकार भी, जो नए शासक वर्ग के अग्रदूत थे, इस 'आसुरी' विद्रोह के तत्त्व से मुक्त नहीं थे और पुराने समष्टि समाज को पीछे छूटे हुए घर की तरह याद करते हुए एक बिछोह-पीड़ा का अनुभव करते थे।

आदिम जनजातीय समाज का जादूगर अत्यंत गंभीर अर्थों में समष्टि का प्रतिनिधि तथा सेवक हुआ करता था और उसकी जादुई शक्ति के साथ यह जोखिम भी रहता था कि यदि वह समष्टि की अपेक्षाएँ पूरी करने में असफल रहेगा तो उसे मार डाला जाएगा। नए वर्गीय समाज में जादूगर की यह भूमिका पहले तो

कलाकार और पुरोहित ने मिलकर सँभाली; फिर चिकित्सक, वैज्ञानिक तथा दार्शनिक भी यह भूमिका निभाने लगे। कला और पूजा का घनिष्ठ संबंध बहुत धीरे-धीरे ढीला पड़ा और अंततः पूरी तरह टूट गया। लेकिन ऐसा हो जाने के बाद भी कलाकार समाज का प्रतिनिधि या प्रवक्ता बना रहा। उसका काम अपने निजी सुख-दुःख से अपनी जनता को परेशान करना नहीं था; उसका व्यक्तित्व अप्रासंगिक था; और उसका मूल्यांकन केवल इस आधार पर किया जाता था कि उसमें सामान्य अनुभव को तथा अपने जनगण, अपने वर्ग और अपने युग की महान घटनाओं तथा विचारों को प्रतिध्वनित करने की कितनी योग्यता है। कलाकार को अपना यह *सामाजिक* काम पहले के जादूगर के काम की ही तरह अनिवार्यतः संपन्न करना होता था और वह इससे इनकार नहीं कर सकता था। कलाकार का काम था अपने साथी मनुष्यों को घटनाओं के गहरे अर्थ बताना; उन्हें सामाजिक और ऐतिहासिक विकास की प्रक्रिया, आवश्यकता और उसके नियम समझाना; उनके लिए मनुष्य और प्रकृति तथा मनुष्य और समाज के सारभूत संबंधों की गुत्थियाँ सुलझाना। उसका कर्तव्य था अपने नगर, अपने वर्ग तथा अपने राष्ट्र के जनगण में आत्मबोध तथा जीवनबोध बढ़ाना; आदिम समष्टि की सुरक्षा से श्रमविभाजन तथा वर्गसंघर्ष की दुनिया में आ पहुँचे मनुष्यों को संदिग्ध और विखंडित वैयक्तिकता की चिंताओं और अस्तित्व की असुरक्षा के भय से मुक्त करना; व्यक्तिगत जीवन को पुनः समष्टिगत जीवन की दिशा में, वैयक्तिकता को सार्वभौमिकता की दिशा में प्रेरित करना; *मनुष्य की खोई हुई एकता को पुनः प्रतिष्ठित करना।*

कारण यह था कि मनुष्य ने समाज के अधिक जटिल तथा अधिक उत्पादक रूपों तक पहुँचकर जो उन्नति की थी, उसके लिए सचमुच बहुत भारी कीमत चुकाई थी। कौशलों के विभेदीकरण, श्रम के विभाजन और वर्गों के अलग-अलग हो जाने के परिणामस्वरूप वह न केवल प्रकृति से, बल्कि अपने आपसे भी पृथक् हो गया था। समाज की जटिल संरचना का मतलब यह भी था कि मानवीय संबंध टूटें; बढ़ती हुई सामाजिक समृद्धि का अर्थ यह भी था कि मानवीय दरिद्रता कई मायनों में बढ़ती जाए। व्यक्तीकरण को चुपचाप एक त्रासद अपराध की तरह महसूस किया जाता था; खोई हुई एकता को पुनः प्राप्त करने की दुर्दमनीय चाह मन में बनी रहती थी; अंधकारपूर्ण और सुदूर अतीत में एक 'स्वर्णिम युग' अथवा निष्पाप 'स्वर्ग' का सपना झिलमिलाता दिखाई देता था। इसका मतलब यह नहीं है कि वर्गीय समाज के विकास के दौरान कविता की एकमात्र या सारभूत अंतर्वस्तु एक आदर्श राज्य के लिए अतीत की ओर देखना था। इसका विपरीत मूलभाव—अर्थात् नई सामाजिक परिस्थितियों की स्वीकृति और 'नए देवताओं' की प्रशंसा का मूलभाव भी उसमें शक्तिशाली रूप में मौजूद था। उदाहरण के लिए एस्कीलस की रचना

'ओरेस्टाया' में तो यही निर्णायक तत्त्व है। साहित्य में समाज की सभी समस्याएँ और सभी संघर्ष प्रतिबिंबित होते थे। आमतौर पर ये चीजें किसी पौराणिक 'पार्थक्य' के रूप में और बदलते हुए बलाघात के साथ साहित्य में आती थीं। 'स्वर्णिम युग' के रूप में अतीत का महिमामंडन करनेवाले कवि आमतौर पर उत्पीड़ित और दाय-वंचित कवि हुआ करते थे। कालांतर में पुरानी दुनिया के क्षय के साथ-साथ यह मूल विषय विशेषाधिकार प्राप्त कवियों (वर्जिल, होरेस, ओविड) ने भी अपना लिया। उदाहरण के लिए टेसिटस की रचना 'जर्मेनिया' में इस मूल विषय को क्षय की शक्तियों के विरुद्ध एक तर्क के रूप में इस्तेमाल किया गया है। लेकिन जो भावना शुरू से ही विद्यमान थी तथा वर्ग विभाजन की प्रक्रिया में बार-बार सामने आती रही, वह थी *हेकड़ी* से भय की भावना। अर्थात् यह विश्वास कि मनुष्य सारा संतुलन, सारी मर्यादा खो चुका है और समष्टि से पृथक् होकर व्यष्टि बन चुका है, व्यक्ति के मन में भय उत्पन्न करता था। वैयक्तिकता का जन्म अपरिहार्य रूप से त्रासद अपराध-बोध की ओर ले जाता था।

मनुष्य का व्यक्तीकरण अंततः कलाओं के व्यक्तीकरण तक पहुँचना अवश्यंभावी था। यह तब हुआ जब समुद्री यात्राएँ करनेवाले व्यापारियों का एक नया वर्ग अस्तित्व में आया। इस वर्ग ने मानवीय व्यक्तित्व के विकास में बहुत महत्त्वपूर्ण भूमिका निभाई। पुराने जनजातीय समुदाय की कब्र खोदनेवाले कुलीन भूस्वामी वर्ग ने भी कुछ व्यक्तित्व पैदा किए थे, लेकिन उनका स्वाभाविक तत्त्व था युद्ध, साहस और वीरता। किसी एस्कीलस या ओडेसियस की कल्पना उसके मूल स्थान से अलग या दूर हो जाने की स्थिति में नहीं की जा सकती, क्योंकि अपने घर में वे कोई वैयक्तिक वीर पुरुष नहीं, बल्कि अपने कुलीन परिवारों के प्रतिनिधि मात्र थे। वहाँ वे शाश्वत भूस्वामी के नश्वर ढाँचे मात्र, पूर्वजों और उत्तराधिकारियों की एक निर्वैयक्तिक शृंखला मात्र थे। समुद्री यात्राएँ करनेवाला व्यापारी उनसे बहुत भिन्न था। वह था एक दुस्साहसी स्वनिर्मित मनुष्य, जो बार-बार अपने जीवन को दाँव पर लगाने का आदी था। खेत बोने और काटने के अपरिवर्तनीय नमूनेवाली दकियानूसी जमीन के प्रति उसमें कोई निष्ठा नहीं थी। वह केवल उस अस्थिर, तुनक मिजाज और अविरल गतिशील समुद्र के प्रति निष्ठावान था, जो उसे अपने तरंग-श्रृंगों पर जितना ऊँचा उठा सकता था, उतना ही नीचा भी गिरा भी सकता था। यहाँ सबकुछ निर्भर था व्यक्तिगत कौशल पर, दृढ़ निश्चय पर, गतिशीलता पर, चतुराई पर और भाग्य पर। लेकिन अंतर सिर्फ इतना ही नहीं, और भी गहरा था। भूस्वामी और उसकी भूमि एक-दूसरे के लिए अजनबी नहीं थे, दोनों के बीच परस्पर घनिष्ठ संबंध रहता था, अतः जमीन का एक टुकड़ा लगभग उसके स्वामी के आत्मविस्तार जैसा होता था। धरती से ही सबकुछ पैदा होता था और धरती में ही सबकुछ समा जाता था। लेकिन व्यापारी का अपनी संपत्ति से जो

संबंध था, वह इससे बहुत भिन्न था। वे दोनों एक-दूसरे से *पृथक्* थे। उस संपत्ति की तो प्रकृति ही यह थी कि वह ज्यों की त्यों न रहे, बल्कि लगातार उसका विनिमय होता रहे, और इस प्रकार लगातार उसका रूपांतरण होता रहे। पुरानी दुनिया के इतिहास में, जिसमें प्राकृतिक अर्थतंत्र पर धन के आक्रमण को एक बुराई माना जाता था, ऐसा कभी नहीं हुआ था कि चीजों का विनिमय-मूल्य उनके उपयोगिता-मूल्य पर पूरी तरह हावी हो जाए। पूँजीवादी दुनिया में यह हुआ। धातु हो या कपड़ा या मसाले, विनिमय-वस्तु के ठोस गुण व्यापारी के लिए दूसरे दरजे की चीज बन गए, असल चीज बन गया उसका अमूर्त गुण यानी मूल्य—और संपत्ति का अमूर्ततम रूप धन। लेकिन चूँकि अब उत्पादन क्रय-विक्रय की एक वस्तु बन गया—एक असंबद्ध और पृथक्-सी चीज बन गया, इसलिए उसके प्रति व्यापारी का रुख एक संप्रभुता-संपन्न व्यक्ति का हो गया। संपत्ति के निर्वैयक्तीकरण ने उसे वह स्वतंत्रता दे दी, जो उसे एक व्यक्तित्व बनने के लिए चाहिए थी। पुरानी दुनिया के सागरतटवर्ती व्यापारिक नगरों में हमें सर्वत्र ऐसे महान व्यापारी राजकुमार दिखाई पड़ते हैं, जो व्यक्तिगत 'तानाशाह' हैं, जो कुलीन परिवारों से लड़ते हुए, पारंपरिक विशेषाधिकारों की अवज्ञा करते हुए और एक शक्तिशाली, कार्यकुशल तथा सफल व्यक्तित्व के रूप में अपने अधिकारों की मांग करते हुए नजर आते हैं। समृद्धि ने जब धन का रूप ले लिया, तो उसने तमाम पारंपरिक बंधनों को अस्वीकार कर दिया। धन को कुलीनता या राजभक्ति की परवाह नहीं रही। धन उन्हीं को प्राप्त होता था, जो सबसे ज्यादा साहसी हों—और सबसे ज्यादा भाग्यशाली भी।

रूढ़िवादी सामंती दुनिया पर धन और व्यापार के इस आक्रमण से जनगण के आपसी संबंधों का अमानुषीकरण हुआ और सामाजिक संरचना पहले से भी ज्यादा ढीली-ढाली हो गई। आत्मविश्वासी तथा आत्मनिर्भर 'मैं' को जीवन में प्रमुख स्थान मिलने लगा। मिस्र जैसे देशों में भी, जहाँ कार्य का आदर किया जाता था और यूनान की तरह कार्य करनेवालों के साथ भेदभाव नहीं बरता जाता था, 'पावन' काव्य तथा सामुदायिक-साहित्य के साथ-साथ अपनी आरंभिक अवस्था में ही 'अपावन' काव्य का जन्म हो गया, जो वैयक्तिक नियतियों से संबंधित हुआ करता था। प्राचीन मिस्र के अनेक प्रेमगीतों में से एक गीत देखिए :

मेरा दिल करता है तुमको प्यार बहुत
भर लेते जब तुम मुझको अपनी बाँहों में
वही-वही करती हूँ जो तुम कहते मुझसे
मेरी इच्छा मेरी आँखों का अंजन है।
तुम्हें देखकर मेरी आँखें हँसने लगतीं
ओ हृदयेश्वर, लिपट-लिपट जाती मैं तुमसे

ताकि तुम्हारा प्यार बसा लूँ अपने दिल में
यह क्षण सबसे सुंदर क्षण है ।
काश कि यह क्षण कभी न बीते
सोई हूँ मैं साथ तुम्हारे
सोच-सोच कर दिल उड़ता है
सुखी रहूँ या दुःख पाऊँ मैं
मुझे छोड़ कर चले न जाना ।

प्राचीन काल के अन्य देशों में भी व्यापार से ही साहित्य में आत्मपरकतावाद आया । वैयक्तिक अनुभव इतना महत्त्वपूर्ण हो गया कि अब वह जनजातीय इतिवृत्त, वीरगाथात्मक महाकाव्य, पावन राग और युद्ध-गीत के साथ-साथ अपने बल-बूते पर टिक सकता था । 'गीतों का गीत', जो अनुश्रुति के अनुसार राजा सोलोमन के द्वारा रचित माना जाता है, इस नए युग की ही अभिव्यक्ति था । यूनानी जगत में, जो समुद्री व्यापारियों का जगत था, सफ्फो नामक कवयित्री ने अपने भाग्य और दुःखों पर विलाप करते हुए वैयक्तिक आवेग से परिपूर्ण कविताएँ लिखीं । आगे चलकर यूरिपिडीज़ ने उस भव्य समष्टिगत नाटक में, जिसकी सर्जना उसके पूर्ववर्तियों ने की थी, समष्टिगत मुखौटों की जगह वैयक्तिक मनुष्यों का चित्रण करके क्रांतिकारी परिवर्तन किया । मिथक पहले उस समष्टि का दर्पण हुआ करता था, जिसमें व्यक्ति समष्टि का एक अनाम अंश मात्र होता था । धीरे-धीरे वही मिथक वैयक्तिक अनुभव को व्यक्त करने का एक रूपात्मक आवरण बन गया ।

फिर भी यह नया व्यक्तिवाद अभी तक एक बृहत्तर समष्टिगत रूपाकार में ही समाहित था । व्यक्तित्व नई सामाजिक परिस्थितियों की देन था । व्यक्तीकरण केवल एक मनुष्य का अथवा कुछेक मनुष्यों का ही नहीं, बल्कि एक साथ बहुत-से लोगों का हुआ था । और इसीलिए यह संप्रेषणीय भी था, क्योंकि संप्रेषण तभी संभव है जब मनुष्यों के बीच कोई सामान्य तत्त्व पहले से मौजूद हो । यदि संपूर्ण जगत में समष्टि के विरुद्ध खड़ा एक अकेला ही आत्म-सजग 'मैं' होता, तो मनुष्य की इस अद्वितीय दुर्दशा को संप्रेषित करने का प्रयास निरर्थक होता । सफ्फो का दुर्भाग्य यदि केवल उसी का दुर्भाग्य होता, तो वह उसके गीत गा ही नहीं सकती थी । हालाँकि उसकी कविता अत्यंत गहन रूप में आत्मपरक थी, फिर भी उसके पास कहने को ऐसा कुछ था, जो अभी तक अनकहा था, मगर दूसरों पर भी लागू होता था । उसने उन तमाम लोगों के अनुभव को अभिव्यक्त किया, जो अकेले, आहत और तिरस्कृत व्यक्तित्व थे—और ऐसी भाषा में व्यक्त किया, जो तमाम यूनानियों की भाषा थी । यह निरा प्रलाप, अस्फुट और अबूझ प्रलाप नहीं था । उसका *आत्मपरक* अनुभव सामान्य भाषा में व्यक्त होकर *वस्तुपरक* बन गया

था, जिससे उसे सार्वभौमिक रूप से मानवीय अनुभव के रूप में स्वीकार किया जा सकता था। इससे भी बड़ी बात यह है कि उस कविता में जादू है। अफ्रोदिते के बारे में लिखी गई प्रसिद्ध कविता, जो प्रकृत्या एक प्रार्थना है–देवताओं को प्रभावित करनेवाला एक जादुई साधन है, अर्थात् यथार्थ को वश में करने की एक कोशिश है, एक जादू है, एक सांस्कारिक कृत्य है। ऐसी कविताओं का प्रयोजन या काम होता है– देवताओं अथवा मनुष्यों को प्रभावित करना; परिस्थिति का वर्णन मात्र करना नहीं, बल्कि प्रभावशाली ढंग से उसे बदलना। यही कारण है कि यह आत्मपरक कवयित्री छंद और रूप के जादुई समारोह और धार्मिक रीति-रिवाज के वस्तुपरक अनुशासन को स्वीकार करती है। जब तक हम यह नहीं समझते कि कला व्यक्ति को समष्टि की ओर लौटने का रास्ता दिखाती है, तब तक यह समझना असंभव लगता है कि मनुष्य वैयक्तिक दुर्भाग्य के दर्द और आवेग के विरुद्ध महज रूपहीन चीख-पुकार मचाकर अपना विरोध क्यों व्यक्त नहीं करता; बल्कि जान-बूझकर भाषा के अनुशासन का तथा आचार के नियमों का पालन क्यों करता है।

यह नया 'मैं' पुराने 'हम' से उत्पन्न हुआ था। समूहगान में से एक व्यक्ति का स्वर अलग हो गया था। लेकिन उस समूहगान की अनुगूँजें अब भी प्रत्येक व्यक्तित्व में सुनाई देती हैं। 'मैं' के अंदर सामाजिक या समष्टिगत तत्त्व का व्यक्तीकरण हो गया है, लेकिन व्यक्तित्व का सारतत्त्व सामाजिक है और सामाजिक ही रहेगा। प्रेम सर्वाधिक आत्मपरक अनुभूति है, मगर यह सबकी सर्वाधिक सार्वभौमिक नैसर्गिक वृत्ति भी है, जो मूलतः यह है कि अपनी जाति को बढ़ाया जाए। लेकिन प्रत्येक युग में प्रेम के विशिष्ट रूपों तथा उसकी विशिष्ट अभिव्यक्तियों में वे सामाजिक परिस्थितियाँ प्रतिबिंबित होती हैं, जो लैंगिकता को जटिलतर, समृद्धतर एवं सूक्ष्मतर रूपों में विकसित होने का अवसर देती हैं। उनमें या तो दासता पर आधारित समाज का वातावरण प्रतिबिंबित होता है, या सामंती अथवा पूँजीवादी समाज का वातावरण। उनमें यह भी प्रतिबिंबित होता है कि समाज में स्त्रियों के लिए कितनी समानता अथवा असमानता है, विवाह का ढाँचा किस प्रकार का है, परिवार की प्रचलित धारणा क्या है, संपत्ति के बारे में समकालीन समाज का रुख क्या है, आदि-आदि। कलाकार अपने काल और समाज द्वारा प्रदत्त अनुभव ही प्राप्त कर सकता है। अतः किसी कलाकार की आत्मपरकता का कारण यह नहीं होता कि उसका अनुभव उसके काल या वर्ग के अन्य लोगों के अनुभव से मूलतः भिन्न है; बल्कि उसके अनुभव का उसके काल या वर्ग के अन्य लोगों के अनुभव से अधिक तीव्र, अधिक सचेत, अधिक संकेंद्रित होना ही उसकी आत्मपरकता का कारण है। इस अनुभव को नए सामाजिक संबंधों का उद्घाटन अवश्य करना चाहिए, ताकि अन्य लोग भी उनके प्रति सचेत हो जाएँ।

इसी प्रकार एक व्यक्ति का अनुभव सबका अनुभव बनकर संप्रेषणीय बनता है। आखिर सर्वाधिक आत्मपरक कलाकार भी समाज के लिए ही काम करता है। केवल यही तथ्य कि उसने उन अनुभूतियों, संबंधों और परिस्थितियों का वर्णन किया है, जिनका वर्णन पहले नहीं किया गया था; कलाकार को इस योग्य बना देता है कि वह इन चीजों को प्रत्यक्षतः एकाकी अपने 'मैं' से 'हम' की ओर बढ़ा दे। यह 'हम' किसी कलाकार के व्यक्तित्व में लबालब भरी हुई आत्मपरकता के बीच भी पहचाना जा सकता है। मगर यह प्रक्रिया अतीत की आदिम समष्टि की ओर लौटने की प्रक्रिया हरगिज नहीं है। इसके विपरीत, यह एक नई समष्टि तक पहुँचने की प्रक्रिया है जिसमें मतभेद और तनाव तो होंगे, लेकिन जहाँ व्यक्तिगत स्वर किसी व्यापक एकस्वरता में खो नहीं जाएगा। प्रत्येक सच्ची कलाकृति में व्यक्तिगत और समष्टिगत, विशिष्ट और सामान्य के रूप में मानवीय यथार्थ का विभाजन निलंबित रहता है, लेकिन वह एक पुनर्रचित एकता में निलंबित तत्त्व के रूप में रहता है।

कला ही यह सब कर सकती है। कला ही मनुष्य को विखंडित अवस्था से ऊपर उठाकर पूर्णता की अवस्था में, एकीकृत अस्तित्व की अवस्था में, ला सकती है। कला मनुष्य को यथार्थ समझने में समर्थ बनाती है, और न केवल यथार्थ को झेलने में उसकी सहायता करती है, बल्कि यथार्थ को अधिक मानवीय तथा मानवता के लिए अधिक उपयुक्त बनाने के उसके दृढ़निश्चय को भी बढ़ाती है। *कला स्वयं एक सामाजिक यथार्थ है।* समाज के लिए कलाकार सबसे बड़ा जादूगर है, और समाज को इस सबसे बड़े जादूगर की जरूरत होती है, इसीलिए समाज को यह मांग करने का अधिकार है कि कलाकार अपने सामाजिक काम के प्रति सचेत हो। क्षयग्रस्त समाज की बात दूसरी है, मगर किसी भी उभरते हुए समाज में कलाकार से कर्तव्यपालन करने की मांग का यह अधिकार संदिग्ध नहीं रहा है। अपने समय के विचारों तथा अनुभवों से संपन्न कलाकार की आकांक्षा केवल इतनी नहीं होती थी कि वह यथार्थ का आकलन करे, उस यथार्थ को नया रूप देने की आकांक्षा भी उसके मन में अवश्य रहती थी। माइकेलेंजेलो द्वारा निर्मित मूसा की मूर्ति पुनर्जागरण काल के मनुष्य का, पत्थर में मूर्त एक नए, आत्मसजग व्यक्तित्व का कलात्मक बिंब मात्र नहीं थी, वह माइकेलेंजेलो के समकालीनों तथा संरक्षकों के लिए पत्थर पर उत्कीर्ण यह धर्मादेश भी था कि 'तुम्हें ऐसा ही होना चाहिए। जिस युग में हम जी रहे हैं, वह यही चाहता है। जिस युग के जन्म पर हम सब उपस्थित हैं, उसे यही चाहिए।'

आमतौर पर कलाकार के सामने एक दोहरा सामाजिक उद्देश्य रहता था : एक तो वह प्रत्यक्ष उद्देश्य, जो किसी नगर, संघ या सामाजिक समूह द्वारा आरोपित होता था; और दूसरा वह परोक्ष उद्देश्य, जो कलाकार को महत्त्वपूर्ण लगनेवाले

किसी अनुभव से—अर्थात् उसकी अपनी सामाजिक चेतना से उद्भूत होता था। ये दोनों उद्देश्य एक जैसे ही हों, यह जरूरी नहीं था। वे अक्सर आपस में टकराने लगते थे और यह टकराव उस समाज में बढ़ते हुए विरोधों का सूचक होता था। परंतु सामान्यतः जो कलाकार किसी ऐसे सुसंगत समाज या वर्ग से जुड़ा होता था, जो समाज अभी प्रगति में बाधक न बना हो, वह किसी निर्दिष्ट विषयावली के अनुसार रचना करने में भी अपनी कलात्मक स्वतंत्रता की कोई क्षति अनुभव नहीं करता था। ऐसा बहुत कम होता था कि ऐसे विषय किसी व्यक्तिगत संरक्षक द्वारा उस पर थोप दिए जाएँ। आमतौर पर होता यह था कि ऐसे विषय जनगण में गहरी जड़ें जमाए रहनेवाली प्रवृतियों तथा परंपराओं द्वारा आरोपित होते थे। कलाकार किसी दिए हुए विषय पर भी अपनी मौलिक सूझबूझ से रचना करके अपनी वैयक्तिकता को व्यक्त कर सकता था और साथ ही समाज में सक्रिय नई प्रक्रियाओं का चित्रण भी कर सकता था। कलाकार के रूप में उसकी महानता का मापदंड था उसका यह सामर्थ्य कि वह अपने समय की सारभूत विशेषताओं को सामने लाए और नई वास्तविकताओं का उद्घाटन करे।

कला के महान युगों की प्रायः हमेशा ही यह विशेषता रही है कि उनमें शासक वर्ग के अथवा उभरते हुए क्रांतिकारी वर्ग के विचारों और उत्पादक शक्तियों के विकास और समाज की सामान्य आवश्यकताओं में एकरूपता होती है। संतुलन के ऐसे समय में लगता है कि एक नई सामंजस्यपूर्ण एकता उत्पन्न होने ही वाली है, और एक ही वर्ग के हित सबके सामान्य हित प्रतीत होने लगते हैं। ऐसे समय में जादुई भ्रम की दशा में जीवित और कार्यरत कलाकार एक सर्वव्यापी समष्टि के जन्म की प्रत्याशा करता था। मगर ज्यों-ज्यों उसकी प्रत्याशा की भ्रामक प्रकृति स्पष्ट होती गई, ज्यों-ज्यों ऊपर से दिखाई देनेवाली एकता विघटित होती गई, ज्यों-ज्यों वर्ग-संघर्ष पुनः भड़कने लगा, और ज्यों-ज्यों इस नई परिस्थिति के अंतर्विरोध तथा अन्याय तीखी बेचैनी पैदा करने लगे, त्यों-त्यों कलाओं और कलाकारों की स्थिति अधिक कठिन तथा अधिक समस्यामूलक होती गई।

क्षयग्रस्त समाज की कला, यदि वह सच्ची कला है तो, क्षय को भी अवश्य ही प्रतिबिंबित करती है। और यदि कला अपने सामाजिक कार्य के प्रति अपनी निष्ठा का परित्याग नहीं करना चाहती, तो उसके लिए अत्यंत आवश्यक है कि वह जगत को परिवर्तनशील दिखाए और स्वयं भी उस परिवर्तन में सहायक हो।

तीसरा अध्याय

कला और पूँजीवाद

पूँजीवादी युग में कलाकार ने स्वयं को बहुत ही विचित्र स्थिति में पाया। राजा मीडास ने तो हर चीज को छूकर सोना बना दिया था, पूँजीवाद ने हर चीज को पण्यवस्तु बना दिया। उत्पादन और उत्पादकता में हुई अब तक की अकल्पनीय वृद्धि के साथ, नई व्यवस्था को गतिशील रूप में भूमंडल के सभी भागों तथा मानवीय अनुभव के सभी क्षेत्रों तक विस्तारित करते हुए, पूँजीवाद ने पुरानी दुनिया को विघटित करके घूर्णित परमाणुओं के एक बादल में विलीन कर दिया, और समस्त उत्पादनों को एक नामहीन बाजार में क्रय-विक्रय के लिए फेंक दिया। पहले दस्तकार किसी खास ग्राहक के आदेशानुसार काम करता था, अब पूँजीवादी दुनिया में पण्यवस्तु का उत्पादक किसी अज्ञात क्रेता के लिए कार्य करने लगा। उसके उत्पादन प्रतिस्पर्द्धा की बाढ़ में बहकर अनिश्चितता की मझधार में जा पहुँचते। सर्वत्र पण्य-उत्पादन का विस्तार, बढ़ता हुआ श्रम-विभाजन, खुद काम का बँटवारा, आर्थिक शक्तियों की नामहीनता—इस सबने मानवीय संबंधों की प्रत्यक्षता को नष्ट कर दिया और मनुष्य को सामाजिक यथार्थ से ही नहीं, बल्कि अपने आपसे भी पृथक् कर दिया। ऐसी दुनिया में कला भी पण्यवस्तु बन गई और कलाकार पण्य-उत्पादक बन गया। कला और कलाकार को मिलनेवाले व्यक्तिगत संरक्षण को हटाकर अब उसकी जगह एक मुक्त बाजार आ गया, जिसके कारनामों को समझना कठिन या असंभव था, क्योंकि यह बाजार नामहीन ग्राहकों का, तथाकथित 'सर्वसाधारण' का एक ढेर मात्र था। कलाकृति पर उत्तरोत्तर प्रतिस्पर्द्धा के नियम लागू होने लगे।

मानवता के इतिहास में पहली बार कलाकार एक 'मुक्त' कलाकार, एक 'मुक्त' व्यक्तित्व बना, जो ऊलजलूलपन और बर्फीले एकाकीपन की हद तक मुक्त था। कला एक अर्द्धरूमानी, अर्द्ध-व्यावसायिक पेशा बन गई।

लंबे अरसे तक पूँजीवाद कला को ऐसी चीज मानता रहा, जो मानो संदिग्ध, तुच्छ और कुत्सित हो। कला से 'कोई लाभ नहीं' था। प्राक्-पूँजीवादी समाज में

बड़े पैमाने पर भरपूर मनोरंजन तथा कलाओं के उन्नयन पर फिजूलखर्ची करने की—लापरवाही से पैसा बहाने की—प्रवृत्ति हुआ करती थी। पूँजीवाद में यह चीज नहीं रही, क्योंकि पूँजीवाद का मतलब था गंभीर सांख्यिकीय गणना और अतिनैतिकतावादी हिसाब-किताब। धन अपने प्राक्-पूँजीवादी रूप में खा-पीकर उड़ाई जा सकनेवाली चीज था, पूँजीवादी धन यह माँग करता था कि उसका संचयन और संक्रेंद्रण किया जाए, ताकि वह अबाध गति से अपने आपको बढ़ाता रहे। कार्ल मार्क्स ने पूँजीपति का वर्णन इस प्रकार किया है :

> उसके सिर पर मूल्य का विस्तार करने का भूत सवार रहता है, वह निर्मम होकर मनुष्य जाति को केवल उत्पादन के हेतु उत्पादन करने के लिए विवश करता है। इस प्रकार वह समाज की उत्पादकता का विकास करता है और उन भौतिक परिस्थितियों को जन्म देता है, जो समाज के उच्चतर रूप के लिए एकमात्र वास्तविक आधार बनती हैं। यह वह समाज होगा, जिसका मूल सिद्धांत प्रत्येक व्यक्ति के लिए पूर्ण और स्वतंत्र विकास का नियम होगा। पूँजीपति केवल मूर्तिमान पूँजी के रूप में ही आदर का पात्र होता है। इस रूप में कंजूस की तरह उसको भी सदा धन के रूप में ही धन का मोह रहता है। लेकिन कंजूस का मोह जहाँ मात्र उसकी मानसिक विलक्षणता होता है, वहाँ पूँजीपति का मोह उस सामाजिक यंत्र का प्रभाव होता है, जिसका पूँजीपति महज एक चालक-पहिया होता है। इसके अलावा, पूँजीवादी उत्पादन के विकास के लिए यह आवश्यक होता है कि किसी औद्योगिक उद्यम में जो पूँजी लगी हुई है, उसमें लगातार वृद्धि होती जाए; और पूँजीवाद प्रत्येक पूँजीपति को पूँजीवादी उत्पादन के आसन्न नियमों का बलपूर्वक लागू किए जानेवाले बाह्य नियमों के रूप में पालन करने के लिए बाध्य करता है। प्रतिस्पर्द्धा पूँजीपति को अपनी पूँजी सुरक्षित रखने के वास्ते उसका लगातार विकास करते रहने के लिए विवश कर देती है, और उत्तरोत्तर संचय के अलावा उसके सामने अपनी पूँजी का विस्तार करने का और कोई तरीका नहीं रह जाता।

पुनश्च:

> संचय करो! संचय करो! पूँजीपति के लिए तो मूसा का और बाकी तमाम पैगंबरों का बस यही संदेश है। 'उद्योग वही सामग्री देता है, जिसका संचय बचत कर देती है।' (एडम स्मिथ, 'वैल्थ ऑफ नेशंस') इसलिए बचत करो, बचत करो, अतिरिक्त मूल्य या अतिरिक्त पैदावार के अधिक से अधिक बड़े हिस्से को पूँजी में बदल डालो। संचय के लिए संचय करो! उत्पादन के लिए उत्पादन करो!—यही था वह सूत्र, जिसके द्वारा

अभिजातवर्गीय अर्थशास्त्रियों ने पूँजीपति वर्ग की ऐतिहासिक भूमिका को व्यक्त किया था।

यह सही है कि पूँजीपति का बढ़ता हुआ धन अपने साथ कुछ नई विलासिताएँ भी लाया, लेकिन जैसा कि मार्क्स ने कहा है, '...पूँजीपति की फिजूलखर्ची का चरित्र कभी भी कुछ सामंती धनिकों में पाई जानेवाली खास तरह की अनियंत्रित फिजूलखर्ची के वास्तविक चरित्र जैसा नहीं होता...उसके पीछे घिनौनी कृपणता और चिंतातुर अंकगणना झाँकती रहती है। पूँजीपति के लिए विलासिता का अर्थ नितांत वैयक्तिक इच्छाओं की पूर्ति हो सकता है, लेकिन इसका अर्थ यह भी हो सकता है कि वह उस विलासिता के जरिए अपनी प्रतिष्ठा बढ़ाने के उद्देश्य से धन का प्रदर्शन करने का एक अवसर पा जाता है। सारतः पूँजीवाद कोई ऐसी सामाजिक शक्ति नहीं है, जिसका कला के प्रति कोई अच्छा रुख हो, या जो कला को प्रोत्साहन देती हो। औसत पूँजीपति यदि कभी कला की जरूरत महसूस करता भी है तो सिर्फ दो रूपों में—या तो अपनी निजी जिंदगी को सजाने के लिए, या यह सोचकर कि इसमें पूँजी का निवेश लाभदायक रहेगा। दूसरी तरफ यह सही है कि पूँजीवाद ने आर्थिक उत्पादन की ही तरह कलात्मक उत्पादन की भी जबर्दस्त शक्तियों को मुक्त किया। उसने नई अनुभूतियों तथा नए भावों को जन्म दिया और कलाकार को नए साधन प्रदान किए, जिनसे वह उन्हें अभिव्यक्त कर सकता था। आज यह संभव नहीं रह गया कि कलाकार किसी निर्धारित और धीरे-धीरे विकसित होनेवाली शैली से ही चिपका रहे। जिन स्थानीय सीमाओं के अंदर ऐसी शैलियाँ बनती हैं, वे पार कर ली गईं, और कला अब विस्तृत देश तथा त्वरित काल में विकसित होने लगी। पूँजीवाद का मूलतः कलाओं से कोई लेनादेना नहीं था, फिर भी उससे व्यापक वैविध्यमयी अनेकपक्षीय, अभिव्यंजक तथा मौलिक कलाकृतियों के विकास तथा उत्पादन में सहायता मिली।

इतना ही नहीं, पूँजीवादी जगत में कलाओं की वस्तुतः जो समस्यामूलक स्थिति बन जाती है, वह भी उस समय तक पूरी तरह सामने नहीं आई, जब तक पूँजीपति वर्ग एक उदीयमान वर्ग रहा और पूँजीवादी भावों की अभिपुष्टि करने-वाला कलाकार एक सक्रिय प्रगतिशील शक्ति का अंग बना रहा।

नवजागरण काल में पूँजीपति वर्ग के अभ्युदय की पहली लहर के आने तक भी सामाजिक संबंध अपेक्षाकृत पारदर्शी थे, श्रम-विभाजन ने अभी वे कठोर और संकुचित रूप धारण नहीं किए थे, जो उसने आगे चलकर धारण किए। नई उत्पादन-शक्तियों की संपदा अभी एक संभाव्यता के रूप में पूँजीवादी व्यक्तित्व के अंदर संचित थी। सफलतापूर्वक आगे बढ़ता हुआ नया पूँजीपति वर्ग और वे राजे-रजवाड़े, जो उससे समझौता कर चुके थे, कलाओं के उदार संरक्षक हुआ करते थे। उस समय सर्जनात्मक प्रतिभावाले आदमी के सामने आगे बढ़ने के लिए

पूरी की पूरी नई दुनिया के दरवाजे खुल गए। उन दिनों एक ही आदमी अक्सर बहुत कुछ हुआ करता था—प्रकृतिविज्ञानी, खोजी, इंजीनियर, वास्तुकार, मूर्तिकार, चित्रकार और लेखक। यह आदमी बड़ी शिद्दत के साथ अपने युग की अभिपुष्टि किया करता था। जीवन के प्रति उसका आधारभूत रवैया संक्षेप में यह हुआ करता था कि 'जीवन कितना आनंदमय है! पूँजीपति वर्ग के अभ्युदय की दूसरी लहर पूँजीवादी-जनवादी विद्रोह के साथ आई, जिसकी चरम परिणति फ्रांसीसी क्रांति में हुई। उस समय भी कलाकार अपनी गर्वयुक्त आत्मपरकता में अपने युग के भावों को अभिव्यक्त करता था, क्योंकि मानवता के उद्देश्य तथा अपने देश और संपूर्ण मानवता को स्वतंत्रता, समता और बंधुत्व की भावना के अंतर्गत एकीकृत करने के लक्ष्य के समर्थक स्वतंत्र मनुष्य की यह आत्मपरकता ही उस युग का नारा और उभरते हुए पूँजीपति वर्ग का विचारधारात्मक कार्यक्रम थी।

यह सच है कि पूँजीवाद के आंतरिक अंतर्विरोध उस समय भी सक्रिय थ। पूँजीवाद स्वतंत्रता की घोषणाएँ करता था, जबकि व्यवहार में उसकी अपनी यह विलक्षण मान्यता काम करती थी कि मजदूरी पर आधारित गुलामी ही स्वतंत्रता है। वह वादा करता था कि पूँजीवाद में मनुष्य अपनी समस्त मानवीय क्षमताओं का उन्मुक्त उपयोग कर सकेगा, लेकिन व्यवहार में वह उन क्षमताओं के उपयोग को पूँजीवादी प्रतियोगिता के जंगली कानून के अधीन कर देता था। वह मनुष्य के बहुमुखी व्यक्तित्व को संकुचित विशेषज्ञता में फँसाकर बौना बना देता था। ये अंतर्विरोध उस समय भी समस्याएँ पैदा करने लगे थे। ईमानदार मानवतावादी कलाकार जब पूँजीवादी जनवादी क्रांति के इन सर्वथा नीरस, सर्वथा गंभीर, मगर बेचैन कर डालनेवाले परिणामों को देखता था तब एक गहरे मोहभंग का अनुभव किए बगैर नहीं रह पाता था। और 1848 के बाद तो—जिस साल योरप में वह क्रांति असफल हुई, हम देखते हैं कि कलाओं में जैसे एक मोहभंग की स्थिति आ गई है। पूँजीपति वर्ग के देदीप्यमान कलात्मक काल का अंत हो रहा था। उस समय कलाकारों और कलाओं ने पूँजीवादी पण्य-उत्पादन के उस पूर्णतः विकसित संसार में प्रवेश किया, जिसमें मनुष्य पूरी तरह से पार्थक्य (एलिनेशन) का शिकार हो गया था, जिसमें समस्त मानवीय संबंध केवल बाहरी और भौतिक होकर रह गए थे, जिसमें श्रम का विभाजन हो चुका था, जिसमें विखंडन था, जिसमें सख्त विशेषज्ञता थी, जिसमें सामाजिक संपर्क टूट गए थे, जिसमें मनुष्य उत्तरोत्तर अकेला पड़ता जा रहा था और व्यक्ति को नकारा जाने लगा था।

अब कोई ईमानदार मानवतावादी कलाकार ऐसे संसार की अभिपुष्टि नहीं कर सकता था। अब वह निष्कलुष हृदय से यह विश्वास नहीं कर सकता था कि पूँजीपति वर्ग की जीत मानवता की जीत है।

स्वच्छंदतावादी आंदोलन

स्वच्छंदतावाद विरोध का आंदोलन था। यह पूँजीवादी जगत के विरुद्ध, 'टूटे हुए भ्रमों' की दुनिया के विरुद्ध, व्यापार और मुनाफे के नीरस गद्य के विरुद्ध किए जानेवाले आवेगपूर्ण मगर अंतर्विरोधी प्रतिवाद का आंदोलन था। गेटे के उपन्यास 'विल्हेल्म माइस्टर' की जर्मन स्वच्छंदतावादी नोवालिस द्वारा की गई तीखी आलोचना विरोध के इस रवैए की लाक्षणिक अभिव्यक्ति थी (हालाँकि एक अन्य स्वच्छंदतावादी फ्रेडरिक श्लेगेल ने इस महान उपन्यास की भूरि-भूरि प्रशंसा की थी)। 'विल्हेल्म माइस्टर' में गेटे ने पूँजीवादी मूल्यों को सकारात्मक भाव से प्रस्तुत किया है और उस रास्ते की तलाश की है, जो पूँजीवादी जगत में सौंदर्योपासना से चलकर सक्रिय जीवन की ओर जाता है। नोवालिस को यह सब कतई स्वीकार नहीं था :

> इस उपन्यास में है क्या? यह तिकड़मी लोगों, विदूषकों, गणिकाओं, दूकानदारों और जाहिल व्यक्तिवादियों का किस्सा है। जो आदमी इसे ठीक ढंग से हृदयंगम कर लेगा, वह इस तरह का कोई दूसरा उपन्यास नहीं पढ़ेगा।

रूसो के 'डिस्कोर्सेज' से लेकर मार्क्स और एंगेल्स के 'कम्युनिस्ट मैनीफेस्टो' तक स्वच्छंदतावाद योरपीय कला और साहित्य में अपनाया जानेवाला मुख्य रवैया था। निम्न पूँजीवादी चेतना के हिसाब से स्वच्छंदतावाद दर्शन, साहित्य और कला में विकासमान पूँजीवादी समाज के अंतर्विरोधों का सर्वाधिक पूर्ण प्रतिबिंबन है। मार्क्स और एंगेल्स की मदद से ही यह समझना संभव हुआ कि उन अंतर्विरोधों की प्रकृति क्या है और उनका जन्म कहाँ से होता है। उन्हीं की मदद से यह समझना संभव हुआ कि सामाजिक विकास की द्वंद्वात्मकता क्या है और यह स्पष्ट अनुभव किया जा सका कि मजदूर वर्ग ही वह शक्ति है, जो पूँजीवादी समाज के अंतर्विरोधों पर विजय पा सकती है। स्वच्छंदतावादी लोगों का रवैया भ्रांतिपूर्ण था, और इसके अलावा दूसरा कुछ हो भी नहीं सकता था, क्योंकि निम्न-पूँजीवादी वर्ग स्वयं सामाजिक अंतर्विरोधों का मूर्तिमान रूप था। यह वर्ग आम खुशहाली में हिस्सा बँटाने की उम्मीद भी करता था और साथ ही डरता भी था कि कहीं इस प्रक्रिया में वह कुचलकर खत्म न हो जाए। वह नई संभावनाओं के सपने भी देखता था और साथ ही सामाजिक हैसियत की पद-प्रतिष्ठा वाली पुरानी सुरक्षा से भी चिपका रहना चाहता था। उसकी नजर नए जमाने पर भी रहती थी, लेकिन अक्सर वह घर की याद से सताए हुए आदमी की तरह पुराने जमाने के 'अच्छे दिनों' पर भी नजर डालता रहता था।

पहली बात तो यह है कि स्वच्छंदतावाद कुलीन वर्ग के अभिजातवाद के

विरुद्ध, नियमों और प्रतिमानों के विरुद्ध, कुलीनतंत्रीय रूप के विरुद्ध, और उस अंतर्वस्तु के विरुद्ध किया गया विद्रोह था, जिसमें समस्त 'सामान्य' विषय वर्जित कर दिए जाते थे। इन स्वच्छंदतावादी विद्रोहियों के लिए कोई भी विषय विशेषाधिकार प्राप्त नहीं था। उनके लिए हर चीज कला के लिए उचित विषय थी। स्टेंढाल और मेरीमे के प्रशंसक गेटे ने अपनी वृद्धावस्था में 14 मार्च 1830 के दिन लिखा था :

> आत्यंतिकताएँ और अपवृद्धियाँ··· धीरे-धीरे समाप्त हो जाएँगी; लेकिन इससे जो एक फायदा हुआ है, वह अंततः बचा रहेगा—एक अपेक्षाकृत अधिक स्वतंत्र रूप के साथ-साथ समृद्धतर और अधिक वैविध्यपूर्ण विषय उपलब्ध हो जाएँगे और व्यापकतम विश्व तथा अत्यंत वैविध्यपूर्ण जीवन की कोई भी चीज अब अकाव्यात्मक कहकर वर्जित नहीं की जा सकेगी।

नोवालिस हालाँकि गेटे की हर बात का विरोधी था, मगर उसने भी देखा कि स्वच्छंदतावाद ने काव्य में ऐसे मूलविषयों के लिए जाने को प्रोत्साहित किया, जो अभी तक वर्जित थे। उसने लिखा, "स्वच्छंदता का अर्थ है सामान्य को उदात्त अर्थ प्रदान करना, साधारण को रहस्यमयी प्रतीति प्रदान करना, और ज्ञात को अज्ञात की महिमा प्रदान करना।" शेली ने 'दि डिफेंस ऑफ पोयट्री' में लिखा, "कविता··· परिचित चीजों को भी ऐसी प्रतीति प्रदान कर देती है जैसे वे परिचित न हों।" स्वच्छंदतावाद कला को अभिजातवाद के कटे-छँटे उद्यान से निकालकर व्यापक विश्व के अरण्य में ले गया।

मगर स्वच्छंदतावाद ने केवल अभिजातवाद का ही नहीं, बल्कि प्रबोधन (एनलाइटिनमेंट) का भी विरोध किया। कई मामलों में यह संपूर्ण विरोध नहीं, बल्कि यांत्रिक विचारों तथा आशावादी सरलीकरणों का ही विरोध हुआ करता था। यह सही है कि शेताबेयाँ, बर्क, कोलरिज, श्लेगेल तथा अन्य अनेक लोग—खासतौर से जर्मन स्वच्छंदतावादी धारा के लोग—प्रबोधन को पूरी तरह अस्वीकार करते थे; लेकिन शेली, बायरन, स्तेंढाल और हाइने ने प्रबोधन के कार्य को आगे बढ़ाया, जिनकी अंतर्दृष्टि सामाजिक अंतर्विरोधों के बारे में ज्यादा गहरी थी।

स्वच्छंदतावाद के आधारभूत अनुभवों में से एक यह था कि उत्तरोत्तर बढ़ते हुए श्रम-विभाजन,विशेषज्ञता और उसके परिणामस्वरूप जीवन के विखंडन में से जो व्यक्ति उभर रहा था, वह अकेला और अपूर्ण था। पुरानी व्यवस्था में मनुष्य का सामाजिक पद उसके और अन्य मनुष्यों के बीच तथा उसके और शेष संपूर्ण समाज के बीच बननेवाले संबंधों में एक प्रकार की मध्यस्थता करता था। पूँजीवादी समाज में व्यक्ति ऐसी किसी मध्यस्थता के बिना अकेला ही समाज का सामना करता था। इस समाज में वह अजनबियों के बीच अजनबी था, एक 'मैं' था

जो विराट 'अ-मैं' के विरुद्ध अकेला था। इस स्थिति ने एक जोरदार आत्मसजगता और गर्वीली आत्मपरकता को बढ़ावा दिया, मगर साथ ही एक प्रकार की किंकर्त्तव्यविमूढ़ता और परित्यक्तता को भी बढ़ाया। इसने नेपोलियन जैसे 'मैं' को प्रोत्साहित किया और साथ ही एक ऐसे 'मैं' को भी, जो पवित्र प्रतिमाओं के चरणों में रोता-बिसूरता था। यह एक ऐसा 'मैं' था, जो दुनिया को जीत लेने के लिए तैयार था, मगर जो अकेलेपन के आतंक से पराभूत भी था। लेखक और कलाकार का 'मैं' अकेला पड़कर अपनी ही ओर मुड़ गया और बाजार में अपने आपको बेचकर अस्तित्व-रक्षा की लड़ाई लड़ने लगा। फिर भी वह एक 'प्रतिभाशाली व्यक्ति' के रूप में पूँजीवादी जगत को चुनौती देता हुआ अपनी खोई हुई एकता को पुनः प्राप्त करने के सपने देखता था और उस समष्टि के लिए ललकता था, जिसे वह अपनी कल्पनाशीलता के सहारे कभी अतीत में और कभी भविष्य में रखकर देखता था। स्वच्छंदतावाद का मर्म था द्वंद्ववाद की त्रयी—अवस्था (उद्भव की एकता), प्रत्यवस्था (पार्थक्य, एकाकीपन, विखंडन) और संश्लिष्टावस्था (अंतर्विरोधों को दूर करना, यथार्थ से तालमेल पैदा करना, आत्मपरक और वस्तुपरक का तादात्म्य करना, खोए हुए स्वर्ग को पुनः प्राप्त करना)।

स्वच्छंदतावाद में अंतर्निहित अंतर्विरोध क्रांतिकारी उथल-पुथल के जरिए अपनी आत्यंतिकता तक पहुँचे। इस उथल-पुथल का प्राक्कथन था अमरीका की आजादी की लड़ाई, और उपसंहार था वाटरलू का युद्ध, जिसमें नेपोलियन हारा था। क्रांति और उसके प्रति समग्रतः और विभिन्न स्थितियों में अपनाए गए रवैए स्वच्छंदतावादी आंदोलन के मुख्य विषय थे। बार-बार, घटनाओं के प्रत्येक मोड़ पर, यह आंदोलन प्रगतिशील और प्रतिक्रियावादी प्रवृत्तियों में विभाजित हुआ। हर बार निम्न-पूँजीवादी वर्ग ने अपने आपको, जैसा कि मार्क्स ने श्वाइट्जर को लिखा था, 'अंतर्विरोधों का मूर्तिमान रूप' सिद्ध किया।

सभी स्वच्छंदतावादियों में जो बात समान थी, वह यह कि पूँजीवाद के प्रति उन सबके मन में विद्वेष का भाव था (उनमें से कुछ लोग उसे कुलीनतंत्रीय दृष्टिकोण से देखते थे और दूसरे लोग निम्नवर्गीय दृष्टिकोण से); सबके मन में फाउस्ट या बायरन का-सा यह विश्वास था कि व्यक्ति कभी भी संतुष्ट नहीं हो सकता; और सभी लोग 'आवेग की स्वयंसत्यता' (स्तेंढाल) को स्वीकार करते थे। जितना ही शासक वर्ग भौतिक उत्पादन को समस्त प्रशंसनीय चीजों में उत्तरोत्तर सर्वोत्तम घोषित करता जाता था; जितना ही व्यापार के घिनौने काम के इर्द-गिर्द प्रतिष्ठा का प्रभामंडल बनता जाता था; उतना ही कलाकार और लेखक उत्तरोत्तर मनुष्य की गहन हार्दिकता को व्यक्त करने तथा ऊपर से सुव्यवस्थित दिखाई देनेवाले पूँजीवादी जगत को आवेग के डायनामाइट से ध्वस्त करने की कोशिशें करते थे।

आवेग का अर्थ था अनुभव की सघनता, और ज्यों-ज्यों पूँजीवादी उत्पादन की पद्धतियाँ समस्त मूल्यों की सापेक्षता को स्पष्ट करती जाती थीं, त्यों-त्यों आवेग उत्तरोत्तर एक परम मूल्य बनता जाता था। कीट्स का कहना था कि वह 'हार्दिक अनुराग' से बढ़कर और किसी चीज को नहीं मानता। 'दि चेंची' की भूमिका में शेली ने लिखा था कि 'कल्पना उस अमर्त्य ईश्वर के समान है, जिसने मर्त्य आवेग की मुक्ति के लिए देह धारण की हो।' यैरीको ने, जिसके बारे में डेलाक्रोआ ने कहा था कि वह 'हर चीज में अतिवादी है', एक निबंध में उस 'उल्लास के ज्वर' के बारे में लिखा था, जो 'हर चीज को परास्त और अभिभूत कर देता है। उसने उस 'ज्वालामुखी की आग' के बारे में भी लिखा था, 'जो बाहर आने के लिए दुर्दमनीय रूप से विस्फोट कर उठती है।'

स्वच्छंदतावाद सचमुच एक विराट विस्फोट ही था। यह वन्यता और विदेशीपन की ओर, अनंत क्षितिजों की ओर, ले गया। मगर यह लेखकों और कलाकारों को अपनी जनता की ओर, अपने अतीत की ओर, अपने विशिष्ट स्वभाव की ओर भी ले जाता था। तमाम बड़े-बड़े स्वच्छंदतावादी नेपोलियन के प्रशंसक थे, जो उनके लिए 'विश्वात्मा' था, बंधनहीन व्यक्तित्व था; लेकिन इसके साथ ही स्वच्छंदतावादियों का विद्रोह राष्ट्रीय मुक्ति-संघर्षों में भी घुलमिलकर एक होता रहा। फोस्कोलो ने 'आ बोनापार्टे लिबरेटोरे' शीर्षक संबोधन-गीत लिखकर नेपोलियन का अभिनंदन किया था। लेकिन सन् 1802 में उसी ने नेपोलियन से अनुरोध किया था कि वह सीजालपाइन गणतंत्र अर्थात् इटली की स्वतंत्रता की घोषणा करे। अंत में वह नेपोलियन से घृणा करने लगा था और उसका विरोधी हो गया था। इसी तरह लियोपार्डी ने जब यह देखा कि फ्रांस का मुक्तिदाता उसके देश को आजाद नहीं कर रहा है, तो उसका भी मोहभंग हुआ और उसने बड़ी कटुता के साथ 'कानजोनी' में लिखा था :

> शस्त्र लाओ, शस्त्र लाओ !
> मैं अकेला ही लड़ूँगा
> मैं अकेला ही मरूँगा
> रक्त मेरा प्रेरणा बन जाए
> इटलीवासियों की।

और पूर्वी योरप में, जहाँ अभी पूँजीवाद की विजय नहीं हुई थी और जहाँ के जनगण अब भी क्षयग्रस्त मध्ययुगीनता के जुए के नीचे पिस रहे थे, वहाँ स्वच्छंदतावाद का सीधा-सच्चा अर्थ था, विद्रोह–जनगण के लिए रणभेरी का आह्वान, कि देशी और विदेशी तमाम आततायियों के विरुद्ध उठो ! वहाँ स्वच्छंदतावाद राष्ट्रीय चेतना से की जानेवाली एक अपील था; सामंतवाद, निरपेक्षतावाद और विदेशी

शासन के विरुद्ध एक संघर्ष था। बायरन ने इन देशों में एक तूफान उठा दिया था। लोकवार्ता और लोककला का स्वच्छंदतावादी आदर्शीकरण अपमानजनक परिस्थितियों के विरुद्ध जनगण को आंदोलित करने का हथियार बन गया था। स्वच्छंदतावादी व्यक्तिवाद मध्ययुगीन दासता से मानव-व्यक्तित्व को मुक्त कराने का साधन बन गया था। पूँजीवादी-जनवादी क्रांति, जो अभी तक पूर्व के देशों में संपन्न नहीं हुई थी, रूस, हंगरी और पोलैंड के स्वच्छंदतावादी कलाकारों की रचनाओं में दूर से चमकती हुई बिजली की तरह कौंधती थी।

लेकिन विभिन्न देशों में अपनी अभिव्यक्ति की इन तमाम भिन्नताओं के बावजूद स्वच्छंदतावाद की कुछ विशेषताएँ सर्वत्र समान रूप से दिखाई देती थीं। ये विशेषताएँ थीं—कलाकार में दुनिया से अपना तादात्म्य न कर पाने के कारण आध्यात्मिक बेचैनी अनुभव करने की भावना; अस्थिरता और एकाकीपन की भावना, जिससे नई सामाजिक एकता की चाह पैदा होती थी; जनता और उसके गीतों तथा अनुश्रुतियों के प्रति तन्मयता का भाव ('जनता' के बारे में कलाकारों की धारणा यह थी कि उसमें रहस्यमयी-सी एकता होती है); और व्यक्ति की परम अद्वितीयता का, बायरन की-सी बंधनहीन व्यक्तिवादिता का गुणगान करने की प्रवृत्ति। सारे बंधनों को अस्वीकार करनेवाला, स्वयं को पूँजीवादी जगत का विरोधी माननेवाला, और चाहे स्वयं वह इससे अनभिज्ञ हो, पर बाजार के लिए किए जानेवाले उत्पादन के पूँजीवादी सिद्धांत को मान्यता प्रदान करनेवाला एक 'स्वतंत्र' लेखक स्वच्छंदतावाद के काल में पहली बार सामने आया। पूँजीवादी मूल्यों का विरोध करते-करते ऐसे स्वच्छंदतावादी लेखक अपनी मुक्ति की तलाश में एकाकी और व्यक्तिवादी व्यक्ति की भूमिका निभाने के लिए विवश हो गए, और उन्होंने अपनी रचनाओं को बाजार में बिकनेवाली चीज बना डाला अर्थात् वे ठीक वही काम करने लगे, जिसका विरोध करना चाहते थे। अतः स्वच्छंदतावाद के अंतर्गत मध्ययुग की बात चाहे जितनी की गई हो, यह स्पष्ट रूप से पूँजीवादी आंदोलन था, और इसमें वे तमाम समस्याएँ अंतर्निहित थीं, जिनको हम आज आधुनिक मानते हैं।

पश्चिम की पूँजीवादी दुनिया और पूर्व की सामंतवादी दुनिया के बीच जर्मनी की केंद्रीय स्थिति के कारण और विनाशकारी ऐतिहासिक घटनाओं के चलते उत्पन्न हुई 'जर्मन दरिद्रता' के कारण जर्मन स्वच्छंदतावाद अन्य तमाम स्वच्छंदतावादी आंदोलनों से कहीं ज्यादा अंतर्विरोधी था। जर्मनी में पूँजीवादी-जनवादी क्रांति होने से पहले ही वहाँ पूँजीवाद के अंतर्गत होनेवाला 'कलाओं का मोहभंग' शुरू हो गया था। भ्रम अभी ठीक तरह से बने भी नहीं थे कि टूट गए। अतः क्रांतिकारी उथल-पुथल की पूँजीवादी परिणति से घृणा करनेवाला जर्मन स्वच्छंदतावाद उस क्रांतिकारी उथल-पुथल का ही विरोधी बन गया। हाइने इस

पूँजीवाद-विरोधी तत्त्व को पहचान गया था। उसने लिखा :

> जर्मनी की स्वच्छंदतावादी धारा के कुछ कवि अगर ईमानदार इरादों के साथ वर्तमान से भागकर अतीत में शरण लेने लगे और मध्ययुग की तरफ लौट चलने का नारा देने लगे, तो इसका कारण शायद यह था कि वे मौजूदा दौर की धनोपासना को पसंद नहीं करते थे और अहंवाद के उस घिनौने चेहरे से घृणा करते थे, जो उन्हें हर जगह घात लगाए बैठा दिखाई देता था।

जर्मन स्वच्छंदतावादियों ने अपने समय के विकासमान यथार्थ को स्वीकार नहीं किया। लेकिन सिर्फ अस्वीकार या नकार भी तो कभी कोई स्थाई कलात्मक प्रवृत्ति नहीं बन सकता। 'नहीं' का तभी कोई अर्थ हो सकता है, जब नकार की प्रवृत्ति किसी 'हाँ' की तरफ इशारा करे, जैसे छाया उस वस्तु की ओर इशारा करती है, जिसकी छाया वह है। मगर यह 'हाँ' अंतिम विश्लेषण में उस सामाजिक वर्ग की अभिपुष्टि के अलावा और कुछ नहीं हो सकती, जो भविष्य को मूर्त रूप देनेवाला वर्ग है। पश्चिमी देशों में पूँजीपति वर्ग के पीछे-पीछे मजदूर वर्ग उभरने लगा था। पूर्व के देशों में समस्त जनगण—किसान, पूँजीपति और बुद्धिजीवी—शासक व्यवस्था का विरोध कर रहे थे, मगर जर्मन स्वच्छंदतावादी, जो पहले से ही पूँजीपति व्यवसायी को जुगुप्सा की नजर से देखने लगे थे, जर्मनी के मजदूर वर्ग को इस रूप में नहीं देख पाए कि इसमें भविष्य का निर्माण करने में समर्थ कोई शक्ति हो सकती है। इसलिए उन्होंने एक आदर्शीकृत सामंती अतीत में पलायन करने की चेष्टा की। इस प्रक्रिया में यह तो हुआ कि उन्होंने उस अतीत के कुछ सकारात्मक पक्षों को पूँजीवाद के वैसे ही नकारात्मक पक्षों के विरुद्ध प्रस्तुत किया—मसलन उत्पादक, कारीगर या कलाकार अतीत में अपने उपभोक्ता से घनिष्ठ रूप में जुड़ा होता था; सामाजिक संबंधों में अधिक स्पष्टता होती थी; समष्टिगत भावना ज्यादा मजबूत होती थी; श्रम-विभाजन के अधिक स्थाई और कम संकुचित होने के कारण मानव-व्यक्तित्व में विघटन कम और एकत्व अधिक होता था—लेकिन अतीत के इन तत्त्वों को पूँजीवाद की भयावहताओं की आलोचना में इस्तेमाल करने से पहले संदर्भ से काटकर, आदर्शीकृत करके, पूजा की-सी वस्तु बना दिया जाता था, गोकि पूँजीवाद की भयावहताओं की आलोचना उचित होती थी। स्वच्छंदतावादी जीवन की 'समग्रता' के लिए ललकते थे, मगर सामाजिक प्रक्रियाओं की वास्तविक समग्रता को न समझने के कारण उसका अर्थ ग्रहण नहीं कर पाते थे। इस मामले में वे पूँजीवादी जगत की सच्ची संतान थे। वे यह नहीं समझते थे कि समूचे सामाजिक स्थायित्व को समाप्त करके ही, समस्त आधारभूत मानवीय संबंधों को नष्ट करके ही, और समाज को खंड-खंड करके ही पूँजीवाद असल में नई एकता का मार्ग प्रशस्त कर रहा है—हालाँकि वह स्वयं इस खंड-खंड समाज को पूर्णता प्रदान करने में सर्वथा असमर्थ है।

नोवालिस जर्मन स्वच्छंदतावादियों में सबसे ज्यादा मौलिक था और उसके अंदर महान प्रतिभा के साथ-साथ उत्कृष्ट मेधा भी थी। वह पूँजीवाद के सकारात्मक पक्षों को अच्छी तरह समझता था। उसने निम्नलिखित विस्मयकारी वाक्य लिखे हैं :

> वाणिज्य की आत्मा ही *विश्व की आत्मा* है। उसे और कुछ नहीं, केवल *भव्य* आत्मा कहा जा सकता है। यही है वह चीज जो व्यवसायों, नगरों, राष्ट्रों और कलाकृतियों की रचना करती है। यही संस्कृति की आत्मा है, मानवजाति की पूर्णता की आत्मा है।

लेकिन ऐसे विचारों की दीप्ति प्रायः जीवन की यांत्रिकता के प्रति उसके मन में मौजूद भय के कारण धुँधली पड़ जाती थी। यंत्र के तमाम रूपों से उसे डर लगता था। नोवालिस ने जर्मनी में उभरती हुई नई, व्यापारिक राजसत्ता पर प्रहार किया—'मध्यमार्गी सरकार आधी राजसत्ता और आधी प्रकृति है; यह एक नकली और बेहद कमजोर मशीन है—और इसीलिए सभी महान विचारक इससे घृणा करते हैं—लेकिन यह हमारे जमाने का कठघोड़ा है, जिससे बच्चों को बहलाया जाता है। अगर इस मशीन को सजीव और स्वायत्त प्राणी बनाया जा सके, तो बड़ी-बड़ी समस्याएँ हल हो जाएँ।' यही है वह 'जैव' की धारणा, जिसको सभी स्वच्छंदतावादी 'यांत्रिक' के विरुद्ध इस्तेमाल किया करते थे। 'समस्त प्रकार के जीवन का आरंभ यांत्रिकता-विरोधी होना चाहिए—एक प्रचंड विस्फोट—यंत्रवाद का विरोध !' ई. टी. ए. हौफमान की कृतियों में यह प्रत्यवस्था इतने गहरे रूप में आई कि अंततः यह मनुष्य और स्वचालित यंत्र के बीच का प्रेत-युद्ध बन गई और हौफमान का संपूर्ण कृतित्व, हाइने के शब्दों में 'और कुछ नहीं, बीस किताबों में भरी हुई एक चीख मात्र' बनकर रह गया। प्रत्येक 'जैव' चीज का स्वच्छंदतावादी आदर्शीकरण—कि 'प्राकृतिक रूप से' उगने या बननेवाली हर चीज आदर्श है—क्रांति की परिणतियों का प्रतिक्रियावादी विरोध बन गया। इस धारणा के अंतर्गत पुराने सामाजिक वर्ग और संबंध 'जैव' माने जाते थे और नए वर्गों द्वारा किए जानेवाले आंदोलनों तथा उनके द्वारा उत्पन्न की गई परिस्थितियों को दुष्टतापूर्ण 'यांत्रिक' माना जाता था। कहा जाता था कि 'दुनिया की नींद' खराब नहीं की जानी चाहिए। प्राचीन रात की जगह नया दिन नहीं आना चाहिए। नोवालिस ने 'हिम्स टु दि नाइट' में पूछा :

> क्या जरूरी है कि आए फिर सुबह ?
> क्या कभी ना खत्म होती शक्ति भौतिक वस्तुओं की ?
> क्यों भला उद्योग-धंधे ये अपावन
> निगल जाते रात की पावन प्रभा को ?

फ्रेडरिक श्लेगेल ने 'अंध युगों' के मुहावरे का विरोध करते हुए कहा कि जिस काल को 'अंध युग' कहकर पुकारा जाता है, वह तो वस्तुतः 'मानवता का अद्भुत काल' है और उसकी तुलना रात से की जानी चाहिए :

> ...लेकिन कैसी सितारों भरी रात थी वह ! आज तो ऐसा लगता है कि हम बादलों भरी, अस्पष्ट और आधे अँधेरे तथा आधे उजाले के बीच की स्थिति में जी रहे हैं । उस रात को जगमगाने वाले सितारे फीके पड़ गए हैं और उनमें से ज्यादातर तो गायब ही हो गए हैं, मगर दिन अभी निकला नहीं है । बार-बार हमसे कहा जाता है कि सार्वभौम समझदारी और सुख का सूर्योदय होने ही वाला है । मगर वास्तविकता किसी भी तरह से इस वादे की पुष्टि नहीं कर रही है । और यदि इस वादे के पूरे होने की उम्मीद का कोई कारण हो सकता है तो सिर्फ यह कि ठंड बढ़ गई है, जो सूर्योदय से पहले सुबह की हवा में अक्सर बढ़ ही जाती है ।

'टूटे हुए भ्रमों' के मूलभाव के साथ-साथ यहाँ हमें ठंड का मूलभाव भी मिलता है, जो इस अनुभूति का सूचक है कि दुनिया में आदमी अकेला है और दुनिया उसे चाहती नहीं । यह अनुभूति पहली बार स्वच्छंदतावाद में व्यक्त हुई थी, मगर आज भी समाप्त नहीं हुई है । इसके विपरीत, पूँजीवाद के समूचे विकास के दौरान, जीवन के उत्तरोत्तर बढ़ते हुए पार्थक्य में, यह अनुभूति उत्तरोत्तर जोर पकड़ती गई है । इसी अनुभूति के साथ जुड़ी हुई है ऊष्मा और सुरक्षा की अवस्था में लौट जाने की ललक । कल्पना में यह अवस्था माता के गर्भ से मिलती-जुलती कोई चीज, या फिर मृत्यु की मोहिनी जैसी नजर आती है, जो जर्मन स्वच्छंदतावाद में खासतौर पर पाई जानेवाली मृत्यु-कामना के रूप में व्यक्त होती है :

> एक दिन हो जाएँगे हम एक सब
> *एक जान*
> सुखी युगल तैरेंगे
> रक्तिम सागर में ।
> काश कि सागर हो जाए आरक्त
> और महकें चट्टानें
> जीवित हो कर ।

स्वच्छंदतावाद में सर्वत्र पाई जानेवाली लैंगिकता और मृत्यु-कामना ने सिगमंड फ्रायड के कुछ विचारों का पूर्वानुमान ठीक उसी प्रकार कर लिया था, जिस प्रकार श्लेगेल ने अपनी 'दैवी' तथा 'आसुरी' की धारणाओं के जरिए फ्रेडरिक नीत्शे के विचारों का । नोवालिस ने लिखा है, 'विचार की इंद्रियाँ प्रकृति की लैंगिक इंद्रियाँ हैं,

विश्व की जननेंद्रियाँ हैं।' या फिर, 'अजीब बात है कि अभी तक इस चीज पर ध्यान नहीं दिया गया कि लैंगिक सुख, धर्म और क्रूरता—ये तीनों चीजें साथ-साथ चलती हैं, इनमें एक गहरा संबंध है और इनकी प्रवृत्ति समान है।'

स्वच्छंदतावादी मन के लिए सामाजिक यथार्थ यदि 'मिट' नहीं गया था, तो कम-से-कम अत्यधिक विकृत अवश्य हो गया था और विडंबना में घुलमिल गया था। फ्रेडरिक श्लेगेल ने लिखा :

> जर्मन कविता उत्तरोत्तर अधिक गहराई से अतीत की खोज कर रही है। उसकी जड़ें अनुभूतियों में हैं, जिनमें कल्पना की धारा आज भी अपने उद्‌गम-स्थल की ताजगी लिए हुए बहती है। वास्तविक संसार के वर्तमान को पकड़ने का प्रयास अगर वह कर सकती है, तो केवल हास्य के जरिए।

और नोवालिस ने लिखा :

> दुनिया का रोमानीकरण निहायत जरूरी है। इस प्रकार मौलिक अर्थ फिर से पाया जा सकता है⋯सामान्य को उदात्त अर्थ प्रदान करके, साधारण को रहस्यमयी प्रतीति प्रदान करके, ज्ञात को अज्ञात की महिमा प्रदान करके, ससीम को असीम का रूप प्रदान करके⋯कल्पनालोक में यदि हम स्वयं को नहीं देख पाते हैं, तो इसका कारण केवल हमारे शारीरिक अंगों की तथा बोधक्षमता की कमजोरी है।

अर्थात् वास्तविक लोक के पीछे छिपे हुए इस 'कल्पनालोक' तक यथार्थवादी तरीकों से नहीं पहुँचा जा सकता। उस तक पहुँचने का एक ही तरीका है कि चेतना की बत्ती बुझाकर आप स्वप्नों की दुनिया में चले जाएँ! अतः नोवालिस कला का एक नया सिद्धांत सुझाता है :

> कहानियाँ ऐसी हों, जिनमें कोई तारतम्य न हो, सिर्फ कुछ साहचर्य हो, जैसे स्वप्नों में होता है; कविताएँ केवल श्रुति-मधुर हों और सुंदर लगनेवाले शब्दों से भरी हुई हों, लेकिन उनमें भी कोई अर्थ और तारतम्य बिल्कुल न हो, हद से हद दो-चार पंक्तियाँ ऐसी हों जो समझ में आएँ; और यह निहायत जरूरी है कि ये सब चीजें नितांत भिन्न चीजों के टुकड़े हों।

एक टूटी हुई दुनिया में, खंड-खंड बिखरे हुए संसार में, जीने की यह अनुभूति; एक रहस्यमय यथार्थ को पकड़ने के साधन के रूप में यथार्थ से भागकर निरर्थक या असंबद्ध साहचर्यों में पलायन—ये तमाम विचार, जो पहली बार प्रारंभिक स्वच्छंदतावादियों के द्वारा प्रस्तुत किए गए थे, आगे चलकर पूँजीवादी जगत के स्वीकृत कला सिद्धांत बने।

लेकिन स्वच्छंदतावादियों के द्वारा किए गए पूँजीवादी समाज के विरोध का,

अतीत में उनके पलायन का, एक सकारात्मक पहलू भी था। अगर एक 'रात' थी, तो एक 'दिन' भी था। यह चीज एकता के लिए गहरी लालसा में और इस उदात्त विश्वास में व्यक्त होती थी कि मनुष्य में अपना भाग्यविधाता बनने की संभावना मौजूद है। नोवालिस ने लिखा :

> सामुदायिकता और *अनेकत्व* ही तो हमारा सारतत्त्व है। हम अपनी आत्मिक जड़ता के मारे हुए हैं। अपने कर्मों को व्यापक तथा परिष्कृत बनाकर हम स्वयं अपने भाग्यविधाता बन सकते हैं··· अगर हम अपनी बुद्धि और अपनी दुनिया के बीच सामंजस्य पैदा कर लें, तो *ईश्वर के समान* हो जाएँ।

और एक स्वप्न-चित्र दिखाई पड़ता है, जो 'विश्व-निर्णय' का तथा 'एक नए, सुसंस्कृत, काव्यात्मक युग के आरंभ' का स्वप्न-चित्र है।

अंततः, जर्मन स्वच्छंदतावाद के नकारात्मक और प्रतिगामी पक्षों ने अनेक स्वच्छंदतावादी लेखकों को धर्मांध कैथोलिक और प्रतिक्रियावादी बना दिया। फ्रेडरिक श्लेगेल ने 'शुद्ध ईसाई अनुभूति के सौंदर्य की कला का उपदेश दिया और उस 'पैशाचिक उत्साह की झूठी चमक-दमक' की भर्त्सना की, जिसके बारे में उसका कहना था कि यह 'एक रसातल है, जिसकी तरफ लार्ड बायरन की कलादेवी लोगों को खींचे लिए जा रही है।' और इस प्रतिगामी प्रवृत्ति का नतीजा यह हुआ कि जहाँ बायरन यूनान में स्वतंत्रता के लिए लड़ते-लड़ते दलदल के बुखार से मरा; स्तेंढाल ने इटली में राष्ट्रीय स्वाधीनता आंदोलन का समर्थन किया; पुश्किन ने रूस में दिसंबरवादियों से हमदर्दी रखी; वहाँ जर्मनी के बहुत-से स्वच्छंदतावादी मैटरनिश के अनुचर बन गए। हाइने ने बिल्कुल ठीक ही उनकी तिरस्कारपूर्ण भर्त्सना की थी कि "उनका दल झूठों का दल है, वे 'पवित्र गठबंधन' के लगुए-भगुए हैं, वे अतीत की सारी दरिद्रता के, सारी विभीषिकाओं के और सारी मूर्खताओं के पुनर्प्रतिष्ठापक हैं।"

जर्मन स्वच्छंदतावाद और बाद के अन्य ऐसे तमाम आंदोलनों पर विचार करते समय हमें उनके आंतरिक अंतर्विरोधों का विश्लेषण अवश्य करना चाहिए और उनके सकारात्मक तथा नकारात्मक दोनों पक्षों पर ध्यान देना चाहिए। यहाँ हमेशा एक ही द्वंद्व सामने आता है : एक तरफ पूँजीवादी मूल्यों तथा पूँजीवादी तंत्र का गहरी अनुभूति के साथ किया जानेवाला विरोध, और दूसरी तरफ क्रांति के परिणामों से भय तथा रहस्यवादिता में पलायन, जो अनिवार्यतः प्रतिक्रियावाद की ओर ले जाता है। जर्मन स्वच्छंदतावाद उन तमाम विभाजित आंदोलनों का आदिरूप था, जो आगे चलकर पूँजीवादी जगत के बुद्धिजीवियों के बीच फूले-फले और जिनमें हमारे जमाने के अभिव्यंजनावाद, भविष्यवाद और अतियथार्थवाद के आंदोलन भी शामिल हैं। ऐसे आंदोलनों में मौजूद द्वंद्व इस तथ्य में प्रतिबिंबित होता

है कि इनमें शामिल सारे के सारे कलाकार प्रतिक्रियावादी नहीं हुए। जर्मन स्वच्छंदतावादियों में हाइनरिश हाइने और निकोलाउस लेनाउ तो क्रांतिकारी हो गए और ऊलांड तथा आइशेंडोर्फ जैसे अन्य अनेक लोगों ने 'झूठों के दल' से कभी भी अपना नाता नहीं जोड़ा।

यह भी अवश्य याद रखना चाहिए कि स्वच्छंदतावाद का कुछ हिस्सा समाज की यथार्थवादी आलोचना के रूप में विकसित हुआ। बायरन और स्कॉट, क्लाइस्ट और ग्रिलपार्जर, हौफमान और हाइने, स्तेंढाल और बाल्जाक, पुश्किन और गोगोल जैसे बहुत-से महान लेखकों की कृतियों में स्वच्छंदतावाद और यथार्थवाद बड़ी घनिष्ठता के साथ एक-दूसरे में गुँथे हुए हैं। यह और बात है कि इनकी रचनाओं में कहीं स्वच्छंदतावादी तत्त्व प्रमुख हो जाते हैं तो कहीं यथार्थवादी। परवर्ती पूँजीवादी जगत का महान यथार्थवादी लेखक टामस मान बड़े घनिष्ठ रूप में जर्मन स्वच्छंदतावाद की परंपराओं से जुड़े हुए थे—और खासतौर से वे जुड़े हुए थे अर्थगर्भित विडंबना की देदीप्यमान विविधतावाली स्वच्छंदतावादी परंपरा से। वह स्वयं विडंबना को 'मूलभूत नैसर्गिक वृत्तियों का परावर्तन' कहा करते थे।

लोककला और स्वच्छंदतावाद

'लोकवार्ता' और 'लोककला' की धारणा स्वच्छंदतावाद ने विकसित की थी—केवल जर्मन स्वच्छंदतावाद ने नहीं, बल्कि आम स्वच्छंदतावाद ने—और इस धारणा में उसका एक अत्यंत महत्त्वपूर्ण तत्त्व शामिल है। खोई हुई एकता की—व्यक्ति और समष्टि के संश्लेषण की—अपनी तलाश में और पूँजीवादी पार्थक्य के अपने विरोध में स्वच्छंदतावाद ने लोकगीतों, लोककला और लोकवार्ता की खोज की और 'लोक' (जनता या जनगण) को एक जैव रूप में विकसित, सजातीय सत्ता मानते हुए 'जनगण' के सुसमाचार की उद्घोषणा कर डाली। *जनगण* की इस स्वच्छंदतावादी धारणा में जनगण को एक ऐसा सारतत्त्व माना जाता था, जो मानो समाज के वर्गीय विभाजनों से परे हो और जिसके अंदर समष्टिगत रूप में सर्जना करनेवाली कोई 'लोकात्मा' हो। यह धारणा तबसे लेकर आज तक विभ्रम पैदा करती रही है और हममें से बहुत-से लोग 'जनगण' शब्द का प्रयोग करते समय अक्सर खुद स्पष्ट रूप से यह नहीं जानते कि इससे हमारा मतलब क्या है। 'लोककला' को एक प्रकार का 'प्राकृतिक' प्रपंच मानकर उसे हर प्रकार की उन कलाओं के विरुद्ध खड़ा किया गया, जो 'निर्मित' थीं और उसके रचयिताओं का पता न होने के कारण उसके 'अनामत्व' को इस बात का प्रमाण माना गया कि वह वैयक्तिकता अथवा चेतना से रहित किसी रहस्यमय 'समुदाय' का स्वतःस्फूर्त सृजन है। स्वच्छंदतावादी लोग इस प्रकार की पंक्तियों पर मुग्ध हो जाते थे :

किसने सुंदर गीत बनाया ?
तीन हंस लाए पानी से
भूरे दो और एक सफेद ।

यह काव्यात्मक तो लगता है, लेकिन इसे न तो सत्य माना जा सकता है, न प्रतीक । निस्संदेह, लोककला में कोई ऐसी चीज व्यक्त होती है, जो बहुत-से लोगों के लिए समान होती है, और इस प्रकार उसमें एक समुदाय के भाव प्रतिबिंबित होते हैं; लेकिन यह बात तो केवल लोककला के बारे में ही नहीं, बल्कि समूची कला के बारे में सच है । कला का जन्म ही समष्टिगत आवश्यकता से हुआ था । लेकिन पाषाण युग में भी कोई व्यक्ति ही—चाहे वह कोई जादूगर हो या टोना करनेवाली जादूगरनी—उस चीज को शब्द तथा आकार दिया करता था अथवा करती थी जिसकी जरूरत समष्टि को होती थी । प्राचीन गुहाचित्र ही नहीं, सुदूर अतीत के महाकाव्य ही नहीं, बल्कि लोकगीत भी वैयक्तिक रचनाकारों की रचनाएँ हैं—हालाँकि उनकी रचना में निश्चय ही प्रचुर पारंपरिक नमूनों से सहायता मिली है । लेकिन स्वच्छंदतावादियों का रवैया लोकगीतों के बारे में बड़ा ही अनालोचनात्मक था । ब्रेंटानो तथा अर्निम द्वारा संपादित 'डेस नाबेन वुंडरहोर्न' नामक संकलन भानुमती का पिटारा है, जिसमें कुछ सुंदर मौलिक कविताएँ बेहद मामूली कविताओं के साथ भर दी गई हैं, जिनका कोई मूल्य नहीं है ।

इनमें से बहुत-सी कविताओं को इस स्वच्छंदतावाद-विरोधी सिद्धांत के समर्थन में उद्धृत किया जा सकता है कि लोककला और कुछ नहीं, केवल 'श्रेष्ठ' कला से व्युत्पन्न या उसका उपोत्पादन है (ठीक उसी तरह, जैसे बहुत-से आधुनिक वैज्ञानिक यह नहीं मानते कि वायरस जड़ पदार्थ से जीवित पदार्थ में संक्रमित होनेवाला तत्त्व है, बल्कि उसे एक प्रतिगामी प्रक्रिया का परिणाम मानते हुए जीवित पदार्थ से जड़ पदार्थ की दिशा में होनेवाला संक्रमण मानते हैं) । मेरे विचार से यह सिद्धांत भी वैसा ही एकतरफा है, जैसे स्वच्छंदतावादियों का था । हो सकता है, लोकगीत कई मामलों में प्रतिगामी प्रक्रिया के परिणाम रहे हों—वीरगाथात्मक महाकाव्यों के अंशों, धार्मिक कविताओं या चारणगीतों को लोकप्रिय रूपों में ढाला गया होगा—लेकिन इतना ही कहना काफी नहीं है । हमें यह बात हरगिज नहीं भूलनी चाहिए कि स्वयं वीरगाथात्मक महाकाव्य का उद्भव उन प्राचीन मिथकों तथा अनुश्रुतियों से हुआ था, जो ऐसी सामाजिक परिस्थितियों में उत्पन्न हुए थे, जिनमें अभी शासक वर्ग और उसकी प्रत्यवस्था के रूप में 'जनगण' का अस्तित्व नहीं था । उस समय कला अपेक्षाकृत सजातीय समष्टि की अभिव्यक्ति थी । निश्चय ही लोकगीतों और लोककला का जन्म कई मामलों में इसी प्रकार हुआ होगा । यानी उन्हें उस 'श्रेष्ठ' कला की मध्यवर्ती अवस्था को पार नहीं करना पड़ा होगा, जो शासक वर्ग की जरूरतों को व्यक्त करती थी ।

लोकगीतों और लोककला की रचना आंशिक रूप से (किन्हीं देशों में ज्यादा, किन्हीं देशों में कम) किसानों के द्वारा हुई है, जिनके बीच प्राचीन परंपराएँ प्राय: लंबे समय तक चलती रहती हैं; लेकिन उनके बहुत बड़े हिस्से की उत्पत्ति राजमार्गों से हुई है। राजमार्गों पर सफर करनेवाले कारीगर, भगोड़े पादरी, घुमंतू विद्यार्थी, नौसिखुए, कौतुकिए और हर तरह के जादूगर लोकगीतों और लोककला का निर्माण करते रहे हैं।

लोकगीत हों या लोकनाट्य, दोनों ही कभी किसी सुनिश्चित या 'प्रामाणिक' रूप में नहीं पाए जाते। सुनाए और दिखाए जाने की प्रक्रिया में उनके अंदर हमेशा ही बार-बार परिवर्तन किए जाते रहे हैं। इन परिवर्तनों ने उन्हें कभी-कभी समृद्ध भी किया है, लेकिन ज्यादातर उन्हें सस्ता, भौंडा या असह्य रूप से मधुर ही बनाया है। बेला बार्टोक ने हँगरी के लोकसंगीत में से क्षेपक और विकृतियाँ छाँटकर उसका परिष्कार करने तथा मौलिक रचनाओं की ताजगी और शक्ति को फिर से बहाल करने का प्रयास किया था। समूची लोककला के परिष्कार के लिए ऐसे प्रयास किए जा सकते हैं, लेकिन यह बात ध्यान में रखनी चाहिए कि लोककला के बारे में आसानी से यह नहीं कहा जा सकता कि उसका यही या वही रूप 'मौलिक' है, क्योंकि लोककला की प्रकृति ही यह है कि वह विभिन्न पाठांतरों या रूपांतरों में सामने आए। जो चीज *संभव* है—और यही बार्टोक की महान उपलब्धि थी—वह यह कि उसमें से अश्लीलता, भौंडेपन और अतिभावुकता के ऊपर से थोपे गए तत्त्वों को निकाला जा सकता है, हालाँकि यह कहना पड़ेगा कि ये तत्त्व 'लोकप्रिय' हो सकते हैं।

लोकगीतों में सुदूर अतीत की समष्टि की परंपरा अक्सर उन तत्त्वों के साथ घुलमिल जाती है, जो 'जनगण' और शासक वर्ग के द्वंद्व में से पैदा होते हैं। इस मिश्रण का एक सटीक उदाहरण, जिसमें परंपरागत चीजें (इस उदाहरण में जादू-टोना तथा रक्त की बलि) और किसानों का भूस्वामी-विरोधी वर्गसंघर्ष घुलमिल गया है, फ्रेजर ने 'गोल्डेन बो' में उद्धृत किया है :

> पोमेरानिया के कुछ हिस्सों में (फसल की कटाई के समय) हर राह चलते व्यक्ति को टोका जाता है। मकई की रस्सी से उसकी राह छेक दी जाती है। फसल काटनेवाले लोग उसके इर्दगिर्द घेरा बना लेते हैं और अपनी दराँतियाँ (हँसिया) तेज करने लगते हैं, जबकि उनका नेता कहता है :
>
> 'सभी लोग तैयार हैं भाई
> दराँतियाँ हैं मुड़ी-मुड़ाई
> फसल है ऊँची-नीची भाई
> भद्रपुरुष की करो कटाई।'

इसके बाद दराँतियाँ घिसने की प्रक्रिया दोहराई जाती है। स्टेट्टिन जिले के रामिन गाँव में कटैयों से घिरे खड़े अजनबी को इस प्रकार संबोधित किया जाता है :

'भद्रपुरुष को हम थपकेंगे
अपनी नंगी तलवारों से,
जिनसे घास काटते हैं हम
जिनसे फसल काटते हैं हम
काट डालते हैं जिनसे हम
राजाओं और सामंतों को।

प्यासे रहते हैं मेहनतकश
यदि बाबू जी हमें पिलाएँ बीयर-ब्रांडी
फौरन बात खत्म कर दें हम
अगर नहीं है यह स्वीकार
तो चमकेगी यह तलवार।'

यहाँ तीन चीजें साफ पहचानी जा सकती हैं: पहली यह कि उस आदिम कृषक-समाज में, जहाँ पूँजीवाद अभी नहीं पहुँचा है, प्रागैतिहासिक जादू अभी तक जिंदा बचा हुआ है; दूसरी यह कि किसानों में राजाओं और सामंतों के लिए गुस्सा है, जिन्हें 'काट डालना' चाहिए; और तीसरी यह कि अनेक किसान-विद्रोहों की विफलता के कारण किसानों का मनोबल टूटा हुआ है, जिससे वे बीयर और ब्रांडी पर बिक जाने के लिए तैयार हैं, भौतिक फायदों के लिए एक भौंडी तथा मनहूस धमकी से भरी इच्छा व्यक्त करते हैं। बहुत-से लोकगीतों में किसी प्रागैतिहासिक तत्त्व पर बाद के कालों के अनेक मूलभावों की परतें चढ़ी हुई दिखाई देती हैं। बाद के ये मूलभाव अंशतः वर्गसंघर्षों और विद्रोहों से तथा अंशतः वर्गीय समाज में अंतर्निहित पतनशीलताओं तथा भ्रष्टाचार से आए हुए हैं। उदाहरण के लिए, रोबिन हुड के गाथागीतों में कितना अटूट विद्रोहीपन है! गरीब श्वार्टेनहाल्स के गीत जैसे जर्मन लोकगीतों में कितनी अवज्ञा भरी चुनौती है :

ली तलवार हाथ में मैंने
और कमर में उसको बाँधा
पास नहीं थी कोई सवारी
जाना पड़ा मुझे पैदल ही।
इधर भटकता उधर भटकता
चलता चला गया मैं मीलों

राजमार्ग पर जाकर मुझको
मिला एक धनवान का बेटा
उसने अपना बटुआ देकर
मुझसे अपनी जान छुड़ाई।

या पत्थरदिल बहू का गीत देखिए :

जौ खाना ना भाए मुझको
भाए ना उठना इतने तड़के
मुझको बन जाना है जोगिन
मगर नहीं यह इच्छा मेरी
जो भी मुझ गरीब लड़की को
मठ में कैद चाहते करना
काश कि उनके सिर पर टूटें
यही आफतें, यही आफतें।

मगर इन गीतों के साथ-साथ 'डेस नाबेन वुंडरहोर्न' में संकलित अन्य गीतों में पालतू लोगों की-सी चापलूसी, खोखला रहस्यवाद और मालिकों की जूठन के टुकड़े भरे हुए हैं। उदाहरण के लिए 'रहस्यवाद का मूल' नामक सपाट कुकविता में कहा गया है :

चमत्कार ईश्वर के सच्चे बेटे का है,
दो स्वभाव मिल एक हो गए एक व्यक्ति में।

अथवा 'अनंत का गीत' में देखिए :

हे मानव सुन, प्रभु है जब तक
नरक-यातना भी है तब तक
तब तक सुख का स्वर्ग रहेगा
यह पीड़ा यह हर्ष रहेगा।

अथवा 'सुकुमार चरवाहे का जीवन' नामक कृत्रिम गीत को देखिए, जो स्पष्ट रूप से अभिजातवर्गीय ग्वालगीतों के मूलविषय को चुराकर बनाया गया है :

इस चरवाहे की खुशियों का क्या मुकाबला !
हरे-भरे खेतों-मैदानों
फूलों भरे चरागाहों में
खुशियाँ सच्ची, सच्ची खुशियाँ
मुझे पता है।

लोकगीतों में मौजूद मूलभूत रवैए और गुणवत्ता में पाए जानेवाले इस गहरे फर्क से स्वच्छंदतावादी सिद्धांत का एकमात्र तथा एकीकृत 'लोकात्मा' वाला दावा झूठा पड़ जाता है और यह साबित हो जाता है कि ये गीत न केवल विभिन्न वर्गों तथा विभिन्न सामाजिक परिस्थितियों की अभिव्यक्तियाँ हैं, बल्कि इनकी रचना भी विभिन्न स्तरों की प्रतिभा और कम-ज्यादा ईमानदारीवाले व्यक्तियों के द्वारा हुई है। जनगण शताब्दियों से तमाम तरह की चीजों को आत्मसात और पुनरुत्पादित करते रहे हैं। तमाम तरह की चीजें—अच्छी और बुरी, मौलिक और घटिया—'लोकप्रिय' हो गई हैं। हम स्वच्छंदतावादियों द्वारा की जानेवाली *समस्त* लोककला की अनालोचनात्मक सराहना से सहमत नहीं हो सकते। हम लोककला का मूल्यांकन भी उन्हीं प्रतिमानों से कर सकते हैं, जिनसे कला के किसी भी अन्य रूप का मूल्यांकन करते हैं। ये प्रतिमान हैं : कला की सामाजिक अंतर्वस्तु और उसकी गुणवत्ता।

इतना ही नहीं, यह समझना भी निहायत जरूरी है कि बढ़ता हुआ उद्योगीकरण लोककला को अनिवार्य रूप से नष्ट करता है। अब इस बात की संभावना बहुत ही कम रह गई है कि किसानों और घुमंतू कारीगरों की अंतर्वस्तु और अभिव्यक्ति के साधनों के सहारे लोककला अपना नवीकरण कर पाएगी। मजदूर वर्ग के पास अपनी नई अंतर्वस्तु है और वह अभिव्यक्ति के नए साधनों की माँग करती है। नए 'लोकगीत' क्रांतिकारी आंदोलनों से निकलकर आ रहे हैं। ये गीत स्वतंत्रता के लिए संघर्षरत पक्षधर लोगों के गीत हैं, जिनके उदाहरण हैं 'मार्सेलाइसे' और 'इंटरनेशनल' जैसे गीत। बहुत ऊँचे दरजे की सचेत प्रतिभाओं द्वारा रचे गए गीत—जैसे बर्टोल्ट ब्रेश्ट और हांस आइजलर द्वारा रचित गीत—क्रांतिकारी मजदूर वर्ग के नए 'लोकगीत' बन गए हैं। रहस्यमयी सर्जनात्मक 'लोकात्मा' वाले सजातीय 'जनगण' की धारणा पूँजीवादी जगत में एक स्वच्छंदतावादी धारणा है, क्योंकि यह जगत परस्पर विरोधी वर्गों का जगत है और शासक वर्ग के विरुद्ध संघर्ष करके ही कोई 'जनगण' धीरे-धीरे हमारे खंड-खंड समाज को जोड़कर पुनः एक नई समष्टि के रूप में उभर सकता है। 'जनगण' का जर्मन स्वच्छंदतावादी आदर्शीकरण महज एक भ्रम नहीं था, बल्कि अपनी परिस्थितियों में वह प्रतिक्रियावादी भी था। उसने पूँजीपति वर्ग पर ही नहीं, बल्कि वर्गसंघर्ष की समस्त अभिव्यक्तियों पर भी आक्रमण किया और वह धीरे-धीरे 'सामाजिक भागीदारी' की बकवास में परिणत होकर एक मिथ्या और पाखंडपूर्ण 'भाईचारे' का उपदेश देने लगा।

पूँजीवादी जगत का स्वच्छंदतावादी विरोध, जैसा कि हम पहले भी कह चुके हैं, बार-बार सामने आता रहा है। लेकिन यह कलाकार की उस यथार्थ के प्रति संभाव्य अनेक प्रतिक्रियाओं में से केवल एक प्रतिक्रिया है, जिसकी अभिपुष्टि अब

वह नहीं कर सकता। पूँजीवादी लेखकों ने आश्चर्यजनक शक्ति और दृढ़ता के साथ यथार्थवाद की पद्धति का विकास किया है। इस पद्धति के द्वारा उस समाज का आलोचनात्मक चित्रण किया जाता है, जिसके अंतर्विरोध पहचान में आ गए हैं। इंग्लैंड, फ्रांस, रूस और अमरीका में सामाजिक यथार्थ को द्वंद्वात्मक रूप में तथा रहस्यवादी बनाए बिना चित्रित करने के लिए किए जानेवाले प्रयास अत्यंत प्रभावशाली ढंग से सफल रहे हैं। लेकिन ठीक वैसे ही, जैसे जर्मनी और आस्ट्रिया के स्वच्छंदतावाद की प्रकृति अन्य देशों के स्वच्छंदतावाद की प्रकृति से भिन्न थी, यहाँ के यथार्थवाद का विकास भी अधिक बाधित रहा; यहाँ की रचनाएँ भी उन देशों की रचनाओं के मुकाबले कमजोर रहीं, जिनमें पूँजीवाद की शुरुआत जल्दी हुई थी और उसने क्रांतिकारी रूप धारण किए थे, अथवा जिन देशों में हद दरजे के आर्थिक और सामाजिक पिछड़ेपन के कारण सभी वर्गों तथा सभी सामाजिक स्तरों के लोग शासक व्यवस्था के विरोधी हो गए थे—जिससे असहनीय दबावों के तहत विस्फोटक तनाव पैदा हो गए थे और क्रांतिकारी ऊर्जा अदम्य रूप से उभर आई थीं।

कला के लिए कला

'कला के लिए कला' का आंदोलन स्वच्छंदतावादी आंदोलन से जुड़ा हुआ था। यह आंदोलन क्रांति के बाद के पूँजीवादी जगत में यथार्थवाद के साथ ही साथ पैदा हुआ था, जिसका उद्देश्य सामाजिक वास्तविकता का पता लगाना और उसकी आलोचना करना था। 'कला के लिए कला' का रवैया भी—जो बोदलेयर जैसे महान और मूलतः यथार्थवादी कवि ने अपनाया था—कुत्सित उपयोगितावाद का और पूँजीपति वर्ग की नीरस व्यापारिक व्यस्तता का विरोधी था। यह रवैया कलाकार के इस दृढ़निश्चय से पैदा हुआ था कि वह दुनिया में, जहाँ हर चीज पण्यवस्तु बन जाती है, बिक्री के लिए माल पैदा नहीं करेगा। वाल्टर बेंजामिन नामक उत्कृष्ट जर्मन निबंधकार ने—जिसने हिटलर की कैद से भागकर 1940 में आत्महत्या कर ली थी और जिसकी रचनाओं के अनुवाद अभी तक नहीं हो पाए हैं—बौदलेयर की एक मौलिक व्याख्या में इससे उल्टी बात सिद्ध करने की चेष्टा की थी। उसने लिखा :

> साहित्यिक बाजार के प्रति बौदलेयर का व्यवहार : बोदलेयर पण्यवस्तुओं की प्रकृति को अच्छी तरह समझता था। उसकी इसी समझ ने उसे इस योग्य बनाया—अथवा बाध्य किया—कि वह बाजार को एक वस्तुपरक कसौटी माने··· बौदलेयर अपनी रचनाओं के लिए बाजार में जगह बनाना चाहता था, अतः उसे दूसरों को धकियाकर परे हटाना पड़ा··· उसकी कविताएँ ऐसी

विशिष्ट युक्तियों से भरी हुई थीं, जो अन्य कवियों को पछाड़ने के इरादे से अपनाई गई थीं।

इस राय के खिलाफ मैं अपनी कुछ बातों को यहाँ फिर से दोहराना चाहता हूँ, जो मैंने बरसों पहले लिखी थीं, और जिन्हें मैं आज भी सही मानता हूँ :

> बोदलेयर ने पूँजीपति वर्ग की दंभपूर्ण आत्मतुष्ट दुनिया के विरुद्ध सुंदरता की अपनी पवित्र प्रतिमा को स्थापित किया। कुत्सित, पाखंडी और खोखले सौंदर्यवादी के लिए सुंदरता यथार्थ से पलायन करने का एक बहाना, एक तृप्तिदायी पावन चित्र, एक सस्ती शामक औषध हुआ करती है; लेकिन बोदलेयर की कविता से उभरनेवाली सुंदरता पत्थर की एक विशाल प्रतिमा है, नियति की कठोर तथा अनमनीय देवी है। वह आग की लपटें उठाती तलवार हाथ में लिए क्रोध के देवदूत के समान है। उसकी दृष्टि उस दुनिया को नग्न करके धिक्कारती है, जिसमें बीभत्सता, तुच्छता और अमानुषिकता का बोलबाला है। उसकी कांतिमयी नग्नता के समक्ष सजी-सँवरी दरिद्रता, दबी-ढँकी बीमारी और छिपाई गई बुराई एकदम खुलकर सामने आ जाती है। ऐसा लगता है, मानो पूँजीवादी सभ्यता को एक प्रकार की क्रांतिकारी अदालत में लाकर खड़ा कर दिया गया हो : सुंदरता यहाँ न्याय करती है और तपे हुए इस्पात की-सी पंक्तियों में अपना फैसला सुनाती है।

लेकिन बेंजामिन अपने प्रभावशाली विश्लेषण को आगे बढ़ाते हुए कहते हैं कि बोदलेयर के कृतित्व का निर्णायक तत्त्व यह है कि :

> वह पहला कलाकार था, जिसे यह बोध हो गया था—और इस बोध के बड़े भारी परिणाम निकले—कि पूँजीपति वर्ग के पास कलाकार के लिए कोई काम नहीं रह गया है और वह उन कामों को भी वापस ले रहा है, जो उसने पहले कलाकार को सौंप रखे थे। समस्या यह थी कि इस तरह बेकार होते जा रहे कलाकार को कौन-सा स्थायी सामाजिक काम मिल सकता है ? कोई भी वर्ग उसे काम देनेवाला नहीं था, इसलिए लगता था, कलाकार के लिए जीविकोपार्जन का एक ही रास्ता रह गया है कि वह पूँजी-निवेशवाले बाजार में जाए। पूँजीवादी बाजार में जाकर काम तलाशने की यह जो आवश्यकता बोदलेयर को महसूस हो रही थी, कोई स्पष्ट और अल्पकालिक आवश्यकता नहीं थी, बल्कि एक अस्पष्ट-सी और दीर्घ-कालिक आवश्यकता थी⋯लेकिन बाजार की प्रकृति, जहाँ इस आवश्यकता की पूर्ति की जानी थी, इस प्रकार की थी कि वह कवि के ऊपर पहले के कवियों की उत्पादन-पद्धति और जीवन-पद्धति से बहुत भिन्न उत्पादन-

> पद्धति और जीवन-पद्धति थोपती थी। बोदलेयर उस समाज से कवियोचित गरिमा प्राप्त करना चाहता था, जिसके पास स्वयं किसी प्रकार की गरिमा नहीं बची थी कि वह कवि को गरिमा प्रदान कर सके।

यहाँ मूल मुद्दा यह है कि पूँजीवादी जगत बोदलेयर से परोक्षत: भी 'काम कराने' में समर्थ नहीं रह गया था, अत: बोदलेयर ने एक अनुपस्थित, नामहीन बाजार के लिए उत्पादन किया और इसी से 'कला के लिए कला' का सिद्धांत पैदा हुआ। लेकिन बोदलेयर ने ऐसा इस उम्मीद में किया था कि शायद कभी-न-कभी कोई आकस्मिक, अज्ञात भावक वर्ग या उपभोक्ता उसे मिल ही जाएगा। बोदलेयर के बहुत-से कथन इस बात के साक्षी हैं कि इस मामले में उसका रवैया दुविधापूर्ण था। इसीलिए उसके कथन बेंजामिन की और मेरी—दोनों ही व्याख्याओं की पुष्टि करते हैं। उसकी कला को पूँजीवादी जगत से मानो कोई लेनादेना ही नहीं था, वह पूँजीवादी पाठक को नकारती थी और उसे विमुख करती थी, लेकिन फिर भी वह उसे चौंकानेवाले आघातकारी प्रभावों के कारण अपनी तरफ खींचती थी। बोदलेयर ने कहा है कि उसे दूसरों को 'नाराज करने में कुलीनतंत्रीय आनंद' आता था। यथार्थ के प्रति उसकी घृणा का अर्थ था 'कला के लिए कला' की रचना करके उस यथार्थ से अपने आपको अलग कर लेने की इच्छा; और 'कुलीनतंत्रीय आनंद' का अर्थ था भयावह सुंदरता से, उत्पीड़न के चमचमाते हथियारों से, टुच्चे पूँजीवादी मन को आतंकित करने की इच्छा। उसने पूँजीवादी ग्राहक के लिए उत्पादन करने से इनकार किया, मगर साथ ही वह यह भी मानता था कि उसके उत्पादन की अंतिम 'कसौटी' तो साहित्य का बाजार ही है, और वह उसी बाजार के लिए उत्पादन करता था। यहाँ मार्क्स द्वारा उद्धृत किया गया पूँजीवादी अर्थशास्त्रियों द्वारा स्थापित 'उत्पादन के लिए उत्पादन' का सिद्धांत याद आता है, जिसका प्रतिरूप है 'विज्ञान के लिए विज्ञान' या 'कला के लिए कला' का सिद्धांत। इनमें से हर मामले में बाजार पृष्ठभूमि में घात लगाए बैठा दिखाई देता है। इस प्रकार यह बात हमारी समझ में आ जाती है कि 'कला के लिए कला' के सिद्धांत के अंतर्गत पूँजीवादी जगत से अकेले ही बाहर निकल आने का और साथ ही 'उत्पादन के लिए उत्पादन' के उसके सिद्धांत के पालन का भ्रमपूर्ण प्रयास किया जाता है।

बोदलेयर की रचनाओं में स्वच्छंदतावादी विरोध का एक तत्त्व—आरोपात्मकता की तीखी धार—निश्चय ही मौजूद है। उसके कला-सिद्धांतों में बार-बार वे विचार सामने आते हैं, जिनका प्रतिपादन पहली बार नोवालिस ने किया था। मलार्मे 'कला के लिए कला' के सिद्धांत का सबसे सुसंगत प्रवक्ता था। उसने अपनी कविताओं में उस चीज को चरितार्थ कर दिखाया, जिसकी रूपरेखा नोवालिस ने स्वच्छंदतावाद के सिद्धांत के रूप में यों प्रस्तुत की थी कि ''...कविताएँ केवल श्रुतिमधुर हों और सुंदर लगनेवाले शब्दों से भरी हुई हों...दो-चार पंक्तियाँ

ही समझ में आनेवाली हों, ज्यादा नहीं… ।" हूगो फ्रीडरिश ने 'दि स्ट्रक्चर ऑफ मॉडर्न लिरिक पोइट्री' (आधुनिक प्रगीत काव्य की संरचना) का उपसंहार इस प्रकार किया है, जिसमें मलार्मे के काव्य का सूक्ष्म विश्लेषण किया गया है :

> मलार्मे का प्रगीत काव्य पूर्ण एकाकीपन का मूर्तिमान रूप है । उसे किसी भी ईसाई, मानवतावादी या साहित्यिक परंपरा की जरूरत नहीं । यह कविता वर्तमान में कोई हस्तक्षेप करने से अपने आपको बरजती है । पाठक को वह अपने से दूर-ही-दूर रखती है और स्वयं को मानवीय होने की इजाजत नहीं देती ।

हूगो फ्रीडरिश के अनुसार मलार्मे ने 'टुच्चेपन की बाढ़' से बचकर भागने की कोशिश की थी :

> दूसरों की दृष्टि में मेरा काम वैसा ही है, जैसे गोधूलि बेला में बादल और तारे : बेकार… अपने गीत से यथार्थ को निकाल दो, क्योंकि वह सामान्य है… कवि को केवल यह करना है कि वह 'कदापि नहीं' पर दृष्टि रखकर रहस्यात्मक ढंग से कार्य करे ।

इस *शुद्ध कविता* में, जिसमें से संपूर्ण इंद्रियगोचर यथार्थ को निष्कासित कर दिया गया है, बोदलेयर के विद्रोह का कोई अंश बाकी नहीं रहा है । इसमें विद्रोह को एक मूक वापसी में बदल दिया गया है । जहाँ बोदलेयर के काव्य में पाए जानेवाले मृत्यु के 'बूढ़े कप्तान' के आह्वान तथा शून्यता में अभी तक नए और अज्ञात के अंदर छलाँग लगाने की भावना मौजूद रहती थी, वहाँ मलार्मे के काव्य में शुद्ध शून्यता की गंध आती है, जो भुतहे परदों और जादुई बेलबूटों की सजावट में छिपी रहती है । मलार्मे का काव्य-संसार वह 'कल्पनालोक' भी नहीं रह गया है, जिसमे नोवालिस अपने आपको देख पाना संभव मानता था । यह तो इतना बर्फ जैसा ठंडा संसार है कि इसमें काल्पनिक प्राणी भी नहीं रह सकते । यहाँ 'कला के लिए कला' का सिद्धांत एक शून्य में जा पहुँचा है । अतः यहाँ भी वही प्रक्रिया काम करती दिखाई पड़ती है, जो स्वच्छंदतावाद में देखी गई थी, कि ज्यों-ज्यों समय बीतता जाता है, त्यों-त्यों सकारात्मक तत्त्व गायब होते जाते हैं और नकारात्मक तत्त्व प्रमुख होते जाते हैं । 'कला के लिए कला' की परिणति मलार्मे के दम तोड़ते गीतों में, हेरेडिया की सारहीन प्रगीतात्मकता में, और अंततः स्टीफन जार्ज की कुलीनतंत्रीय घृणा में हुई, जो अपने शिष्यों के एक संकीर्ण दायरे में ही सीमित होकर रह गया था और आम जनता के विरुद्ध विशिष्ट व्यक्तित्व का गुणगान करने लगा था ।

प्रभाववाद

प्रभाववाद भी एक विद्रोह था। यह प्रतिभाशाली लोगों के द्वारा शासक वर्गीय अकादमिक कला की स्फीत आडंबरप्रियता पर किया गया प्रहार था। फ्रांसिस योर्डा ने 'ट्वेंटी ईयर्स ऑफ ग्रेट आर्ट, ऑर दि लेसंस ऑफ फुलिशनेस' (महान कला के बीस वर्ष, अथवा बेवकूफी के सबक) शीर्षक के अंतर्गत चित्रों का एक संग्रह प्रकाशित कराया है, जिन्हें उन्नीसवीं सदी के आखिरी चतुर्थांश में फ्रांस की सरकार से कई पुरस्कार प्राप्त हुए हैं। इस पुस्तक में एक परिशिष्ट है, जिसमें इसी काल के उन फ्रांसीसी कलाकारों की सूची दी गई है, जिन्हें न तो कोई पुरस्कार मिला और न कोई सरकारी मान्यता प्राप्त हुई। इस सूची में डगा, सीज़्ले, पीसारो, सेजां, मोन्ने, रनवार, रूसो, गोगां, टूलूज़-लोत्रेक, बोन्नार्द, मातीस, रूओ और ड्यूफी के नाम शामिल हैं। ये सब कालजयी कलाकार हैं, जबकि इस संग्रह में संकलित चित्रों को बनानेवाले उन अकादमिक चित्रकारों की कला, जिन्हें सरकारी मान्यता प्राप्त हुई तथा जिनको पुरस्कृत-प्रशंसित करके सिर पर बिठाया गया, दंभपूर्ण दिखावे, आडंबरपूर्ण महत्त्वहीनता और भरपूर पाखंड का सुविधावादी नरक मात्र है। उनके चित्रों में दमघोंटू ऐतिहासिक दृश्य हैं, खुशनुमा रीतिचित्र हैं, सलूट मारते भड़कीले फौजी हैं, सरेस की तरह चिकने और लसलसे मांसवाली नंगी औरतें हैं, पोर-पोर से अपने पद की गरिमा टपकाते हुए विनम्र राजपुरुष हैं, मोलां रूश के पार्नास्यूस की प्रतिमूर्ति जैसे दढ़ियल महापुरुष और उन पर प्यार उँडेलनेवाली कलादेवियाँ हैं, नखरेबाज परियाँ हैं, और हैं सलीबों पर चढ़े हुए संत, जो मानो किसी 'ब्यूटी सेलून' में शहादत के लिए सजाए-सँवारे गए हों।

इस प्रकार की अकादमिक कला में खोखला अभिजातवाद था, चुराए हुए पुराने रूप थे जिनकी अंतर्वस्तु बहुत पहले ही गायब हो चुकी थी, आदेश पर तैयार किया गया आदर्शवाद था, और थी एक ऐसी भावुकता, जो मिथ्या भावमयता से आँख तो नम कर देती है, मगर जिसमें बड़ी चालाकी से कोई छाती या टाँग भी उघाड़कर दिखा दी जाती है। यह कला विघटित होते पूँजीवादी जगत द्वारा पैदा की गई अत्यंत जुगुप्साजनक चीजों में से एक चीज थी। यह कला असत्यों से, खोखले जुमलों से, अभिजातवादी तथा नवजागरण की परंपराओं की पाखंडपूर्ण दुहाइयों से निर्मित होती थी। यह कला उस जमाने की देन थी, जिसमें सामाजिक प्रतिष्ठा नग्न व्यावसायिकता के साथ व्यभिचार करती थी। और यह चीज कला में ही नहीं, बल्कि सर्वत्र पाई जाती थी। मसलन, रविवार की शाम को 'स्वतंत्रता, समता और बंधुत्व' पर भाषण झाड़नेवाला प्रतिक्रियावादी राजनीतिज्ञ, जिसकी तोंद पर क्रांति का तिरंगा झंडा नैपकिन की तरह लिपटा रहता था—अपनी निर्लज्ज क्रूरता में उस चित्रकार से ज्यादा भिन्न नहीं होता था, जो अभिजातवादी रूप और शैलियों के सहारे जनता को उसके जीवन और जगत की सच्चाई बताने के बजाए गुमराह

करता था। कला की दुनिया के ये महारथी तीस्यां और रेसीन जैसे महान कलाकारों को घिसापिटा बताकर अपमानित करते थे, इनकी जबान पर 'सुंदर' और 'उदात्त' जैसे शब्द हमेशा चढ़े रहते थे, ये दूसरों की 'पतनशीलता' पर हमेशा घृणा से भरे रहते थे, लेकिन वास्तव में स्वयं सबसे बुरी और सबसे शर्मनाक पतनशीलता की प्रतिमूर्ति थे। इससे बड़ी पतनशीलता क्या होगी कि जिस दुनिया की तमाम चूलें हिल चुकी हों, उसमें आपका व्यवहार ऐसा हो कि मानो सबकुछ ठीक-ठाक है, और अब सिर्फ यही करना बाकी रह गया है कि हर तरह की विनम्र लफ्फाजी के साथ उन चीजों की नकल की जाए, जिनको कभी प्राचीन गौरवग्रंथों में अपने समय के सच्चे अनुभव के रूप में मौलिकता की पूरी शक्ति के साथ व्यक्त किया गया था!

प्रभाववाद ने इसी कलात्मक जालसाजी के विरुद्ध विद्रोह किया था, जो तमगों से विभूषित थी और अपनी नंगई को प्रशंसापत्रों से छिपाती थी। उस समय कोर्बे को, जिसने आगे चलकर पेरिस कम्यून में हिस्सा लिया था, 'क्रॉस ऑफ दि लीजियन ऑफ ऑनर' नामक पुरस्कार देने की घोषणा हुई। कोर्बे ने पुरस्कार लेने से इनकार करते हुए ललित कलाओं के मंत्री को एक स्वाभिमानपूर्ण पत्र लिखा। इस पत्र के साथ ही मानो प्रभाववाद रूपी विद्रोह का पहला डंका बज उठा था। उसने लिखा था :

> यह पुरस्कार मुझे कभी भी, किसी भी सूरत में, स्वीकार नहीं करना चाहिए। आज की परिस्थिति में तो यह पुरस्कार मुझे हरगिज नहीं लेना चाहिए, जबकि चारों तरफ देशद्रोह दिन दूना बढ़ रहा है और स्वार्थपरता तथा बेईमानी इस कदर बढ़ गई है कि मनुष्य की आत्मा बेचैन हुए बिना नहीं रह सकती... एक कलाकार के रूप में मेरी आत्मा उस पुरस्कार के प्रति कोई कम घृणा नहीं अनुभव करती जो सरकार के द्वारा मुझे जबर्दस्ती दिया जा रहा है। राजसत्ता को कला के मामलों में दखल देने का कोई हक नहीं है।

इसी पत्र में कोर्बे ने आगे कहा है कि 'अगर कला को जबर्दस्ती सरकारी प्रतिष्ठा दी जाएगी और उसे अनुर्वर साधारणता के लिए अभिशप्त किया जाएगा' तो यह चीज कला के लिए प्राणघाती सिद्ध होगी। यह सरकारी अकादमिक कला के विरुद्ध युद्ध छेड़ने की घोषणा थी। 'सरकारी प्रतिष्ठा' से अपना नाता तोड़ लेनेवाला कोर्बे, जिसने अपनी रंगों की कूची को खुरपी की तरह चलाकर किसानों और मजदूरों के, प्राकृतिक दृश्यों के, फलों और फूलों के चित्र बड़े जीवंत प्रकृतवादी ढंग से बनाए थे, स्वयं कोई प्रभाववादी कलाकार नहीं था; लेकिन वह संग्रहालय की दीवारों को लाँघकर प्रकृति के बीच, जनगण के बीच, प्रकाश और रंगों की ताजगी के बीच जा पहुँचा और प्रभाववादियों के लिए एक उदाहरण बन गया। सेजां ने उसके बारे में कहा :

> एक संगतराश ! एक मामूली पुताई करनेवाला ! एक रंग पीसने वाला… लेकिन देश में दूसरा कोई नहीं है, जो उसके मुकाबले में ठहर सके। वह अपनी बाँहें चढ़ा सकता है, वह अपनी टोपी को एक कान पर तिरछी करके लगा सकता है, वह वांडोम के स्तंभ को उठाकर फेंक सकता है…उसमें गहनता है, स्वच्छता है, मृदुता है। उसके नग्न चित्र पकी हुई फसल की तरह सुनहरे हैं। मैं उसके चित्रों का दीवाना हूँ। उसके चित्रों में पकी हुई फसल की खुशबू है…वे लड़कियाँ ! उनमें ऐसी ऊर्जा है, ऐसा विस्तार है, ऐसी प्रसन्न विह्वलता है, ऐसी विश्रांति है, जो मान्ने के चित्र 'कलेवा' में हमें कभी नहीं मिली।

कोर्बे प्रकृति और जनगण का चित्रकार था। उसका अनुकरण करनेवाले प्रभाववादी भी एक नए यथार्थ के खोजी थे और अपने समय के जनगण तथा अपने समय की चीजों को चित्रित करने की इच्छा से ओतप्रोत रहते थे। सुरुचिसंपन्न मान्ने ने, जो बोदलेयर का मित्र था और आगे चलकर जोला का भी मित्र रहा, पेरिस के प्रशासक को सुझाव दिया था कि विले होटल के सभाकक्षों की दीवारों पर अकादमिक ऐतिहासिक चित्र न लगाए जाएँ, बल्कि नए जमाने की आकृतियों और मूलभावों के चित्र लगाए जाएँ, जिनमें बाजार हों, रेलवे स्टेशन हों, सीन नदी के पुल हों, और लोगों से भरे हुए पार्क हों। ठीक उसी समय साहित्य में प्रकृतवाद का आंदोलन चल रहा था और प्रभाववाद की दृष्टि भी प्रकृतवाद की ही तरह वर्तमान काल पर थी। प्रभाववादी चित्रकार साधारण चीजों पर ध्यान देते थे, और उनके बारे में चुप्पी नहीं साधते थे, भले ही वे चीजें असुंदर हों। मान्ने ने इस रवैए के बारे में कहा :

> आज का चित्रकार यह नहीं कहता कि 'त्रुटिहीन कलाकृतियों को देखिए।' वह कहता है कि 'ईमानदार कलाकृतियों को देखिए।' इस ईमानदारी के कारण ही चित्रों का चरित्र विरोधमूलक हो जाता है, चाहे चित्रकार केवल अपने प्रभावों को ही अंकित करना चाहता हो।

मान्ने ने यह भी कहा कि उसका इरादा विरोधी बन जाने का नहीं था, लेकिन अकादमिक लोगों की तीव्र प्रतिक्रिया ने और उनके द्वारा विकृत की गई लोकरुचि ने उसे मजबूर कर दिया कि वह इस असहिष्णुता का विरोध करे। 1874 में क्लोड मोन्ने ने सालों डे रेफ्युजे में 'सोलेई तवों' अर्थात् 'प्रभाव' नामक चित्र की प्रदर्शनी की थी। इसी चित्र के नाम से 'प्रभाववाद' ने अपना नाम पाया, जिस पर अकादमिक लोगों ने मूर्खतापूर्ण क्रोध से भरी चीख-पुकार मचाई थी। नए आंदोलन का विद्रोहात्मक चरित्र स्पष्ट था।

मगर प्रभाववाद भी द्वंद्व से मुक्त नहीं था और सेजां, जिसकी बुद्धि उसकी

प्रतिभा के समान ही प्रखर थी, और जो उस आंदोलन को इसके शिखर तक ले जाने के साथ-साथ इसकी समाप्ति तक भी ले गया था, इसके आंतरिक अंतर्विरोधों के प्रति सचेत था। उसने महान कलाकारों के बारे में कहा था :

> उनमें ब्योरों को पकड़ने की क्षमता होती है। आप उनके चित्रों के किसी भी ब्योरे पर ध्यान दें, पूरा चित्र आपके ध्यान में आ जाएगा, वह अपनी संपूर्णता में हमेशा आपके सामने उपस्थित रहेगा। आप किसी भी ब्योरे का अध्ययन कर रहे हों, आपको ऐसा लगेगा जैसे समूची स्वरावली आपके मन में बज रही है। आप पूरे चित्र में से किसी भी चीज को काटकर अलग नहीं कर सकते ··· वे (महान चित्रकार) हम लोगों की तरह जोड़-गाँठ नहीं करते थे ···

और डेलाक्रोआ के चित्र 'फाम ड आल्ज्ये' को देखते हुए उसने कहा था, 'डेलाक्रोआ नामक इस आदमी के अंदर हम सभी मौजूद हैं! ··· (इस चित्र में) हर चीज परस्पर जुड़ी हुई है, *संपूर्णता से* चित्रित है।' यानी सेजां के अनुसार प्रभाववाद में सिर्फ 'जोड़-गाँठ' होती थी, संपूर्णता नहीं होती थी। सेजां यह बात समझता था कि पुरानी शानदार एकता खो गई है। कला में ही नहीं, सामाजिक यथार्थ में भी वह नहीं है। डेलाक्रोआ के अंदर क्रांति की मशाल अभी बुझी नहीं थी। उसकी स्वच्छंदतावादी कारुणिकता में संघर्षशील मानवता की जबर्दस्त भावना व्यक्त होती थी। मनुष्य को एक संपूर्णता माना जाए, यह नवजागरण की एक विशिष्ट धारणा थी, और डेलाक्रोआ वह अंतिम चित्रकार था, जिसके चित्रों में यह धारणा अपने मौलिक रूप में ज्वर की-सी तीव्रता के साथ व्यक्त हुई थी। बोदलेयर ने उसके बारे में कहा था :

> डेलाक्रोआ की उपलब्धि मुझे कभी-कभी ऐसी लगती है, जैसे वह मनुष्य की भव्यता और उसके प्राकृतिक आवेग का *स्मरण करने की कला* हो ··· एक अच्छे चित्र की विशेषता यह होती है कि वह उस स्वप्नचित्र के प्रति सच्चा हो, जिसने उसे जन्म दिया है। उसे इस तरह बनाया जाना चाहिए, मानो वह एक पूरा संसार हो ··· डेलाक्रोआ की प्रतिभा की मुख्य विशेषता दरअसल यह है कि उसमें पतनशीलता नहीं है। वह केवल प्रगति का चितेरा है ··· यूजीन डेलाक्रोआ को जिस क्रांति ने जन्म दिया था, उसका रास्ता उसने कभी नहीं छोड़ा।

आगे चलकर बोदलेयर डेलाक्रोआ की तुलना स्तेंढाल से करता है, जिसके अंदर प्रबोधन, क्रांति और स्वच्छंदतावाद घनिष्ठ रूप से परस्पर गुँथे हुए थे तथा आवेश और विवेक, व्यक्तिगत अहं और सामाजिक चेतना, भावना की ऊष्मा और रूप की आडंबरहीनता के तत्त्व ऐसी एकता में संबद्ध थे, जो तनाव से भरपूर थी।

डेलाक्रोआ के साथ ही यह एकता समाप्त हो गई और वह कला, जिसे सेजां 'जोड़गाँठ' कहता था, विखंडित संसार को सामने लाने लगी। सेजां ने नए प्रभाववादी कला-सिद्धांत का प्रतिपादन कई बार किया था :

> कलाकार ऐंद्रिय बोध का अंकन करनेवाला उपकरण मात्र है। सिद्धांत नहीं। रचना !…सिद्धांत लोगों को भ्रष्ट बना देते हैं…हम लोग तो एक झिलमिलाती हुई अव्यवस्था हैं। मैं अपने मूल विषय का साक्षात्कार करता हूँ, उसमें खो जाता हूँ…प्रकृति सबसे बात करती है। लेकिन कितने अफसोस की बात है कि प्राकृतिक दृश्य कभी चित्रित ही नहीं किए गए ! प्राकृतिक दृश्यों में मनुष्य को उपस्थित नहीं रहना चाहिए, बल्कि मनुष्य को उन दृश्यों में पूरी तरह खोए रहना चाहिए। महान बौद्ध आविष्कार निर्वाण की तरह ! आवेशरहित, उपाख्यानरहित, रंगरहित राहत ! …प्रभाववाद—इसका क्या अर्थ है ? यह रंगों का चाक्षुष मिश्रण है। समझे आप ? कैनवास पर रंगों को बिखेर देना और आँख के अंदर उन्हें पुनः एक कर देना…एक बात और जान लीजिए : चित्रकार के लिए साहित्य में घुलमिल जाने से ज्यादा खतरनाक और कोई चीज नहीं। (मगर डेलाक्रोआ खुद बड़ी शिद्दत के साथ साहित्य में 'घुलामिला' रहता था !) कलाकृति किसी चीज का निरूपण नहीं करती। पहली बात है कि उसे रंगों के अलावा किसी चीज का निरूपण करना ही नहीं चाहिए। (तुलनीय : मलार्मे—"कविता में विचार नहीं होते, केवल शब्द होते हैं।")

प्रभाववाद दुनिया को प्रकाश में घोलते हुए, रंगों में उसे तोड़ते हुए, ऐंद्रिय संवेदनों की शृंखला के रूप में चित्रित करते हुए, उत्तरोत्तर विषय और वस्तु के एक अत्यंत जटिल, अत्यंत अल्पकालिक संबंध की अभिव्यक्ति बनता गया। एकाकी होकर रह जानेवाला व्यक्ति अपने ही ऊपर ध्यान केंद्रित करते-करते दुनिया का अनुभव स्नायविक उद्दीपनों, प्रभावों और मनःस्थितियों के एक समुच्चय के रूप में, एक 'झिलमिलाती अव्यवस्था' के रूप में करने लगता है। वह दुनिया का अनुभव केवल 'मेरा' अनुभव और 'मेरा' संवेदन के रूप में करने लगता है। चित्रकला में प्रभाववाद वही है, जो दर्शन में प्रत्यक्षवाद है। प्रत्यक्षवाद भी दुनिया को 'मेरा' अनुभव, 'मेरा' संवेदन के अलावा और कुछ नहीं मानता। वह दुनिया को व्यक्ति की चेतना से स्वतंत्र अस्तित्व रखनेवाला वस्तुपरक यथार्थ नहीं मानता। प्रभाववाद के विद्रोह-तत्त्व की काट करनेवाला एक अन्य तत्त्व यह है कि उसमें एक शंकालु, टालमटोल करनेवाला, गैरलड़ाकू व्यक्तिवाद मौजूद रहता है। ऐसा व्यक्तिवाद असल में उस दर्शक का रवैया है, जिसे केवल अपने प्रभावों की चिंता होती है, जो दुनिया को बदलना नहीं चाहता, और जिसके लिए रक्त का धब्बा रंग

के एक छींटे से, और लाल झंडा गेहूँ के खेत में उगे लाल पोस्त से ज्यादा महत्त्व नहीं रखता।

इस प्रकार प्रभाववाद एक प्रकार से पतनशीलता का, दुनिया के विखंडित और अमानुषिक हो जाने का लक्षण था। मगर साथ-ही-साथ 1871 और 1914 के बीच के पूँजीवाद के लंबे 'समाप्तिकाल' में प्रभाववाद पूँजीवादी कला का एक शानदार चरमबिंदु, एक सुनहरा वसंत, एक देरी से पकी हुई फसल, और कलाकार को उपलब्ध अभिव्यक्ति के साधनों की एक जबर्दस्त समृद्धि भी था और हमें इस द्वंद्व के, इस आंतरिक अंतर्विरोध के, दोनों ही पक्षों को देखना चाहिए। प्रभाववाद के प्रति न्याय करने के लिए हमें इसके समाज-सापेक्ष चरित्र को पहचानना चाहिए और इसकी अमर उपलब्धि का आदर करना चाहिए।

प्रकृतवाद

साहित्यिक प्रकृतवाद प्रभाववाद की तुलना में ज्यादा निश्चित रूप से विरोध और विद्रोह का आंदोलन था, किंतु इसमें भी वैसे ही आंतरिक अंतर्विरोध थे। यथार्थवाद के एक विशिष्ट तथा मौलिक रूप को ज़ोला ने 'प्रकृतवाद' का नाम दिया था। इस नाम के जरिए वह नए आंदोलन को उन तमाम तरह के सदाशयी मूर्खों से अलगाना चाहता था, जो अपने साहित्यिक उत्पादनों को 'यथार्थवादी' कहकर चलाते थे। मगर प्रकृतवाद का वास्तविक प्रवर्त्तक फ्लॉबेयर था, जिसके उपन्यास 'मादाम बावेरी' ने इस नए आंदोलन का सूत्रपात किया था। ज़ोला ने लिखा :

> फ्लॉबेयर ने साहित्य को वह सच्चा और सही शब्द दिया है, जिसकी प्रतीक्षा इस नई शुरुआत के लिए हर कोई कर रहा था। 'मादाम बावेरी' में ऐसी स्पष्टता और पूर्णता है कि यह उपन्यास कला के इस रूप की प्रतिनिधि रचना है, एक आधारभूत नमूना है।

पहली नजर में यह अजीब लग सकता है कि फ्लॉबेयर ने, जो सौंदर्य से बोदलेयर की भाँति ही प्रेम करता था, और जिसके लिए उसके उपन्यास का मूल विषय एक प्रकार की यातना था, इतनी सूक्ष्मता और कलात्मक निष्ठा के साथ देहाती निम्न-पूँजीवादी जीवन के ऐसे सुस्त और निर्जीव यथार्थ का चित्रण क्यों किया। मगर उसकी यह *भावशून्यता* पूँजीवादी जगत के टुच्चेपन, मूर्खता और कमीनेपन के प्रति उसी घृणा की अभिव्यक्ति थी, जो बोदलेयर को सर्वोच्च सौंदर्य की कविताओं में पूँजीवादी जगत के खिलाफ फैसले सुनाने की दिशा में ले गई थी। फ्लॉबेयर ने जार्ज सैंड को लिखा था कि कलाकार को इस बात का कोई हक नहीं है,

> कि वह किसी भी चीज के बारे में कोई राय व्यक्त करे, चाहे वह राय कैसी भी हो। क्या ईश्वर ने कभी कोई राय व्यक्त की है?…मैं यह मानता हूँ कि

> महान कला वैज्ञानिक तथा निर्वैयक्तिक होती है⋯मुझे न तो प्रेम चाहिए, न घृणा, न दया, न क्रोध⋯क्या अब समय नहीं आ गया है कि हम कला में न्याय को स्थान दें ? तब वर्णन की निष्पक्षता कानून की प्रभुसत्ता के समान हो जाएगी ।

लेकिन यह प्रत्यक्ष निष्पक्षता दरअसल संपूर्ण पूँजीवादी समाज के प्रति एक भारी-भरकम घृणा के ही समान थी । यह घृणा सबके प्रति थी, चाहे वे दक्षिणपंथी हों या वामपंथी, दूकानदार हों या मजदूर और इसका परिणाम हुआ मनुष्यों से, मानव मात्र से, संपूर्ण मोहभंग ।

> मानव मात्र की अपरिवर्तनीय बर्बरता मेरे अंदर निराशामय दुख भर देती है⋯अपने समकालीनों के प्रति मैं जो भारी नफरत महसूस करता हूँ, वह मुझे पीछे ठेलकर अतीत में ले जाती है⋯।

और जो चीज बच जाती है, वह यह कि :

> कलाकार को कला के लिए सर्वस्व का बलिदान कर देना चाहिए । उसे जीवन को एक साधन के अलावा और कुछ नहीं समझना चाहिए । और जिस व्यक्ति को उसे सबसे पहले नकारना चाहिए, वह व्यक्ति वह स्वयं ही है⋯पृथ्वी की तो सीमाएँ हैं, लेकिन लोगों की मूर्खता की कोई सीमा नहीं है ।

इस रवैए की परिणति है मादाम बावेरी की निराशा, उसकी आंतरिक हताशा । वह रूमानी उन्माद के स्वप्निल संसार में पलायन करने की कोशिश करती है, लेकिन उसका परिवेश उसे इसकी इजाजत नहीं देता और पूरी क्रूरता के साथ उसका गला घोंट देता है । यह भव्य तथा अदम्य उपन्यास प्रकृतवाद का आदिरूप है ।

ज़ोला भी 'वैज्ञानिक उपन्यास' के सिद्धांत को मानता था, हालाँकि उसने इस सिद्धांत में यह बात और जोड़ी कि 'दुनिया के बारे में आवेगरहित होकर विचार करना उचित नहीं है, क्योंकि वस्तुतः यह असंभव है ।' उसने कहा, 'हमारी शताब्दी विज्ञान की शताब्दी है ।' लेखक को 'डार्विन और क्लोड बर्नार्ड के सिद्धांतों को' अपने लेखन में लागू करना चाहिए, मसलन, 'जीवजातियों के उदय के सिद्धांत को, वातावरण के निर्णायक प्रभाव के नियम को, आनुवंशिकता के नियम को,⋯वह मार्क्स और एंगेल्स को नहीं जानता था, अतः उसने वर्गसंघर्ष अथवा सामाजिक विकास की प्रवृत्तियों को नहीं समझा । वह सिर्फ यही समझ सका कि मनुष्य आनुवंशिकता और वातावरण से निर्मित एक निष्क्रिय प्राणी है, जो अपनी पूर्वनिर्धारित नियति से मुक्ति नहीं पा सकता । मनुष्य उसके लिए पहले से मौजूद परिस्थितियों का विषय कम, उनकी वस्तु अधिक था । मजेदार बात है कि 'शुद्ध कविता' के प्रवक्ता मलार्मे ने 'हत्यारा' नामक उपन्यास और उसके लेखक के

निर्व्यक्तीकरण की प्रशंसा की थी। उन्होंने अपनी टिप्पणी को इन शब्दों के साथ समाप्त किया था कि 'हम उस जमाने में जी रहे हैं, जिसमें सत्य सौंदर्य की लोकप्रिय अभिव्यक्ति बनता जा रहा है।' हालाँकि प्रकृतवाद और 'कला के लिए कला' अत्यंत भिन्न प्रवृत्तियाँ हैं, फिर भी दोनों में एक प्रच्छन्न संबंध-सूत्र देखा जा सकता है।

ज़ोला ने हालाँकि सामाजिक दरिद्रता का पूरी निर्ममता से उद्घाटन किया था और 'दूसरे साम्राज्य' का बिल्कुल नग्न रूप उपस्थित कर दिया था, फिर भी वह वर्षों तक उसके राजनीतिक निष्कर्ष निकालने से इनकार करता रहा।

> अभी हम केवल विश्लेषण तक ही पहुँचे हैं, संश्लेषण तक पहुँचना अभी बहुत दूर की चीज है ··· हस्तक्षेप करना विधिनिर्माता का काम है, वह सोचे और चीजों को ठीक करे। मुझसे इसका कोई वास्ता नहीं है।

बहुत बाद में जाकर, ड्रेफस कांड और इसके दौरान ज़ोला द्वारा लिखित शानदार अभियोगपत्र 'मैं आरोप लगाता हूँ' के बाद ही, ज़ोला का रवैया बदला और वह समाजवादी यथार्थवाद के एक आधारभूत सिद्धांत का पूर्वानुमान-सा करते हुए यह कहने में समर्थ हुआ कि 'मौजूदा यथार्थ की ब्यौरेवार जाँच -पड़ताल के बाद एक नजर इस चीज पर भी जरूर डाल लेनी चाहिए कि कल क्या होगा।' उसने अंततः समाजवाद की जरूरत को समझा और अपनी डायरी में लिखा :

> पूँजीपति वर्ग अपने पूँजीवादी विशेषाधिकारों की रक्षा करने और स्वयं को शासक वर्ग के रूप में बनाए रखने के लिए अपने क्रांतिकारी अतीत के साथ गद्दारी कर रहा है। सत्ता हस्तगत कर लेने के बाद अब वह उस सत्ता को जनगण के हवाले करने में आनाकानी कर रहा है। अतः पूँजीपति वर्ग का धीरे-धीरे जड़ होते जाना निश्चित है। यह प्रतिक्रियावाद, पुरोहितवाद और सैन्यवाद का सहयोगी बनता जा रहा है। मुझे अब बार-बार इस बात पर जोर देना चाहिए कि पूँजीपति वर्ग का खेल खतम हो चुका है; वह अपनी सत्ता और संपदा को बनाए रखने के लिए प्रतिक्रियावादी हो गया है। सारी उम्मीद अब भविष्य की शक्तियों से है, जो जनगण में निहित हैं।

यह सब—पूँजीपति वर्ग का क्षय, सामान्य जनगण की दरिद्रता, मजदूर वर्ग का प्रतिरोध—ज़ोला ने अपने उपन्यासों में चित्रित किया, मगर समाधान की किसी उम्मीद के बिना, मानो यह सब एक अंतहीन दुःस्वप्न हो। जुगुप्साजनक सामाजिक परिस्थितियों के इस 'वस्तुपरक' चित्रण में तथा इन परिस्थितियों को परिवर्तनीय रूप में चित्रित करने से इनकार करने में ही प्रकृतवाद की शक्ति और कमजोरी निहित है। यहीं उसका द्वंद्व दिखाई देता है। निर्णय का एक ऐसा क्षण आता है, जब प्रकृतवाद को या तो समाजवाद की दिशा में आगे बढ़ने की शुरुआत

करनी चाहिए, या फिर लड़खड़ाकर भाग्यवाद, प्रतीकवाद, रहस्यवाद, धार्मिकता और प्रतिक्रिया की शरण में चले जाना चाहिए। ज़ोला ने पहला रास्ता चुना, उसके बहुत-से सहयात्रियों ने दूसरा। तेन तो कम्यून के आतंक से ऐसा पगलाया कि प्रतिष्ठित धार्मिक कला का ही समर्थक बन गया। हुइसमान ने पहले तो विकृति-विज्ञान के क्षेत्र में पलायन किया, और फिर वह कैथोलिक चर्च की गोद में जा गिरा। पाल बूर्जे भावुकतापूर्ण ईसाइयत के धुँधलके में खो गया। अगर हम इस पर भी विचार करें कि इब्सन और गैरहार्ड हॉफमान ने प्रतीकवाद तथा रहस्यवाद को अपना लिया तथा स्ट्रिंडबर्ग ने नव-स्वच्छंदतावाद और ऊटपटांग अंधविश्वास में छलाँग लगा दी, तो हम प्रकृतवाद की समस्यामूलक प्रकृति और उसकी अत्यंत संदेहास्पद स्थिति को समझ सकते हैं। इस स्थिति से इस या उस रास्ते पर जाना, आगे या पीछे बढ़ना, समान रूप से संभव है।

प्रतीकवाद और रहस्यवाद

प्रकृतवाद का प्रतीकवाद और रहस्यवाद में परिणत हो जाना सामाजिक कारणों से तो हुआ ही, इसमें उसकी विशिष्ट पद्धति की भी निर्णायक भूमिका रही। पूँजीवादी जगत में हुए समस्त बौद्धिक और कलात्मक विद्रोहों में हमेशा निर्णय का एक क्षण ऐसा आता है, जब कोई आंदोलन—महज विरोध का आंदोलन नहीं, बल्कि क्रांतिकारी आंदोलन—जनता को आंदोलित कर देता है; अर्थात् जब वर्ग अपनी कार्रवाई करने लगते हैं। फ्रांसीसी क्रांति, 1848 की क्रांति और पेरिस कम्यून, राजनीति में ही नहीं बल्कि साहित्य में भी युगांतरकारी घटनाएँ थीं। हर बार कलाकारों को पक्षधर होना पड़ा; अर्थात् प्रगतिशील या प्रतिक्रियावादी प्रवृत्तियों से अपने आपको जोड़ना पड़ा। पहली सर्वहारा क्रांति में मजदूर वर्ग पेरिस कम्यून के अंतर्गत बहुत थोड़े समय के लिए ही सत्ता हस्तगत कर सका, मगर इस क्रांति का प्रभाव बड़ा स्थायी पड़ा। इससे पूँजीपति वर्ग पर जो आतंक छाया, उसने एक तरफ एलीट तेन जैसे बूढ़े आदमी को प्रभावित किया, तो दूसरी तरफ फ्रेडरिक नीत्शे जैसे नौजवान को, जिसे पेरिस कम्यून से एक अविस्मरणीय धक्का लगा था। ज्यों-ज्यों मजदूर वर्ग निर्णायक रूप से आगे बढ़ता गया, त्यों-त्यों बुद्धिजीवियों के लिए पूँजीपति वर्ग के उन *अंदरूनी* विद्रोहों से संतुष्ट रहना मुश्किल होता गया, जो हमेशा अंतर्विरोधों के मारे हुए होते थे। ज्यों-ज्यों वर्गसंघर्ष तीव्र होता गया, त्यों-त्यों वह बुद्धिजीवियों को बाध्य करता गया कि वे कोई पक्ष चुनें। उनके सामने दो ही रास्ते थे : या तो वे मजदूर वर्ग के सहयोगी बनें, या फिर प्रतिक्रियावादी हो जाएँ। जो लोग यह समझते थे कि सामाजिक नाशवाद की ऊपरी स्वतंत्रता को चुनना एक तीसरा विकल्प है, वे भ्रम में थे; क्योंकि वे वास्तव में भविष्य की शक्तियों के विरुद्ध *यथास्थिति* का समर्थन कर रहे थे।

प्रकृतवाद की मान्यता थी कि वह सामाजिक परिस्थितियों को 'वैज्ञानिक वस्तुपरकता' के साथ चित्रित करता है। लेकिन यह 'वस्तुपरकता' भ्रामक थी। प्रभाववाद की ही तरह प्रकृतवाद भी उन परिस्थितियों को अतीत और वर्तमान के बीच होनेवाले संघर्ष के रूप में देखने में असमर्थ रहा। वह उन परिस्थितियों को एक अपरिवर्तनीय वर्तमान के रूप में देखता था। वह उन्हें उनके द्वंद्वात्मक संदर्भ में नहीं, बल्कि काल के एक स्थिर क्षण के रूप में देखता था। प्रतिक्रियावादी हो जाने से पहले प्रगतिशील तेन ने युवा ज़ोला को लिखा था :

> अगर तुम अपने आपको एक शून्य में बंद कर लेते हो और अपने पाठक के लिए किसी पिशाच, पागल या बीमार अभागे की निराशामय कहानी लिखते हो, तो तुम अपने पाठक को सिर्फ विरक्त ही करोगे... सच्चे कलाकार में ज्ञान और उच्चतर अभिवृत्ति होनी चाहिए, जो समूचे तानेबाने को देख पाने में उसकी मदद करे। आजकल के लेखक विशेषज्ञ बनने की कोशिश बहुत ज्यादा करते हैं। वे अपने आपको दुनिया से काट लेते हैं और पूरी चीज पर ध्यान केंद्रित करने के बजाए उसके अतिसूक्ष्म अंशों की सूक्ष्म जाँच-पड़ताल की ही चिंता करते रह जाते हैं।

सेजां ने भी कहा था कि कलाकार 'साकल्य' को खो चुका है। प्रकृतवाद के लिए यथार्थ के अंदर प्राथमिकताओं का कोई क्रम नहीं था। आकस्मिक और विशिष्ट, दोनों ही प्रकार के विवरणों पर समान रूप से ध्यान दिया जाता था। एक निर्णायक वार्तालाप या घटना और उसमें विघ्न डालनेवाली किसी मक्खी की भिनभिनाहट अथवा अंडे बेचनेवाली किसी औरत का प्रवेश, सब चीजें समान रूप से 'यथार्थ' और इसीलिए समान रूप से महत्त्वपूर्ण मानी जाती थीं। परिस्थितियों का यह फोटोग्राफिक अंकन—जिस पर द्वंद्वात्मक ढंग से सोचने के बजाए संख्यात्मक ढंग से सोचा जाता था—एक अर्थहीनता की भावना पैदा करता था और इससे जड़ता के एक असहनीय तथा निरुत्साहित करनेवाले वातावरण का निर्माण होता था। एक अर्थ में प्रकृतवाद के अंदर पूँजीवादी उत्पादन के अमानवीय नियमों द्वारा सर्वशक्तिमान बना दी गई वस्तुओं के आगे नीरस और निराशाजनक आत्मसमर्पण के रूप में वह अमानुषीकरण पहले ही आ चुका था, जो आगे चलकर कलाओं के अंदर और भी ज्यादा बीभत्स रूप में प्रकट हुआ। प्रकृतवाद ने पूँजीवादी जगत के विखंडन, कुरूपता और सतही गंदगी का उद्घाटन किया, लेकिन वह इससे आगे तथा गहराई में जाकर उन शक्तियों को नहीं देख सका, जो पूँजीवाद को नष्ट करने तथा समाजवाद को स्थापित करने के लिए तैयार हो रही थीं।

यही कारण है कि पूँजीवादी जगत की जोड़-गाँठ के घटियापन के पार जाकर यथार्थ को देख पाने में असमर्थ प्रकृतवादी लेखक जब तक समाजवाद की दिशा में

आगे नहीं बढ़ता था, तब तक सामाजिक वास्तविकताओं के पीछे और परे मौजूद रहस्यमय साकल्य को, अथवा जीवन के अर्थ को, खोजने की अपनी इच्छा का शिकार होकर प्रतीकवाद और रहस्यवाद को अपनाने के लिए बाध्य हो जाता था।

पार्थक्य

'पार्थक्य' (एलिनेशन) की अवधारणा का प्रयोग करनेवाला पहला आदमी ज्याँ ज़ाक रूसो था। जेनेवा के काल्विनवादी गणतंत्र के अपने अनुभव से उसकी समझ में यह बात आ गई थी कि जब किसी जनता का 'प्रतिनिधित्व' उसके प्रतिनिधि करने लगते हैं, तो वह जनता स्वयं अपनी समष्टि से पृथक हो जाती है और इस प्रकार जनता नहीं रह जाती। उसने पाया कि समुदाय सरकार का एक उपकरण तो हो सकता है, लेकिन सार्वजनिक इच्छा का उपकरण वह कदापि नहीं बन सकता; क्योंकि यदि ऐसा होगा तो निश्चित है कि वह राजसत्ता के अंदर अपने आपसे ही पृथक् हो जाएगा।

> जनता का प्रतिनिधित्व प्रतिनिधियों द्वारा नहीं होता, और हो भी नहीं सकता। संप्रभुता ... का प्रतिनिधित्व नहीं किया जा सकता, क्योंकि वह सारतः आम इच्छा में निहित होती है, उसमें प्रतिनिधित्व का सवाल ही नहीं उठता। वह या तो वही होगी या दूसरी होगी, बीच की कोई संभावना इसमें नहीं है। *(सामाजिक अनुबंध)*

मगर परिस्थितियाँ बहुत जटिल हो गईं थीं और राज्य बहुत बड़े-बड़े हो गए थे, इसलिए राज्य की शक्ति के विभाजन और 'जनप्रतिनिधित्व' की कल्पना का परित्याग नहीं कियाँ जा सकता था; लेकिन इससे पार्थक्य हुआ, शक्ति का केंद्रीकरण हुआ और स्वतंत्रता और जनवाद की क्षति हुई।

हीगेल और युवा मार्क्स ने पार्थक्य की धारणा को दार्शनिक ढंग से विकसित किया। मनुष्य का पार्थक्य तब शुरू होता है जब वह कार्य तथा उत्पादन के जरिए प्रकृति से पृथक् होता है। अपने कार्य के जरिए "मनुष्य अपने आपको दोहरा बना लेता है, केवल बौद्धिक रूप से ही नहीं, जैसा कि सत् और असत् के विवेक में होता है, बल्कि वास्तव में ही, अपने कार्य के जरिए, और इसीलिए वह अपने द्वारा बनाई हुई दुनिया के अंदर अपने आप पर विचार करता है..." (कार्ल मार्क्स)। मनुष्य ज्यों-ज्यों प्रकृति को तथा अपने चारों ओर की दुनिया को वशीभूत और रूपांतरित करने में उत्तरोत्तर समर्थ होता जाता है, त्यों-त्यों वह अपने कार्य में अपने आपको उत्तरोत्तर अधिक अजनबी-सा और ऐसी चीजों से घिरा हुआ पाता है, जो उसी के कार्यकलाप की देन होते हुए भी उसके नियंत्रण से बाहर हो जाने तथा अपने आप में ही उत्तरोत्तर अधिक शक्तिशाली होते जाने की प्रवृत्ति लिए रहता है।

यह पार्थक्य मनुष्य के विकास के लिए जरूरी है, लेकिन इस पर निरंतर विजय प्राप्त करते रहना भी जरूरी है, ताकि मनुष्य कार्य की प्रक्रिया में अपने बारे में सचेत रहें, अपने कार्य से हुए उत्पादन में पुनः अपने आपको पा सकें, और ऐसी सामाजिक परिस्थितियाँ पैदा कर सकें कि वे अपने उत्पादन के दास नहीं, बल्कि स्वामी बन सकें। सर्जनात्मक कारीगर अपने कार्य में आनंद का अनुभव करता है और अपने उत्पादन के साथ अपनेपन की भावना रखता है। लेकिन औद्योगिक उत्पादन के अंदर श्रम-विभाजन के कारण यह चीज असंभव हो जाती है। मजदूरी पर कार्य करनेवाला श्रमिक अपने कार्य के साथ अथवा स्वयं अपने साथ इस 'पार्थक्य' के विरुद्ध एकता की भावना नहीं रख सकता। अपने कार्य से हुए उत्पादन के प्रति उसका रवैया ऐसा होता है जैसे 'वह कोई पराई चीज है, जो उसे वश में कर लेती है।' वह अपनी बनाई हुई चीज से पृथक् हो जाता है। इतना ही नहीं, उत्पादन के कार्य में वह इस तरह खो जाता है कि अपने आपसे भी पृथक् हो जाता है। मार्क्स के शब्दों में, इसके बाद :

> काम करना दुखदायी प्रतीत होने लगता है, ताकत कमजोर प्रतीत होने लगती है, उत्पादन दुर्बलीकरण प्रतीत होने लगता है, और मजदूर की *अपनी* भौतिक और आत्मिक ऊर्जा, उसका अपना जीवन—क्योंकि जीवन काम करने के अलावा और है ही क्या ?—उसे ऐसा काम लगने लगता है, जो उसका विरोधी बन गया हो, जो उससे स्वतंत्र हो, जो उसका अपना न हो।

आदिकालीन सामाजिक परिस्थितियों में—अर्थात् प्रारंभिक मध्ययुगीन प्राकृतिक अर्थतंत्र में—जनगण के आपसी संबंध (भूस्वामी के किसान के साथ, ग्राहक के कारीगर के साथ, इत्यादि) उनके अपने *निजी* संबंधों जैसे प्रतीत होते हैं। पण्यवस्तुओं का उत्पादन करनेवाले विकसित समाज में इन संबंधों का रूप बदल जाता है और ऐसा हो जाता है, मानो वे *वस्तुओं के बीच के सामाजिक* संबंध, अर्थात् कार्य से हुए उत्पादनों के बीच के संबंध हों। कारीगर कोई चीज किसी खास ग्राहक के लिए बनाता है, लेकिन उद्योगपति को इससे कोई मतलब नहीं कि उसके कारखाने में क्या बन रहा है। उसके लिए तो वहाँ बननेवाली हर चीज सिर्फ मुनाफा कमाने का साधन है। व्यापारिक विनियम में लगे हुए लोग एक-दूसरे से बिल्कुल पृथक् होते हैं। इसी तरह वह उत्पादन उस आदमी से बिल्कुल पृथक् हो जाता है, जो उसे बाजार में लाता है। बर्टोल्ट ब्रेश्ट ने 'डी मासनामे' के 'व्यापारी का गीत' में इस बात को बहुत प्रभावशाली ढंग से प्रस्तुत किया है :

मैं क्या जानूँ चावल क्या है ?
मैं क्या जानूँ कौन जानता ?
मैं क्या जानूँ क्या है चावल
मैं तो जानूँ कीमत केवल।

हम कीमतों के उतार-चढ़ाव की, शेयर बाजार के भावों की बात किया करते हैं, और इस प्रकार हम वस्तुओं की अमानवीय, स्वायत्त गति को—मनुष्यों को पानी में पड़े तिनकों की तरह बहा ले जानेवाली गति को—स्वीकार करते हैं। पण्यवस्तुओं के उत्पादन से शासित संसार में उत्पादन उत्पादक को नियंत्रित करता है और वस्तुएँ मनुष्यों से ज्यादा शक्तिशाली हो जाती हैं। वस्तुएँ ऐसी अजीब चीजें बन जाती हैं, जिनके प्रभाव बड़े दूरगामी होते हैं। वे मनुष्यों की 'नियति' और 'यंत्र से उत्पन्न पिशाच' बन जाती हैं।

औद्योगिक समाज की विशिष्ट पहचान केवल सामाजिक संबंधों का यह वस्तुकरण ही नहीं है, बल्कि बढ़ता हुआ श्रम-विभाजन तथा बढ़ती हुई विशेषज्ञता भी है। मनुष्य कार्य करते-करते विखंडित हो जाता है। उस साकल्य से उसका संपर्क टूट जाता है, जिसका एक अंश वह स्वयं होता है। वह एक औजार, विशाल यंत्र का एक पुर्जा मात्र बन जाता है। ज्यों-ज्यों यह श्रम-विभाजन मनुष्य की भूमिका को उत्तरोत्तर सीमित या आंशिक बनाता जाता है, त्यों-त्यों उसका दृष्टिक्षेत्र भी संकुचित होता जाता है। कार्य की प्रक्रिया जितनी ही उम्दा होती जाती है, उतनी ही कम बुद्धि कार्य में अपेक्षित होती है, और साकल्य से व्यक्ति का पार्थक्य उतना ही बढ़ता जाता है। टेरेंस की यह घिसी-पिटी उक्ति कि 'मनुष्य दूसरों से जितना अलग होता है, उतना ही उसका व्यक्तित्व बनता है' यहाँ उलट जाती है। उत्पादन का जबर्दस्त विस्तार होता जाता है और उसके साथ-साथ व्यक्तित्व का संकुचन होता जाता है।

काफ्का एक ऐसा कलाकार था, जिसने मनुष्यों के पार्थक्य को पूर्ववर्ती किसी भी कलाकार की तुलना में ज्यादा महसूस किया था। उसने जेनौक के साथ एक बातचीत में 'टेलरवाद' की भर्त्सना की थी। (टेलरवाद एक कार्य-पद्धति को दिया गया नाम था, जिसमें वाहक पट्टे से किए जानेवाले पुंजोत्पादन के द्वारा मजदूर को मशीन का पुर्जा बनाकर उसके संपूर्ण रूपांतरण की कल्पना की गई थी।) काफ्का ने कहा था, 'सबसे बड़ी बात यह है कि यह कार्य-पद्धति कार्य को ही नहीं, उस मनुष्य को भी विकृत और अधम बनाती है, जो कार्य का अंग होता है। इस प्रकार का टेलरीकृत जीवन एक भयानक अभिशाप है, जिससे वांछित संपदा और मुनाफे के बजाए सिर्फ भूख और बदहाली ही पैदा हो सकती है। यह है आपकी प्रगति...' जेनौक ने टिप्पणी की, 'दुनिया को अंत की ओर ले जानेवाली प्रगति!' काफ्का ने सिर हिलाकर कहा, ''काश, वह अंत ही निश्चित होता! लेकिन वह भी निश्चित नहीं है...जीवन का वाहक पट्टा आपको सरकाए लिए जाता है और कोई नहीं जानता कि वह कहाँ ले जा रहा है। आदमी जीता जागता प्राणी नहीं, एक वस्तु, एक चीज बन गया है।''

मनुष्य स्वयं तो अपने विशिष्ट ज्ञान और प्रशिक्षण के जरिए उत्तरोत्तर मिटता

ही जाता है—उसका अस्तित्व सिर्फ एक *ब्योरा* बनकर रह जाता है—उसके सामाजिक संबंधों तथा परिवेश की परिस्थितियों को समझना भी उत्तरोत्तर कठिन होता जाता है। रॉबर्ट मूज़ील ने 'दि मैन विदाउट क्वालिटीज़' (गुणों से रहित मनुष्य) में लिखा है :

> मनुष्यों का सहजीवन इतना व्यापक और सघन हो गया है और उनके संबंध इतने अंतहीन रूप से उलझ गए हैं कि कोई भी दृष्टि और कोई भी इच्छाशक्ति उन्हें कहीं से भी भेदकर उनका ओर-छोर नहीं पा सकती। प्रत्येक मनुष्य अपनी गतिविधियों के संकीर्णतम वृत्त के बाहर दूसरों पर बच्चे की तरह निर्भर रहने के लिए विवश हो गया है। छुटभय्ये आज सब पर शासन करते हैं और उनका दिमाग आज जितना संकीर्ण है, उतना पहले कभी नहीं था।

रूसो पर की गई एक टिप्पणी में मूज़ील ने लिखा :

> उस महान अविभाजित जीवनशक्ति की रक्षा करना निहायत जरूरी है···श्रम के सामाजिक और मनोवैज्ञानिक विभाजन की संस्कृति, जो उस एकता को असंख्य टुकड़ों में बाँट देती है, आत्मा के लिए सबसे बड़ा संकट है।

'गुणों से रहित मनुष्य' उलरिश कहता है कि अतीत में 'व्यक्ति बन जाने पर अंतःकरण इतना क्षुब्ध नहीं होता था, जितना आज होता है।' वह पाता है कि "आज उत्तरदायित्व मनुष्य में केंद्रित नहीं रह गया है, बल्कि वस्तुओं के संबंधों में केंद्रित हो गया है···" एक और जगह वह कहता है कि "आंतरिक जीवन-रस सूख गया है, ब्योरों के प्रति उत्सुकता और साकल्य के प्रति उदासीनता का एक भयानक घालमेल हो गया है, ब्योरों के रेगिस्तान में आदमी का यह असीम अकेलापन···"

हर चीज पर एक भुतही नामहीनता छा गई है। बड़ी-बड़ी फर्मों और बड़े-बड़े संगठनों के संक्षिप्त किए हुए नाम ऐसे लगते हैं, मानो किसी रहस्यमयी शक्ति द्वारा प्रयुक्त गूढ़ चित्रलिपियाँ हों। व्यक्ति से मुकाबला करने के लिए भारी-भरकम, अबूझ, अवैयक्तिक मशीनें आ गई हैं, जिनकी शक्ति और आकार देखकर वह अपनी नपुंसकता के अहसास से भर जाता है। निर्णय कौन करता है? इंचार्ज कौन है? न्याय और सहायता पाने के लिए आदमी किसके पास जाए? ये प्रश्न काफ्का की महान कृतियों 'दि ट्रायल' (मुकदमा) और 'दि कासल' (दुर्ग) में बार-बार सामने आते हैं। 'मुकदमा' में अबूझ पहेलियों जैसे पहचान में न आनेवाले सत्ताधारी जोसेफ के. को बुलाते हैं, उस पर मुकदमा चलाते हैं, सजा सुनाते हैं और उसे मौत के घाट उतार देते हैं। 'दुर्ग' में एक ऐसा अगम्य दुर्ग है, जिसमें के. प्रवेश करने की कोशिश करता है, लेकिन सफल नहीं हो पाता। दुर्ग के मालिक काउंट वैस्ट-वैस्ट

की नौकरशाही को समझना असंभव है । नौकरशाही समाज से मनुष्य के पार्थक्य का एक सारभूत तत्त्व है । नौकरशाही के लिए मानवीय संबंध कुछ नहीं होते, उसके लिए तो फाइलें, अर्थात् वस्तुएँ ही सबकुछ होती हैं । आदमी खुद एक फाइल बन जाता है । मृत व्यक्ति की पहचान एक सूचकांक से होती है । आदमी को व्यक्तिगत रूप से बुलाया जाता है, तब भी वह व्यक्ति नहीं, बल्कि एक 'मामला' ही होता है ।

'मुकदमा' में एडवोकेट के. को बताता है कि पहली सफाई अदालत में पढ़ी नहीं जाती, बस फाइल कर दी जाती है । यह माना जाता है कि उसकी जाँच-पड़ताल बाद में होगी :

> लेकिन दुर्भाग्य से यह बात भी ज्यादातर मामलों में सच नहीं होती थी । पहली सफाई अक्सर इधर-उधर हो जाती थी या बिल्कुल ही खो जाती थी; अगर वह अंत तक सही सलामत रखी भी रहे तो पढ़ी शायद ही कभी जाती थी; लेकिन एडवोकेट ने स्वीकार किया कि यह सिर्फ सुनी-सुनाई बात है, इसलिए झूठी अफवाह भी हो सकती है । मुकदमे की कार्रवाइयाँ जनता से ही नहीं, अभियुक्त से भी गुप्त रखी जाती थीं··· ।

इतना ही नहीं, वे कार्रवाइयाँ छोटे अधिकारियों से भी गुप्त रखी जाती थीं, जिसके कारण वे उन मामलों को, जिन पर वे अंत तक काम करते थे, शायद ही कभी समझ पाते थे । "सबसे महत्त्वपूर्ण चीज थी एडवोकेट के व्यक्तिगत संपर्क । बचाव पक्ष का सारा महत्त्व उन्हीं में निहित था ।"

वह आदमी, जो एक 'मामला' बन चुका होता है, व्यवस्था के केवल छोटे प्रतिनिधियों के संपर्क में ही आ पाता है । बड़े प्रतिनिधि कहीं दूर और रहस्य में लिपटे रहते हैं । क्लाम्म के नीचे काम करनेवाला बार्नाबास कभी भी आश्वस्त नहीं रहता कि वह वास्तव में क्लाम्म से ही बात कर रहा है । "वह क्लाम्म से बात करता है, लेकिन क्या वह क्लाम्म ही है ? क्या ऐसा नहीं हो सकता कि वह क्लाम्म से मिलता-जुलता कोई और ही आदमी हो ?" बार्नाबास पूछने की भी हिम्मत नहीं कर पाता, क्योंकि "उसे डर था कि ऐसा करके वह अनजाने में कहीं किन्हीं अज्ञात नियमों के विरुद्ध जाकर किसी को नाराज न कर दे और नौकरी से हाथ धो बैठे ।" छोटे नौकरशाह, उदाहरण के लिए वे दो 'सहायक,' जो दुर्ग की तरफ से अजनबी पर नजर रखने के लिए भेजे जाते हैं, अपने प्रकार्य की हद तक ही उपस्थित रहते हैं, अन्यथा उनका अपना कोई व्यक्तित्व नहीं है । अर्थात् वे उपस्थित रहकर भी अनुपस्थित रहते हैं । के. उनके चेहरों की तुलना करता है :

> "मैं आप लोगों को एक-दूसरे से अलग करके कैसे पहचान पाऊँगा ? आप लोगों में केवल नामों का फर्क है, अन्यथा आप दोनों बिल्कुल एक जैसे हैं । ऐसा लगता है, जैसे···" वह रुक गया, और फिर स्वतः ही कह गया, "आप दोनों ऐसे हैं, जैसे दो साँप ।"

वे शुद्ध प्रकार्य हैं, सौंपे गए काम की छायाएँ, किसी ऐसी रहस्यमयी शक्ति के सेवक, जो पृष्ठभूमि में धुँधली-सी दिखाई देती रहती है, लेकिन कभी स्पष्ट नहीं होती। 'मामला' अभेद्य अंधकार में निपटाया जाता है।

व्यक्ति, सत्ता के तंत्र का सामना करते समय शुरू से ही अभियुक्त है, अपराधी है, वह यह नहीं जानता कि उसके विरुद्ध आरोप क्या है, अथवा उसके अपराध की प्रकृति क्या है। यह व्यक्ति स्वयं को नितांत शक्तिहीन अनुभव करता है। व्यक्ति की शक्तिहीनता की यह भावना—जो हैप्सबर्ग के राजतंत्र में साधारण आदमी की खास विशेषता थी—अब सभी देशों में फैल गई है। बड़े-बड़े फैसले करने का हक अब जनता के चुने हुए प्रतिनिधियों से छिन गया है और शासकों के एक छोटे-से गुट को हासिल हो गया है। राजसत्ता आम नागरिक से पृथक् हो गई है, जो उसके बारे में आमतौर पर 'सत्ताधारी लोग' या 'ऊपर वाले लोग' की शब्दावली में सोचता है, 'हम लोग' की शब्दावली में कभी नहीं सोचता। उसका पार्थक्य इस बात में भी दिखाई देता है कि वह राजनीति और राजनीतिज्ञों के बारे में कोई अच्छी राय नहीं रखता। उसे पक्का विश्वास हो गया है कि तमाम राजनीति बड़ी गंदी चीज है, लेकिन वह यह भी अनुभव करता है कि इस बारे में कुछ किया नहीं जा सकता, कि दरअसल वह जैसी भी है, उसे स्वीकार कर लेने के अलावा और कोई चारा नहीं है। 'चुपचाप पड़े रहो' बड़ी तेजी से एक सार्वभौम सामाजिक सिद्धांत बनता जा रहा है। सक्रिय नागरिक तेजी से लुप्त होते जा रहे हैं। निजी जीवन में ही महदूद होकर रह जाने का चलन चल पड़ा है।

आधुनिक विज्ञान की खोजों और सामाजिक समझदारी के पिछड़ेपन का अंतर्विरोध भी पार्थक्य की भावना को बढ़ावा देता है। परमाणु की संरचना का आधुनिक ज्ञान, प्रमात्रा और सापेक्षता के सिद्धांत, साइबरनेटिक्स का नया सिद्धांत—ऐसी तमाम चीजों ने आम आदमी के लिए दुनिया को बड़ी अशांत जगह बना दिया है। गैलीलियो, कोपर्निकस और केपलर की खोजों से मध्यकाल का आदमी इतना चिंतित नहीं हुआ था, जितना आज का आदमी आज की वैज्ञानिक खोजों से हो गया है। स्पर्शग्राह्य चीजें अस्पृश्य हो जाती हैं, दृश्यमान चीजें अदृश्य हो जाती हैं, इंद्रिय-संवेद्य यथार्थ के पीछे इतना विस्तृत यथार्थ छिपा रहता है कि उसकी कल्पना भी नहीं की जा सकती और उसे सिर्फ गणितीय फार्मूलों में ही व्यक्त किया जा सकता है। अपने तमाम रूपों और रंगोंवाला जीवंत और शक्तिशाली यथार्थ, जिसे गेटे ने वैज्ञानिक और कवि दोनों दृष्टि से 'प्रकृति' के रूप में देखा था, एक विशाल अमूर्तन बन गया है। इस दुनिया में साधारण लोग अब सुखी और सुरक्षित महसूस नहीं करते। समझ में न आनेवाले यथार्थ की सर्द हवाएँ उनमें कँपकँपी भर देती हैं। जिस दुनिया को केवल वैज्ञानिक ही समझ सकते हैं, वह ऐसी दुनिया है, जिससे साधारण लोग पृथक् हो जाते हैं।

कभी-कभी ऐसे क्षण भी आते हैं, जब तकनीकी उपलब्धियाँ, जैसे अंतरिक्ष में भरी जानेवाली उड़ान, जो एक प्राचीन जादुई स्वप्न का साकार हो जाना है, लोगों को मंत्रमुग्ध कर देती हैं। लेकिन प्राकृतिक शक्तियों पर प्राप्त की गई यही विजय शक्तिहीनता की भावना को भी जन्म देती है और भावी सर्वनाश की आशंकाओं तथा भयों को भी जन्म देती है। सामाजिक चेतना और तकनीकी उपलब्धि का फासला सचमुच इतना ज्यादा बढ़ गया है कि देखकर चिंता होती है। रेडार-यंत्र से प्राप्त सूचनाओं के अध्ययन में की गई सिर्फ एक गलती, किसी मामूली तकनीकी आदमी के द्वारा की गई सिर्फ एक गलती, का अर्थ संपूर्ण विश्व का विनाश हो सकता है। संपूर्ण मानवता उस एक गलती के कारण समाप्त हो सकती है, जबकि उसे समाप्त करना किसी ने भी न चाहा होगा।

पार्थक्य ने बीसवीं सदी की कला और साहित्य को निर्णायक रूप में प्रभावित किया है। इसने काफ्का के महान लेखन को, शौएनबर्ग के संगीत को, अतियथार्यवादियों को, बहुत-से अमूर्त कलाकारों को, 'अ-उपन्यासवादियों' को, 'अ-नाटकवादियों' को, सेमुएल बैकेट के भयानक प्रहसनों को, और अमरीकी बीटनिक कवियों की कविता को भी प्रभावित किया है, जिनमें से एक कविता यों है :

अब यह सुनो
यह उदर-प्राचीरोच्छेदन के स्वयंप्रयुज्य यंत्र
की आवाज है
यह हाइड्रोजन का छंद है
सर्वश्रेष्ठ संभव परिणति।
भ्रूणों के रोचक उत्परिवर्तनों के बारे में सोचो
उदार, प्रसन्नचित्त, जातिसंहार।
यह भी जनतांत्रिक है
इससे विखंडित मनुष्य प्राप्त होगा
हर कोई ऊपर उठेगा
स्वतंत्र संसार में
समान रूप से
उस अंतिम प्रकाश में...

(कार्ल फोर्सबर्ग : 'लाइन्स ऑन ए टिजुआना जॉन')

संपूर्ण पार्थक्य की भावना संपूर्ण हताशा में बदल जाती है, और संपूर्ण हताशा नाशवाद में बदल जाती है।

नाशवाद

पतनशीलता को अगर कोई समझ पाया तो वह नीत्शे था, जिसने यह जान लिया था कि नाशवाद पतनशीलता की एक सारभूत विशेषता है। उसने 'नाशवाद के उदय' की घोषणा करते हुए कहा, 'संपूर्ण योरपीय संस्कृति लंबे समय से, प्रत्येक दशक में उत्तरोत्तर बढ़ते जाते एक यातनापूर्ण तनाव के साथ, बड़ी बेचैनी से, बड़े उग्र रूप में, बड़े प्रपाती ढंग से, महाविनाश जैसी किसी चीज की दिशा में जा रही है…' और उसने उस समय का, जिसमें हम लोग 'फेंक दिए गए' हैं (अपने समय में 'फेंक दिए जाने' का यह विचार आगे चलकर अस्तित्ववाद का एक मूल विषय बना), वर्णन करते हुए नाशवाद के बारे में कहा :

> …यह समय बड़े भारी आंतरिक ह्रास और विघटन का समय है…उग्र नाशवाद का अर्थ है यह विश्वास कि अस्तित्व नितांत अरक्षणीय है…नाशवाद एक मध्यवर्ती विकृत अवस्था है (क्योंकि यह विराट सामान्यीकरण अथवा निष्कर्ष कि *कहीं कोई अर्थ नहीं है,* शुद्ध विकृति है), चाहे इसका कारण यह हो कि उत्पादन की शक्तियाँ अभी काफी मजबूत नहीं हैं—अथवा यह कि पतनशीलता अभी हिचकिचा रही है और अभी तक अपने सहायक साधन प्राप्त नहीं कर सकी है…नाशवाद पतनशीलता का कारण नहीं, केवल उसका तर्क है।

यहाँ नाशवाद का निदान स्पष्ट रूप से पतनशीलता के एक परिणाम के रूप में, उसकी एक अभिव्यक्ति के रूप में किया गया है। लेकिन समाज की द्वंद्वात्मकता की तरफ से आँखें मूँद लेने के कारण नीत्शे यह नहीं देख पाया कि इसका संबंध जीर्णशीर्ण पूँजीवाद से है। नाशवाद, जो फ्लॉबेयर में पहले ही दिखाई पड़ चुका था, परवर्ती पूँजीवादी जगत के बहुत-से कलाकारों और लेखकों के लिए एक निष्कपट रवैया है। लेकिन हमें इस तथ्य को अनदेखा नहीं करना चाहिए कि यह रवैया बहुत-से चंचलचित्त बुद्धिजीवियों को अन्याय और अत्याचार की परिस्थितियों से समझौता कर लेने की दिशा में ले जाता है। इसकी उग्र प्रकृति अक्सर नाटकीय अवसरवाद का ही एक रूप हुआ करती है। नाशवादी लेखक हमसे कहता है कि 'पूँजीवादी जगत बड़ा खराब है। मैं यह बात निर्ममतापूर्वक कहता हूँ और अपनी इस राय को इसकी चरम परिणतियों तक ले जाता हूँ। इसकी बर्बरता की कोई सीमा नहीं है। और जो भी यह मानता है कि इस दुनिया में जीने लायक अथवा मानवोचित कोई चीज बाकी रह गई है, वह या तो बेवकूफ है या धोखेबाज। सारे के सारे लोग मूर्ख और धूर्त हैं, चाहे वे उत्पीड़ित हों या उत्पीड़क, चाहे वे आजादी के लिए लड़नेवाले हों या अत्याचारी और तानाशाह। ऐसा कहने के लिए साहस चाहिए। देखिए, इसी बात को आगे बढ़ाते हुए गौटफ्रीड बेन द्वारा

लिखित वास्तविक शब्द क्या हैं:

> मुझे ऐसा लगता है कि एक मजबूत, सख्त और सही आदमी के लिए यह शायद कहीं ज्यादा उग्र, कहीं ज्यादा क्रांतिकारी, कहीं ज्यादा चुनौतीपूर्ण काम होगा कि वह मानव मात्र को बता दे—तुम ऐसे हो और हमेशा ऐसे ही रहोगे; तुम इस तरह जीते हो, इसी तरह जीते रहे हो और हमेशा इसी तरह जीते रहोगे । अगर तुम्हारे पास पैसा है, तुम स्वस्थ रहोगे; अगर तुम्हारे पास सत्ता है, तुम्हें झूठी कसमें खाने की कोई जरूरत नहीं; अगर तुम्हारे पास लाठी है, भैंस हमेशा तुम्हारी ही होगी । सारा इतिहास यही है !····जो भी इस विचार को बरदाश्त नहीं कर सकता, मिट्टी में मिल जाएगा, मिट्टी में घर बनाकर रहनेवाले कीड़े उसे खा जाएँगे और मिट्टी की सीलनभरी तहें उस पर जम जाएँगी । जो भी अपने बच्चों की आँखों में आँखें डालकर यह दावा करता है कि अब भी कोई उम्मीद बची हुई है, वह आसमान से गिरती हुई बिजली को अपने हाथ से रोकने की कोशिश करता है । मगर वह अपने आपको उस काली रात से बचा नहीं सकता, जो बड़े-बड़े राष्ट्रों तक को उनके नगरों से छीन ले जाती है····नियति और मुक्ति के विचारों से पैदा होने-वाले ये महाविनाश क्या हैं ? बेकार खिलनेवाली कलियाँ, बुझी हुई मशालें, और उनके पीछे है अंतहीन 'नहीं' कहता हुआ अभेद्य अंधकार ।

यह सब किसी कम्युनिस्ट घोषणापत्र की तुलना में अधिक उग्र लगता है, फिर भी शासक वर्ग इस प्रकार के 'उग्रवाद' पर कभी-कभी ही आपत्ति करता है । इतना ही नहीं, क्रांतिकारी उथल-पुथल के दौर में तो इस तरह का नाशवाद शासक वर्ग के लिए बिल्कुल अपरिहार्य हो जाता है, बल्कि पूँजीवादी जगत की प्रशस्तियों की तुलना में ज्यादा उपयोगी होता है । सीधी प्रशस्तियाँ संदेह पैदा करती हैं, लेकिन नाशवाद के द्वारा उस पर लगाए जानेवाले आरोपों की उग्रतावादी ध्वनि एक 'क्रांतिकारी' अनुगूँज पैदा करती है और इस प्रकार विद्रोह को उद्देश्यहीनता की नाली में बहा देती है तथा निष्क्रिय हताशा को जन्म देती है । नाशवाद से शासक वर्ग को केवल उन्हीं स्थितियों में असंतोष होता है, जब वह अपने आपको असामान्य रूप से सुरक्षित अनुभव करता है, और विशेष रूप से जिस समय वह युद्ध की तैयारी कर रहा होता है । ऐसी स्थितियों में पूँजीवाद-विरोधी नाशवाद से उसकी संतुष्टि अचानक खत्म हो जाती है और वह 'शाश्वत मूल्यों' की चर्चा अथवा उनका सीधा गुणगान चाहने लगता है । ऐसी स्थितियों में नाशवादी उग्रतावाद के लिए यह खतरा पैदा हो जाता है कि कहीं उस पर 'पतनशील कला' का ठप्पा न लगा दिया जाए ।

नाशवादी कलाकार आमतौर पर यह नहीं समझ पाता कि वह वास्तव में

पूँजीवादी जगत के हाथों में खेल रहा है, कि हर चीज की भर्त्सना और अस्वीकृति के जरिए वह पूँजीवादी जगत को सार्वभौमिक बदहाली के लिए सबसे सही जगह बता कर दरअसल उसे क्षमा कर रहा है। इनमें से बहुत-से कलाकारों के लिए, जो व्यक्तिगत रूप से ईमानदार होते हैं, उन चीजों को समझ पाना कतई आसान नहीं होता—और कलात्मक रूप में ढाल पाना तो और भी मुश्किल होता है—जो अभी पूरी तरह अस्तित्व में नहीं आ पाई हैं। क्यों आसान नहीं होता, इसके दो कारण हैं : पहला तो यह कि साम्राज्यवादी प्रभावों के कारण पूँजीवादी जगत में मजदूर वर्ग स्वयं भी भ्रष्ट होने से पूरी तरह बचा नहीं रह सका है; और दूसरा यह कि न केवल एक आर्थिक सामाजिक व्यवस्था के रूप में, बल्कि एक आध्यात्मिक रवैए के रूप में भी, पूँजीवाद पर विजय पाना एक लंबी और कष्टसाध्य प्रक्रिया है। उसके बाद बननेवाली नई दुनिया भी एकदम निर्दोष और पूर्ण नहीं, बल्कि अतीत के द्वारा क्षत-विक्षत दुनिया होती है। पुरानी दुनिया की मृत्यु-पीड़ा और नई दुनिया की प्रसवपीड़ा में, टूटकर खँडहर हुई इमारत में और उभरती हुई नई इमारत में फर्क करने के लिए एक ऊँचे दरजे की सामाजिक चेतना की आवश्यकता होती है। ऐसी ही ऊँचे दरजे की सामाजिक चेतना नए को संपूर्णता में चित्रित करने के लिए आवश्यक होती है, ताकि उसके बुरे पक्षों की उपेक्षा न की जाए, या इससे भी बदतर चीज है, उसका आदर्शीकरण न किया जाए। अपने समय के विकृत अग्रभाग के सिर्फ भयानक और अमानवीय पक्षों को ही देखना और उनकी भर्त्सना करना बहुत आसान है, लेकिन उसकी तुलना में संभाव्य के सारतत्व में पैठना कहीं ज्यादा मुश्किल है—उस समय तो और भी ज्यादा, जबकि नई दुनिया के श्रमसाध्य निर्माण के मुकाबले क्षय अधिक रंगीन, अधिक प्रभावशाली और अधिक आकर्षक लगता हो। और अंत में एक बात यह कि नाशवाद कहीं किसी उत्तरदायित्व को स्वीकार नहीं करता।

अमानुषीकरण

परवर्ती पूँजीवादी जगत की कला का एक अन्य तत्त्व है उसके समस्त रूपों में पाया जानेवाला अमानुषीकरण। ऐसी कला को मानवतावाद-विरोधी बताना मार्क्सवादी पूर्वाग्रह कदापि नहीं है। मार्क्सवाद के नितांत विरोधी कलासिद्धांतकार भी इसी चीज की तरफ इशारा करते हैं। यह और बात है कि वे अमानुषीकरण को एक गुण और प्रगति का एक चिह्न बताते हुए अक्सर उसकी प्रशंसा किया करते हैं। आंद्रे मालरो लिखता है :

> कला को यदि पुनर्जीवित होना है, तो उसे हम पर कोई भी सांस्कृतिक विचार नहीं थोपना चाहिए, क्योंकि कला में से प्रत्येक मानवतावादी चीज को

> निकाल बाहर करना निहायत जरूरी है। मानवतावादी कला उस संस्कृति के लिए एक शोभा की वस्तु थी, जो उसका समर्थन करती थी; गैर-मानवतावादी कला के आगमन के साथ ही कलाकार गोलबंद हो गए और ज्यों-ज्यों अपने समय की संस्कृति और समाज से उनका अलगाव उत्तरोत्तर बढ़ता गया, त्यों-त्यों उनका घेरा और कसता गया।

इस वक्तव्य में कलाकार के पार्थक्य और समाज तथा मानवतावाद से उसके विमुख होने की बात अंतर्निहित है, लेकिन इस पर चिंता नहीं, लगभग संतोष व्यक्त किया गया है। पुनर्जागरण और पूँजीवादी-जनवादी क्रांति के विचार, विवेक और मानवतावाद, मनुष्य को ही हर चीज का मापदंड मानना, उसे अपना तथा विकासमान सामाजिक यथार्थ का सर्जक मानना आदि-आदि घृणापूर्वक अस्वीकार किए गए हैं। मालरो 'पिशाचों के पुनरागमन' की बात करता है और फिर कहता है :

> पैशाचिक राज्य : अर्थात् मनुष्य के अंदर का वह सबकुछ जो मनुष्य का संहार चाहता है। ये पिशाच चाहे चर्च के हों, चाहे फ्रायड के, चाहे बिकिनी के—सब एक जैसे ही हैं। जितने ही नए पिशाच योरप में प्रकट होते जा रहे हैं, योरपीय कला के लिए उतना ही जरूरी होता जा रहा है कि वह अपना नाता उन संस्कृतियों के पूर्वजों से जोड़े, जो प्राचीन पिशाचों को जानते थे...। उनके संग्रहालयों में, जो आजकल जलाकर खाक किए जा रहे हैं, पैगंबरी पूजा-वस्तुएँ नियतियों की तरह पाल्थी मारे बैठी हुई हैं और पश्चिम की ओर ताक रही हैं, जो भाई की तरह उनका आत्मीय है।

पार्थक्य वाले संसार में जहाँ केवल *वस्तुओं* का मूल्य होता है, मनुष्य भी वस्तुओं के बीच एक वस्तु बन गया है। इतना ही नहीं, वह उन वस्तुओं में भी सबसे ज्यादा नपुंसक, सबसे ज्यादा घृणास्पद वस्तु बन गया है। प्रभाववाद के अंतर्गत मनुष्य पहले ही प्रकाश और रंग में घुलकर अपनी अस्मिता खो चुका था और उसमें तथा अन्य प्राकृतिक चीजों में कोई फर्क नहीं किया जाता था। सेजां कहता था कि कलाकृति में "मनुष्य उपस्थित नहीं रहना चाहिए।" उसके बाद मनुष्य उत्तरोत्तर गायब ही होता गया है। अब वह रंगों के अन्य थक्कों में सिर्फ एक और थक्का बनकर रह गया है, अथवा एकांत दृश्यचित्र या शहरों की सूनी गलियों के चित्रों में से अब एकदम अनुपस्थित हो गया है। या फिर उसे विकृत बना दिया जाता है, और विकृत भी उस आह्लादकारी रूप में नहीं, जो गौथिक कला में मिलता है (जिससे प्रभाववाद आंशिक रूप में प्रेरित है), बल्कि पुर्जा-पुर्जा खोलकर बिखेरे जा सकने वाले यंत्र के रूप में, एक ऊलजलूल और पैशाचिक *वस्तु* के रूप में। अपने आपसे पृथक् हो जाने के बाद मनुष्य अपने बारे में इस तरह सोचने लगता है कि मानो वह

कोई पूजा-वस्तु, कोई मुखौटा या कोई भूत हो। मार्क्स ने जिसे 'पण्यवस्तु का पूजा-वस्तु जैसा चरित्र' कहा था, वही चरित्र अब मनुष्य का हो गया है जिसने मनुष्य को पूरी तरह जकड़ लिया है।

अमानुषीकरण को निर्व्यक्तीकरण के रूप में भी देखा जा सकता है, जिसे कई साहित्य-समीक्षक प्रगीत कविता की एक सशक्त विशेषता बताते हैं। विषय—कवि का व्यक्तित्व—दृश्य से बाहर निकाल दिया जाता है (स्मरण रहे कि फ्लॉबेयर ने इस निष्कासन को सिद्धांत के स्तर तक उठाकर प्रतिष्ठित किया था) और कविता एक निर्वैयक्तिक, ऊपरी तौर पर 'वस्तुपरक' चरित्र ग्रहण कर लेती है। लेकिन यह वस्तुपरकता वह नहीं है जिसमें किसी सामाजिक समष्टि, समूह या वर्ग की अभिव्यक्ति होती हो; न इसमें कवि स्वयं को किसी जीवंत समुदाय का माध्यम अनुभव करता है। इसके विपरीत वह चेतना की पहुँच से बाहर वाले किसी 'मैं' का आविष्कार करता है। यह 'मैं' वह है जिसे फ्रायड 'अहं' कहता था और यही 'अहं', जिसकी जड़ें पुरातन अथवा मिथकीय अतीत में होती हैं, कविता के कथ्य का वाहक बनता है। सुनते हैं कि रिंबो कहा करता था, ''मैं औरों से श्रेष्ठ इसलिए हूँ कि मेरे पास हृदय नहीं है।'' और रिंबो ने कविता के विषय के बारे में भी कहा था कि :

> 'मैं' कोई और है। अगर टीन के बाजे में लगी हुई टीन खुद बाजा बनकर बोल उठे, तो यह उसका गुण न हुआ। मेरा विचार जब अपना रूपाकार ग्रहण करता है, तब उसे देखने के लिए मैं स्वयं उपस्थित होता हूँ। मैं उसे देखता हूँ, सुनता हूँ। मैं तो वायलिन को गज से सिर्फ एक बार छेड़ देता हूँ, और तत्काल पूरी सिंफनी गहराइयों तक आंदोलित करती हुई बजने लगती है। यह कहना गलत है कि *मैं सोचता हूँ।* कहना चाहिए कि *मुझे सोचा जा रहा है।*

निर्व्यक्तीकरण इस भ्रम पर आधारित है कि 'अहं' के सहारे मूक वस्तुओं को भी वाणी दी जा सकती है। उदाहरण के लिए जॉयस ने अपनी दुर्बोध रचना 'फिन्नेगांस वेक' में यह कोशिश की थी। इसमें उसने हवा और पानी जैसी वस्तुओं के लिए एक भाषा गढ़ डाली थी। मगर वास्तव में वस्तुएँ नहीं बोला करतीं, मनुष्य ही वस्तु बनकर बोलता है, क्योंकि अब वह अपनी चेतना पर नहीं, केवल उसके साहचर्यों पर विश्वास करता है। गौटफ्रीड बेन ने लेवी-ब्रहल के इस सिद्धांत का हवाला दिया है कि तर्कयुक्त चिंतन तर्कातीत मन की तुलना में घटिया होता है, क्योंकि तर्कातीत मन 'ज्यादा गहरा होता है और उसमें ज्यादा व्यापकता होती है।' वह काव्य के एक अंग के रूप में 'पुरातनता के-से ढंग से विस्तृत, रुधिरातिशयता के-से ढंग से विसर्जक अहं' की बात भी करता है—'भू पर उतरो हे अहं, करो सहवास सभी के साथ; तुम मेरे लिए बहुत कुछ हो, तुम आतिथेय हो मंत्रमुग्ध

स्वप्नों, उन्मादों और भोर के लोगों के।' सामाजिक समष्टि में ह्रासवादी कवि विश्वास नहीं करता, इसलिए वह उसकी जगह एक मिथकीय, पुरातन, अंतरिक्षीय समष्टि का आविष्कार करता है जिसे वह समस्त काव्य का सच्चा स्रोत मानता है।

कला और साहित्य के अमानुषीकरण की अभिव्यक्ति सिर्फ मनुष्य को गायब या विकृत करने में ही नहीं, 'मैं' के भ्रष्टीकरण में ही नहीं, बल्कि एक मानवतावाद-विरोधी रवैये में भी हो सकती है, जो कभी-कभी क्रूर कठोर सामाजिक आलोचना का रूप धारण करके सामने आती है। इसका एक ज्वलंत उदाहरण है अमरीकी किस्म का रोमांचक उपन्यास। यहाँ रोमांचक उपन्यास के प्रकार्य की चर्चा का अवसर नहीं है। यह बहुत हद तक उस वीरगाथात्मक महाकाव्य का स्थानापन्न है, जो आज नहीं पाया जाता। इसमें एक सफल 'सकारात्मक' नायक होता है, जो तमाम तरह की उत्तेजक यातनाओं के बीच से विजयी बनकर निकल आता है। इसमें कार्यकलाप तो अतिरिक्त रूप से भरे रहते हैं, लेकिन किसी प्रकार के मनोवैज्ञानिक विश्लेषण का सर्वथा अभाव होता है। मैं इसका उदाहरण केवल इसलिए दे रहा हूँ कि यह साहित्य के अमानुषीकरण का प्रातिनिधिक दृष्टांत है। जुगुप्साजनक रोमांचक उपन्यासों के लेखक स्पिलाने की बात छोड़ें, मैं डेशील हैम्मेट नामक एक मौलिक लेखक का उल्लेख करना चाहता हूँ, जिसने एक नए ढंग के रोमांचक उपन्यास का आविष्कार किया। 'माल्टेसे फाल्कन' नामक अपने उपन्यास के अंत में इसका जासूस नायक, जो कतई आदर्शीकृत पात्र नहीं है, अपनी रखैल को कानून के हवाले कर देता है और बिजली की कुर्सी (मृत्युदंड) तक पहुँचा देता है। वह बर्फ जैसी ठंडी तर्कपद्धति के साथ उसे बताता है कि वह ऐसा क्यों कर रहा है। ऐसा वह इसलिए कर रहा है कि उसके लिए किसी भी तरह की भावना के मुकाबले पैसा, सफलता और अपनी जिंदगी ज्यादा महत्त्वपूर्ण है। जब वह उससे पूछती है, "क्या अब तुम मुझे प्यार नहीं करते?" वह उत्तर देता है—"पता नहीं, इसका क्या मतलब है। क्या कभी कोई किसी को प्यार करता है? लेकिन मान लो, मैं करता हूँ, तो? उससे क्या होता है? हो सकता है, आज करता होऊँ, पर यह भी तो हो सकता है कि अगले महीने न करूँ...तब? तब मैं सोचूँगा कि मैं बेवकूफी का नाटक कर रहा था। लेकिन अगर मैं प्यार करता रहूँ और मारा जाऊँ, तो यह निश्चय ही मेरी बेवकूफी होगी। अच्छा, अगर मैं तुमको मार डालूँ तो मुझे बेहद दुःख होगा—मेरी कुछ रातें बहुत खराब बीतेंगी—लेकिन फिर सब ठीक हो जाएगा।" इसमें तथा अपने अन्य उपन्यासों में डेशील हैम्मेट ने अमरीकी पूँजीवाद का चित्रण बेरहम सच्चाई के साथ, उसके प्रति जुगुप्सा और घृणा के साथ, किया है। लेकिन 'चीजों को जस की तस दिखाने' के अपने रवैये के कारण वह अमानुषीकरण को एक प्रस्थान-बिंदु के रूप में स्वीकार कर लेता है और अमानुषीकरण की प्रक्रिया को दर्शन की झालरों से सजाए बिना

बिल्कुल नग्न रूप में स्वीकार कर लेता है। इस तरह के बहुत-से उदाहरण और भी हैं। केवल रोमांचक उपन्यासों में ही नहीं, परवर्ती पूँजीवादी साहित्य की अन्य विधाओं में भी ऐसे बहुत-से उदाहरण मिल जाएँगे। मनुष्य कुछ नहीं है। सफलता ही सबकुछ है।

विखंडन

मनुष्य और उसके संसार के विखंडन (फ्रैगमेंटेशन) की अभिव्यक्ति हमारे समय की रचनाओं में बार-बार हुई है। कहीं कोई एकता, कोई साकल्यता नहीं रह गई है। बताते हैं कि वर्तमान काल के अमरीकी नाटक की चर्चा करते हुए आर्थर मिलर ने ऐसा कहा कि 'मुझे लगता है, हम अमरीकी लोग एक विकास के अंत पर आ पहुँचे हैं, क्योंकि हम साल-दर-साल अपने आपको दोहराते जा रहे हैं और कोई भी इस चीज पर ध्यान देता हुआ मालूम नहीं होता।' उसने 'दृष्टि के संकीर्ण होते जाने' की, 'पकड़ ढीली होते जाने' की चर्चा करते हुए यह भी कहा था कि आज के नाटकों में 'पूरी दुनिया को मंच पर खड़ा करके उसको उसकी नींव तक झकझोर देने' की क्षमता नहीं रह गई है, जो 'हमेशा ही महान नाटकों का उद्देश्य रहा है'। 'हालाँकि आज हम बड़े विषय को छोटे विषय से, व्यापक दृष्टि का सकीर्ण दृष्टि से अलग कर पहचानने में अक्षम होते जा रहे हैं, फिर भी हम भावनाओं की दया पर ही आश्रित होकर रह गए हैं।' यह अक्षमता दरअसल 'चीजों को उनके सही आकार में न देख पाने' की अक्षमता है। यह पतनशीलता का एक महत्त्वपूर्ण लक्षण है। यह उस रवैए का परिणाम है, जिसके चलते लोग पुरानी और नई दुनिया के बीच जारी संघर्ष को देखने की, तमाम आघातों के बावजूद आगे बढ़ते हुए समाजवाद को देखने की, यानी उस महत्त्वपूर्ण चीज को देखने की हिम्मत नहीं करते, जो 'दुनिया को उसकी नींवों तक झकझार' देनेवाली चीज है।

मगर विखंडन की समस्या इससे बड़ी है। यह समस्या आधुनिक विश्व की जबर्दस्त यांत्रिकता और विशेषज्ञता से, नामहीन यंत्रों की भारी ताकत से, और इस तथ्य के साथ बड़ी गहराई से जुड़ी हुई है कि हममें से ज्यादातर लोग ऐसे कार्यों में फँसे रहते हैं, जो एक बृहत्तर प्रक्रिया के अतिसूक्ष्म खंड मात्र होते हैं। हम अपने कार्य के विशेषज्ञ भले ही हों, उस समूची प्रक्रिया को नहीं समझ पाते। उसका अर्थ और प्रकार्य हमारी समझ में नहीं आ पाता। स्वच्छंदतावादी लोग पूँजीवादी जगत में होनेवाले जीवन के इस विखंडन से परिचित थे। हाइने पहले ही लिख चुका था कि "जीवन और जगत बहुत ज्यादा विखंडित हो गए हैं। ..." ज्यों-ज्यों पूँजीवाद और उसकी समस्याओं में वृद्धि हुई, त्यों-त्यों यह समझ भी बढ़ती गई। लेकिन अंततः ऐसा प्रतीत होने लगा कि जीवन और जगत इतने विखंडित हो चुके हैं कि अब कुछ भी समझ पाना संभव नहीं रह गया है। चारों और खंड-ही-खंड दिखाई

पड़ने लगे--मानवीय और भौतिक जीवन के टुकड़े, लीवर और हाथ, पहिए और तंत्रिकाएँ, दैनंदिन जीवन की आपाधापी और क्षणिक संवेदनाएँ। कल्पना पर इतने विभिन्न प्रकार के ब्योरों की भारी मार पड़ने लगी कि वह उन ब्योरों को आत्मसात करने तथा किसी प्रकार की पूर्णता प्रदान करने में अक्षम हो गई। एडगर एलन पो और बोदलेयर आधुनिक महानगरीय जीवन के पहले कवि थे। उन्होंने अपने परिवेश के विखंडित यथार्थ के अनुरूप अपनी कल्पना को ढालने के लिए यह किया कि अपने मन में सारी दुनिया को तोड़कर खंड-खंड कर डाला, ताकि परम मनोवांछित रूप में उन खंडों को पुनः जोड़कर उसे एक आकार दे सकें। बोदलेयर ने लिखा, 'कल्पना संपूर्ण सृष्टि को छिन्न-भिन्न कर देती है और फिर आत्मा की गहराइयों से निकले हुए नियमों के अनुसार उन खंडों को जोड़-बटोरकर उनसे एक नई सृष्टि रच देती है।' इस संश्लेषण पद्धति के बावजूद बोदलेयर की कविता में एक प्रत्यक्ष अभिजातवाद अभी तक बचा हुआ था। उसकी संरचना मजबूत थी, उसका रूप सजातीय था। रिंबो पहला कवि था, जिसने कविता की पारंपरिक सरंचना और उसके पारंपरिक रूप को छिन्न-भिन्न कर दिया। उसने लिखा, 'एक तूफान है…जो दीवारों में दरारें डाल देता है, घरों की चारदीवारियों को तोड़फोड़ डालता है।' साधारण यथार्थ से नाता तोड़कर नई कविता ने अपने लिए एक नई दुनिया का निर्माण किया। 'ल बटो ईवर' में मानो एक बहुत बड़े जलप्रपात की शक्ल में बिंब एक-दूसरे का पीछा करते हुए आते हैं और एक ऐसी आदि-अंत रहित धारा बन जाते हैं, जो विनष्ट यथार्थ के समस्त सूत्रों को बहाकर आँखों से ही नहीं, मस्तिष्क से भी ओझल कर देती है :

…जब जुलाइयाँ पीट रही थीं
जलते-धुँधुआते पारसमुद्री आसमान को
वह पागल दौड़ा नन्हे विद्युत-चंदाओं के साथ
थे काले दरियाई घोड़े अंगरक्षक उसके

मैं काँप उठा जब पड़ीं कान में चिंघाड़ें
डेढ़ सौ मील की दूरी से उन पशुओं की
जो फँसे हुए थे नीले जल के
शाश्वत चरखों जैसे गहरे भँवरों में
योरप और उसकी प्राचीन मुँडेरों को
मैं तरस गया।
मैंने देखे हैं तारों भरे द्वीप-मंडल
जिनके उन्मादी आसमान
करते स्वागत सैलानी का
ओ, सोने की लाखों चिड़ियो !

क्या यहीं स्वयं को निर्वासित करती हो तुम?
ओ भविष्य की शक्ति बताओ
क्या तुम यहीं शयन करती हो?

ऐसी कविता पहले कभी नहीं लिखी गई थी। यहाँ तक कि बोदलेयर की सशक्त रचना 'ले वोएज' की भी तुलना यदि इस अतिवाद से की जाए, तो वह रोंसार्द और रेसीन की परंपरा में लिखी गई एक पारंपरिक कविता ही मालूम होगी। रिंबो द्वारा आविष्कृत पद्धति ने—जिसके द्वारा तोड़कर बिखेर दी गई दुनिया के सुंदर और असुंदर, शानदार और भद्दे, पौराणिक और वास्तविक टुकड़ों को एक स्वप्न जैसी पूर्वापरता में तथा वैज्ञानिक की-सी निर्भीकता के साथ एक नए 'सत्व' का निर्माण करने के लिए आपस में जोड़ दिया जाता है—उस सबमें आमूल परिवर्तन कर दिया, जिसे पहले कविता माना जाता था। विभिन्न प्रकार के बेमेल टुकड़ों को जोड़कर बनाई जानेवाली तथा बौद्धिक तर्कहीनता से युक्त आधुनिक कविता, जो बार-बार हमारे सामने आती है—चाहे वह रिल्के की कविता हो या गौटफ्रीड बेन की, एजरा पाउंड की, एलियट की, एलुआर्ड की, आडेन की कविता हो या अल्बर्टी की—समग्रत: रिंबो से ही शुरू होती है। इस कविता के बारे में यह चीख-पुकार मचाते चले जाना अकादमिक पांडित्य-प्रदर्शन ही होगा कि इसने परंपरागत कविता को ध्वस्त कर दिया, कि इसने रूप का परित्याग कर दिया, कि इसने साहचर्योंवाली फंतासी को खुली छूट दे दी। इससे इनकार नहीं किया जा सकता कि यह चीज पतनशीलता का परिणाम थी, लेकिन इसके साथ-साथ यह भी सही है कि यह एक विकास था, जो हमें नई संभावनाएँ तथा अभिव्यक्ति के माध्यमों की एक महान संपदा प्रदान कर गया है। मायकोव्स्की भी पुराने रूपों का भंजक था—और उसकी काव्य-पद्धति क्रांति के यथार्थ को अभिव्यक्त करने में बड़े शानदार ढंग से सहायक सिद्ध हुई। ब्रेश्ट ने भी रचनात्मक फंतासी की पद्धति का इस्तेमाल किया; हालाँकि उसकी रचनाओं में रूपात्मक संयम अधिक था और उसकी काव्य-प्रतिभा ने तर्कहीनता के बजाए तार्किकता को प्रश्रय दिया। मायकोव्स्की और ब्रेश्ट ने अभिव्यक्ति के नए साधनों को क्रांति और वर्गसंघर्ष के मूल-विषय से जोड़ा और इस प्रकार विखंडन की अर्थहीनता का अतिक्रमण किया।

रहस्यीकरण

परवर्ती पूँजीवादी जगत के साहित्य और कलाओं में रहस्यीकरण की प्रवृत्ति पाई जाती है। रहस्यीकरण का अर्थ है यथार्थ को रहस्य के परदे में छिपाना।

यह प्रवृत्ति ही सबसे ज्यादा पार्थक्य का परिणाम है। औद्योगीकृत, *विषयीकृत* परवर्ती पूँजीवादी जगत अपने निवासियों के लिए इतना पराया हो गया है,

सामाजिक वास्तविकता इतनी संदेहास्पद लगती है, इसकी तुच्छता ने इतने विराट अनुपात धारण कर लिए हैं कि लेखक और कलाकार चीजों के बाहरी सख्त खोल को भेदने में समर्थ हर प्रकार के उपलब्ध साधनों का इस्तेमाल करने के लिए मजबूर हो जाते हैं। एक तरफ इस असहनीय रूप से जटिल यथार्थ को सरल बनाने की तथा उसे मूल तत्त्वों तक घटित कर देने की इच्छा, और दूसरी तरफ मनुष्यों को भौतिक संबंधों के बजाए तात्त्विक मानवीय संबंधों से जुड़े दिखाने की इच्छा *कला में मिथक* की ओर ले जाती है। अभिजातवाद के अंतर्गत प्राचीन मिथकों का उपयोग विशुद्ध रूपात्मक होता था। स्वच्छंदतावाद ने 'नीरस' पूँजीवादी जगत के विरुद्ध विद्रोह करते हुए 'शुद्ध आवेग' का तथा उस सबका, जो अतिरेकपूर्ण, मौलिक और आकर्षक था, चित्रण करने के लिए मिथकों का सहारा लिया था। हालाँकि मिथकों के प्रयोग की पद्धति अपने आप में उचित है, फिर भी इस पद्धति में खतरा यह रहता है कि यह आरंभ से ही एक अनैतिहासिक 'तात्त्विक मनुष्य' को समाज के अंदर विकसित होनेवाले मनुष्य के विरुद्ध खड़ा करती थी, यह 'शाश्वत' को कालानुबंधित के विरुद्ध खड़ा करती थी।

रहस्यीकरण और मिथक-निर्माण परवर्ती पूँजीवादी जगत में एक तार्किक निष्कपटता के साथ सामाजिक निर्णयों को टाल जाने का रास्ता बताता है। सामाजिक परिस्थितियाँ, वास्तविक प्रपंच तथा हमारे समय के द्वंद्व एक समयातीत अवास्तविकता में—एक शाश्वत, मिथकीय, परिवर्तनहीन 'अस्तित्व की मौलिक अवस्था' में—प्रत्यारोपित कर दिए जाते हैं। ऐतिहासिक क्षण की विशिष्ट प्रकृति को 'अस्तित्व' के एक सामान्य भाव का रूप देकर मिथ्या बना दिया जाता है। सामाजिक रूप से अनुकूलित संसार को एक वैश्विक अनुकूलित संसार के रूप में प्रस्तुत किया जाता है। इस प्रकार 'बाहरी व्यक्ति' न केवल सामाजिक प्रक्रियाओं में अपने कर्तव्य के निर्वाह से बच जाता है, बल्कि 'सामान्य' लोगों की दुनिया से ऊपर उठकर 'विशिष्ट' लोगों की दुनिया में भी चला जाता है, जहाँ से वह अपने नीचे पड़े हुए 'प्रतिबद्ध' भाइयों के बेढंगे प्रयासों पर व्यंग्यमयी उच्चता के साथ दृष्टिपात किया करता है।

अपनी ऊलजलूल शब्दाडंबरी पुस्तक 'दि आउटसाइडर' (बाहरी आदमी) में कॉलिन विल्सन अपने समानधर्मा कलाकार से कहता है कि वह किसी भी चीज से प्रतिबद्ध होना अस्वीकार करे, समस्त सामाजिक उत्तरदायित्वों के 'अभिशाप' से स्वयं को मुक्त करे, और अपने अस्तित्ववादी 'मैं' की मुक्ति के लिए ही स्वयं को पूर्णतः समर्पित कर दे। एक 'नए मानवतावाद-विरोधी' युग को ले आना निहायत जरूरी है, क्योंकि हमारी सभ्यता मार्क्सवादी रवैए को बहुत ज्यादा अपना बैठी है। पुस्तक एक प्रकार की भविष्यवाणी के साथ समाप्त होती है, 'व्यक्ति इस दीर्घ प्रयास को एक बाहरी व्यक्ति के रूप में शुरू करता है; लेकिन वह इस प्रयास को

एक संत की तरह पूरा कर सकता है।' गुंथर ब्लोकर, जो विल्सन के मुकाबले ज्यादा समझदार लेखक है, इस तरह के निष्कर्षों को निस्संदेह 'सच्चा मिथकीय अंतःकरण' कहकर इसकी जय-जयकार करेगा। ब्लोकर अपनी पुस्तक 'दि न्यू रियालिटीज' (नई वास्तविकताएँ) में सामाजिक परिस्थितियों को बदलना चाहने वाले 'अपरिपक्व', 'प्रतिबद्ध' कलाकारों की भर्त्सना करते हुए कहता है :

> जब तक आदमी यह मानता रहेगा कि इस धरती की बुराइयाँ कुछ खास व्यक्तियों या कुछ खास संस्थाओं की कुछ खास असफलताओं से पैदा हुई हैं, वह बौद्धिक रूप से बाल्यावस्था में ही रहेगा। परिपक्वता तब आती है जब वह समझने लगता है कि इस दुनिया में ही कहीं कोई अंदरूनी खराबी है; कोई ऐसी खराबी, जो थोड़ी-बहुत घटाई तो जा सकती है, पर बिल्कुल हटाई नहीं जा सकती।

हरमन ब्रोश ने कहा है कि समस्त साहित्य में मिथक की ओर जाने की प्रवृत्ति हुआ करती है। लेकिन मिथक क्या है? ब्रोश उसे परिभाषित करते नहीं थकता :

> मिथक आदिकालीन भोलापन है। यह प्रारंभिक शब्दों की, मौलिक प्रतीकों की भाषा है, जो प्रत्येक युग को अपने लिए नए सिरे से खोजनी पड़ती है; यह अतार्किक और सीधा जग-दर्शन है, 'पहली-पहली बार' की मौलिक झाँकी है, यह संपूर्ण संसार का एक अविभाज्य बिंब बन जाना है।

आजकल अंतर्राष्ट्रीय स्तर पर 'प्रारंभिक शब्दों की भाषा' में अखबारी लेख लिखने का फैशन-सा हो गया है। इसके चलते हाइडेगर पर एक सरसरी नजर डाल लेने मात्र से 'पहली-पहली बार की मौलिक झाँकी' मिल जाने का दावा किया जाता है। इन अत्यंत भ्रमपूर्ण उक्तियों में एक टेक बार-बार सुनाई देती है, और वह यह कि 'होना' ही सबकुछ है, 'करना' कुछ नहीं। गर्टरूड स्टाइन ने अपने एक भाषण में कहा कि 'घटनाओं में अब लोगों की कोई दिलचस्पी नहीं रह गई है। लोगों की दिलचस्पी अब अस्तित्व में है। कर्म गतिशील होता है, अस्तित्व स्थिर। 'करना' की जगह 'होना' को, परिवर्तनशील यथार्थ की जगह मिथक को चुननेवाले लोग, प्रायः अनजाने ही, ऐसा इसलिए करते हैं कि उन्हें सामाजिक उथल-पुथल से भय होता है। ब्रेश्ट ने कहा था, 'चूँकि चीजें जैसी हैं, वैसी हैं, इसलिए वे जैसी हैं, वैसी नहीं रहेंगी।' इस सच को नकारने के लिए 'मिथकीय अस्तित्व' की दुहाई दी जाती है।

स्वच्छंदतावाद ने 'शुद्ध आवेग' की पूजा का चलन शुरू किया था। मिथक गढ़नेवाले नव-स्वच्छंदतावादी लोग मनुष्य का 'अस्तित्व' उसी को मानते हैं, जो पूरी तरह तर्कहीन हो। वे इस प्रकार हमेशा अपने उद्देश्य के प्रति सचेत न रहते हुए

भी सामाजिक तर्कहीनता के शासन को औचित्य प्रदान करते हैं। ब्लोकर कहता है कि मनुष्य का 'अस्तित्व' ''एक व्यापक प्रतिध्वनि, एक प्राचीन कराह, एक तात्त्विक हकलाहट है'' जिसमें मानवीय सार आकार ग्रहण करने से पहले ही सुनाई दे जाता है।'' आधुनिक रहस्यवादी की यह कराहट और हकलाहटवाली बात क्या पहले कभी, और काबिले-तारीफ सादगी के साथ, कहीं और नहीं कही जा चुकी है ?

> पैदा होने का एक समय होता है और मरने का एक समय होता है; एक समय होता है पौधा लगाने का और एक समय होता है लगाए हुए पौधे को उखाड़ने का। इसी तरह एक समय होता है मारने का और जिलाने का⋯ तोड़ने का और बनाने का⋯ रोने का और हँसने का⋯ शोक मनाने और नृत्य करने का⋯ पत्थर फेंकने का और पत्थर इकट्ठे करने का⋯ आलिंगन करने और आलिंगन से बचने का⋯ पाने का और खोने का⋯ सहेजने का और फेंक देने का⋯ फाड़ने का और सीने का⋯ चुप रहने और बोलने का⋯ प्रेम करने का और घृणा करने का⋯ युद्ध का और शांति का⋯ हर चीज का एक मौसम होता है और दुनिया में जितने भी काम हैं, उन सबका एक समय होता है।

अथवा 'बुक ऑफ जॉब' में :

> औरत से पैदा होनेवाले आदमी की जिंदगी बहुत थोड़ी और तकलीफों से भरी हुई होती है। वह फूल की तरह पैदा होता है और तोड़ डाला जाता है; वह परछाईं की तरह गुजर जाता है—हमेशा बना नहीं रहता⋯ लेकिन पेड़ से उम्मीद की जा सकती है, क्योंकि उसे काट भी डाला जाए तो उसमें फिर से कल्ले फूट आएँगे और उसकी कोमल टहनी बनी रहेगी। हालाँकि उसकी जड़ जमीन में बहुत पुरानी थी और उसका रस जमीन में ही सूख गया था, लेकिन पानी की खुशबू पाते ही वह फिर खिल जाएगी और पौधे की शक्ल में उसमें फिर से शाखें निकल आएँगी। लेकिन आदमी मरता है और खत्म हो जाता है। हाँ, आदमी भूत बन जाता है, लेकिन भूत बनकर वह आदमी कहाँ रहता है ?

यह उच्चरित भाषा में पैदा होने और मरने का, मारने और जिलाने का, पाने और खोने का पावन गीत है। मनुष्य के 'अस्तित्व' के बारे में, मानवीय परिस्थिति के बारे में, जो कुछ कहा जा सकता है, यहाँ किसी आडंबर के बिना कह दिया गया है।

लेकिन सतत परिवर्तनशील यथार्थ के बारे में सिर्फ इतना कह देने से काम नहीं चलता। मनुष्य जीवन और मरण के शाश्वत चक्र से इतर भी कुछ है, वह पुनर्सृजन की इच्छा और निढाल वृद्धावस्था के अलावा भी कुछ है। मनुष्य वह

प्राणी है, जिसका निर्माण किया गया है और जो अभी तक अपना निर्माण कर रहा है। वह अपूर्ण और अधूरा है, वह पूर्ण कभी नहीं होगा, फिर भी वह अपने आपको ढाल रहा है, और ढाल रहा है अपने चारों ओर की दुनिया को। ऐसे ढेरों उपन्यास, नाटक और फिल्में हैं, जिनमें मनुष्य की सामाजिक गतिविधि का ऐसा सरलीकरण कर दिया जाता है कि चरित्र परिस्थितियों के हाथों कठपुतली मात्र बनकर रह जाते हैं, उनमें आंतरिक अंतर्विरोध नहीं होते, वे निजी स्वप्नों और निजी पीड़ाओं से शून्य होते हैं। मनुष्यों को इस रूप में प्रस्तुत करने पर कि मानो ये ही सामाजिक प्राणी हों, अगर आपत्ति की जाती है, तो आपत्ति सर्वथा उचित है। लेकिन 'मिथक की ओर लौटने' का नारा देनेवाले ज्यादातर लोगों को यथार्थ के इस अधूरे चित्रण के विरुद्ध यथार्थ के भरे-पूरे चित्रण की चिंता नहीं होती। इसके विपरीत वे यथार्थ को एक और तरीके से खोखला बनाना चाहते हैं। वे मनुष्य को यथार्थ से ही काट देना चाहते हैं और उसे ऐसा एकाकी, सबसे कटा हुआ, नियति की शक्ति के सामने असहाय प्राणी बना देना चाहते हैं, जैसा मनुष्य कभी नहीं रहा है।

'दुनिया की नींद' में, पुरातनता में, प्रारंभिकता में और शब्दहीनता में छलाँग लगाने की कोशिश ज्यादातर गैर-जिम्मेदारी में पलायन करने की कोशिश होती है। मगर साथ ही प्रकृतवाद के विरुद्ध हुई प्रतिक्रिया तथा अभिव्यक्ति के नए रूपों की तलाश से काफ्का की सामाजिक यथार्थ को *प्रत्यक्षतः* मिथक में रूपांतरित करने की पद्धति का भी उदय हुआ। दुनिया मैक्स ब्रॉड के इस उपकार के लिए हमेशा ऋणी रहेगी कि उसने काफ्का की पांडुलिपियों को सुरक्षित रखा; लेकिन यह भी तथ्य है कि ब्रॉड के द्वारा की गई काफ्का की कृतियों की गलत व्याख्या ने बहुत-से लोगों को गुमराह किया है। काफ्का ने 'ब्रह्मांड' में अथवा 'चीजों के उद्गम' में नहीं, बल्कि एक विशिष्ट सामाजिक परिस्थिति में मानवीय वेदना का चित्रण किया था। उसने फंतासी-व्यंग्य की एक शानदार विधा का आविष्कार किया था, जिसमें स्वप्न और यथार्थ परस्पर गुँथे रहते हैं। इसके जरिए वह एक अजनबी दुनिया में प्रच्छन्न शक्तियों के विरुद्ध निराशामय संघर्ष करते हुए तथा 'दुर्ग' की-सी ही सही, किसी प्रकार की सामुदायिकता के लिए तरसते हुए एकाकी व्यक्ति के विद्रोह का चित्रण करना चाहता था। ब्रॉड ने सामाजिक परिस्थितियों के इन बिंबों को 'शाश्वत' परिस्थितियों के प्रतीक मानकर व्याख्यायित किया। उसने काफ्का की रचनाओं में जहाँ-तहाँ बिखरे हुए मुट्ठी भर रहस्यवादी तत्त्वों को लेकर एक संपूर्ण रहस्यवादी व्यवस्था का रूप दे दिया। हैप्सबर्ग राजतंत्र के अंतर्गत जीवन यथार्थ होने के साथ-साथ प्रेत-तुल्य भी हो गया था। काफ्का ने उस जीवन का वर्णन करने के लिए जो साधन इस्तेमाल किए, उनको ब्रॉड ने एक प्रकार की गुप्त विद्या—धार्मिक अनुभवों और इलहामों का एक रहस्यमय सांकेतिक अभिलेख—बनाकर प्रस्तुत किया। काफ्का की इस प्रकार की गई गलत व्याख्या से

बहुत नुकसान हुआ है। इसने यथार्थ का रहस्यीकरण करनेवाले बहुत-से लोगों को प्रोत्साहित किया है।

ब्रेश्ट की सामाजिक द्वंद्वों को नीतिकथाओं के सरलीकृत रूप में प्रस्तुत करने की पद्धति काफ्का की पद्धति से बहुत मिलती-जुलती है। लेकिन इन दोनों महान लेखकों के रवैये बहुत भिन्न थे। काफ्का का रवैया अनिर्णय का रवैया था। वह अपमानित और आहत लोगों का पक्षधर और सत्ताधारियों का विरोधी था, लेकिन वह जिन लोगों की वकालत करता था, उन्हें इस लायक नहीं समझता था कि वे दुनिया को बदल सकते हैं। उसके मन में उठनेवाली हर नई उम्मीद के साथ एक नया डर भी पैदा होता रहता था; हर जवाब के साथ एक नया सवाल भी उठता रहता था। ब्रेश्ट में जवाब देने की हिम्मत थी। उसकी नीतिकथाएँ उपदेशात्मक होती थीं। उसे अटल विश्वास था कि दुनिया को बदला जा सकता है, कि यह दुनिया बेहतर और ज्यादा तर्कसंगत बनाई जा सकती है। निस्संदेह, ब्रेश्ट भी जानता था कि हर जवाब एक नए सवाल तक ले जाता है, और दुनिया में कुछ भी अंतिम नहीं है, लेकिन वह काफ्का की तरह इस जानकारी से उत्पीड़ित नहीं, बल्कि उत्साहित होता था। काफ्का, जो हताशाजनक रूप से एकाकी था, आधारभूत रूप से प्रगति में विश्वास नहीं करता था, बल्कि यह मानता था कि एक ही तरह की चीजें बार-बार और हमेशा होती रहती हैं। ब्रेश्ट मानता था कि चाहे कितनी ही बाधाएँ हों, नई चीजों का होना अनिवार्य है।

काफ्का और ब्रेश्ट दोनों ही अपनी नीतिकथाओं में सामाजिक यथार्थ का चित्रण करते हैं। उन्होंने इस यथार्थ का 'पार्थक्य' किया और जिस प्रकार प्राचीन मिथक ऐतिहासिक अतीत का सारतत्त्व प्रस्तुत करते हैं, उसी प्रकार उनकी कृतियाँ ऐतिहासिक वर्तमान के सार का आसवन करने के प्रयास हैं। लेकिन कामू से लेकर बैकेट तक बहुत-से लेखकों की कृतियों में यह बात नहीं है। वे मनुष्य को समाज से काटने की कोशिश करते हैं। वे मनुष्य की पहचान को धूमिल बनाने और उसे 'शाश्वत सत्ता' तथा 'रूपहीन मौलिक शक्तियों' का माध्यम बनाकर रहस्यावृत करने की कोशिश करते हैं। इन लेखकों के लिए हर आदमी किसी सामाजिक चरित्र का मुखौटा मात्र है। लेकिन उसे ब्रह्मांडीय रहस्यों के नाटक की चित्रलिपियों में बदल देने की, उसके सामाजिक तथा व्यक्तिगत चेहरे को रहस्यमयी पुरातनता के कुहरे में छिपाकर गायब कर देने की प्रवृत्ति निरर्थकता की ओर ले जाती है। जो आदमी किसी भी समाज का नहीं होता, वह अपनी सारी पहचान खो देता है, वह शून्य से शून्य की ओर रेंगनेवाला कीड़ा बन जाता है। इस प्रकार यथार्थ को अयथार्थ और मनुष्य को अमानुषिक बना दिया जाता है।

समाज से पलायन

कला और साहित्य के असमाजीकरण से उसमें बार-बार व्यक्त होनेवाला एक मूलभाव पैदा होता है कि समाज को त्याग देना चाहिए ताकि एक तथाकथित 'शुद्ध' या 'नग्न' अस्तित्व की अवस्था को प्राप्त किया जा सके। गर्टरूड स्टाइन जब एकरस जादुई मंत्रोच्चार की तरह बार-बार दोहराता है कि 'गुलाब गुलाब है, गुलाब गुलाब है' तो इसके पीछे इरादा दरअसल हमें इस चीज के लिए राजी कर लेने का होता है कि हम सामाजिक यथार्थ के प्रत्येक रूप से पल्ला झाड़कर अलग हो जाएँ, वस्तुओं के बीच मौजूद सारे संबंधों को आँख से ओझल कर दें और केवल उसी चीज पर ध्यान केंद्रित करें, जो जादुई ढंग से 'अपने आप में एक चीज' बना दी गई है। गर्टरूड स्टाइन के सफल शिष्य अर्नेस्ट हेमिंग्वे ने यथार्थ से पलायन की इस तकनीक का राज विशेष रूप से अपनी प्रारंभिक पंद्रह कहानियों के संग्रह 'इन अवर टाइम' (हमारे समय में) में खोला है। कहानियों के बीच-बीच में दिए गए छोटे-छोटे अनुच्छेदों में हमारे युग की भयंकर घटनाओं—जैसे युद्ध, हत्या, यातना, रक्तपात, भय, क्रूरता के संकेत किए गए हैं। इनमें वे तमाम चीजें आ जाती हैं, जिन्हें आधुनिक पुराणपंथी लोग 'इतिहास की नासमझी' शीर्षक के अंतर्गत रख-कर खारिज करना चाहते हैं। कहानियाँ प्रत्यक्षतः महत्त्वहीन ऐसी घटनाओं को लेकर लिखी गई हैं, जो अंतर्वस्तु की दृष्टि से खोखली हैं और दुनिया को चलानेवाली तमाम चीजों से अलग और परे घटित होती हैं—और यही 'अलग' तथा 'परे' होना *वास्तविक* अस्तित्व माना गया है। इनमें से एक कहानी में, जो केवल अपनी काव्यात्मकता के कारण याद रह जाती है, निक अकेला रात में अपना तंबू तान रहा है :

> वह अपना तंबू तान चुका था। वह व्यवस्थित हो चुका था। अब उसे कोई चीज नहीं छू सकती थी। पड़ाव डालने के लिए यह जगह अच्छी थी। वह उस अच्छी जगह में था। वह अपने घर में था, जो उसने बनाया था··· बाहर बिल्कुल अँधेरा था। तंबू के अंदर अँधेरा कुछ हल्का था।

एक प्रकार से इसमें और 'गुलाब गुलाब है, गुलाब गुलाब है' में कोई फर्क नहीं है। इसमें समाज से पलायन करनेवाले आदमी का दर्शन प्रतिबिंबित होता है। दुनिया से दूर कहीं जाकर अपना तंबू तान लो। और कोई तरीका ठीक नहीं है। दुनिया बिल्कुल अँधेरी है। अपने तंबू में सरक जाओ। अंदर अँधेरा कुछ हल्का है!

हेमिंग्वे का रवैया परवर्ती पूँजीवादी जगत में व्याप्त पलायन की ललक का प्रातिनिधिक रवैया है। लाखों लोग, विशेष रूप से नौजवान लोग, असंतोषजनक नौकरियों से पलायन कर जाना चाहते हैं। वे अपनी दैनंदिन जिंदगियों से पलायन कर जाना चाहते हैं, जो उन्हें खोखली मालूम होती हैं। वे उस ऊब से पलायन कर

जाना चाहते हैं, जिसको बोदलेयर ने भविष्यवाणी की तरह विश्लेषित किया था। वे तमाम सामाजिक उत्तरदायित्वों और विचारधाराओं से पलायन कर जाना चाहते हैं, भाग जाना चाहते हैं दूर, दूर कहीं घड़घड़ाती मोटरसाइकिलों पर, हर भावना और हर विचार को हजम कर जानेवाली तीव्र गति के नशे में, अपने आपसे भी दूर, किसी रविवार की छुट्टी में, जिसमें किसी तरह से जीवन का सारा अर्थ केंद्रित हो गया है। पूँजीवादी जगत में पूरी की पूरी पीढ़ियाँ इसी तरह भाग रही हैं, मानो कोई आसन्न अनर्थ उन्हें खदेड़ रहा हो, मानो वे किसी आसन्न तूफान के अहसास से आतंकित हों। और भागकर वे जाना चाहती हैं किसी अज्ञात स्थान में, अपना हल्का-सा तंबू तानने के लिए, जहाँ बाहर के अँधेरे की तुलना में कुछ कम अँधेरा होगा।

कलाओं के असमाजीकरण और अमानुषीकरण की समस्याएँ इस तथ्य से और भी भयानक हो जाती हैं कि यांत्रिक पुनरुत्पादन की बेहतर होती जाती तकनीकों ने, जो फोटोग्राफों और रिकार्डों से शुरू हुई थीं, एक ऐसे महाकाय मनोरंजन-उद्योग को जन्म दे दिया है, जो कला के उपभोक्ताओं की भारी संख्याओं के लिए बड़े पैमाने पर उत्पादन करता है। पूँजीवाद के अंतर्गत बर्बर चरित्रों, मानवतावादविरोधी अंतर्वस्तुओं और नृशंस सनसनीखेज कारनामों वाली जो बहुत-सी कलात्मक वस्तुएँ पुंजोपभोग के लिए बनाकर तैयार की जाती हैं, उनके बारे में सब जानते हैं। ऐसे उत्पादनों तथा उनके प्रभावों का विश्लेषण करने के लिए तो पूरी एक पुस्तक लिखने की जरूरत होगी, यहाँ मैं केवल दो बातें कहना चाहता हूँ। पहली यह कि कला-उत्पादन के उद्योगों में बननेवाली चीजें प्रायः कुछ स्तरीय लेखकों और कलाकारों की रचनाओं की ही भौंडी और सस्ती नकल होती हैं, अतः उनकी रचनाओं में मौजूद मानवतावाद-विरोध पुंजोत्पादन करनेवाले व्यापार को भी प्रभावित करता है। दूसरी बात यह कि वह कला, जो जनता की जरूरतों की उपेक्षा करती है और केवल कुछ चुनिंदा लोगों के द्वारा ही समझे जाने को गौरव की बात मानती है, मनोरंजन-उद्योग को यह मौका देती है कि वह धड़ाधड़ घटिया चीजों का उत्पादन करता रहे। जिस अनुपात में लेखक और कलाकार समाज से ज्यादा-से-ज्यादा विमुख होते जाते हैं, उसी अनुपात में बर्बरतापूर्ण घटिया चीजों का कूड़ा करकट जनता पर ज्यादा-से-ज्यादा उँडेला जाने लगता है। यह 'नया नृशंसतावाद', जिसे कुछ सौंदर्यशास्त्री आधुनिक कला का एक प्रशंसनीय गुण मान कर सराहते हैं, दरअसल परवर्ती पूँजीवादी जगत में व्यावसायिक स्तर पर धड़ल्ले से खरीदा और बेचा जाता है।

यथार्थवाद

पूँजीवादी जगत के सभी महत्त्वपूर्ण कलाकारों और लेखकों में यह बात समान रूप से पाई जाती है कि वे सभी अपने परिवेश के यथार्थ से समझौता करने में असमर्थ होते हैं। यों तो सभी व्यवस्थाओं में व्यवस्था का गुणगान करनेवाले कलाकार रहे हैं (साथ-ही-साथ उन व्यवस्थाओं के विरोधी और विद्रोही कलाकार भी रहे हैं); मगर पूँजीवाद एक ऐसी व्यवस्था है, जिसमें सामान्य से कुछ ऊपर के स्तर की *समूची* कला विरोध की, आलोचना की और विद्रोह की कला रही है। अपने परिवेश तथा स्वयं अपने आपसे मनुष्य का पार्थक्य पूँजीवाद के अंतर्गत इतना ज्यादा हो गया है; मध्ययुगीन श्रमसंघों तथा वर्गोंवाली व्यवस्था के बंधनों से मुक्त होकर आया हुआ मानव-व्यक्तित्व संप्राप्त स्वतंत्रता और जीवन की पूर्णता से वंचित कर दिए जाने की धोखाधड़ी के प्रति इतनी उग्रता के साथ सचेत है; दुनिया की सारी चीजों के बाजारू पण्यवस्तुओं में बदल जाने, उपयोगितावाद के सर्वव्यापी हो जाने और सारी दुनिया के संपूर्ण व्यवसायीकरण ने प्रत्येक कल्पनाशील व्यक्ति के मन में इतनी गहरी नफरत पैदा कर दी है कि सभी कल्पनाशील लोगों के लिए स्थापित व्यवस्था को जोरदार ढंग से अस्वीकार करना अनिवार्य रहा है।

इस अस्वीकार की प्रक्रिया स्वच्छंदतावादी विद्रोह और ज्याँ जाक रूसो द्वारा पूँजीवादी सभ्यता पर किए गए प्रहार के साथ शुरू हुई थी। हीगेल ने 'पार्थक्य की बढ़ती हुई शक्ति' की चर्चा करते हुए कहा था, 'जब लोगों की जिंदगियों में से उन्हें परस्पर जोड़नेवाली शक्ति गायब हो जाती है, और जब अंतर्विरोध अपना संदर्भ खोकर स्वतंत्र रूप धारण कर लेते हैं, तब दर्शन की जरूरत पैदा होती है।' शेली ने 'दि डिफेंस ऑफ पोइट्री' (कविता की वकालत) में कविता की जरूरत भी इन्हीं आधारों पर बताई—'कविता की जरूरत उन कालों में सबसे ज्यादा होती है, जब स्वार्थपूर्ण और हिसाबी सिद्धांत की अति के कारण , बाह्य जीवन के पदार्थों का संचयन, मानव-प्रकृति के आंतरिक नियमों के अनुसार, उन पदार्थों को आत्मसात करने की शक्ति की तुलना में ज्यादा बढ़ जाता है।' पूँजीवादी जीवन के टुच्चेपन के विरुद्ध अकेला खड़ा 'मैं' केंद्रीय मूलविषय बन गया। बायरन के 'मैनफ्रीड' को देखिए :

> मैं लोगों के साथ रहा हूँ बातों और विचारों में
> लेकिन ऐसा संग-साथ थोड़ा-सा ही था
> इसके बदले वीरानों पर मुग्ध रहा मैं
> रहा घूमता बर्फीले पर्वत-शिखरों पर
> निर्जन जगहों में एकाकी
> यों ही मैंने समय बिताया, क्योंकि घृणा थी

मुझको मिलजुलकर रहने से
बाघ विचरता एकाकी ही
छोड़ भेड़ियों के रेवड़ को, हो चाहे वह उनका नेता।
मैं भी शायद एक बाघ हूँ।

अथवा फ्रैंज ग्रिलपार्जर के 'लिबूस्सा' को देखिए :

बलिवेदी है स्वार्थ तुम्हारा
आत्मप्रेम है प्रकृति तुम्हारी
अनजाने सागर लाँघोगे
लूटोगे धन-माल जगत का
खा जाओगे तुम दुनिया को
और तुम्हें खाएगी दुनिया।

अथवा स्तेंढाल को सुनिए :

आत्मरति के इस रेगिस्तान में, जिसे जीवन कहते हैं, हर आदमी अपने लिए ही जीता है... महत्त्वपूर्ण और कुरुचिपूर्ण लोगों को, जो इस किताब ('ड ल आमूर') को खोलने से पहले साल में एक लाख फ्रेंक कमा चुके हैं, यह किताब फौरन बंद कर देनी चाहिए—खासतौर से अगर वे बैंकर, कारखानेदार या प्रतिष्ठित उद्योगपति हों—यानी अगर वे सकारात्मक विचारोंवाले लोग हों...

अथवा हाइने की ये पंक्तियाँ देखिए :

आओ देखें करनी आखिर
जुर्म घिनौने और भयंकर
भरे पेट का सदाचार क्या?
नैतिकता क्या मालदार की?

एकाकी 'मैं' के स्वच्छंदतावादी विद्रोह से, पूँजीवादी मूल्यों के अभिजातवर्गीय तथा निम्नवर्गीय अस्वीकार के मिश्रण से, *आलोचनात्मक यथार्थवाद* का जन्म हुआ। पूँजीवादी समाज का स्वच्छंदतावादी विरोध उत्तरोत्तर उस समाज की आलोचना में परिणत होता गया—लेकिन विरोध करनेवाले 'मैं' वाली उसकी प्रकृति बनी रही। स्वच्छंदतावाद और यथार्थवाद एक-दूसरे के नितांत विरोधी नहीं हैं; स्वच्छंदतावाद असल में आलोचनात्मक यथार्थवाद का एक प्रारंभिक दौर है। अब भी वह रवैया आधारभूत रूप से बदला नहीं है, केवल पद्धति भिन्न हो गई है, ज्यादा 'वस्तुपरक', ज्यादा स्पष्ट हो गई है।

बायरन की सबसे महत्त्वपूर्ण कृति 'डॉन जुआन' (जो एक असमाप्त रचना है)

स्वच्छंदतावादी विरोध और यथार्थवादी सामाजिक आलोचना का मिलाजुला रूप है। यह उस कवि की रचना नहीं है, जो पहले अपने आपसे ही बात करता रहता था। नायक को यहाँ एक प्रतिनायक मिल गया है और नायक यहाँ सामाजिक यथार्थ से संघर्षरत दिखाया गया है। 'मैं' अब बंधनहीन नहीं है। शालीन ढंग की कटुता यहाँ स्वच्छंदतावादी उच्छृंखलता को नियंत्रित रखती है। अपने धाकड़पन में, अपनी जिजीविषा में तथा अपने नैतिकताविरोध में, डॉन जुआन अभी भी एक स्वच्छंदतावादी नायक ही है; मगर अब वह भगवान और शैतान से नहीं लड़ता। वह अपने तमाम साहसिक कारनामों के बावजूद अपने चारों ओर की दुनिया की—घटियापन, आडंबर और कमीनेपन से भरी दुनिया की—जीवंत आलोचना है तथा ईमानदार, निर्मल आवेग की लालसा का मूर्तिमान रूप है।

बाल्जाक और स्तेंढाल तो बायरन की तुलना में पूँजीवादी जगत से समझौता करने के लिए और भी कम तैयार थे—चाहे वह क्रांति के बाद का पूँजीवादी जगत हो, चाहे अभिजातों, महाजनों और पुरोहितों द्वारा नियंत्रित राजसत्ता हो। बाद के अपने उपन्यासों में बाल्जाक पूँजीवादी जगत की विजय को स्वीकार करने लगा था, लेकिन उसके प्रातिनिधिक प्रतिनिधियों के प्रति उसकी नफरत ज्यों की त्यों रही। बाल्जाक बार-बार ऐसे लोगों को, जो 'महान' जगत से विमुख होकर सबकुछ त्याग देते हैं; या उन कलाकारों को, जो अपने काम में ही खोए रहते हैं; यानी 'ला कूसीन बेट' के वेंचेस्लौस जैसे लोगों को, जो उसकी नजरों में 'स्वयं को किसी उच्छृंखल कल्पना के हवाले कर देनेवाली वेश्या का-सा जीवन बिताते थे,' पूँजीपति वर्ग के प्रतिनायकों के रूप में दिखाता है। यथार्थवादी आलोचना बार-बार स्वच्छंदतावादी विरोध की ओर ले जाती है। उदात्त त्याग और दूषित सफलता की, प्रतिभाशाली व्यक्ति और पूँजीपति की स्वच्छंदतावादी प्रत्यवस्थाओं की ओर ले जाती है।

सबसे ज्यादा निर्भीक तथा सबसे ज्यादा सुसंगत उपन्यासों में से एक, जिसने स्वच्छंदतावाद की सीमाओं को तोड़ा, स्तेंढाल का उपन्यास 'लूसिएं ल्यूवें' था। अपनी सामाजिक अंतर्दृष्टि और आलोचना की निर्ममता के कारण यह अधूरा उपन्यास बाल्जाक की समस्त रचनाओं को पीछे छोड़ जाता है। पूँजीवादी क्रांति संपन्न हो चुकी है। अब जैकोबिन अथवा युवा नेपोलियन के जमाने में लौटकर नहीं जाया जा सकता। और आगे? लूसिएं गणतंत्रवादियों तथा सेंट-साइमन-वादियों से सहानुभूति रखता है, लेकिन उनका उद्देश्य उसे बेकार लगता है और पूँजीवाद की अधिरचना के रूप में खड़े किए गए पूँजीवादी-जनवादी गणतंत्र से उसे वैसी ही जुगुप्सा होती है, जैसी विनोदी रूढ़िवादी अलेक्सिस ड् टोकवील को थी। 'न्यूयार्क में राजसत्ता की गाड़ी नाली में गिर पड़ी है, सो भी हमारी तरफ की नाली में

नहीं, बल्कि सड़क के उस पार वाली नाली में। सार्वजनिक मताधिकार यहाँ तानाशाह की तरह शासन करता है, और तानाशाह भी ऐसा, जो भ्रष्ट हो।' लूसिएं ल्यूवें' में हमें एक निर्भ्रांत और निर्मम परिपक्वता मिलती है, एक अंतर्विरोधी आलोचना मिलती है, जो न केवल नैतिक है, बल्कि सौंदर्यात्मक भी है। उपन्यास वहाँ जाकर अधूरा छूट गया है, जहाँ वह 'ला नूवेल हेलोईज़' द्वारा प्रसिद्ध बनाए गए स्थलों की सैर करता है; और फिर इटली जाता है, जहाँ एक 'शांत उदासी' उसकी आत्मा को कला की ओर प्रेरित करती है। अंतिम वाक्य बड़े अजीब हैं :

> बोलोग्ना और फ्लोरेंस ने उसे कोमलता और संवेदनशीलता की एक ऐसी अवस्था में पहुँचा दिया कि वह मामूली-से-मामूली ब्योरों पर भी ध्यान देने लगा, जबकि यह अवस्था तीन साल पहले उसके मन में गहनतम पश्चात्ताप उत्पन्न कर देती।
>
> दसअसल, कापेल के अपने मुकाम पर पहुँचकर उन लोगों के बारे में, जो उसे वहाँ मिलनेवाले थे, एक समुचित उदासीनता का रवैया अपनाने के लिए उसे अपने आपको एक भाषण देना पड़ा।

एक स्वच्छंदतावादविरोधी उपन्यास—और स्वच्छंदतावादी संवेदनशीलता की तरफ ऐसी वापसी ? पता नहीं, स्तेंढाल आगे चलकर अपने लूसिएं को कहाँ ले जाने वाला था, लेकिन उपन्यास का इतना ही अंश देखकर ऐसा लगता है कि (मार्क्स के शब्दों में कहें तो) स्वच्छंदतावादी दृष्टिकोण पूँजीवादी दृष्टिकोण के साथ-साथ एक 'औचित्यपूर्ण वैषम्य' के रूप में हमेशा बना रहता है।

कला में यथार्थवाद की धारणा दुर्भाग्यवश बड़ी लचीली और अस्पष्ट है। कभी तो यथार्थवाद एक रवैए के रूप में—यानी वस्तुपरक यथार्थ की पहचान के रूप में—परिभाषित किया जाता है, और कभी एक शैली या पद्धति के रूप में। इन दोनों के बीच की विभाजक रेखा अक्सर धुँधली हो जाती है। कभी तो 'यथार्थवादी' शब्द का इस्तेमाल होमर, फिडियास, सोफोक्लीज़, पोलीक्लेटस, शेक्सपियर, माइकेलेंजेलो, मिल्टन और एल ग्रेको के लिए किया जाता है; और कभी इसको उलट कर विशिष्ट प्रकार के लेखकों या चित्रकारों द्वारा प्रयुक्त पद्धति के लिए, जिनमें फील्डिग और स्मोल्ले से लेकर तोल्स्तोय और गोर्की तक तथा यैरीको और कोर्बे से लेकर मान्ने और सेजां तक तमाम लोगों की शैलियाँ तथा पद्धतियाँ आ जाती हैं। यदि हम कला में यथार्थवाद को वस्तुपरक रूप में प्राप्त यथार्थ की एक पहचान मानें, तो यह निश्चय ही जरूरी है कि हम उस यथार्थ को निरे बाहय जगत तक सीमित न करें, जो हमारी चेतना से स्वतंत्र रूप में विद्यमान रहता है। हमारी चेतना से स्वतंत्र रूप में विद्यमान रहनेवाली चीज तो भौतिक तत्त्व ही है। परंतु यथार्थ में अत्यंत वैविध्यपूर्ण अंत:क्रियाएँ भी शामिल होती हैं, जिनमें अनुभव और

बोध की अपनी क्षमताओं के अनुसार मनुष्य अपनी भूमिका निभाता है। दृश्यचित्र बनाते समय चित्रकार प्रकृति के उन नियमों का पालन करता है, जो भौतिकविज्ञानियों, रसायनविज्ञानियों तथा जीवविज्ञानियों द्वारा खोजे गए होते हैं। लेकिन कला में वह जिसका चित्रांकन करता है, वह प्रकृति स्वयं उससे स्वतंत्र नहीं होती। वह दृश्यचित्र उसके संवेदनों तथा उसके अपने अनुभव के माध्यम से देखा गया प्राकृतिक दृश्य होता है। चित्रकार किसी बाह्य जगत को समझनेवाली संवेदी इंद्रिय या उपांग मात्र नहीं होता है, बल्कि एक मनुष्य भी होता है जो किसी खास युग का, किसी खास वर्ग का आदमी होता है। उसका अपना एक खास स्वभाव और चरित्र होता है और उसके द्वारा प्राकृतिक दृश्य के देखे जाने, अनुभव किए जाने और चित्रित किए जाने में इन सब चीजों की भूमिका होती है। ये सब चीजें मिलकर एक ऐसे यथार्थ को जन्म देती हैं, जो नापी और तौली जा सकनेवाली चीजों के—जैसे वृक्षों, चट्टानों और बादलों के—जमावड़े से कहीं बड़ा होता है। यह यथार्थ अंशतः कलाकार के व्यक्तिगत और सामाजिक दृष्टिकोण से निर्धारित होता है। संपूर्ण यथार्थ विषय और वस्तु के समस्त संबंधों का कुल योग होता है—और ये संबंध न केवल अतीत के, बल्कि भविष्य के भी होते हैं। इसमें न केवल घटनाएँ, बल्कि व्यक्तिगत अनुभव, स्वप्न, पूर्वाभास, भावनाएँ और कल्पनाएँ भी होती हैं। कलाकृति यथार्थ और कल्पना को एक कर देती है। शेक्सपियर और गोया की कृतियों में चित्रित डाइनें बहुत-से शैलीचित्रों में अंकित आदर्शीकृत किसानों और कारीगरों से ज्यादा वास्तविक हैं। गोगोल या काफ्का के द्वारा काल्पनिकता के स्तर पर उठ कर चित्रित की गई दैनंदिन जीवन की नीरस दिनचर्या बहुत-से प्रकृतवादी वर्णनों की तुलना में यथार्थ का उद्‌घाटन कहीं ज्यादा करती है। डॉन क्विकजोट और सांचो पांजा आज भी 'सीधे जीवन से उठाए गए' सैकड़ों उपन्यासों के साफ-सुथरे, इतिवृत्तात्मक चरित्रों से ज्यादा यथार्थवादी हैं। यदि हम यथार्थवाद को पद्धति के रूप में नहीं, बल्कि एक रवैए के रूप में—कला में यथार्थ के चित्रण के रूप में—परिभाषित करें तो पाएँगे कि लगभग सारी-की-सारी कला (अमूर्त कला, तकनीकवाद आदि अपवादों को छोड़कर) यथार्थवादी कला है।

अतः व्यावहारिक रूप से यह ज्यादा उपयोगी लगता है कि कला में यथार्थवाद की धारणा को एक विशिष्ट पद्धति तक ही सीमित रखा जाए, मगर पूरी सावधानी के साथ, और इस बात को कभी न भुलाया जाए कि परिभाषा गुणात्मक निर्णय नहीं है। अर्थात् हमें इस बात का ध्यान हमेशा रखना चाहिए कि हम परिभाषा को गुणात्मक निर्णय में न बदल दें। यथार्थवादी उपन्यास और यथार्थवादी नाटक का विकास एक विशिष्ट सामाजिक विकास के साथ-साथ हुआ है। यह समाज कोई ऊपर से नीचे तक श्रेणीबद्ध 'बंद' समाज नहीं था, बल्कि 'खुला हुआ' पूँजीवादी समाज था। ज्यों-ज्यों विज्ञान का विकास होता जाता है, त्यों-त्यों इसमें ज्यादा

पूर्णता आती जाती है। कलाओं में यह बात नहीं। अंतर्वस्तुएँ दिन-दूनी बढ़ती जाती हैं और क्षितिज विस्तृत होते जाते हैं, परंतु स्तें ढाल और तोल्स्तोय होमर से ज्यादा पूर्ण नहीं हैं; यैरीको और कांस्टेबल गियोट्टो और एल ग्रेको से ज्यादा पूर्ण नहीं हैं। यहाँ तक कि इब्सन जैसे एक ही कलाकार की कृतियों में देखें तो सतत यथार्थवादी रचना 'डौल्स हाउस' (गुड़ियाघर) उसी की एक अन्य कल्पनाप्रधान रचना 'पीर जिंत' से ज्यादा पूर्ण नहीं है। इसी प्रकार एक ही ऐतिहासिक काल में देखें तो हमारे समय के बहुत-से तथाकथित यथार्थवादी नाटक ब्रेश्ट की नाट्यात्मक नीतिकथाओं से किसी भी तरह से ज्यादा पूर्ण नहीं हैं। यथार्थवाद (कुछ सीमित अर्थ में) अभिव्यक्ति का महज एक संभाव्य रूप ही है, केवल एक और, एकमात्र रूप नहीं।

आलोचनात्मक यथार्थवाद ('आलोचनात्मक' एक रवैए के रूप में, 'यथार्थ-वाद' एक पद्धति के रूप में) की परिधि में उस अभिजातवादी घृणा से लेकर, जिसके साथ फीर्ल्डिग उभरते हुए पूँजीपति वर्ग को देखता था (यही तत्त्व बायरन, स्तेंढाल या बाल्जाक में भी था), क्रांति के बाद के समाज की संपूर्ण निंदा तक (स्तेंढाल, फ्लॉबेयर) और डिकेंस, इब्सन तथा तोल्स्तोय की सुधारवादी उम्मीदों और योजनाओं तक अनेक विभिन्न प्रकार के दृष्टिकोण आ जाते हैं। इसमें ऐसा भी नहीं कि प्रत्येक व्यक्तिगत दृष्टिकोण अभिव्यक्ति के किसी खास रूप से बँधा हुआ हो। मसलन, टामस मान के प्रारंभिक उपन्यास (जिनकी रचना के समय टामस मान पक्का रूढ़िवादी था), विशेष रूप से 'बुडेनब्रुक्स' तोल्स्तोय और फोंटाने की यथार्थवादी शैली को अपनाकर लिखे गए थे, जबकि बाद के उपन्यास ('डॉक्टर फाउस्टस' तथा 'दि होली सिनर' जैसी उत्कृष्ट रचनाएँ) उस समय के हैं, जब मान नए सामाजिक विचारों में रुचि लेने लगे थे और शोपेनहावर तथा नीत्शे की विरासत से मुक्त होने की कोशिश करने लगे थे। बाद के उनके ये उपन्यास उन सीमाओं का काफी अतिक्रमण कर जाते हैं, जिनका संबंध आमतौर पर यथार्थवाद से जोड़ा जाता है। 'डॉक्टर फाउस्टस' कैसे लिखा गया, यह बताते हुए स्वयं टामस मान ने संकेत किया है कि यह उपन्यास जेम्स ज्वायस के उपन्यासों की बिरादरी का है। आलोचनात्मक यथार्थवादियों में से ज्यादातर में एक खास रवैया पाया जाता है, जो पूँजीवादी समाज के वैयक्तिक, स्वच्छंदतावादी विरोध का रवैया है। और यह तत्त्व न केवल स्टेंढाल और बाल्जाक में, बल्कि डिकेंस, फ्लॉबेयर, तोल्स्तोय, दोस्तोएव्स्की, इब्सन, स्ट्रिंडबर्ग और गैरहार्ड हॉप्टमान में भी असंदिग्ध रूप से पाया जाता है।

समाजवादी यथार्थवाद

'समाजवादी यथार्थवाद' शब्द गोर्की ने 'आलोचनात्मक यथार्थवाद' के विरुद्ध गढ़ा था और अब मार्क्सवादी विद्वानों तथा आलोचकों ने इस प्रत्यवस्था को स्वीकार कर लिया है।

'समाजवादी यथार्थवाद' की धारणा का, जो अपने आप में पूर्णतः उचित है, अक्सर दुरुपयोग किया गया है और इसको गलत ढंग से उन अकादमिक ऐतिहासिक शैल-चित्रों तथा उपन्यासों और नाटकों पर लागू किया गया है, जो दरअसल प्रचारवादी आदर्शीकरण पर आधारित होते थे। इस तथा कतिपय अन्य कारणों से मुझे 'समाजवादी कला' शब्द बेहतर मालूम होता है, क्योंकि यह स्पष्ट रूप से एक रवैये का—न कि शैली का—अर्थ देता है तथा समाजवादी दृष्टिकोण पर जोर देता है, न कि यथार्थवादी पद्धति पर। 'आलोचनात्मक यथार्थवाद' और इससे भी अधिक व्यापक रूप में कहें तो समस्त पूँजीवादी साहित्य और कला में (अर्थात् समस्त *महान* पूँजीवादी साहित्य और कला में) यह बात शामिल है कि इसमें परिवेश के सामाजिक यथार्थ की आलोचना होती है। 'समाजवादी यथार्थवाद' और इससे भी अधिक व्यापक रूप में कहें तो समाजवादी कला और साहित्य में यह बात शामिल है कि कलाकार या लेखक मजदूर वर्ग तथा उभरती हुई समाजवादी दुनिया के उद्देश्यों से आधारभूत रूप में सहमत है। स्तालिन के जीवनकाल में कला के क्षेत्र में प्रशासनिक हस्तक्षेप करने के जो तरीके अपनाए गए, उनमें यह तथ्य अक्सर भुला दिया जाता था कि समाजवादी यथार्थवाद की विशेषता एक नए रवैए का परिणाम है, महज शैली संबंधी नए प्रतिमानों का नतीजा नहीं। बीसवीं कांग्रेस के बाद कला के 'एकाश्मक' मार्क्सवादी सिद्धांत के साथ सख्ती से चिपके रहना आवश्यक नहीं रह गया। हालाँकि रूढ़िवादी प्रवृत्तियाँ अब भी मजबूत हैं, मगर अब यह स्वीकार किया जाने लगा है कि मार्क्सवाद के आधारभूत ढाँचे के अंदर विविध प्रकार की कलात्मक धारणाएँ रह सकती हैं और उनमें परस्पर विभिन्न टकराव भी हो सकता है।

एक उदाहरण दिया जा सकता है। इल्या फ्रादकिन नामक एक युवा सोवियत सिद्धांतकार ने 'आर्ट एंड लिटरेचर' नामक पत्रिका (अंक 1, मास्को 1962) में लिखा कि यह मानना गलत होगा,

> कि कोई जड़सूत्रवादी फार्मूला, महज इसलिए कि व्यक्तिपूजा के वर्षों में उसे अक्सर दोहराया गया था, किसी अप्रतिवाद्य सत्य के रूप में प्रतिष्ठित हो गया है... उन वर्षों में कितने मनमाने ढंग से, कितने कम औचित्य के साथ पाश्चात्य कला के अत्यंत व्यापक रूप में भिन्न प्रपंचों के खिलाफ 'पतनशीलता' का निर्मम फैसला सुना दिया जाता था! 1848 के बाद के,

> और खासतौर से बीसवीं शताब्दी के कला और साहित्य को एकदम पतनशील माना जाता था और तमाम 'वाद' एक झटके में खारिज कर दिए जाते थे···बीसवीं शताब्दी के कला-आंदोलनों का सवाल यथार्थवाद और अन्य कला-आंदोलनों तथा पद्धतियों के आपसी संबंध के बृहत्तर सवाल से जुड़ा हुआ है। व्यक्तिपूजा के वर्षों में इस क्षेत्र में भी हर चीज अक्सर एक फार्मूले में बदल दी जाती थी कि एक तरफ प्रगतिशील यथार्थवादी कला है और दूसरी तरफ विविध प्रकार की यथार्थवादविरोधी प्रतिक्रियावादी प्रवृत्तियाँ हैं। यह फार्मूला बेहद आसान होने के कारण लुभावना तो था, लेकिन मूलतः जड़सूत्रवादी और, वैज्ञानिक अर्थ में, कुत्सित था। लेकिन इस फार्मूले के चलते कठिनाई यह होती थी कि अभिजातवादी मोलियर और रेसीन जैसे नाटककारों का, स्वच्छंदतावादी होल्डरलिन और वाल्टर स्कॉट का, या प्रभाववाद के बाद के वान गौख और गोगां जैसे कलाकारों का क्या किया जाए, जिनकी महानता से इनकार नहीं किया जा सकता? इस कठिनाई का अक्सर एक सरल समाधान कर लिया जाता था: माना कि ऐसे कलाकार महान हैं, मगर वे उपर्युक्त आंदोलनों से अपने जुड़ाव के बावजूद महान हैं और उसी हद तक महान हैं, जिस हद तक उनकी कृतियों में यथार्थवाद पाया जाता है। लेकिन क्या इस तरीके से समस्या पूरी तरह सुलझ जाती है? क्या अभिजातवाद, स्वच्छंदतावाद और प्रभाववाद में उनकी विशिष्ट ऐतिहासिक तथा सौंदर्यात्मक सीमाओं के साथ-साथ उनके अपने विशिष्ट कलात्मक सत्य नहीं थे? क्या रेसीन की महानता उसकी अपनी महानता के साथ-साथ नैतिकता और मानवतावाद के उन अभिजातवादी आदर्शों की भी महानता नहीं थी, जो उसकी त्रासदियों में मूर्त हुए हैं? क्या होल्डरलिन की महानता क्रांतिकारी स्वच्छंदतावाद के काव्यात्मक स्वप्नों के जादू से जुड़ी हुई नहीं है?

पत्रिका के अगले अंक में जर्मन जनवादी गणतंत्र की सांस्कृतिक नीति के निर्माताओं में से एक का जवाब छपा था, जिसमें कहा गया था कि फ्रादकिन का लेख विषय से दूर-दूर 'एक बड़ा चक्कर' ही लगाकर रह गया, मामले का मर्म नहीं छू पाया:

> ज्यादा सख्त शब्दों में न कहें तो यह लेख लेखक की कुछ बहुत ही आत्मपरक चिंताओं को सामने लाता है···वह पहले के निर्णयों में एक तथाकथित आवश्यक सुधार के उपाय की तलाश में पीछे की ओर देखता है। उदाहरण के लिए, इस सुधार का एक नमूना है बेचारी फूल-सी मासूम पतनशीलता की स्वीकृति···अगर हम गलती नहीं करते हैं तो साल्तीकोव-श्चेद्रिन, स्तास्सोव, प्लेखानोव और कोई मामूली हस्ती नहीं, खुद मैक्सिम गोर्की जैसे

महत्त्वपूर्ण रूसी कलाकार तथा विचारक अंशतः अपने समय में और अंशतः बाद के वर्षों में भी पतनशीलता को बेनकाब करने तथा उसकी भर्त्सना करने के काम में लगे रहे··· पिछली शताब्दी के अंतिम वर्षों में फ्रांस में शुरू होनेवाली पूँजीवादी कला की पतनशीलता अनेक कारणों से जर्मनी में कलाओं के विकास पर एक भयानक और विनाशकारी असर डालने में कामयाब रही··· हमें तो सोवियत कला-इतिहासकारों का कृतज्ञ होना चाहिए कि उन्होंने पतनशीलता के सच्चे वैज्ञानिक विश्लेषण तक पहुँचने में हमारी सहायता की··· यह उचित नहीं है कि कला के विद्वान कलाकृतियों को उनकी विचारधारात्मक और राजनीतिक अंतर्वस्तु और सौंदर्यात्मक गुणवत्ता की रोशनी में आँकने का अपना अधिकार त्याग दें। यह भी उचित नहीं है कि सरकारी सांस्कृतिक नीति इन तर्कों और निर्णयों के आधार पर कलात्मक उत्पादन को सीधे प्रभावित करना बंद कर दे। कृतियों में यदि गलतियाँ और कमजोरियाँ रह जाती हैं, तो यह उचित ही है कि सरकारी नीति कलाकारों को उनके प्रति सचेत करे और विशेष मामलों में प्रशासनिक हस्तक्षेप भी करे, जैसा कि सोवियत संघ में बोरिस पास्तरनाक के उपन्यास के संदर्भ में किया गया···

मैंने यह उदाहरण इसलिए चुना है कि इससे वह वैषम्य बखूबी स्पष्ट हो जाता है, जो आज मार्क्सवादी दुनिया में मौजूद दो मुख्य विचार-सरणियों में पाया जाता है। एहरेनबुर्ग द्वारा किया जानेवाला मूल्यांकन गैरासिमोव द्वारा किए जानेवाले मूल्यांकन से भिन्न होता है। इतालवी, फ्रांसीसी और पोल कम्युनिस्टों द्वारा संपादित कला-पत्रिकाओं और जर्मन जनवादी गणतंत्र में प्रकाशित कला-पत्रिकाओं में बहुत फर्क है। सोवियत संघ में नीजवेस्तनी जैसा एक आधुनिक मूर्तिकार पुराने अकादमिक चित्रकारों का विरोध करता है। यह प्रवृत्ति उत्तरोत्तर अधिक स्पष्ट रूप में सामने आ रही है कि कलात्मक विचारों को कानून बनाकर लागू नहीं किया जाना चाहिए, बल्कि आंदोलनों और पद्धतियों को पूरी स्वतंत्रता देकर, विभिन्न प्रकार के तर्कों और विवादों को सामने आने का मौका देकर कलात्मक विचारों को कार्य की प्रक्रिया में ही निर्मित और विकसित होने देना चाहिए। नई कला, सिद्धांतों से नहीं, कृतियों से पैदा होती है। अरस्तू ने अपने सौंदर्य-सिद्धांत होमर, हेसियोड, एस्किलस और सोफोक्लीज़ से पहले नहीं बना लिए थे, बल्कि इनकी कृतियों से निकाले थे।

ज्यों-ज्यों अभिव्यक्ति के साधनों की एक बृहत्तर संपदा हमें मिलती जाएगी, त्यों-त्यों एक सामान्य तत्त्व अधिक स्पष्टता के साथ उभरता आएगा। आलोचनात्मक यथार्थवाद बनाम समाजवादी यथार्थवाद की प्रत्यवस्था एक अति-सरलीकरण है, मगर इसमें एक सारभूत सत्य निहित है। समाजवादी

यथार्थवाद को एक पद्धति या शैली के रूप में परिभाषित करते ही इस परिभाषा के विरुद्ध एक प्रश्न उठता है : किसकी शैली और किसकी पद्धति ? गोर्की की या ब्रेश्ट की ? मायकोव्स्की की या एलुआर्ड की ? मकारेंको की या अरागों की ? शोलोखोव की या ओ' केसी की ? इन लेखकों की पद्धतियाँ अत्यंत भिन्न हैं, मगर एक आधारभूत रवैया सबमें समान है। यह नया समाजवादी रवैया लेखक या कलाकार के द्वारा मजदूर वर्ग के ऐतिहासिक दृष्टिकोण को अपना लेने और सिद्धांततः समाजवादी समाज को—उसके तमाम अंतर्विरोधी विकासों के साथ—स्वीकार कर लेने का परिणाम है।

वस्तुपरक होने की, अर्थात् समाज को उसकी संपूर्ण जटिलता और वास्तविकता में 'यथार्थतः जैसा वह है' दिखाने की अत्यंत समझौतारहित इच्छा भी लगभग ही पूरी हो सकती है, और वह भी इस प्रकार कि उस वस्तुपरकता को पूरी तरह प्रमाणित नहीं किया जा सकता। फ्रैंज काफ्का ने इसी चीज को ध्यान में रखकर लिखा था :

> किसी विवाद का निर्णय उसमें शामिल कोई पक्ष ही कर सकता है, परंतु स्वयं एक पक्ष होने के कारण निर्णय वह कर नहीं सकता। अतः दुनिया में निर्णय की कोई संभावना नहीं है, केवल उस संभावना की एक झलक ही मिल सकती है।

काफ्का की यह समझ सही थी कि चीजों को समझने या निर्णय करने में कोई भी तब तक समर्थ नहीं हो सकता, जब तक वह यह निश्चित न कर ले कि उसे कहाँ खड़े होकर, अर्थात् कौन-सा दृष्टिकोण अपनाकर चीजों को देखना है; और दृष्टिकोण चाहे जानबूझकर अपनाया जाए अथवा अनजाने, दृष्टिकोण अपनाने का मतलब है पक्षधर होना, इसलिए किसी विवाद का निर्णय उसमें शामिल कोई पक्ष ही कर सकता है। मगर काफ्का जब यह कहता है कि स्वयं एक पक्ष होने के कारण वह निर्णय नहीं कर सकता, तब इस संभावना की अनदेखी कर देता है कि एक ऐसा प्रतिबद्ध दृष्टिकोण भी हो सकता है, जो मोटे तौर पर सामाजिक यथार्थ से मेल खाता हो। आप एक ऐसा दृष्टिकोण चुन सकते हैं, जिससे आपको यथार्थ के कुछ विस्मृत होते जाते टुकड़ों के अलावा कुछ भी दिखाई न पड़े। मगर आप एक ऐसा दृष्टिकोण भी चुन सकते हैं, जिससे नए यथार्थों की रचना करने की प्रक्रिया में आप एक व्यापक यथार्थ का सर्वेक्षण कर सकें। काफ्का जिस 'संभावना की झलक' की बात करता है, वह झलक रात की खत्म होती रोशनी की झलक भी हो सकती है और सुबह की शुरू होती रोशनी की झलक भी। अतः सत्य के हम कितने करीब पहुँचते हैं, अथवा हमारा मूल्यांकन कितना सही है, इसका निश्चय इस तथ्य से होगा कि उस रोशनी का स्रोत क्या है ?

उदाहरण के लिए जैकोबी स्टेंढाल ने क्रांति के बाद के अपने समय के यथार्थ का जो निर्णय किया, वह अतीतोन्मुखी स्वच्छंदतावादियों के द्वारा किए गए उसी यथार्थ के निर्णय से अतुलनीय रूप में सत्यतर था। इसका कारण केवल यह नहीं था कि स्तेंढाल में उनसे ज्यादा प्रतिभा थी, इसका कारण यह भी था कि उसने जो दृष्टिकोण अपने लिए चुना था, उससे वह ज्यादा दूर तक और ज्यादा स्पष्ट रूप से देख सकता था। मगर यह बात निश्चित रूप से सही है कि अपने समय का प्रमुख प्रगतिशील लेखक स्तेंढाल भी यथार्थ की संपूर्ण प्रक्रिया को वस्तुपरक ढंग से प्रस्तुत करने में असमर्थ था और बार-बार, काफी सचेत रूप से, आत्मपरकता में लौट जाता था। अतः अधिक से अधिक यही अपेक्षा की जा सकती है कि कलाकार ऐसा दृष्टिकोण चुने, जो कम-से-कम *अंशतः* तो सामाजिक यथार्थ के विकास के अनुरूप हो ही।

हमारे युग में मजदूर वर्ग तथा राष्ट्रीय मुक्ति-संघर्षों की पक्षधरता से—ऐसा मार्क्सवादी दृष्टिकोण अपनाने से जो कट्टर न हो—दूरगामी वस्तुपरकता की संभावना पैदा होती है। निश्चित रूप से यह एक संभावना ही है, क्योंकि विकास की प्रक्रिया में यथार्थ को प्रस्तुत करने के लिए समाजवाद की विजय का कायल होना या आम सामाजिक सिद्धांतों का जानकार होना ही काफी नहीं है। जरूरी है कि संक्रमण के—परिवर्तन के—रूपों को उनकी अंतर्विरोधी मूर्तता में प्रस्तुत किया जाए। सही निर्णय के लिए, आवश्यक रोशनी की एक 'झलक' पैदा करने के लिए एक व्यापक तथा सही दृष्टि बहुत जरूरी है। अगर आगामी कल और परसों को एक पूर्वकल्पित नमूने में जड़ देने की इच्छा लेखक की नजरों से 'आज' को ओझल कर देती है; अगर अपने दृष्टिकोण को 'अकाट्य' बनाने के लिए खड़ी की गई मतांधता की दीवार वस्तुतः उसे अंधा कर देती है, तो सारी वस्तुपरकता खतरे में पड़ जाएगी।

समाजवादी यथार्थवाद—अथवा समाजवादी कला—में भविष्य का पूर्वानुमान किया जाता है। इसका तानाबाना इस तरह बुना जाता है कि एक विशिष्ट ऐतिहासिक क्षण से पहले क्या घटित हो चुका है, यह तो उसमें आए ही, साथ ही यह चीज भी आए कि उस क्षण के बाद क्या घटित होनेवाला है। तथ्य नहीं बदलते, लेकिन दृष्टिकोण के आधार पर उस क्षण का यथार्थ अवश्य बदल जाता है। किसी समय जो भविष्य था, वह मन के अंदर अतीत की किसी घटना में घुलमिल जाता है, और इस प्रकार वह न सिर्फ स्मृति को प्रभावित करता है, बल्कि उस यथार्थ को भी पूर्णता प्रदान करता है, जो उस समय अंशतः अव्यक्त था। भविष्य-दर्शन के उस तत्त्व ने, जिसकी भर्त्सना अक्सर यथार्थ के नाम पर की जाती रही है, समाजवादी कला में एक नई शक्ति और गरिमा प्राप्त की है। योहानेस आर. बेकर ने ठीक ही लिखा था :

समाजवादी यथार्थवाद की बात करते समय और उसकी परिभाषा तक पहुँचने के लिए संघर्ष करते समय, हमें इस मामले को बहुत ज्यादा जटिल बनाकर उलझाना नहीं चाहिए। समाजवादी यथार्थवाद की धारणा इसके वास्तविक सैद्धांतिक जन्म से पहले भी बहुत-सी उक्तियों में मौजूद मिलती है। शिलर की निम्नलिखित पंक्तियों में समाजवादी यथार्थवाद का परिप्रेक्ष्य इस रूप में मिलता है :

ऊँचे उड़ो समय से ऊपर
डटकर अपने ही पंखों पर
देखो अपने आईने में
कल की सुबह सुनहरी।

और ब्रेश्ट ने लिखा :

स्वप्न तुम्हारे और सुनहरे 'यदि'
रचते हैं मिल कर सागर
कल की हरी-भरी फसलों का।
बीजारोपण करने वालो,
कहो कि जो कल काटोगे तुम
अब से ही है फसल तुम्हारी।

ये दो उक्तियाँ ही समाजवादी यथार्थवाद की प्रकृति को परिभाषित करने के लिए पर्याप्त हैं।

बेकर ने समस्या को कुछ हद तक सरलीकृत बना दिया है, क्योंकि ब्रेश्ट की मूर्त पद्धति तो समाजवादी कला की यथार्थवादी दृष्टि को सामने लाती है, मगर यही बात शिलर के सार्वभौम आदर्शलोक वाले दृष्टिकोण के बारे में नहीं कही जा सकती। स्वच्छंदतावाद के युग में सामाजिक आदर्शलोकों की कलाओं और भविष्य संबंधी पूर्वानुमानों की भरमार थी, मगर 'आज' और 'आनेवाले कल' के बीच में क्या है, इसकी कोई स्पष्ट धारणा नहीं थी। समाजवादी कला का काम ऐसी धूमिल दृष्टियों से नहीं चल सकता। उसका काम तो यह है कि वह 'आज' में से जन्म लेते हुए 'आनेवाले कल' को समस्त संबद्ध समस्याओं के साथ चित्रित करे। सरलीकरणों के प्रेमी भले ही हमें यह सोचने के लिए प्रेरित करें कि समाजवाद में संक्रमण बड़ी सीधी-सी चीज है, लेकिन वास्तव में यह बहुत-सी जटिल अंतः-क्रियाओंवाली प्रक्रिया है और इसमें बहुत तरह की अनपेक्षित स्थितियाँ आ सकती हैं।

समाजवादी कलाकार या लेखक मजदूर वर्ग का ऐतिहासिक दृष्टिकोण

अपनाता है, लेकिन इसका मतलब यह नहीं होता कि वह अपनी रचना में मजदूर वर्ग का प्रतिनिधित्व करनेवाले किसी दल या चरित्र के प्रत्येक निर्णय अथवा कार्य को उचित सिद्ध करने के लिए बाध्य है। वह मजदूर वर्ग को एकमात्र नहीं, बल्कि एक ऐसी शक्ति मानता है, जो पूँजीवाद को परास्त करने, वर्गहीन समाज का विकास करने और मानव-व्यक्तित्व को मुक्त करने के लिए उत्पादन की भौतिक एवं आध्यात्मिक शक्तियों का असीम विकास करने में एक निर्णायक भूमिका अदा करेगा। दूसरे शब्दों में, वह विकसित होते हुए समाजदादी समाज के साथ आधारभूत रूप से अपना तादात्म्य कर लेता है; जबकि पूँजीवादी कलाकार और लेखक, जो जरा भी महत्त्वपूर्ण होते हैं, विजेता पूँजीपति वर्ग से अनिवार्यतः अपना नाता तोड़ लेते हैं। समाज़वादी कलाकार यह तो मानता है कि मनुष्य में विकास की असीम संभावनाएँ हैं, लेकिन यह नहीं मानता कि कहीं कोई परम 'स्वर्गतुल्य अवस्था' संभव है। यहाँ तक कि वह चाहता भी नहीं कि अंतर्विरोधों की सार्थक द्वंद्वात्मकता कहीं पर जाकर समाप्त हो जाए :

ओ स्वर्णिम युग ! तुमको आना कभी नहीं है
फिर भी चलते रहो हमारे आगे-आगे इस धरती पर
सागर लौटे उस झरने तक
जिसने उसको जन्म दिया था।
इस दुनिया की नई सुबह के गहन स्वप्न में
हो प्रतिबिंबित मुख भविष्य का
पुराकथा बन जाय लक्ष्य परिपक्व जाति का।

(ई. फिशर : 'एलेजिएन ऑस डेम नाश्लास डेस ओविड')

नए समाज की यह आधारभूत स्वीकृति आलोचना के तत्त्व से रहित नहीं हो सकती। मार्क्स ने जो बात सर्वहारा क्रांतियों के बारे में कही थी, वह समाजवादी समाजों के निर्माण की अवधि के बारे में भी सच है। मार्क्स ने कहा था, 'वे··· हमेशा आत्मालोचनात्मक होती हैं; वे बार-बार प्रगति करते-करते रह जाती हैं; एक नई शुरुआत करने के लिए अपने बढ़े हुए कदम वापस खींच लेती हैं···।' अतः सच्चा समाजवादी यथार्थवाद लेखक की नए समाज की आधारभूत स्वीकृति और सकारात्मक परिप्रेक्ष्य से समृद्ध आलोचनात्मक यथार्थवाद भी है। इसमें कलाकार का व्यक्तित्व अपने चारों ओर की दुनिया के विरोध में ही संलग्न नहीं रहता, लेकिन 'मैं' और समुदाय के बीच का संतुलन कभी स्थिर नहीं होता। निहायत जरूरी है कि अंतर्विरोध और द्वंद्व के जरिए यह संतुलन बार-बार स्थापित किया जाए।

समाजवादी कला, जो अपने रवैए में पूँजीवादी जगत की कला से भिन्न होती

है, हमेशा अभिव्यक्ति के नए साधनों की माँग करती है। रूपवाद पर टिप्पणी करते हुए बर्टोल्ट ब्रेश्ट ने लिखा था :

> यह कहना एकदम बकवास होगा कि कला में रूप को और रूप के विकास को कोई महत्त्व नहीं दिया जाना चाहिए। रूप संबंधी नवोन्मेषों के बिना साहित्य नए विषयों और नए दृष्टिकोणों को पाठकों के नए-नए स्तरों के सामने नहीं ला सकता। जिस तरह हम अपने मकान एलिजाबेथ-काल के मकानों से भिन्न बनाते हैं, उसी तरह हम अपने नाटकों को भिन्न बनाते हैं। अगर हम शेक्सपियर की पद्धति से ही चिपके रहना चाहें तो क्या होगा? मान लीजिए, हमें प्रथम विश्व युद्ध की बात अपने नाटक में कहनी है। शेक्सपियर की पद्धति के अनुसार हमें उसका कारण यह बताना होगा कि एक व्यक्ति (कैसर विल्हेल्म) के मन में अपना प्रभुत्व जमाने की इच्छा पैदा हुई; और स्वयं इस इच्छा का कारण यह बताना होगा कि उसकी एक बाँह दूसरी बाँह से छोटी थी। लेकिन यह तो ऊलजलूल-सी बात होगी। वस्तुतः यह रूपवाद होगा, क्योंकि इस प्रकार हम नाटक लिखने के एक खास तरीके को बनाए रखने के लिए एक बदली हुई दुनिया में एक नए दृष्टिकोण को अपनाने से इनकार कर रहे होंगे। इस प्रकार किसी नए विषय पर पुराने रूपों को थोपना भी वैसा ही रूपवाद है, जैसा नए रूपों को थोपना ··· कलारूपों में किए जानेवाले सारे नवोन्मेष असली नहीं होते और आज, जबकि सबसे जरूरी बात यह है कि दुनिया अपनी आँखों में झोंकी गई धूल को रगड़कर बाहर निकाले, स्पष्ट है कि नकली नवोन्मेषों का विरोध करना निहायत जरूरी है। मगर इतना ही स्पष्ट यह भी है कि हम पुरानी चीजों की तरफ लौटकर नहीं जा सकते, बल्कि सच्चे नवोन्मेषों की दिशा में बढ़ना निहायत जरूरी है। आज कितने विराट नवोन्मेष हमारे चारों तरफ किए जा रहे हैं··· कलाकार इस सबको कला जैसे पुराने साधनों से कैसे चित्रित कर सकता है?

नए यथार्थ का चित्रण करने के लिए अभिव्यक्ति के नए साधनों की जरूरत होती है। यह कहना व्यर्थ दुराग्रह है कि समाजवादी कला को पूँजीवादी कला के सभी रूपों को, और खासतौर से नवजागरण तथा उन्नीसवीं शताब्दी के रूसी यथार्थवाद को जरूर आगे बढ़ाना चाहिए। नवजागरण ने बड़े शानदार कलाकार पैदा किए, मगर समाजवादी कला सिर्फ उनसे ही क्यों, मिस्री और अजटेक मूर्तिकला से भी क्यों न सीखे? पूर्व-एशियाई चित्रों और रेखाचित्रों से, गोथिक कला से, देव-प्रतिमाओं से, मान्ने, सेजां, मूर, पिकासो से भी समाजवादी कला क्यों न सीखे? तोल्स्तोय और दोस्तोएव्स्की का यथार्थवाद अत्युत्तम है, मगर समाजवादी

लेखक होमर और बाइबल से, शेक्सपियर और स्ट्रिंडबर्ग से, स्तेंढाल और प्रूस्त से, ब्रेश्ट और ओ' केसी से, रिंबो और यीट्स से भी क्यों न सीखे ? सवाल किसी शैली के अनुकरण का नहीं है, बल्कि कला की संपदा में रूप और अभिव्यक्ति संबंधी अत्यंत विभिन्न प्रकार के तत्त्वों को लाकर जोड़ने का है, ताकि वह अनंत भिन्नताओंवाले यथार्थ से एकाकार हो जाए । दुराग्रहपूर्वक किन्हीं खास कलात्मक तरीकों से चिपके रहना—चाहे वे तरीके कोई भी हों—उचित नहीं है; क्योंकि हजारों-हजार साल के मानवीय विकास के परिणामों का संश्लेषण करने तथा नई अंतर्वस्तु को नए रूपों में चित्रित करने के काम से इस दुराग्रह का कोई मेल नहीं है ।

समाजवादी जगत में इन चीजों पर बहस शुरू हो चुकी है और इस बहस को रोका नहीं जा सकता । विभिन्न प्रकार के मतों के टकराने से कला मुक्त होगी और मुझे पूरा विश्वास है कि समाजवादी अंतर्वस्तु से युक्त ऐसी मुक्त कला अपने मूलविषयों, रूपों, उद्देश्यों और आंदोलनात्मक विविधताओं में अतीत की किसी भी कला की तुलना में ज्यादा समृद्ध, ज्यादा प्रखर, ज्यादा सर्वव्यापी होगी । हठधर्मियों और गलतियों से, बंधनों और व्युत्क्रमों से निराश होने की जरूरत नहीं । बर्टोल्ट ब्रेश्ट की कविता 'द्वंद्ववाद की प्रशस्ति' अन्य किसी भी स्थिति की तरह इस स्थिति पर भी लागू होती है :

अगर अभी हो तुम जिंदा तो
कभी मत कहो 'नामुमकिन है'
जो निश्चित है, नहीं है निश्चित
जो जैसा है, रहे न वैसा
नामुमकिन हो जाता मुमकिन ।

चौथा अध्याय

अंतर्वस्तु और रूप

अंतर्वस्तु और रूप एक-दूसरे को कैसे प्रभावित करते हैं, यह कलाओं के क्षेत्र की एक प्रमुख समस्या है। मगर यह केवल कलाओं के क्षेत्र की ही समस्या नहीं है। यह समस्या सबसे पहले अरस्तू ने उठाई थी और उसके द्वारा दिया गया इसका समाधान जितना शानदार था, उतना ही गलत भी था। और तब से अब तक बहुत-से दार्शनिक तथा दार्शनिककलाकार रूप को कला का तात्विक, उच्चतर, आध्यात्मिक अंग और अंतर्वस्तु को उसका द्वितीयक तथा अपूर्ण अंग मानते आ रहे हैं, जो पूर्ण यथार्थ को प्राप्त करने के लिए पर्याप्त परिशुद्ध नहीं होता। ऐसे विचारक यह मानते हैं कि शुद्ध रूप यथार्थ का सारतत्त्व है। समस्त भौतिक तत्त्व एक आंतरिक इच्छा से अधिकतम संभव सीमा तक रूप *बन जाने* के लिए रूप की पूर्णता पाने के लिए, और इस प्रकार स्वयं संपूर्ण बन जाने के लिए अपने आपको रूप में विलीन कर देने के लिए प्रेरित होता है। इस संसार में हर चीज रूप और भौतिक तत्त्व का यौगिक है, और रूप जितनी ही प्रमुखता प्राप्त करता है–अर्थात् जितना ही कम वह भौतिक तत्त्व से बाधित होता है–उतनी ही पूर्णता प्राप्त होती है। इस प्रकार वे दावा करते हैं कि गणित सबसे पूर्ण विज्ञान है और संगीत सबसे पूर्ण कला; क्योंकि दोनों में रूप स्वयं अपनी अंतर्वस्तु बन गया है। रूप को प्लेटो के 'भाव' जैसी चीज माना जाता है–एक प्राथमिक-सी चीज, जिसमें भौतिक तत्त्व समा जाना चाहता है। यह उस व्यवस्था का आध्यात्मिक सिद्धांत है, जो भौतिक तत्त्व का नियमन करती है। इस दृष्टि में आदिम कुंभकार का अनुभव प्रतिबिंबित होता है, जो यह है कि 'पहले मैंने एक रूपाकार का निर्माण किया और फिर उसमें एक अनाकार द्रव्य भर दिया।'

इस दृष्टि का विकास वितंडावाद के अंतर्गत टामस एक्विनास के दर्शन में हुआ, जिसमें एक भौतिक विश्व-व्यवस्था का विचार प्रस्तुत किया गया था। एक्विनास के अनुसार प्रत्येक अस्तित्व एक अभौतिक परम लक्ष्य के लिए कार्य करता है।

व्यवस्था एकीकृत रूप में व्यवस्थित अनेकरूपता है और उसमें अंतिमता का पूर्वानुमान निहित है। व्यवस्था का विचार एक अंतिम सिद्धांत है। समस्त अस्तित्व अपने अंतिम लक्ष्य तक पहुँचने की चेष्टा करते हैं। समस्त प्राणी अपने आपमें व्यवस्थित हैं, क्योंकि ईश्वर ने उनकी सर्जना की है। ईश्वर के अलावा समस्त अस्तित्व अपूर्ण हैं और समस्त अस्तित्वों में पूर्णता की इच्छा होती है। सांसारिक वस्तुओं को यह पूर्णता एक अंतर्निहित संभावना के रूप में दी जाती है और संभावना की प्रकृति ही यह है कि वह क्रिया अथवा तथ्य बन जाने की चेष्टा करती है। अतः अपूर्ण को पूर्ण होने के लिए सक्रिय होना ही चाहिए। प्रत्येक भौतिक साकल्य की क्रिया है रूप : यह क्रिया का सिद्धांत है। प्रत्येक क्रियाकलाप रूप के जरिए संपन्न होता है, और प्रत्येक क्रियाकलाप का उद्देश्य कर्ता की प्रकृति को पूर्णता प्रदान करना है। प्रत्येक प्राणी विश्व की व्यवस्था में अपनी प्रकृति के अनुकूल क्रिया करके अपनी अधिकतम पूर्णता प्राप्त करता है। अर्थात् वह ऐसे क्रियाकलाप करता है, जो उसके प्राकृतिक रूप से मेल खाते हैं। रूपात्मक लक्ष्य और अंतिम लक्ष्य अभिन्न हैं; रूप एक लक्ष्य के लिए किया जानेवाला प्रयास है, *अंतिमता* है, पूर्णता का मौलिक स्रोत है। इस प्रकार रूप को चीजों के सार से अभिन्न बना दिया जाता है और भौतिक तत्त्व को द्वितीयक या गौण स्थान पर रखा जाता है।

परवर्ती पूँजीवादी जगत के बहुत-से कला-सिद्धांतकार ऐस ही सिद्धांतों से अपना आत्मविश्वास तथा औचित्य प्राप्त करते हैं, जो आज भी कलाओं को, विज्ञानों तथा समकालीन दर्शन को विभिन्न तरीकों से प्रभावित करते हैं। यदि रूप ही संपूर्ण प्रकृति का नियमन करता है, तो निश्चित रूप से यह कला का भी निर्णायक तत्त्व होना ही चाहिए, और अंतर्वस्तु उसका गौण तथा घटिया तत्त्व होगा ही। अतः हम कलाओं में रूप और अंतर्वस्तु की समस्या को देखें, इससे पहले हमें प्रकृति पर ही विचार करना होगा और अपने आपसे पूछना होगा कि जब हम प्राकृतिक जीवों के 'रूप' की बात करते हैं, तो उससे हमारा अभिप्राय ठीक-ठीक क्या होता है, और क्या यह सत्य है कि समस्त भौतिक तत्त्व अपना अंतिम रूप प्राप्त करने की दिशा में प्रयत्नशील होता है।

मणिभ (क्रिस्टल)

यह माना जाता है कि संपूर्ण अजैव प्रकृति में मणिभों या क्रिस्टलों का रूप सर्वाधिक पूर्ण होता है। उन अद्भुत ढंग से व्यवस्थित, पारदर्शी ढंग से कांतिमय संरचनाओं को देखकर, उनकी आकर्षक नियमितता पर विचार करते हुए, उनकी संयत सुंदरता को सराहते हुए, सचमुच ऐसा लग सकता है कि उनमें अजैव भौतिक तत्त्व मानो निर्दोष पूर्णता को प्राप्त करके आध्यात्मिक बन गया है। कोई भोला

अवैज्ञानिक दर्शक उन्हें सृजनशील प्रकृति अथवा किसी दैवी सर्जनात्मक शक्ति द्वारा रची गई कलाकृतियाँ मानने के मोह में भी पड़ सकता है। अर्थात् वह उनमें कोई सोद्देश्य और सायास जैसी चीज देख सकता है। यह मोह उस समय और भी बढ़ जाता है, जब सौंदर्यप्रेमी का सारा ध्यान समस्त ठोस पदार्थों की मणिभीय संरचना पर नहीं जाता, जो प्रायः बिल्कुल साधारण होती है, बल्कि वह अपना ध्यान केवल कुछ चुनिंदा 'श्रेष्ठ' मणिभों पर ही केंद्रित करता है। इसीलिए वितंडावाद के कुछ आधुनिक चेले हमें बताते हैं कि मणिभ 'गणित के मूर्तिमान रूप' हैं, कि मणिभ के लिए परमाणु की संरचना 'तुच्छ' है, कि सममिति मणिभ का निर्माण करनेवाले परमाणुओं के गुणधर्म से नहीं, बल्कि एक अभौतिक, आध्यात्मिक मणिभीय जालक से पैदा होती है, कि मणिभीय जालक 'पदार्थ से परे' होता है, कि यह 'रूपात्मक व्यवस्था के सिद्धांत' का प्रतिनिधित्व करता है, और यह कि रूप प्रत्येक मणिभ में एक 'भाव' या 'पूर्णत्व की कामना' के रूप में उपस्थित रहता है। वे हमें बताते हैं कि मणिभ में पदार्थ उपभुक्त हो जाता है; पूर्ण मणिभ यथार्थ में यथासंभव शुद्धता के साथ 'आदर्श' मणिभ का प्रतिनिधित्व करता है; वस्तुतः यह पूरी तरह सजातीय होता है, 'बाहर से शुद्ध रूप और अंदर से विभेदीकृत एकता' जिसमें परमाणु यथार्थ के रूप में नहीं, केवल एक 'संभावना' के रूप में विद्यमान रहते हैं। लेकिन क्या यह अभौतिकवादी दृष्टि सत्य से मेल खाती है? क्या अजैव प्रकृति वास्तव में किसी निरंकुश 'रूपात्मक सिद्धांत' की वशवर्ती है? अथवा, मणिभीय रूप भौतिक तत्त्व के उन परमाणुओं से निर्धारित होता है जिनके अपने विशिष्ट गुणधर्म होते हैं?

यहाँ आधुनिक मणिभविज्ञान की खोजों को किसी भी हद तक पूरी तरह प्रस्तुत करना पुस्तक की विषय-सीमा से बाहर जाना होगा, अतः हम कुछ अभिलक्षणात्मक उदाहरणों तक ही स्वयं को सीमित रखेंगे। पहला उदाहरण : परमाणुओं की वह संरचना, जिससे मणिभ बनता है, मणिभ की संरचना के लिए तुच्छ कदापि नहीं होती। इतना ही नहीं, वह वस्तुतः मणिभ की संरचना को निर्धारित करती है। आज के मणिभविज्ञानी किसी रासायनिक यौगिक के परमाणुओं के गुणधर्मों के आधार पर आमतौर पर यह भविष्यवाणी कर सकते हैं कि उसकी मणिभीय संरचना क्या होगी। हीरे को ही लीजिए। यह कार्बन का एक कांतिमय रूप है, जिसका बड़ा दैवीकरण और प्रशस्तिगायन किया जाता रहा है, और जो समस्त तत्त्वों में सबसे आश्चर्यजनक तथा अस्थिर तत्त्व माना जाता है। हीरे की संरचना में प्रत्येक कार्बन परमाणु चतुष्फलकीय रूप में चार निकटवर्ती परमाणुओं से घिरा रहता है। कार्बन की चार संयोजक विद्युदणुओं वाली संरचना भी ठीक ऐसी ही होती है। अन्य मामलों में भी परीक्षणों के द्वारा यह सिद्ध किया जा चुका है कि मणिभों में परमाणुओं का आणविक संयोजन हुआ करता है। मणिभ को

एक अणु माना जा सकता है, जो सिद्धांततः असीम होता है। अथवा इसी बात को उलटकर कहें तो अणु को मणिभ माना जा सकता है। पुनः, यह बात कोरी गप्प है कि कोई अभौतिक रूप से पूर्वनिर्धारित आकाशीय जालक मणिभ के अंदर प्रत्येक परमाणु का स्थान निर्धारित करता है, ताकि उसे शुद्ध 'संभावना' या अवास्तविकता में रूपांतरित कर सके। इसके विपरीत, परमाणुओं का सममित संयोजन पूर्णतः उनके गुणधर्मों से ही निर्धारित होता है। जिसे 'आकाशीय जालक' कहा जाता है, वह और कुछ नहीं, आकाश में कुछ खास परमाणुओं के बीच बननेवाले एक खास तरह के संबंध को दिया गया शब्द मात्र है। पदार्थ में होनेवाला कोई भी परिवर्तन तुरंत आकाशीय जालक में होनेवाले परिवर्तन में प्रतिबिंबित होता है।

आकाशीय जालक, अथवा और भी सटीक रूप में कहें तो, संयुक्त परमाणुओं का व्यवस्थित समूह, निश्चित तौर पर स्थिर नहीं होता। यह किसी अटल अभौतिक 'व्यवस्था सिद्धांत का प्रतिनिधित्व नहीं करता। मणिभ के अंदर परमाणु कभी भी स्थिर नहीं रहते, बल्कि एक दोलायमान गतिशीलता की अवस्था में रहते हैं। गति की प्रत्येक अवस्था का अपना एक तापमान होता है। तापमान जितना अधिक होगा, गति उतनी ही तीव्र होगी, और आकाशीय जालक में परमाणुओं की औसत दूरी उतनी ही बढ़ेगी। मणिभीय जालक का फैलाव दरअसल संपूर्ण मणिभीय व्यवस्था का फैलाव होता है, और यह फैलाव विभिन्न दिशाओं में, विभिन्न सीमाओं तक मणिभ की संरचना के आधार पर होता है। इसी के परिणामस्वरूप मणिभ अपना रूप बदलता है। किसी खास क्षण में, गलनांक पर अथवा कायाकल्प के बिंदु पर, मात्रा गुण में परिवर्तित हो जाती है और मणिभीय संरचना या तो बदल जाती है या पूरी तरह ध्वस्त हो जाती है।

फिर यह कैसा अभौतिक रूप से पूर्वनिर्धारित व्यवस्था-सिद्धांत है, जो भौतिक तत्त्व के गुणधर्मों के, यानी तापमान आदि के, बदलते ही बदल जाता है? जो भौतिक परिस्थितियों पर अपनी शर्तें लागू नहीं कर पाता, बल्कि स्वयं उनकी शर्तों से परिचालित होता है?

कतिपय परिस्थितियों में भौतिक तत्त्व अव्यवस्थित से व्यवस्थित अवस्था में और व्यवस्थित से अव्यवस्थित अवस्था में जाया करता है। इतना ही नहीं, कतिपय परिस्थितियों में—जो कतई आध्यात्मिक नहीं होतीं, बल्कि इसके ठीक विपरीत अत्यंत भौतिक परिस्थितियाँ होती हैं—परमाणु भी अपनी व्यवस्था बदल देते हैं। ये परिवर्तन, जो क्रमशः एक प्रक्रिया में संपन्न होते हैं, एक क्षण में घटित हो जाते हैं; अर्थात् भौतिक तत्त्व के कण अचानक एक अव्यवस्था की अवस्था से व्यवस्था की अवस्था में चले जाते हैं। उदाहरण के लिए, द्रवों के मणिभीकरण को देखें। सभी द्रवों की यह विशेषता है कि उनमें द्रव और मणिभ के बीच की एक

अनिश्चित अवस्था हुआ करती है, बशर्ते कि भौतिक तत्त्व के सूक्ष्मतम कण वैद्युत ढंग से अनाविष्ट न कर दिए गए हों। मेथिल एल्कोहल तथा बेंजीन से निकले हुए कतिपय अन्य पदार्थों में व्यवस्थित समूह अनवरत रूप से बनते और बिगड़ते रहते हैं। यह मणिभीकरण की ऐसी प्रक्रिया है, जिसमें कोई स्थाई मणिभ नहीं बनता। इसी प्रकार पानी में घनत्व की कमी यह सूचित करती है कि उसमें कुछ ऊर्जाएँ आणविक दबाव (जो द्रव्यों की विशेषता है) के अधिकतम घनत्व का विरोध कर रही हैं। क्ष-किरणों की सहायता से किए गए परीक्षणों से पता चला है कि पानी में अणुओं के चतुष्फलकीय संयोजन की वैसी ही प्रवृत्ति पाई जाती है, जैसी स्फटिक के अंदर सेलखड़ी के परमाणुओं की होती है। लेकिन पानी जब बर्फ में बदलता है; अर्थात् एक स्थाई मणिभ में रूपांतरित होता है, तब उसके परमाणुओं का संयोजन एक नितांत भिन्न संरचनात्मक सिद्धांत के अनुसार होता है।

इस प्रकार मणिभ कोई 'परिपूर्ण' या 'अंतिम' चीज नहीं है। वह रूप का कोई अनम्य 'भाव' नहीं है, बल्कि भौतिक परिस्थितियों में निरंतर होनेवाले परिवर्तनों का अनित्य परिणाम है। भौतिक तत्त्व अमणिभीय से मणिभीय और मणिभीय से अमणिभीय रूपों में कैसे संक्रमित होता है, इसकी प्रक्रियाएँ कार्बन डाइआक्साइड में बड़ी स्पष्टता से देखी जा सकती हैं। कार्बन डाइआक्साइड न्यून तापमान पर मणिभीकृत होती है। परंतु मणिभीय जालक बनानेवाले अणु न्यून तापमान पर भी चक्रीय गति की अवस्था में रहते हैं, अर्थात् वे मानो अपनी व्यवस्थित अवस्था को त्यागने के लिए तैयार रहते हैं। कार्बन और चार हाइड्रोजन परमाणुओं के यौगिक में हाइड्रोजन के परमाणु 18^0 सेंटीग्रेड (64.4^0 फारेनहाइट) से नीचे के तापमान पर कुछ स्थितियाँ ग्रहण करते हैं, लेकिन अनवरत दोलायमान बने रहते हैं। 22.8^0 सेंटीग्रेड (73^0 फारेनहाइट) से अधिक के तापमान पर ये हाइड्रोजन परमाणु चक्रीय गतियों का निर्माण करते हैं, जो ज्यों-ज्यों बढ़ती जाती हैं, त्यों-त्यों मणिभीय जालक की व्यवस्था को उत्तरोत्तर भंग करती जाती हैं और अंततः उसे ध्वस्त कर देती हैं।

तब परमाणुओं का वह गुणधर्म क्या है, जो उन्हें कुछ खास परिस्थितियों में व्यवस्थित स्थितियाँ अपनाने में समर्थ बनाता है? मणिभ के अंदर प्रत्येक परमाणु की एक क्रिया-त्रिज्या अथवा उसकी *आकाशीय अपेक्षा* (जगह की जरूरत) होती है। यह प्रत्येक परिस्थिति में एक जैसी नहीं रहती, जिसका मतलब है कि यह कोई अभौतिक 'व्यवस्था-सिद्धांत' नहीं है; परिस्थितियों के बदलने पर वह बदल जाती है, और अंतःक्रिया के द्वंद्वात्मक नियमों का पालन करती है। परमाणु का विद्युत-आवेश एक महत्त्वपूर्ण भूमिका निभाता है। पुनः क्रिया-त्रिज्या तथाकथित समन्वयन-गुणांक के अनुपात में बढ़ती है। समन्वयन-गुणांक परमाणु से समान दूरी पर रहनेवाले निकटवर्ती परमाणुओं की संख्या बताता है। यह संख्या 1 से 12

तक कुछ भी हो सकती है। 12 से अधिक निकटवर्ती परमाणुओं से घिरा कोई परमाणु अभी तक ज्ञात नहीं हुआ है। अतः 12 का समन्वयन गुणांक उच्चतम 'परमाणु-घनत्व' को व्यक्त करता है, जो धात्विक तत्त्वों की विशेषता है। समन्वयन गुणांक जितना बड़ा होता है, परमाणु की क्रिया-त्रिज्या भी उतनी ही बड़ी होती है। निकटवर्ती परमाणुओं की संख्या जितनी अधिक होती है, उतनी ही ऊर्जा उनको दूर रखने के लिए अपेक्षित होती है। मणिभीय संरचना पर समन्वयन गुणांक का निर्णायक प्रभाव पड़ता है। अतः हम पाते हैं कि मणिभ की रचना अशरीरी किंतु रूप-रचयिता मणिभ-जालक से नहीं होती, बल्कि उसके परमाणुओं के गुणधर्मों तथा उनकी अंतःक्रियाओं से होती है। परमाणु और आयन अपनी आकाशीय अपेक्षा के अनुसार मणिभ-जालक बनाते हैं। अर्थात् इस जालक का निर्माण—और इसीलिए स्वयं मणिभ का निर्माण भी—भौतिक तत्त्व करता है।

लेकिन मणिभ की सममिति ? क्या 'रूप प्राप्त करने की इच्छा' के अभौतिक व्यवस्था सिद्धांत के अलावा इसकी कोई अन्य व्याख्या है ? अभौतिकवादियों के दुर्भाग्य से सममिति भी 'मणिभीय जालक की सर्जना' नहीं है, बल्कि संबंधित विशिष्ट पदार्थ के गुणधर्मों पर निर्भर करती है। मणिभों की दुनिया में पाई जानेवाली समस्त सममितियों की चर्चा न करके, यहाँ यही कहना उचित होगा कि सममिति के कुल बत्तीस वर्ग होते हैं, और प्रत्येक पदार्थ का मणिभीकरण इन्हीं में से किसी एक विशिष्ट सममिति-वर्ग में होता है। इसका मतलब यह है कि मणिभ की विशिष्ट सममिति का उसकी परमाणविक संरचना से घनिष्ठ संबंध होता है। तर्क दिया जा सकता है कि यह संबंध होता हो तो भी यह तथ्य कि मणिभों की दुनिया में सममितियों का अस्तित्व होता है, इस दृष्टि को उचित सिद्ध करता है कि हमारा वास्ता यहाँ 'गणित के मूर्तिमान रूप' से है, जो रूप के अभौतिक नियम पर आधारित है। यह सही है कि मणिभों की दुनिया में सम संख्याओं के अनुपातों का ही बोलबाला है, कि समान अंतराल पर समान प्रकार के परमाणु ही हमेशा पाए जाते हैं, कि कुछ खास तरह की ही सममितियाँ संभव हैं, और कि सभी सममितियों को साधारण सांख्यिक फार्मूलों में व्यक्त किया जा सकता है; मगर यदि किसी को यह चीज रहस्यपूर्ण लगती है, अथवा यदि कोई इसको 'अतिमता' में, सोद्देश्य कारणों में, या प्रकृति अथवा अति-प्रकृति के कलात्मक इरादों में विश्वास करने का बहाना मानता है, तो उसे एक ऐसी दुनिया की कल्पना करनी पड़ेगी, जो नितांत नियमरहित हो या जिसमें अंतःक्रियाओं की कोई निश्चित व्यवस्था न हो। तब उसे मालूम होगा कि ऐसी दुनिया उसकी कल्पना में ही संभव है। प्रत्येक अस्तित्व एक विशिष्ट अस्तित्व होता है। अर्थात् वह अंतःक्रियाओं की एक विशिष्ट व्यवस्था होता है। परमाणुओं की कोई विशिष्ट व्यवस्था इसीलिए संभव होती है कि प्रत्येक परमाणु के लिए कुछ जगह की जरूरत होती है, अथवा उसकी कोई

क्रिया-त्रिज्या होती है, जो उसके ऊर्जा-सामर्थ्य पर निर्भर करती है।

परमाणुओं का विशिष्ट संयोजन हुआ करता है, इसका अर्थ है कि परमाणु विशिष्ट अंतरालों पर, आकर्षण और विकर्षण के एक विशिष्ट संतुलन पर, अपने समूह बनाते हैं; और इन अंतरालों में चूँकि सदिशों या वेक्टरों की गणितीय प्रकृति होती है, इसलिए इन्हें प्राकृतिक संख्याओं में व्यक्त किया जा सकता है। प्रकृति इन गणितीय सदिशों का पालन नहीं करती, बल्कि ये सदिश ही प्राकृतिक नियमों का पालन करते हैं। सदिश प्राकृतिक संबंधों की एक अभिव्यक्ति हैं। सममितियाँ दरअसल क्या हैं? समान अंतरालों का एक क्रम ही सममिति कहलाता है। अर्थात् विशिष्ट परमाणुओं के बीच बननेवाले विशिष्ट संबंध का नाम सममिति है। ये सममितियाँ यदि मणिभों की दुनिया में पाई जाती हैं, तो इसलिए नहीं कि गणित को उनकी जरूरत है, या गणित चाहता है कि वे हों; वे इसलिए पाई जाती हैं कि परमाणुओं का यह प्राकृतिक गुणधर्म है कि कुछ खास परिस्थितियों के अंतर्गत कुछ खास अंतरालों पर वे अपने समूह बनाएँ। गणित ने तो समस्त संभव सममितियों की गणना बाद में की, प्रकृति बहुत पहले ही परमाणुओं के गुणधर्मों से उन सममितियों को जन्म दे चुकी थी। गणित नहीं, प्रकृति ही प्राथमिक है।

अलंकार

कला में अलंकारों का वही स्थान है, जो प्रकृति में मणिभों का है। वे कला का एक रूप हैं, जिसमें केवल सदिशों का—यानी एक ही प्रकार के अंतरालों का—प्रयोग होता है। आलंकारिक कला का विकास सबसे पहले मिस्रवासियों ने किया था, जो गणित के क्षेत्र में बहुत ही सृजनशील तथा मौलिक थे। यह आरंभिक आलंकारिक कला इतनी पूर्ण थी कि बाद के प्रायः सभी अलंकरणों के मूल रूप प्राचीन मिस्र में पाए जा सकते हैं। ब्रितानी मिस्रवेत्ता सर फ्लिंडर्स पैट्री का कहना है कि ऐसा कोई भी आलंकारिक प्रतिरूप खोज पाना असंभव नहीं तो कठिन अवश्य है, जो स्वतंत्र रूप से बना हो, और जो अंततः आधारभूत मिस्री रूपों में न पाया जा सके। यह आलंकारिक कला स्पष्टतः एक प्रकार का लेखाचित्रीय गणित है। इसका जन्म अंकों से पहले हुआ, वैसे ही जैसे गणित का जन्म अक्षरों से पहले हुआ। कहा जा सकता है कि यह कला में गणित का मूर्तिमान रूप था। समूह गणित का संबंध मणिभों के साथ-साथ आलंकारिक कला से भी रहा है और उसने दोनों के लिए समान संभव सममितियों की गणना की है। लेकिन इसमें कोई आश्चर्य की बात नहीं है। आश्चर्य की बात केवल यह है कि मनुष्य ने मणिभों की दुनिया के नियमों की जानकारी के बिना भी प्रकृति की तमाम सममितियों का पता लगा लिया और उन्हें आलंकारिक कला में प्रस्तुत कर दिया। यदि हम मणिभीय संरचनाओं के छायाचित्र उतार लें और उन चित्रों को एक-दूसरे पर रखकर किसी सपाट सतह पर

प्रक्षेपित करें, तो हमें वैसे ही अत्यंत सुंदर आलंकारिक नमूने प्राप्त होंगे, जैसे मिस्री कला में मिलते हैं। दोनों मामलों में नियमितता सदिशों से पैदा होती है। प्रकृति में सदिश परमाणुओं के प्राकृतिक संबंधों को व्यक्त करते हैं। प्रश्न उठता है कि मनुष्यों को आलंकारिक कला में सदिशों का इस्तेमाल करने की प्रेरणा कहाँ से मिली? निस्संदेह यह प्रेरणा उन्हें भू-सर्वेक्षण से प्राप्त हुई, जिससे ज्यामिति का जन्म हुआ, और इसका कुछ संबंध उस आनंद से भी अवश्य रहा होगा, जो मनुष्यों को व्यवस्था से मिलता है। मगर इस आनंद की—यानी व्यवस्थित चीजों को 'सुंदर' मानने की प्रवृत्ति की —वजहें कुछ और भी गहरी हैं। मैं पहले ही संकेत कर चुका हूँ कि लय, अर्थात् एक ही ध्वनि-प्रतिरूप की पुनरावृत्ति, मनुष्य के आरंभिक इतिहास में उसके जीवन तथा कार्य में किस प्रकार सहायक हुई। मैंने यह भी बताने की चेष्टा की है कि ऐसा क्यों हुआ। यहाँ मैं यह सवाल उठाना चाहता हूँ कि मनुष्य का मन, जो मानव-समाज की 'व्यवस्था' का प्रतिबिंबन करता है, क्या प्रकृति की 'व्यवस्था' का भी प्रतिबिंबन नहीं करता? मणिभ हमें अलंकारों की तरह ही 'सुंदर' लगते हैं और उनमें जितनी ही ज्यादा सममिति होती है, उतनी ही ज्यादा सुंदरता उनमें दिखाई देती है। सममिति में होनेवाले वृद्धि के अनुपात में सुंदरता में होनेवाली यह वृद्धि मणिभों में उच्चतम कोटि की सममिति अख्तियार कर लेने की प्रवृत्ति से मेल खाती है।

अध्यात्मवादियों ने इस प्रवृत्ति की व्याख्या 'ऊर्ध्वमुखी चेष्टा' और 'रूप प्राप्त करने की इच्छा' के रूप में की है। मगर मणिभों में (और मणिभों में ही नहीं, बल्कि अणुओं, परमाणुओं तथा सभी प्रकार के भौतिक तत्त्व में) पाई जानेवाली यह 'चेष्टा' कोई आदर्श या रहस्यवादी 'इच्छा' नहीं, बल्कि ऊर्जा में पाई जानेवाली यह प्रवृत्ति है कि वह अधिकतम संतुलन एवं संरक्षण की दिशा में अग्रसर होती है। किसी मणिभ में जितनी ही ज्यादा सममिति होगी, उतनी ही ज्यादा ऊर्जा उसमें रहेगी और उतना ही दृढ़तर उसका संतुलन होगा—यानी उतनी ही सुदृढ़ उसकी संरचना होगी। अतः जिसे हम सममिति कहते हैं, वह और कुछ नहीं, ऊर्जा की एक कमोबेश स्थाई अवस्था की अभिव्यक्ति ही है। सर्वाधिक स्थाई परमाणु उत्कृष्ट गैसों (जैसे हीलियम या आर्गोन) के होते हैं। इन्हीं परमाणुओं की इलेक्ट्रोन-आवरण वाली सरंचना में उच्चतम कोटि की सममिति होती है। इसी प्रकार मणिभों की दुनिया में भी सर्वाधिक स्थाई संरचनाएँ वही होती हैं, जिनमें उच्चतम सममिति होती है। ये संरचनाएँ हैं धनाकार तथा षटकोणीय संरचनाएँ।

'रूप प्राप्त करने की इच्छा' जैसी कोई चीज नहीं होती; क्योंकि यदि हम इसका दावा करते हैं, तो इतने ही औचित्य के साथ हम 'रूपहीन हो जाने की इच्छा' या 'अव्यवस्था की ओर जाने की इच्छा' का दावा भी कर सकते हैं। मगर ये दोनों

ही दावे भ्रामक हैं। शब्दों का दुरुपयोग नहीं किया जाना चाहिए। गेटे ने एक बार कहा था :

> कायाकल्प का विचार हमें एक अत्यंत आदरणीय उपहार की भाँति प्राप्त हुआ है, परंतु यह उपहार अत्यंत खतरनाक भी है। यह रूपहीनता की ओर ले जाता है, ज्ञान का नाश करता है, उसे तिरोहित कर देता है। यह *केंद्रापसारी शक्ति* के समान है, जिसको यदि हम किसी प्रतिभार से दबाकर रोकेंगे नहीं, तो यह अपसारित होती हुई अनंत में विलीन होकर खो जाएगी। प्रतिभार से मेरा मतलब है सुनिश्चितता की दिशा में अग्रसर होना, जो एक बार यथार्थ बन चुका है, उसका दृढ़तापूर्वक बने रहना। प्रतिभार से मेरा मतलब है एक *केंद्राभिमुखी शक्ति,* जो अपने अत्यंत सारभूत रूप में किसी बाह्य चीज से प्रभावित नहीं हो सकती।

इस कथन में काव्यात्मक एवं दार्शनिक, दोनों ही रूपों में प्रकृति और यथार्थ की दो परस्पर-विरोधी आधारभूत प्रवृत्तियों की अभिव्यक्ति हुई है। गेटे जिसे 'केंद्रापसारी शक्ति' कहता है, और हेगेल ने जिसे 'विकर्षण' कहा है, वह भौतिक तत्त्व के कणों की अप्रतिहत वेग से अनंत में उड़ जाने की प्रवृत्ति है, जिसे हम वाष्पीकरण तथा घुलनशीलता की प्रवृत्ति के रूप में देखते हैं। इस प्रवृत्ति पर अंकुश लगाती है 'केंद्राभिमुखी शक्ति', जिसे हेगेल ने 'आकर्षण' कहा है। यह संगठन की, एकता की, समूहों के निर्माण की, ऊर्जा के संचयन की प्रवृत्ति है। ये दोनों प्रवृत्तियाँ समस्त संगठित, व्यवस्थित भौतिक तत्त्व में पाई जाती हैं। एक ओर 'दृढ़तापूर्वक बने रहने' की रूढ़िवादी प्रवृत्ति होती है—संगठन का जो रूप एक बार बन गया, उससे चिपके रहने की, अर्थात् जड़ता की प्रवृत्ति—और दूसरी ओर अविरल गतिशीलता की, स्थिर बने रहने में असमर्थता की, निरंतर अवस्था-परिवर्तन की क्रांतिकारी प्रवृत्ति होती है। इन दोनों प्रवृत्तियों के अनंत अंतर्विरोधों के बिना तथा भौतिक तत्त्व और ऊर्जा द्वारा प्राप्त आपेक्षिक संतुलन की अवस्थाओं के जरिए इन अंतर्विरोधों को दूर किए बिना कोई यथार्थ संभव ही नहीं है, क्योंकि यथार्थ यही है। *यथार्थ अस्तित्व और अनस्तित्व के निलंबित तनाव की वह अवस्था है, जिसमें अस्तित्व और अनस्तित्व दोनों अयथार्थ होते हैं और केवल उनकी अविरल अंतःक्रिया ही, उनका संभवन ही यथार्थ होता है।*

रूप और अंतर्वस्तु का द्वंद्वात्मक संबंध बिल्कुल ठीक-ठीक मणिभों में—अर्थात् ठोस, व्यवस्थित भौतिक तत्त्व की संरचनाओं में—देखा जा सकता है। जिसे हम रूप कहते हैं, वह भौतिक तत्त्व के एक विशिष्ट समूहन, एक विशिष्ट संयोजन, एक आपेक्षिक संतुलन की अवस्था है। वह आधारभूत संरक्षण तथा रूढ़िवादी प्रवृत्ति की, भौतिक परिस्थितियों के अस्थाई स्थायित्व की अभिव्यक्ति है। मगर

अंतर्वस्तु लगातार बदलती रहती है, कभी वह बड़े नामालूम ढंग से बदलती है, तो कभी बड़ी तीव्र क्रिया के अंतर्गत बदलती है । वह रूप से जूझने लगती है, विस्फोट करके रूप को उड़ा देती है, और नए रूपों को जन्म देती है, जिनमें परिवर्तित अंतर्वस्तु कुछ समय के लिए एक बार फिर स्थायित्व पाती है ।

रूप किसी काल में उपलब्ध संतुलन की अवस्था की अभिव्यक्ति है । अंतर्वस्तु की अंतर्निहित विशेषताएँ हैं—गति और परिवर्तन । इसलिए, हालाँकि यह निश्चय ही एक सरलीकरण होगा, हम रूप को रूढ़िवादी और अंतर्वस्तु को क्रांतिकारी कहकर परिभाषित कर सकते हैं ।

जीवित शरीर-रचनाएँ

प्रकृति की आधारभूत प्रवृत्तियाँ अजैव भौतिक तत्त्व के अपेक्षाकृत सरल संबंधों में तो बहुत आसानी से देखी जा सकती हैं, लेकिन ज्यों-ज्यों पदार्थों की जटिलता बढ़ती है, त्यों-त्यों वे भी जटिलतर होती जाती हैं । जैव संसार में आनुवंशिकता रूढ़िवादी तथा रूपांतर क्रांतिकारी प्रवृत्ति है । मानव समाज में, जो प्रकृति से ऊपर उठ गया है और जिसने अपने नियम विकसित कर लिए हैं, रूढ़िवादी प्रवृत्ति हमें आमतौर पर उत्पादन के संबंधों में—अर्थात् उत्पादन द्वारा अपनाए जानेवाले रूपों में— दिखाई देती है; क्रांतिकारी प्रवृत्ति दिखाई देती है उत्पादन की शक्तियों में—अर्थात् समस्त सामाजिक विरचनाओं की विकासमान, अग्रगामी आर्थिक अंतर्वस्तु में । निर्मित रूप, संरचनाएँ अथवा संघटन हमेशा और हर कहीं नए का प्रतिरोध करते हैं और अंतर्वस्तु हर कहीं पुराने रूपों की कैद से विस्फोट करके बाहर निकल पड़ती है तथा नए रूपों की सर्जना करती है ।

जीवित शरीर-रचनाएँ बाह्य जगत की परिस्थितियों को तरह-तरह से आत्मसात् करती हैं । आत्मसात् की हुई बाह्य परिस्थितियाँ आभ्यंतरिक परिस्थितियों में रूपांतरित हो जाती हैं । बाह्य जगत का यह अवशोषण और पाचन (जो केवल पोषक तत्त्वों का नहीं, बल्कि संबंधों की एक संपूर्ण व्यवस्था का भी अवशोषण और पाचन है) जैव भौतिक तत्त्व की एक सारभूत विशेषता है । उदाहरण के लिए, पौधों की जड़ों में गुरुत्वाकर्षण की शक्ति एक बाह्य परिस्थिति से आभ्यंतरिक परिस्थिति में रूपांतरित हो गई है । प्रत्येक द्रव्यमान की भाँति जड़ भी गुरुत्वाकर्षण के नियम का पालन करती है—अर्थात् वह पृथ्वी के केंद्र की ओर 'गिरती' है—लेकिन वह सिर्फ 'गिरती' ही नहीं, बल्कि गुरुत्वाकर्षण से कई गुनी अधिक शक्ति के साथ पृथ्वी के केंद्र की ओर उगती भी है । गुरुत्वाकर्षण यहाँ आंतरिक प्रक्रियाओं और प्रतिक्रियाओं की एक शृंखला का 'उद्दीपन' बन गया है । गुरुत्वाकर्षण का प्रत्यक्ष प्रभाव एक परोक्ष प्रभाव बन जाता है ।

पौधे की विरचना रूप-परिवर्तनों के एक सिलसिले का योगफल होती है ।

इनमें से प्रत्येक परिवर्तन अनियमित वृद्धि की एक प्रक्रिया का परिणाम होता है, जो अक्सर अत्यंत अप्रकट तथा प्रच्छन्न हो सकती है। मिसाल के लिए, यह प्रक्रिया स्थानीय रूप से किसी कोशिका के बढ़ जाने आदि में देखी जा सकती है। इन प्रक्रियाओं को परिस्थितियों में परिवर्तन करके—जैसे पौधे को अधिक प्रकाश या विशेष पोषक तत्त्व देकर—इच्छानुसार तीव्र या मंद किया जा सकता है और इसका पौधे के रूप पर बड़ा तात्त्विक प्रभाव पड़ता है। चयापचय की परिस्थितियाँ पौधों की ही नहीं, प्राणियों की विरचना को भी किस हद तक प्रभावित कर सकती हैं, इसके एक उदाहरण पर विचार करें। हार्टमान ने परीक्षणों से सिद्ध किया है कि ओफ्रियोत्रोचा प्यूरिलिस नामक समुद्री कृमि के सभी बच्चे नर होते हैं, लेकिन जब उनका शरीर पंद्रह या बीस खंडों से ज्यादा बढ़ जाता है, तो वे मादा बन जाते हैं और उनका रूप भी बहुत बदल जाता है। यदि इन प्राणियों को भूखों मारा जाए, तो न केवल नर जीव नर बने रहते हैं, बल्कि जो मादा बन चुके होते हैं, वे भी सिकुड़कर फिर से नर बन जाते हैं। यही परिणाम उनके पोषक पेय में पोटाशियम के आयनों का अनुपात बढ़ा देने पर प्राप्त होता है। इस प्रकार इस खास मामले में चयापचय की परिस्थितियाँ जैव शरीर-रचना के रूप को ही नहीं, वस्तुतः उसके लिंग तक को बदल देती हैं।

जैव भौतिक तत्त्व की इस असाधारण अनुकूलनशीलता तथा परिवर्तनशीलता का विरोध एक रूढ़िवादी, रूप-रक्षक प्रवृत्ति के द्वारा किया जाता है। अगर कोई जैव शरीर-रचना आपेक्षिक स्थाई परिस्थितियों से अपना अनुकूलन कर लेती है और बाह्य जगत से आपेक्षिक संतुलन का एक रूप प्राप्त कर लेती है, तो वह रूप उसके प्रत्येक कोशिका-नाभिक में संरक्षित रहता है और आनुवंशिकता के जरिए एक पीढ़ी से दूसरी पीढ़ी को प्राप्त होता जाता है। रूप के इस आपेक्षिक स्थायित्व के बिना कोई भी जैव शरीर-रचना अस्तित्व में नहीं रह सकती। इसका किसी लक्ष्य की दिशा में अग्रसर होने की चेष्टा से कोई लेना-देना नहीं है। इसका मतलब सिर्फ इतना ही है कि यदि कोई जीवित शरीर-रचना अपने चारों ओर की दुनिया का मुकाबला नहीं कर सकती, तो उसे उसी प्रकार अत्यंत अल्प काल में विलुप्त हो जाना पड़ेगा, जिस प्रकार अनेक रासायनिक यौगिक बनते ही मिट जाते हैं। केवल वे ही शरीर-रचनाएँ, जो अपना अस्तित्व बनाए रखने में समर्थ होती हैं—अर्थात् जो एक ही साथ अनुकूलनशील और प्रतिरोधक दोनों होती हैं—जीवित रहती हैं। कोशिका-नाभिक वह चीज है, जिसमें किसी शरीर-रचना की संरचना, उसकी अंतःक्रियाओं की संपूर्ण व्यवस्था और उसका 'रूप' संरक्षित रहता है। और इन कोशिका-नाभिकों में बाह्य जगत के प्रतिरोध की तथा एक 'कट्टर रूढ़िवाद' को बनाए रखने की असाधारण क्षमता पाई जाती है। फिर भी यह 'आनुवंशिक द्रव्यमान' अपरिवर्तनीय और बाह्य जगत के साथ होनेवाली समस्त अंतःक्रियाओं

से मुक्त नहीं है। यह भी मणिभ जालक की भाँति 'पदार्थ से परे' अथवा किसी 'अपार्थिव व्यवस्था-सिद्धांत' की प्रतिनिधि नहीं है।

जीवित शरीर-रचनाओं का 'रूप' अविकार्य नहीं होता। यदि हम किसी पौधे को नई 'अंतर्वस्तु' दे दें (व्यापकतम अर्थ में उसकी पोषकता में परिवर्तन करके, संकर प्रजनन के जरिए, या कलम लगाकर—और इस सबका मतलब इससे ज्यादा कुछ नहीं होता कि एक संकेंद्रित ढंग से नई बाह्य परिस्थितियों को आरोपित करके एक विशिष्ट, यानी नए ढंग का चयापचय स्थापित कर दें) तो उसका रूप भी बदल जाएगा। यद्यपि पुराने रूप की ओर लौट जाने की प्रवृत्ति बड़ी प्रबल होती है, फिर भी नए रूप स्वयं को स्थापित कर ही लेते हैं तथा उनके द्वारा अर्जित विशेषताएँ कुछ खास परिस्थितियों में वंशानुक्रम से प्राप्त की जा सकती हैं। गेटे ने प्रकृति की प्रशंसा में जो शब्द कहे थे, वे आज भी सार्थक हैं। उसने कहा था, 'यह सतत परिवर्तनशील है और इसमें एक क्षण के लिए भी कभी कोई गतिरोध नहीं आता। यह रुके रहना तो जानती ही नहीं, और हर स्थिर चीज इससे अभिशप्त है⋯।' रूप संतुलन की एक आपेक्षिक स्थाई अवस्था का 'गतिरोध' है और यह गतिरोध नई अंतर्वस्तु की गति और परिवर्तन से कभी भी टूट सकता है।

समाज

सामाजिक यथार्थ में रूप और अंतर्वस्तु की समस्या हालाँकि जैव और अजैव प्रकृति की तुलना में एक भिन्न स्तर पर और कहीं ज्यादा जटिल परिस्थितियों में पैदा होती है, फिर भी आधारभूत रूप से समस्या वही है। समाज की अंतर्वस्तु है जीवन का उत्पादन तथा पुनरुत्पादन। इसमें यह सीधी-सी बात तो शामिल है ही कि मनुष्यों के लिए रोटी, कपड़ा और मकान जरूरी है; यह बात भी शामिल है कि मानव-जाति की निरंतर बढ़ती हुई भौतिक एवं आध्यात्मिक आवश्यकताओं की पूर्ति के लिए आधुनिक उपकरणों, यंत्रों तथा उत्पादक शक्तियों की एक लंबी कतार की—यानी बाह्य जगत के सायास अनुकूलन की जरूरत है। इस प्रक्रिया में सामाजिक संगठन, संस्थाओं, कानूनों, विचारों, पूर्वग्रहों आदि के जो रूप सामने आते हैं, वे अत्यंत वैविध्यमय होते हैं। ये रूप कुछ काल तक तो उत्पादन-शक्तियों की अवस्था के अनुरूप रहते हैं, लेकिन उसके बाद उन शक्तियों के विरोधी बन जाते हैं, अनम्य तथा पुराने हो जाते हैं और उनका नवीकरण पुनः-पुनः अनिवार्य होता रहता है।

कार्ल मार्क्स ने 'दि क्रिटीक ऑफ पोलिटिकल इकोनोमी' (राजनीतिक अर्थशास्त्र की आलोचना) की भूमिका में बताया है कि :

अपने विकास की एक निश्चित अवस्था में पहुँचकर समाज की

> उत्पादन-शक्तियाँ मौजूदा उत्पादन-संबंधों से टकराने लगती हैं, अथवा—जो इसी चीज की एक कानूनी अभिव्यक्ति है—संपत्ति के उन संबंधों से टकराने लगती हैं, जिनके अंतर्गत वे अभी तक सक्रिय थीं। ये संबंध अब उत्पादन-शक्तियों के विकास के रूप न रहकर पैरों की बेड़ियाँ बन जाते हैं। तब सामाजिक क्रांति का काल आता है।

मार्क्स और एंगेल्स, दोनों ने अपने आधारभूत सिद्धांत के जड़सूत्रवादी तथा यांत्रिक अतिसरलीकरण के खिलाफ चेतावनी दी थी। योजेफ ब्लॉख को लिखे गए एक पत्र में एंगेल्स ने लिखा था :

> इतिहास की भौतिकवादी धारणा के अनुसार इतिहास का *चरम* निर्णायक तत्त्व वास्तविक जीवन का उत्पादन और पुनरुत्पादन है। इससे अधिक न मार्क्स ने और न मैंने ही कभी कहा है। अतः यदि कोई इसे तोड़-मरोड़कर यों कहे कि आर्थिक तत्त्व ही *एकमात्र* निर्णायक तत्त्व है, तो यह हमारी स्थापना को निरर्थक, अमूर्त और ऊलजलूल शब्दावली मात्र बना देता है। आर्थिक परिस्थिति आधार है, लेकिन अधिरचना के विविध तत्त्व—वर्ग-संघर्ष के राजनीतिक रूप और परिणाम, विजयी वर्ग द्वारा युद्ध में सफलता प्राप्त करने के बाद संस्थापित संविधान आदि, विधिशास्त्रीय रूप और, इससे भी बढकर, इन वास्तविक संघर्षों में भाग लेनेवालों के मस्तिष्कों पर पड़नेवाले इन संघर्षों के अक्स; राजनीतिक, न्यायिक, दार्शनिक सिद्धांत, धार्मिक मत और जड़सूत्री पद्धतियों के रूप में उनका विकास—ऐतिहासिक संघर्षों के प्रक्रम पर अपना प्रभाव डालते हैं और बहुत जगह तो उनके रूप के निर्धारण में इन्हीं की प्रमुख भूमिका होती है।

पुनः स्टार्केनबर्ग के नाम लिखे गए एक पत्र में उन्होंने लिखा है :

> राजनीतिक, न्यायिक, दार्शनिक, धार्मिक, साहित्यिक और कलात्मक विकास आदि आर्थिक विकास पर आधारित होते हैं। मगर, इसके अलावा, वे एक-दूसरे को तथा आर्थिक आधार को प्रभावित भी करते हैं। आर्थिक परिस्थिति कोई ऐसा *मूल कारण* नहीं है कि एकमात्र वही सक्रिय हो और बाकी सब उसके निष्क्रिय परिणाम मात्र हों। दरअसल आर्थिक आवश्यकता के आधार पर उनकी अन्योन्यक्रिया होती है, जो हमेशा *चरम* निर्णायक तत्त्व सिद्ध होती है।

समाज में होनेवाली अंतःक्रियाएँ जैव तथा अजैव प्रकृति की अंतःक्रियाओं की तुलना में अनंत रूप से अधिक जटिल हैं और मणिभों की दुनिया को परिचालित करनेवाली परिस्थितियों को मनुष्यों की दुनिया पर लागू करने की कोशिश

मूर्खतापूर्ण होगी। लेकिन सिद्धांततः रूप की रूढ़िवादी प्रवृत्तियों और अंतर्वस्तु की क्रांतिकारी प्रवृत्तियों के बीच के द्वंद्वात्मक अंतर्विरोध मानव-समाज पर भी लागू होते हैं तथा संतुलन की ऐसी नई, अपेक्षाकृत स्थाई अवस्थाएँ बार-बार आती रहती हैं, जब उत्पादन के संबंध उत्पादन की शक्तियों के अनुरूप होते हैं।

समाज की मूल अंतर्वस्तु (अर्थात् उत्पादन की शक्तियाँ—उपकरणों तथा निरंतर बढ़ते हुए उत्पादन संबंधी ज्ञान से युक्त और अपनी भौतिक एवं आध्यात्मिक आवश्यकताओं से भी युक्त मनुष्य) निरंतर बदलती और विकसित होती रहती है। समाज के रूपों में स्थाई बने रहने की, विरासत के रूप में पीढ़ी-दर-पीढ़ी हस्तांतरित होते जाने की प्रवृत्ति पाई जाती है। हमेशा शासक वर्ग ही परंपरागत रूपों से चिपके रहने की कोशिश करते हैं। उन रूपों को बनाए रखने के लिए वे अपने राजनीतिक और विचारधारात्मक तंत्र का इस्तेमाल करते हैं और उन्हें कुछ ऐसा चरित्र प्रदान करने की जी-तोड़ कोशिश करते हैं, जैसे वे समाज के शाश्वत, अपरिवर्तनीय और अंतिम रूप हों। हमेशा उत्पीड़ित वर्गों में ही पुराने पड़ चुके उत्पादन-संबंधों के विरुद्ध विद्रोह करनेवाली उत्पादन-शक्तियाँ उभरती हैं। उत्पीड़ित वर्गों को परंपरागत रूपों में कोई पवित्र या नैतिक रूप से उच्चतर चीज दिखाई नहीं देती, बल्कि उन्हें उनमें मानवीय प्रगति को बाधित करनेवाले प्रतिबंध ही नजर आते हैं। अलबत्ता उन परंपरागत रूपों के प्रभाव और वर्चस्व से उत्पीड़ित वर्ग भी नहीं बच पाते, जो समाज के सभी सदस्यों की चेतना को समान रूप से प्रभावित करते हैं। इसीलिए प्रभुत्वशाली विचारों और प्रथाओं की विरोधी राजनीतिक और आर्थिक वर्ग-चेतना का विकास करना अत्यंत कठिन होता है।

अपने लिए खतरा महसूस करनेवाला प्रत्येक शासक वर्ग अपने वर्गीय प्रभुत्व की अंतर्वस्तु को छिपाने की चेष्टा करता है और समाज के किसी पुराने रूप को बचाने के अपने संघर्ष को किसी 'शाश्वत', अकाट्य और समस्त मानव-मूल्यों के लिए समान रूप से रक्षणीय-सी चीज के लिए किए जानेवाले संघर्ष के रूप में प्रस्तुत करने की कोशिश करता है। यही कारण है कि पूँजीवादी जगत के हिमायती आज उसकी पूँजीवादी अंतर्वस्तु की बात नहीं करते, बल्कि उसके जनवादी रूप की बात करते हैं, हालाँकि उसके इस रूप में हर जोड़ पर दरारें पड़ चुकी हैं। वे पूँजीवाद और समाजवाद के ऐतिहासिक संघर्ष से ध्यान हटाने की कोशिश करते हैं और इसके लिए जनगण के दिमागों में इस संघर्ष को 'जनवाद' और 'तानाशाही' के संघर्ष में रूपांतरित करने की कोशिश करते हैं। इसमें यह तथ्य उनकी मदद करता है कि समाज के रूप समाज की अंतर्वस्तु को तथा उसके सदस्यों की जिंदगियों को प्रभावित करते हैं। पूँजीवादी जनवाद का केवल रूपात्मक या औपचारिक चरित्र प्रत्यक्ष दिखाई दे रहा है; फिर भी जिन लोगों को फासीवादी शासन के अंतर्गत कष्ट

उठाने पड़े, उनके लिए औपचारिक जनवाद भी, वैधानिक तथा राजनीतिक व्यवस्था का दिखावा भी इतना महत्त्वपूर्ण था कि जनवादी रूप के खो जाने का मतलब उसकी सच्ची अंतर्वस्तु का खो जाना बन गया पुनः, यह भी एक तथ्य है कि मजदूर वर्ग की विजय से समाज को जो नई अंतर्वस्तु प्राप्त होती है, उसके अनुरूप नए रूपों का विकास करने में—अर्थात् एक ऐसा नया जनवाद, जो औपचारिक न होकर वास्तविक और समाजवादी जनवाद हो, विकसित करने में—कठिनाई हो रही है। इससे पूँजीवाद के समर्थकों को पुरानी सामाजिक अंतर्वस्तु से चिपके रहने की अपनी कोशिश को अस्तित्व के श्रद्धास्पद रूपों के लिए किए जानेवाले संघर्ष के रूप में प्रस्तुत करना आसान हो जाता है। वे पुराने रूप इस तरह गौरवान्वित किए जाते हैं, मानो वे ही मानवता के लिए उचित जीवन की एकमात्र अंतर्वस्तु हों। मैंने यह बात इस चीज पर जोर देने के लिए कही है कि आधार और अधिरचना की—सामाजिक अंतर्वस्तु और सामाजिक रूप की—अंतःक्रिया कितनी जटिल है। मैं पाठक को यह भी याद दिलाना चाहता हूँ कि परंपरागत रूप किस तरह असंख्य मानव-मस्तिष्कों में अस्थाई प्राधान्य प्राप्त कर सकते हैं।

किसी पुरानी पड़ चुकी अंतर्वस्तु को बचाने के लिए शासक वर्ग पुराने रूपों के रक्षक की मुद्राएँ अपनाता है—हालाँकि किसी संकट के क्षण में वह उन्हें त्यागकर उनके बदले नंगी तानाशाही को अपना लेने के लिए हमेशा तैयार रहता है। इसके साथ ही वह नए रूपों को—भले ही वे अभी पूरी तरह परिपक्वावस्था को प्राप्त न कर पाए हों—संदेहास्पद बनाने की चेष्टाएँ भी करता है, ताकि नई अंतर्वस्तु की निंदा कर सके। पूँजीवाद के साथ जो विभीषिकाएँ जुड़ी हुई हैं, उनके कारण पूँजीवाद की पुरानी सामाजिक अंतर्वस्तु को गौरवान्वित करने अथवा उचित सिद्ध करने में पूँजीवाद के समर्थकों को उत्तरोत्तर ज्यादा परेशानी होने लगी है। इसलिए वे अब 'केवल' उसके अभिव्यक्ति के सामाजिक और राजनीतिक रूपों की वकालत करते हैं। अंतर्वस्तु को नजरअंदाज कर देने की प्रवृत्ति ने, रूप पर जोर देने की इसी प्रवृत्ति ने, कि मानों रूप ही असली, बल्कि एकमात्र ध्यान देने लायक चीज हो, पूँजीवादी दुनिया के अस्थिर चित्त बुद्धिजीवियों के एक बड़े हिस्से को भी प्रभावित किया है और कला की दुनिया में 'रूपवाद' को जन्म दिया है। यह वस्तुतः कलात्मक अभिव्यक्ति के साधनों का सवाल नहीं है (क्योंकि नए साधनों की आजमाइश पर आपत्ति की जा सकती है); यह 'रूपवाद' की ज्यादा गहरी, ज्यादा आम समस्या का सवाल है, क्योंकि 'रूपवाद' उस सामाजिक रूप का प्रातिनिधिक प्रपंच है, जिसका वर्तमान समय के साथ कोई तालमेल नहीं रह गया है; यह इस तथ्य की प्रातिनिधिक अभिव्यक्ति है कि शासक वर्ग के दिन पूरे हो चुके हैं और फिर भी वह अभी तक बना हुआ है।

विषय, अंतर्वस्तु, अर्थ

मैंने यह दिखाने की चेष्टा की है कि अंतर्वस्तु और रूप की समस्या कैसे केवल कलाओं तक सीमित नहीं है, और कैसे रूप को प्राथमिक तथा अंतर्वस्तु को द्वितीयक मानने का विचार उस शासक वर्ग की प्रातिनिधिक प्रतिक्रिया है, जिसकी स्थिति संकटापन्न होती है । आइए, अब इसी आम ढाँचे के अंतर्गत यह देखें कि अंतर्वस्तु और रूप का यह सवाल विशेषतः कलाओं में कैसे उठता है; मगर यह ध्यान में रखें कि कलाओं के अपने नियम होते हैं और अपनी समस्याएँ, और ये दोनों चीजें समाज से अनुबंधित होती हैं ।

पहले हमें साहित्य और कला में अंतर्वस्तु की धारणा पर विचार करना पड़ेगा । यह शब्द बहुत अस्पष्ट है न ? इसका तात्पर्य कलाकृति के मूल विषय या विषय से है, अथवा कलाकृति के अर्थ या संदेश से ? (लेकिन 'संदेश' शब्द में शायद प्रचार की गंध बहुत ज्यादा है और हमें सिर्फ कलाकृति के *अर्थ* की बात करनी चाहिए–उस अर्थ की, जो कृति के ब्योरों से नहीं, बल्कि संपूर्ण कृति से खुलता है ।) हालाँकि विषय और अर्थ प्रायः परस्पर संबद्ध होते हैं, फिर भी वे एक ही चीज नहीं होते । दो कलाकार या दो लेखक एक ही विषय की व्याख्या और प्रस्तुति इतनी भिन्न कर सकते हैं कि उनकी कृतियों में शायद ही कोई समानता रह जाए । अलबत्ता विषय का चयन बहुत महत्त्वपूर्ण होता है और अन्य चीजों के साथ-साथ इससे हम अक्सर कलाकार के रवैए की पहचान कर सकते हैं । गेटे ने जब 'फाउस्ट' और 'गोट्ज' के विषय चुने, वह अच्छी तरह जानता था कि क्या कर रहा है । ये विषय जर्मन इतिहास के एक निर्णायक काल से–जब जर्मनी मध्ययुग से अपना नाता तोड़ रहा था–सीधे संबंधित थे । लेकिन इन्हीं विषयों को एक पूर्णतः भिन्न अंतर्वस्तु प्रदान की जा सकती है । (इस संदर्भ में यही याद कर लेना काफी होगा कि फाउस्टस के मूल विषय का उपयोग मार्लोवे, लेस्सिंग, लेनाउ, ग्राब्बे, टामस मान और हांस आइजलर ने किस-किस तरह से किया ।) अतः किसी विशिष्ट रूप का निर्धारण केवल विषय से नहीं होता; बल्कि अंतर्वस्तु और रूप अथवा अर्थ और रूप द्वंद्वात्मक अंतः क्रिया में परस्पर बड़ी घनिष्ठता से संबद्ध रहते हैं ।

विषय को अंतर्वस्तु के स्तर तक उठाकर ले जानेवाली चीज है कलाकार का रवैया; क्योंकि अंतर्वस्तु केवल यह नहीं है कि *क्या* प्रस्तुत किया गया है, उसको *कैसे* प्रस्तुत किया गया है; किस संदर्भ में और किस दरजे की सामाजिक तथा व्यक्तिगत चेतना के साथ प्रस्तुत किया गया है, यह भी अंतर्वस्तु ही है । 'फसल' जैसे एक विषय को अनेक रूपों में प्रस्तुत किया जा सकता है–मनोहर काव्यात्मक दृश्य के रूप में, परंपरागत शैली-चित्र के रूप में, अमानवीय सत्यपरीक्षा के रूप

में, अथवा प्रकृति पर मनुष्य की विजय के रूप में। हर चीज कलाकार के दृष्टिकोण पर निर्भर करती है। अर्थात् वह इस विषय को स्वयं किस रूप में देखता है--शासक वर्ग के गुणगायक के रूप में, रविवार की छुट्टी मनाने के लिए निकले सैलानी के रूप में, दु:खी किसान के रूप में, अथवा क्रांतिकारी समाजवादी के रूप में?

विषय का अर्थ कैसे बदलता है

प्राचीन मिस्री कला में काम करते हुए लोगों को बार-बार रचना का विषय बनाया जाता था। भित्ति-चित्रों में हल जोतते और बीज बोते किसान चित्रित किए जाते थे। मेहनतकश किसान को आमतौर पर मालिक के दृष्टिकोण से प्रस्तुत किया जाता था। मालिक को अपने निमित्त काम करते लोगों के झुंड देखना बड़ा संतोषजनक मालूम होता था। किसान उसके अपने क्रियाकलाप का विषय नहीं, बल्कि उस दर्शक के लिए एक दर्शनीय वस्तु था, जो यह जानता हो कि यह फसल अंततः उसी के बखार में आएगी। देखने के इसी ढंग ने मिस्री कला को सतही 'वस्तुपरकता' प्रदान की थी। शासक वर्ग हमेशा यह सोचता है कि चीजों को देखने का उसका ढंग 'वस्तुपरक' है, यानी विश्व की व्यवस्था से मेल खाता है। शासक के लिए किसी एक किसान का, जिसकी अपनी कुछ जरूरतें होती हैं, कोई अर्थ नहीं होता; उसके लिए तो किसान केवल वे सामाजिक इकाइयाँ हैं, जिन्हें आत्माभिव्यक्ति का कोई अधिकार नहीं है; जो सिर्फ काम करने के लिए हैं, भारवाही पशु की भाँति बोझ ढोने या हल की भाँति खेत में जुते रहने के लिए हैं। इन मिस्री चित्रों में कार्य के प्रति घृणा का भाव व्यक्त नहीं हुआ है (जैसा कि बाद में यूनानी कलाकृतियों में हुआ), इनमें केवल यह अटल धारणा व्यक्त होती है कि जीवन में प्रत्येक व्यक्ति का एक पूर्वनिर्धारित स्थान और प्रकार्य है और यह गहरा विश्वास कि पदों और जातियों के अनुसार संगठित समाज में एक 'पहले से स्थापित सामंजस्य' है। दुनिया इसी तरह से बनी है, और देखिए, बहुत अच्छी बनी है। यह शैली विकसित हुई तो एक नया तत्त्व (अथवा एक बहुत पुराना तत्त्व, जो अस्थाई तौर पर शासक वर्ग ने दबा दिया था) सामने आने लगा : एक प्रकार का 'प्रकृतवाद', जो किए जाते कार्य के भावहीन, 'वस्तुपरक' चित्रण को भंग करता था। चित्रों और चित्रवल्लरियों में चित्रित मजदूरों में व्यक्तिगत पीड़ा और थकान के चिह्न दिखाई देने लगे। सामाजिक संदेहों ने सिर उठाना शुरू कर दिया और रूढ़ शैली की जगह आलोचनात्मक शैली नजर आने लगी। श्रीपत्र पर लिखित एक प्राचीन मिस्री पांडुलिपि में लिखा है :

> तुम्हें राज-कारीगर के बारे में बताऊँ कि वह कैसे अपनी दरिद्रता में दु:ख पाता है? इमारतें बनाते समय सारे मौसम उसके ऊपर से गुजरते हैं और

उसका शरीर कमर तक नंगा रहता है । काम करते-करते उसके हाथ टूट जाते हैं; उसका भोजन उसके मल-मूत्र के बीच पड़ा रहता है; वह खुद को ही फाड़-फाड़कर खाता है क्योंकि उसके पास अपनी उँगलियों के अलावा कुछ भी खाने को नहीं होता । वह भयानक रूप से थक जाता है, क्योंकि उसे हर वक्त कोई भारी पत्थर इस या उस इमारत तक खींचकर ले जाना पड़ता है । पत्थर छह या दस एल (भार का एक माप) का होता है और चाहे कोई भी महीना हो, उसे तो पत्थर खींचना ही पड़ता है और मकान बनाने के लिए बाँधी गई पहाड़ की चोटी तक ले जाना पड़ता है, जहाँ मकान पूरा बन चुकने के बाद कमल के फूलों का एक गुच्छा बाँध दिया जाता है । काम बिल्कुल खत्म होने के बाद वह घर जाता है, मगर तभी जब उसके पास रोटी होती है, और घर जाकर वह पाता है कि उसके बच्चों को निर्दयतापूर्वक पीटा गया है।

सामाजिक आलोचना और असंतोष की यह भावना कुछ हद तक मिस्र की चाक्षुष कलाओं में भी फैली और यथार्थवाद के एक प्रभावशाली रूप में व्यक्त हुई । मिस्री कला के लिए यह शाश्वत गौरव की बात है कि उसने केवल शासक वर्ग के कीर्ति-स्तंभों की ही रचना नहीं की, बल्कि उनको भी विषय बनाया जो काम करते थे, जो दलित और अपमानित थे । कितनी महान थी वह कला कि उसने हजारों साल पहले उन सवालों के जवाब दिए थे, जो हमारे जमाने में बर्टोल्ट ब्रेश्ट ने उठाए । ब्रेश्ट ने 'पढ़नेवाले मजदूर के सवाल' में पूछा है :

सात दरवाजों का यह थेबीज बनाया किसने ?
कहती हैं इतिहास-पुस्तकें इसे बनाया राजाओं ने ।
लेकिन क्या राजा लोगों ने पत्थर ढोये ?

कार्य का विषय मिस्री कला में बार-बार उठाया गया, लेकिन इस मूल विषय की अंतर्वस्तु और अर्थ बदलते रहे । रूढ़ 'वस्तुपरकता' की जगह आत्मपरक अभिव्यक्ति आई । (और शैली या तरीका भी बदला; उससे नपी-तुली शालीनता की जगह निम्नवर्गीय यथार्थवाद आया ।)

अभिजातवादी प्राचीन कलाओं में काम कोई अच्छा विषय नहीं माना जाता था । मध्यकालीन लघुचित्रों में (जैसे नूरेंबर्ग के उस्ताद की कृति 'ब्रेविआरियम ग्रिमानी') और नवजागरण के समय की कला में (जिसके उदाहरण ड्यूरेर, ग्रूनेवाल्ड, रीमेंश्नाइडर तथा अन्यों में मिलते हैं) कार्य का मूल विषय उठाया जाने लगा और खासतौर से कृषि-कार्य के विभिन्न पक्षों पर ध्यान दिया गया । समाज अब भू-दासता पर आधारित समाज नहीं रह गया था और मेहनतकश वर्ग कलाओं पर अपनी छाप छोड़ने लगे थे । किसानों और कारीगरों की कार्य-प्रक्रियाएँ कलाओं

में अपना प्रतिनिधित्व चाहने लगीं। इसी के साथ-साथ ग्राम्य जीवन के आदर्शीकरण की प्रवृत्ति—बड़ी दुनिया की शहरी नफासतों और बुराइयों के विरुद्ध ग्राम्य जीवन की छोटी-सी दुनिया को सरल और सौम्य दिखाने की प्रवृत्ति—भी चली। यह प्रवृत्ति, जो बारोक कला में बहुत प्रमुख रही, जार्जियोने की कृति 'सोई हुई चरवाहिन' से लेकर गोया की शानदार कृति 'अंगूर की फसल' तक में देखी जा सकती है, हालाँकि गोया का रवैया बड़े ही अक्खड़ किस्म का निम्नवर्गीय रवैया था। चरवाहा कलाकारों का प्रिय विषय बन गया, क्योंकि अभिजातवर्गीय उदासीनता के साथ अपनी भेड़ों को देखता हुआ चरवाहा बड़े सौम्य ढंग से निष्क्रिय दिखाया जा सकता था—हालाँकि अपने वास्तविक जीवन में वह बड़ा ही दरिद्र होता था, जूँएँ उसे खाती रहती थीं, गंदगी से लथपथ रहता था। यही 'प्रकृति की ओर वापसी' उन चरागाही नाटकों में फली-फूली, जो कुलीन वर्ग की ऊबी हुई रानियों या अन्य प्रभावशाली औरतों के द्वारा भद्रजनोचित नफासत से भरी 'सादगी' के साथ मंचित कराए जाते थे। अभिजात वर्ग जिस प्रकृति की ओर लौट रहा था, वह बहुत खूबसूरत ढंग से सजाई गई, सावधानी से काटी-छाँटी गई, नाजुक खुशबुओं से महकाई गई प्रकृति थी। उसमें जंगल असली जंगल नहीं थे, दुनिया वास्तविक दुनिया नहीं थी। इस दुनिया में चरवाहे का काम था बाँसुरी बजाना, देहाती नाच दिखाना, और अपने मालिकों का सुरुचिपूर्वक फलों तथा अंगूरी शराब के साथ स्वागत-सत्कार करना। दूसरे शब्दों में, उसका काम एक ऐसे 'जनगण' के सदस्य का अभिनय करना था, जो आश्वस्त करे कि 'जनगण' बड़े गुणी और नैतिक रूप से निष्कलुष हैं। किसान-विद्रोहों ने भूस्वामियों को 'बुरे' ग्रामवासियों की एक झलक दिखा दी थी; चरागाही नाटकों के भले ग्रामवासी चिंतित समाज के तनावग्रस्त स्नायुओं को शांति प्रदान करते थे। कला सामाजिक खतरों से घिरे हुए शासक वर्ग को भुलावे में रखने का जादुई साधन बन गई थी।

इतालवी नवजागरण की कला में काम करते हुए लोग कभी केंद्रीय विषय नहीं बने, मगर नीदरलैंड्स की कला में बने। यहाँ एक आत्मसचेत पूँजीपति वर्ग ने निम्न वर्ग के सक्रिय लोगों का चित्रण करने के लिए कलात्मक साधनों की समृद्ध परंपरा का सहारा लिया। अब यहाँ की कला में बेचारा लजारुस नहीं, निष्क्रिय भिखारी नहीं, गौथिक कला का दुःखी आदमी नहीं, बारोक नाटकों का काल्पनिक चरवाहा नहीं; बल्कि उत्पादनकर्त्ता किसान और कारीगर अपने सामाजिक क्रियाकलाप के साथ चित्रित होने लगा। ब्रूगेल की कृतियों में काम करते हुए लोग हमेशा मौजूद रहते हैं। ब्रूगेल और राबले, सर्वांतीस और सर्वप्रमुख शेक्सपियर की कृतियों में जो आंतरिक संबंध है, उसकी तरफ उचित ही संकेत किया जाता रहा है। मगर शेक्सपियर का रवैया अब भी अंशतः अभिजातवर्गीय रवैया था, जो विशेष रूप से उसके हास्यजनक ग्राम्य दृश्यों में नजर आता है। ब्रूगेल की कृतियों

में इस रवैए का कहीं भी कोई चिह्न नहीं मिलेगा। आस्ट्रिया के कला-इतिहासकार मैक्स ड्वोरक ने बिल्कुल सही लिखा था :

> ब्रूगेल पहला कलाकार था, जिसके लिए यथार्थवादी लोकप्रिय दृश्य महज बाह्य मंच-सज्जा की चीज नहीं थे। उसके लिए जीवन ही समस्त मनुष्यों का मापदंड था और यही था वह स्रोत, जहाँ उसने मानव मात्र में व्याप्त कामनाओं, कमजोरियों, आवेगों, नैतिकताओं, आदतों, विचारों और भावनाओं का अध्ययन तथा अनुसंधान किया था।

ब्रूगेल के चित्रों में कृषि-कार्य और काम करते लोगों का चित्रण आदर्शीकरण से रहित जीवन की एक अटूट अभिपुष्टि है; मगर उसमें कोई सामाजिक विरोध या समर्थन नहीं है। उसके चित्रों में मजबूत कदम रखकर चलनेवाली किसान औरतें हैं, लाल-सुनहरी ठोस दीवार जैसी मकई की घनी फसल काटते किसान हैं, कटाई के दिन की गहमागहमी है, और है कटाई करनेवालों का व्यस्त और वास्तविक अंदाज। मगर इस सबका असर इस वक्तव्य जैसा होता है कि 'यह सब इस तरह होता है और इसी तरह होता रहे!' ब्रूगेल की कला किसी प्रकार की भावुकता या अलंकरण से रहित है और अपने आपमें ही अपना अर्थ तथा अपनी संपुष्टि प्राप्त करती है। काम करते लोगों को झूठे सौंदर्य की आभा से मंडित नहीं किया गया है, उनके सिरों पर कोई अदृश्य प्रभामंडल मँडराता दिखाई नहीं देता। उनके मजबूत, खुरदरे नाक-नक्श इतने सधे हुए हाथ से उभारे गए हैं कि वे लगभग व्यंग्यचित्र बन जाते हैं। मगर ये व्यंग्यचित्र निम्न वर्ग के प्रति घृणा की अभिव्यक्ति नहीं है—जो शेक्सपियर में यदा-कदा पाई जाती है—बल्कि एक सच्चे यथार्थवादी के इस दृढ़निश्चय को व्यक्त करते हैं कि लोगों को वैसे ही चित्रित करना चाहिए जैसे कि वे हैं; अपनी उपलब्धियों और बुराइयों के साथ, अपनी ताकत और अपनी कमियों के साथ। उन्हें गुणी चरवाहों या 'प्रकृति के भद्र पुरुषों' के रूप में हरगिज चित्रित नहीं किया जाना चाहिए। ऐसे चित्र बनानेवाला ब्रूगेल उभरते हुए, आत्म-आश्वस्त पूँजीपति वर्ग का महान प्रवक्ता था।

आइए, अब कृषि-कार्य के विषय में आनेवाली उस मूलगामी तब्दीली पर विचार करें, जो मिये के चित्रों में घटित होती है। मिये का जन्म किसान वर्ग में हुआ था। उसने 1848 की क्रांति का समर्थन किया था। वह अपने चित्रों में किसान के कार्य का चित्रण पूँजीवादी जगत में पाई जानेवाली एक आधुनिक गुलामी और जघन्य अमानुषीकरण के रूप में करता है। शामिन्ने ने उन्हीं दिनों अपनी रचना 'ड ल'एस्लावर मोडेर्न' में लिखा था :

> वसंत के अंत में जिस फसल से हमारे बखार भरे जाते हैं, उसे पैदा करने के लिए किसान कितना कष्ट उठाता है। वह वर्षा, शीत और धूप में इसके लिए

> खटता है। फिर भी अगर कोई राष्ट्र इस कार्य के लिए उसे नीची नजर से देखता है, उसे न्याय तथा स्वतंत्रता देने से इनकार करता है, तो उस राष्ट्र के चारों तरफ एक ऊँची दीवार उठा देनी चाहिए ताकि उसकी बदबू योरप के वातावरण को विषाक्त न बना सके।

सर्वहारा का वर्ग-संघर्ष शुरू हो चुका था—और ब्रूगेल ने जो कुछ उभरते हुए पूँजीपति वर्ग की नजर से देखा था, उसी को मिये ने सर्वहारा किसान की नजर से देखा। उसने किसान के कार्य तथा जीवन की नीरसता, दुर्दशा और निराशामयता का चित्रण किया। यह चित्रण बाहर से किया हुआ नहीं, बल्कि किसानों के बीच एक किसान बनकर किया गया चित्रण था। उसकी चरवाहिनों और रोकोको तथा बारोक चित्रों की नखरेबाज चरवाहिनों में कोई समानता नहीं है। उसकी चरवाहिन एक मोटा आकारहीन कपड़ा पहने, थकान से चूर होकर अपनी लाठी का सहारा लिए खड़ी, उदास भाव से कुछ सोचती हुई, अभागी मनुष्यता के जीवित प्रेत जैसी दिखाई देती है। या फिर उसने फसल की कटाई के बाद खेतों में पड़े रह जानेवाले अनाज का सिल्ला बीननेवालों का जो चित्र बनाया है, उसे देखिए : चेहरा किसी का दिखाई नहीं देता, केवल धनुषाकार पीठें नजर आती हैं, सिर लगभग जमीन को छूते हुए, हाथ धूल-मिट्टी में पड़े दानों को खँगालते हुए। ये अवनत आकृतियाँ ऐसी लगती हैं, मानो इनमें से सारी मानवता निचोड़ ली गई हो।

ऐसी ही धनुषाकार पीठें, ऐसे ही झुके हुए सिर—मगर और ज्यादा भयानक रूप से तथा और ज्यादा निराशामयता के साथ जमीन की तरफ झुके हुए—पुनः वान गौख के चित्रों में मिलते हैं। गौख ने मिये के अनुकरण से अपनी शुरुआत की थी, लेकिन अपनी अद्वितीय प्रतिभा के बल पर वह उससे बहुत आगे निकल गया। उसने 1880 में अपने भाई को एक पत्र में लिखा था, "मैं तुमको बता सकता हूँ कि मैंने मिये के 'ट्रावो डे शाँ' के दस पृष्ठों के रेखांकन कर लिए हैं और एक चित्र बिल्कुल पूरा कर लिया है…इसके अलावा तुमने 'ओंजेलुस' का जो उत्कीर्ण भेजा था, उसके आधार पर भी मैंने एक चित्र बनाया है…" बाद में उसने एक और पत्र में अपनी निजी चित्रकला के उद्देश्य के बारे में लिखा :

> अगली बार जब तुम मेरी चित्रशाला में आओगे, और मेरा खयाल है कि तुम जल्दी ही उसे देखने आओगे, तब तुम पाओगे कि शिलामुद्रण के लिए काम करते हुए लोगों के प्रातिनिधिक चित्र बनाने की योजना अब भी मेरे दिमाग में है, हालाँकि अभी मैं उसके बारे में कुछ ज्यादा नहीं बता सकता…मैंने उनके कई चित्र बनाए हैं। उनमें एक बीज बोनेवाला आदमी है—एक फसल काटनेवाला आदमी—एक कपड़े धोनेवाली औरत—एक सिलाई करनेवाली औरत—एक भिक्षागृहवाला आदमी—एक मांगलिक अनुष्ठान—

> और एक है खाद से भरा ठेला खींचता हुआ आदमी। अगर जरूरत पड़ी तो और भी बना सकता हूँ··· मेरा खयाल है, लैरमिट की महानता का रहस्य इसके सिवा और कुछ नहीं है कि वह आम आकृतियों को, यानी हट्टे-कट्टे, गंभीर कामगारों की आकृतियों को पूरी तरह जानता है और अपने विषय ठीक जनता के बीच से उठाता है। उसकी-सी ऊँचाई तक पहुँचने के लिए··· मगर नहीं, इसके बारे में बात नहीं करनी चाहिए—आदमी को *काम* करना चाहिए और जहाँ तक पहुँच सके, पहुँचना चाहिए।

और अंततः

> यह एक चीज अब भी बची हुई है—यह विश्वास—अनायास ही ऐसा लगता है कि बहुत कुछ बदल रहा है और सभी कुछ बदल जानेवाला है। हम उस सदी की आखिरी चौथाई में रह रहे हैं, जिसके अंत में फिर एक जबर्दस्त क्रांति होगी। मान भी लें कि हम अपने जीवन के अंत-समय में उसकी शुरुआत देख सकेंगे—मगर यह निश्चित है कि हम उन अच्छे वक्तों को नहीं देख पाएँगे जब साफ हवा चलेगी और उस महान तूफान के *बाद* सारा समाज तरोताजा हो जाएगा।

तो वान गौख ने इस तरह से काम किया। उसने अपने मूलभाव 'ठीक जनता के बीच से उठाए, क्योंकि उसे आनेवाले जबर्दस्त सामाजिक परिवर्तन का आभास था। वह 'महान तूफान' से पहले का आदमी था और इस कटु अहसास से भरा हुआ था कि वह 'उन अच्छे वक्तों को नहीं देख पाएगा जब साफ हवा चलेगी और··· सारा समाज तरोताजा हो जाएगा।' महान तूफान से पहले के उन दिनों में मेहनतकश लोग उत्पीड़ित और अपमानित होते थे (वान गौख जोला की कृतियाँ 'बीज' और 'धरती' पढ़कर बहुत विचलित हुआ था) और काम से बचे बहुत थोड़े-से वक्त में ही वे इंसान रह पाते थे।

ब्रूगेल ने चित्रों में फसल काटनेवालों का जो चित्रण किया था, उससे आगे का चित्रण मिये ने किया लेकिन वान गौख का 'फसल काटनेवाला' और भी आगे का था। यह एक युवा किसान है। उसके काम ने उसके शरीर को बिल्कुल ऐंठ-मरोड़ दिया है। वह नितांत अकेला है। अकेलेपन का यह मूलभाव अपनी घोषणा आप ही करता हुआ दिखाई देता है। यह उस एकाकी व्यक्ति का अकेलापन है, जो पेट भरने के लिए चार दाने कमाने के संघर्ष में अकेला पड़ गया है, जो हमेशा आतंकित रहता है और कभी भी आश्वस्त नहीं हो पाता। रूखे बालों के गुच्छे के नीचे उसका चेहरा वैसा ही पीला है, जैसी पीली वह फसल है जिसे वह काट रहा है। यह चेहरा परिश्रम और थकान दोनों व्यक्त करता है। थकान इतनी है कि लगता है, अगले ही क्षण इस आदमी के लिए अपना बोझ सँभालना भारी पड़ जाएगा और धरती उसे

नीचे खींचकर गिरा लेगी और वह निर्जीव चीजों में महज एक चीज बनकर रह जाएगा। ये *चीजें* मनुष्य से ज्यादा ताकतवर हैं। ऐसा लगता है, मानो उन्होंने पिशाच बनकर अपनी एक स्वतंत्र पैशाचिक जिंदगी शुरू कर दी हो। अब यह ब्रूगेल द्वारा चित्रित फसल का स्थिर द्रव्यमान नहीं है, बल्कि एक ऐसा खेत है जो मानो बुखार में तप रहा हो, या किसी अजीब भूकंप का झटका खाकर जाग उठा हो। आगे चलकर वान गौख इन निर्जीव चीजों के 'जीवन' को उत्तरोत्तर और ज्यादा गहराई से खोजने लगा, मानो उन्हें रँगे हाथों पकड़ रहा हो। वह कुरसी, जिस पर अब कोई नहीं बैठा है (एक बार गोगां उस पर बैठा था); वह भूदृश्य, जिसमें कोई भी आदमी नहीं है; एक ऐसी दुनिया, जिसे सब लोग छोड़कर चले गए हैं और जिसे उड़ा देने के लिए डायनामाइट में पलीता लगा दिया गया है—और इस सबके पीछे है एक बहुत बड़ा सूरज, जो किसी भी दिन मनुष्य तथा चीजों पर चमक सकता है। तब एक महान क्रांति होगी, लेकिन वान गौख को विश्वास है कि इस विस्फोटक युग का चित्रकार वह 'अच्छा वक्त' देखने के लिए जिंदा नहीं रहेगा।

धनुषाकार पीठें, झुके हुए सिर, मजदूरों व किसानों का अपमान और तिरस्कार--ये विषय मैक्सिको के महान चित्रकार दियेगो रिवेरा ने भी उठाए थे। लेकिन उसने उन लोगों को भी चित्रित किया, जो उन्हें अपमानित और तिरस्कृत करते थे। उन्हें इस रूप में चित्रित किया मानो अपनी घृणा से उन्हें दंड दे रहा हो। यही घृणा डोमिये के रेखांकनों की प्रेरणा बनी थी। दियेगो रिवेरा ने स्पेनी उत्पीड़कों और 'अमीरों के आहार' को, अमरीका के तेल-डाकुओं और डालर-नरेशों को, अपनी बाइबिल दिखाते हुए बैंकरों को और अपनी छातियों की गुस्ताख नुमाइश करती हुई ऊँचे दरजे की रंडियों को चित्रित किया। उसकी कृतियों में लोगों की पीठों को धनुषाकार बना देनेवाली और उनके सिरों को झुका देनेवाली शक्ति अदृश्य नहीं रह गई है, बल्कि एक वास्तविक और प्रत्यक्ष दिखाई देते शत्रु के रूप में सामने आ गई है, जिसका मुकाबला किया जा सकता है और परास्त किया जा सकता है। रिवेरा ने यहीं बस नहीं की। और भी आगे बढ़कर उसने मुक्त पृथ्वी को, आपस में जमीन का साझा करते हुए किसानों को, अपने लिए अपनी जमीन जोतनेवालों को, अपनी मकई और अपनी ईख काटनेवालों को, कृषि-विशेषज्ञ के साथ खेती के युक्तिसंगत तरीकों पर बातचीत करते लोगों को, गाँव में पहला ट्रेक्टर लानेवालों को, और छुट्टियाँ मनाते लोगों को चित्रित किया। इस प्रकार काम करनेवाले उन लोगों को, जिनकी अब तक धनुषाकार पीठें, झुके हुए सिर और तनी हुई मांसपेशियाँ ही दिखाई देती थीं, अचानक इंसान का चेहरा मिल गया—एक ऐसा चेहरा जो दृढ़निश्चय अथवा प्रसन्न आत्मविश्वास को व्यक्त करने में समर्थ था। दियेगो रिवेरा ने जिस तरीके से आम लोगों के संघर्षों, उनकी विजयों और उनके सार्थक कार्यों का चित्रण किया है, उसमें शैली-चित्रों

जैसी कोई बात नहीं है, कोई फालतू ब्योरा नहीं है, संकीर्ण प्रकृतवाद या रोमानी मुद्रा का कोई चिह्न नहीं है। यह सच्चा समाजवादी यथार्थवाद है। रिवेरा के गहन कलात्मक अनुभव ने उसे गियोट्टो, माइकेलेंजेलो, डोमिये तथा महान आधुनिक फ्रांसीसी चित्रकारों की नकल किए बिना उनसे सीखने में समर्थ बनाया। उसके चित्रों में कृषि-कार्य और आम मानवीय कार्य के विषय को सर्वथा नई अंतर्वस्तु प्राप्त हुई। एक पुराने विषय को नया अर्थ मिला और यह नया अर्थ एक नई शैली के साथ मिला।

एक चित्र की व्याख्या

ऊपर हमने कुछ उदाहरण यह दिखाने के लिए दिए हैं कि अंतर्वस्तु विषय या मूल विषय से अतुलनीय रूप से बड़ी चीज है और विषय का चुनाव तो महत्त्वपूर्ण है ही, लेकिन कलाकृति की अंतर्वस्तु का निर्धारण इस बात से इतना नहीं होता कि उसमें क्या कहा गया है, जितना इस बात से कि जो कुछ कहा गया है, कैसे कहा गया है। अर्थात् कलाकार ने जाने-अनजाने अपने समय की सामाजिक प्रवृत्तियों की अभिव्यक्ति किस प्रकार की है ? किसी चित्र की व्याख्या कभी-कभी एक मुश्किल काम बन जाती है और एक ही चित्र को देखकर अंतर्विरोधी निष्कर्ष अक्सर निकाले जा सकते हैं। इस बात को भी मैं एक उदाहरण के जरिए स्पष्ट करना चाहता हूँ। नीचे मैं एक उद्धरण दे रहा हूँ, जिसमें योहानेस आर. बेकर ने एल ग्रेको के चित्र 'स्टॉर्म ओवर टोलेडो' (टोलेडो पर आया तूफान) की अंतर्वस्तु को इस प्रकार परिभाषित किया है :

> एक प्रलयंकर तूफान उठ रहा है। यह तूफान क्षितिज पर बादलों के पहाड़ उठा रहा है। यह तूफान शहर के छोर पर तो अपना असर पहले ही जमा चुका है, बाकी शहर को भी डरा रहा है। शहर पीला पड़ गया है मानो इस भय से काँप रहा हो कि सारी दुनिया के नष्ट हो जाने का खतरा पैदा हो गया है। वे हरी पहाड़ियाँ भी, जिन पर टोलेडो नगर बसा हुआ है, अपना रंग बदल रही हैं। उनका रंग हल्का होकर भुतहा हरा हो गया है। पहाड़ियों के बीच में नदी मानो जकड़ी हुई पड़ी है, उसका प्रभाव रुक गया है, मानो आसन्न संकट के भय से उसे लकवा मार गया हो। नदी आतंककारी आकाश के प्रतिबिंबन में छोटे-से द्वीप के इर्द-गिर्द एक निष्क्रिय और प्रतीक्षारत द्रव्यमान की तरह उघड़ी हुई पड़ी है। घास और पेड़-पौधे मानो भय से चौंक उठे हैं, मगर वे जड़ और स्थिर हैं, क्योंकि यह तूफान के आने से पहले का क्षण है। क्षितिज पर छाए हुए बादल उत्तरोत्तर घने और काले होते जा रहे हैं। कलाकार मानो हमें उनकी निकट आती हुई गर्जना सुनवा

> देता है। उनमें चमकती हुई बिजलियों का अहसास करा देता है। आनेवाला तूफान सर्वव्यापी है—हमें वह ऐसा ही महसूस होता है। अपने महलों और मीनारों, पुलों और मेहराबों वाला शहर टोलेडो इस तूफान के टूट पड़ने से पहले ही मानो खुद ही अपनी नींवों तक हिल गया है। लेकिन उसका यह काँपना साथ ही एक विजय का प्रभाव भी उत्पन्न करता है। लगता है, टोलेडो इस तूफान में टिका रहेगा!

यह एक सुंदर और आशावादी व्याख्या है। मगर कोई अन्य व्याख्याकार इस वक्तव्य को कि 'टोलेडो इस तूफान में टिका रहेगा!' एक प्रश्न में भी बदल सकता है कि 'क्या टोलेडो इस तूफान में टिका रहेगा?' (यहाँ हमारा अभिप्राय 'वास्तविक' टोलेडो से नहीं, बल्कि कलाकार की कृति से है, जिसके चित्र दुनिया के बारे में कोई आशावादी दृष्टि देने के बजाय एक महाविनाश के भय का ही साक्ष्य प्रस्तुत करते हैं।) वे पत्थर, चट्टानें और हरी पहाड़ियाँ, जिन्हें उस तूफान को झेलना है, कतई मजबूत और अडिग नहीं लगतीं। वह प्राकृतिक शक्ति भी, जो ऊपर से शहर को डरा रही है, एक छिपी हुई अदृश्य शक्ति है। केवल बादलों की परछाईं ही पत्थर की दीवारों और संपूर्ण भूदृश्य को भुतहा पीलापन प्रदान नहीं कर रही है, बल्कि खुद इन चीजों के अंदर भी कोई भुतहापन है। चित्र को देखते समय ब्रेश्ट की ये पंक्तियाँ याद आ जाती हैं।

> शेष बचेगी इन शहरों के नाम पर
> हवा जो कभी बहती थी इनमें सर-सर।

एक विराट् नाटक मंचित होनेवाला है। यहाँ न केवल प्रकृति की विस्फोटक सतह, बल्कि मानव-निर्मित एक ठोस, मजबूत शहर भी अत्यंत क्षणभंगुर दिखाया गया है, जो भयानक खतरों की दुनिया में स्तब्ध-सा खड़ा है। आज का भव्य सिंहद्वार आनेवाले कल के एक मलबे के ढेर के अलावा कुछ नहीं है। बड़ी भयानक घटनाएँ घटित होंगी। एक दिन आएगा जब टोलेडो भी ध्वस्त हो जाएगा, एल ग्रेको अपनी संपूर्ण अभिव्यक्ति-क्षमता के साथ शायद यही कहना चाहता था।

उक्त दोनों व्याख्याओं के साथ परेशानी यह है कि दोनों ही व्याख्याएँ आत्मपरक हैं। हालाँकि एल ग्रेको की अपनी दुनिया से और उसके अपने रवैए से भी दूसरी व्याख्या की पुष्टि होती है (मैंने उदाहरण को बोझिल होने से बचाने के लिए तर्क और प्रमाण छोड़ दिए हैं); फिर भी यहाँ उस कठिनाई का जिक्र करना उचित लगता है, जो बिल्कुल सही व्याख्याएँ करने में कभी भी सामने आ सकती है। यह सवाल जरूर उठाया जाना चाहिए कि कलाकार खुद क्या कहना चाहता था? लेकिन इसका जवाब अगर मिल भी जाए (क्योंकि इसका जवाब अक्सर

मिला नहीं करता) तो अनिवार्यतः एक सवाल और उठेगा कि 'यह बात वह क्यों कहना चाहता था ?' जाने-अनजाने वह किन बाह्य शक्तियों के इशारे पर, अपने समय के किन विशिष्ट प्रभावों के अंतर्गत, ऐसी बात कह रहा था ? क्या उसका अवचेतन उसके ऊपर हावी नहीं हो गया था ? क्या ऐसा नहीं है कि कलाकार अपनी कृति को जो अर्थ देना चाहता था, वह अर्थ अपने में एक और भी गहरा अर्थ छिपाए हुए था ? यानी अंतिम विश्लेषण में क्या उसकी कृति में एक सामाजिक अर्थ भी निहित नहीं था ? और क्या वह अंतर्निहित गहरा अर्थ कलाकार के इरादे से भिन्न तथा उसका विरोधी नहीं हो सकता ? तब प्रेक्षक कौन-सा वस्तुपरक प्रतिमान अपनाए ? कलाकृति किसी कालखंड के वातावरण तथा किसी व्यक्तित्व से ओतप्रोत हुआ करती है। परंतु क्या वह वातावरण सदियों बाद भी अपरिवर्तित बना रहता है ? क्या एक भिन्न दुनिया में आकर कलाकृति स्वयं भी एक भिन्न चीज नहीं बन जाती है ? क्या समकालीनों द्वारा किए गए मूल्यांकन की तुलना में बाद के लोगों द्वारा किया गया मूल्यांकन अक्सर ज्यादा सही नहीं होता है ? क्या कोई ऐसी चीज, जो अपने समय में भविष्य की एक धूमिल-सी संभावना मात्र थी, अचानक और चमत्कारपूर्ण ढंग से आज का वर्तमान नहीं बन सकती ? किसी चित्र की कलात्मक गुणवत्ता पर वस्तुपरक ढंग से विचार किया जा सकता है, लेकिन उसमें उसके अर्थ को कई तरह से पढ़ा जा सकता है। सोलहवीं शताब्दी में एक 'एल ग्रेको' था; उसके बाद लंबे अरसे तक कोई 'एल ग्रेको' नहीं रहता; और आज एक 'एल ग्रेको' है, जो बीसवीं शताब्दी का है। कलाकृति में हम वही खोजते हैं, जो पाना चाहते हैं, और कलाकृति हमें वही चीज देती है, क्योंकि कलाकृति अपने आप में कोई चीज हरगिज नहीं होती। कलाकृति के लिए हमेशा यह जरूरी होता है कि उसके और प्रेक्षक के बीच एक अंतःक्रिया हो। हम कलाकृति का अर्थ खोजते हैं, लेकिन उसे एक अर्थ देते भी हैं।

मगर चित्र का अर्थ कुछ भी हो (बहुत-सी कलाकृतियों की व्याख्याएँ समय बदलने के साथ-साथ बदलती जाती हैं), वह अपनी विषयवस्तु (जैसे 'शहर पर छाए हुए तूफान के बादल') से हमेशा ही कुछ बड़ी चीज होता है। कोई प्रकृतवादी चित्रकार इसी विषय को इस ढंग से भी चित्रित कर सकता है कि उसके चित्र का अर्थ एक वास्तविक 'प्राकृतिक' शहर पर छाए हुए 'प्राकृतिक' तूफान के अलावा और कुछ न हो। तब प्रेक्षक को यह मान जाने के अलावा कुछ नहीं करना है कि कलाकार ने तूफान का कैसा हू-ब-हू चित्र खींचा है। इससे चित्र का अर्थ अत्यंत संकुचित हो जाता है। उसका अर्थ केवल इस बात में रह जाता है कि चित्र में तदनुरूपता कितनी है। कलाकृति यथार्थ की एक अनुकृति मात्र रह जाती है—बाहर से की गई एक नकल, जिसमें न कोई अंतर्वस्तु होती है, न विचार होते हैं। वह स्वयं कोई नया और महत्त्वपूर्ण यथार्थ नहीं बन पाती। इस हालत में भी

वह एक अच्छी तरह बनाया गया चित्र हो सकता है—और इसी बात में उसके अस्तित्व का कोई अर्थ या औचित्य भी निहित हो सकता है—लेकिन अगर कोई कलाकृति प्रकृति के किसी प्रपंच को नकल करने या अंकित करने के अलावा कुछ नहीं करती, अगर वह कुछ नया नहीं खोजती, नया कुछ प्रकट नहीं करती, 'चीजों को रंगे हाथ पकड़ती' नहीं, तो उसकी सार्थकता क्या है? गेटे ने 'ट्रूथ एंड वेरीसिमिलीट्यूड ऑफ वर्क्स ऑफ आर्ट' (कलाकृतियों में सत्य और सत्याभास) नामक अपने अध्ययन में यथार्थ के हू-ब-हू अनुकरण की प्रकृतवादी प्रवृत्ति पर तीखा व्यंग्य किया है। ज्यूक्सिस द्वारा बनाए गए एक चित्र के बारे मे एक किस्सा प्रचलित था कि उसने अपने चित्र में चैरी फलों को इस तरह चित्रित किया था कि चिड़ियाँ उसमें चित्रित चैरियों को असली चैरियाँ समझ लेती थीं। गेटे ने इसी किस्से से अपनी बात शुरू करते हुए लिखा:

> आपको निश्चय ही वे चिड़ियाँ याद होंगी, जो उस महान चित्रकार की चैरियाँ उठा लें जाने के लिए उड़ आती थीं। तो, क्या इससे यह सिद्ध नहीं होता कि चैरियों का चित्रांकन बहुत बढ़िया ढंग से हुआ था? हरगिज नहीं। मेरे हिसाब से तो उल्टी बात सिद्ध होती है कि चित्र में चित्रित चैरियाँ वास्तविक नहीं थीं, बल्कि उन्हें वास्तविक मानकर धोखा खा जानेवाली चिड़ियाँ ही वास्तविक थीं। लेकिन क्या इस आधार पर मुझे यह नहीं मान लेना चाहिए कि चित्र बहुत बढ़िया था? तर्क-वितर्क करने के बजाए मुझे आमतौर पर किस्से सुनाना ज्यादा अच्छा लगता है। मैं आपको एक नवीनतर किस्सा सुनाता हूँ: एक प्रकृतिवेत्ता था। उसके पास बहुत-से जीव-जंतु थे। उनमें एक बंदर भी था। एक बार वह बंदर खो गया। प्रकृतिवेत्ता को बहुत देर तक तलाश करने के बाद वह बंदर अपने पुस्तकालय में मिला। बंदर फर्श पर बैठा हुआ था और उसने प्राकृतिक विज्ञान की एक पुस्तक के सचित्र पन्ने अपने आसपास बिखेर रखे थे। प्रकृतिवेत्ता अपने पालतू बंदर की विद्वत्ता देखकर चकित रह गया। लेकिन पास पहुँचकर उसने बड़े आश्चर्य और गुस्से के साथ देखा कि लालची बंदर उन पन्नों पर चित्रित तमाम भृंगकीटों को खा गया है…

निश्चय ही लालची बंदर को भी 'बड़े आश्चर्य और गुस्से के साथ' यह मालूम हो गया होगा कि वास्तविक भृंगकीट चित्रों में बने भृंगकीटों से ज्यादा स्वादिष्ट और पौष्टिक होते हैं। दूसरे शब्दों में, प्रकृति कला की तुलना में हमेशा ज्यादा 'प्राकृतिक' होती है और कला इस मामले में वह कार्य संपन्न करने की आशा नहीं कर सकती, जो प्रकृति बड़े शानदार ढंग से संपन्न किया करती है। अतः प्रकृति की प्रतिकृति तैयार करना कला का लक्ष्य नहीं हो सकता। यह उसका उद्देश्य कदापि

नहीं हो सकता क्योंकि उसके अर्थ तथा अंतर्वस्तु का मसला महज तदनुरूपता का मसला नहीं है।

लेकिन जिस तरह यह समझना महत्त्वपूर्ण है कि कलाकृति का अर्थ और उसकी अंतर्वस्तु उसकी विषयवस्तु से आगे की चीज है, उसी तरह विषय को उसका उचित महत्त्व प्रदान करना भी कम आवश्यक नहीं है। साहित्य और कलाओं में विषयों का विकास कैसे होता है, यह बात बहुत ध्यान देने योग्य है, क्योंकि विषय के चुनाव में उस समय की सामाजिक परिस्थितियों और सामाजिक चेतना का प्रतिबिंबन होता है। पौराणिक विषयों से हटकर लौकिक अथवा 'अपावन' विषयों का चुनाव, राजाओं और अभिजातवर्गीय लोगों के संसार में जनसाधारण का अंतःप्रवेश, शहर और देहात के दैनंदिन जीवन के चित्रण के जरिए पावन विषयों का धर्मनिरपेक्षीकरण, कलाओं के लिए सम्यक् मूल विषय के रूप में काम करते हुए मनुष्यों की खोज, 'अभिजात नाटक' की जगह 'बूर्जुआ त्रासदी' के आगमन—ये तमाम नए सामाजिक विषय एक नई अंतर्वस्तु का संकेत देते हैं और उपन्यास जैसे नए रूपों की माँग करते हैं। इस प्रकार का विकास किसी निश्चित फार्मूले के अनुसार नहीं होता और घटनाओं की एक क्रमिक शृंखला के अनुरूप भी नहीं होता, कि पहले नया विषय आएगा, उसके बाद नई अंतर्वस्तु आएगी और उसके बाद नया रूप आएगा। यह तो कई जटिल तथा बहुविध पारस्परिक प्रभावों का मसला है। इस प्रक्रिया को गेटे अथवा सर्वान्टीज जैसे प्रतिभाशाली कलाकार अचानक, कई चरणों को एक साथ लाँघकर, आगे बढ़ा सकते हैं। कई चीजें हैं जो इस विकास को गति दे सकती हैं या उसमें बाधक बन सकती हैं, जिनसे नए अर्थ और नए रूप या तो बहुत धीरे-धीरे, कष्टपूर्वक तथा अनेक अंतर्विरोधों के साथ उभर सकते हैं, या बड़ी आसानी से, और अचानक सामने आ सकते हैं। ये चीजें हैं : पारंपरिक विषयों में (विशेष रूप से धार्मिक विषयों में) लंबे समय तक स्थाई बने रहने की क्षमता, किसी पुरानी शैली का लगातार बना रहनेवाला प्रभाव, परस्पर सहायक अथवा अस्थाई तौर पर एक-दूसरे को खारिज कर सकनेवाली अनेक प्रकार की सामाजिक, तकनीकी और विचारधारात्मक परिस्थितियाँ, अथवा सौभाग्य से अचानक किसी महान कलाकार व्यक्तित्व का उदय। अतः किसी कलाकृति का, किसी कलात्मक आंदोलन अथवा कलाओं के किसी काल विशेष का विश्लेषण करते समय हमें पहले से बनी-बनाई धारणाओं के प्रति बहुत सतर्क रहना चाहिए। लेकिन जब हम कला के संपूर्ण इतिहास की सामान्य विशेषताओं का सर्वेक्षण करते हैं, तब यह देखे बिना नहीं रह सकते कि कलाओं की अंतर्वस्तु और उनके रूप में होनेवाले परिवर्तन अंततः सामाजिक आर्थिक परिवर्तनों के परिणाम होते हैं। अंततः नई अंतर्वस्तु ही नए रूपों का निर्माण करती है।

अक्सर यह भी होता है कि नइ अंतर्वस्तु पुराने रूपों में अभिव्यक्त की जाती है; लेकिन यह भी हो सकता है कि वह पुराने रूपों को लगभग एक हिंसक विस्फोट के साथ उड़ाकर नष्ट कर दे और नए रूपों को जन्म दे डाले। स्विट्जरलैंड के आलोचक कोनराड फार्नर ने इस चीज का उदाहरण देते हुए कि नई अंतर्वस्तु किस तरह कभी-कभी पुराने रूपों को उधार लेकर व्यक्त होती है, ईसाई कला का हवाला दिया है। उसने लिखा है कि इस कला ने :

> एक नई अंतर्वस्तु को, ईसाई अंतर्वस्तु को, व्यक्त करने के लिए पुराने गैर-ईसाई रूपों का इस्तेमाल किया। ईसाई कलाकारों को इन पुराने रूपों का इस्तेमाल नई अंतर्वस्तु को यथासंभव सरल ढंग से प्रस्तुत करने के लिए करना पड़ा, क्योंकि ये रूप कला को देखने के सुपरिचित नजरियों से मेल खाते थे। आरंभिक ईसाइयों की पहली चिंता यही थी कि एक नई दुनिया बनाने के लिए ईसाई संदेश का ज्यादा से ज्यादा व्यापक प्रचार किया जाए। नई अंतर्वस्तु के अनुरूप नए रूप की खोज से पहले कलाकार की कई पीढ़ियाँ ऐसे ही गुजर गईं। कारण यह है कि नए रूप न तो अचानक पैदा किए जा सकते हैं, न उन्हें कानून बनाकर लागू किया जा सकता है। संयोग से यही बात नई अंतर्वस्तुओं के बारे में भी सच है। लेकिन एक बात स्पष्ट रूप से समझ लेनी चाहिए कि नवीकरण पहले हमेशा अंतर्वस्तु का करना पड़ता है, रूप का नहीं; अंतर्वस्तु ही रूप को जन्म देती है, रूप अंतर्वस्तु को जन्म नहीं देता। अंतर्वस्तु न केवल महत्त्व की दृष्टि से, बल्कि समय की दृष्टि से भी पहले आती है। और यही बात प्रकृति पर लागू होती है, समाज पर लागू होती है, और इसीलिए कलाओं पर भी लागू होती है। जहाँ भी रूप को अंतर्वस्तु से अधिक महत्त्व दिया जाता है, आप पाएँगे कि वहाँ अंतर्वस्तु पुरानी पड़ चुकी है। मध्ययुग के अंत में अश्लील गौथिक कला के साथ यही बात थी और आज पतनशील पूँजीवाद के काल में खोखली अमूर्त कला के साथ भी यही बात है।

कोई भी इससे इनकार नहीं कर सकता कि ईसाई धर्म दुनिया में नए विचार लेकर आया। लेकिन हमें इस तथ्य की अनदेखी नहीं करनी चाहिए कि हमारे युग की प्रारंभिक शताब्दियों में ईसाई धर्म की अंतर्वस्तु नई नहीं थी, यहाँ तक कि वह घोर पुरातनता से जुड़ी हुई थी। ईसाई धर्म को अपने समान धर्मों से—मसलन मिथ्रास, आइसिस और सेरापिस जैसे मतों से—प्रतिस्पर्द्धा करनी पड़ी, जो अपनी स्थानीय सीमाओं से बहुत बाहर निकल आए थे और रोमन साम्राज्य की धार्मिक एकता संबंधी प्यास को बुझाने की कोशिश कर रहे थे। ईसाई धर्म—विशेष रूप से अपने सिकंदरी रूप में—पुरातनता के *अंदर ही* स्वयं को एक आंदोलन के रूप में स्थापित

करने तथा अपने आपको प्राचीन काल के दर्शन तथा कलाओं से जोड़ने के लिए अत्यधिक चिंतित था। लेकिन इनमें से कोई भी चीज हमारे तर्क के लिए सीधे तौर पर प्रासंगिक नहीं है। फार्नर की जिस मुख्य बात से सहमत होना हमारे लिए नितांत आवश्यक है, वह यह है कि कलाकृतियों में नए विचार अपनी अभिव्यक्ति के लिए पुराने रूपों का इस्तेमाल कर सकते हैं।

आरंभिक गौथिक लोगों ने देखा कि नई सामाजिक अंतर्वस्तु और नए सामाजिक वर्गों के उदय के परिणामस्वरूप नए रूपों तथा अभिव्यक्ति के साधनों की एक विशाल संपदा उनके हाथ लग गई है। यह प्रक्रिया बहुत पहले उत्तरवर्ती रोमानेस्क काल में ही शुरू हो चुकी थी। सामंती व्यवस्था वाली औपचारिक रोमानेस्क दुनिया का कायाकल्प हो चुका था। समाज का वह जड़ श्रेणीबद्ध ढाँचा टूट चुका था, जिसमें मनुष्य नहीं होते थे, केवल पद और जातियाँ हुआ करती थीं। सुनहरी, लाल और नीली पोशाकोंवाले अधीनस्थ जागीरदारों को अपने कदमों में बिठाकर सिंहासनों पर आसीन सामंती नरेशों के अबूझ गांभीर्य, उनकी ठंडी चमक, अभिजात महामानवों वाले नपे-तुले अंग-संचालन आदि की जगह गौथिक और रोमानेस्क कला का आह्लादकारी यथार्थवाद आ चुका था। स्वर्गिक जमघटों वाले सामंती शासक के स्थान पर कष्ट और यातनाएँ पाते हुए ईसा की प्रतिष्ठा हो चुकी थी। उस ईसा की प्रतिष्ठा हो चुकी थी जो अपनी दरिद्रता और विरूपता में जनसाधारण जैसा लगता था। शान-शौकत के साथ विराजी हुई स्वर्ग की रानी के स्थान पर उस कुमारी मेरी की प्रतिष्ठा हो चुकी थी, जो अपमानित और आहत लोगों की रक्षक थी। उत्तरवर्ती रोमानेस्क मूर्तिकला में लजारुस पहले ही अपना केंद्रीय स्थान बना चुका था, जो धनी और शक्तिशाली लोगों की, पेटू और अय्याश लोगों की, अहंकार और बुराइयों से युक्त जिस्म की हेकड़ी के विरुद्ध एक अभियोग था। कुत्ते लजारुस के रिसते हुए जख्मों को चाट रहे हैं, लेकिन एक देवदूत आ रहा है, जो उसे स्वर्ग में ले जाएगा। और मृत्यु तथा शैतान दोनों मिलकर धनी आदमी डाइवीज के लिए एक बीभत्स मौत की तैयारी कर रहे हैं। डाइवीज की मृत्यु का चित्रण प्रतिशोध की कल्पना के उन्मत्त क्रोध के साथ हुआ है : एक राक्षस उसके मुँह से उसकी आत्मा को खींचकर निकाल रहा है, दूसरा राक्षस धन की थैली दिखाकर उसे ताने दे रहा है, बहुत-से पिशाचों, पक्षियों, ड्रेगनों और साँपों का एक नारकीय झुंड उसके ऊपर टूट पड़ा है, जो उसकी फटी-चिथी देह को नरक में ले जाएगा। फ्रीडरिश हीयर ने 'दि राइज् ऑफ योरप' (योरप का उत्थान) में लिखा है कि मोइसाक के प्रवेश-द्वार पर :

> इसके साथ के अन्य उत्कीर्णनों में धनी लोगों तथा अन्य पापियों को नरक में दंड पाते हुए चित्रित किया गया है। एक कंजूस जमीन पर पड़ा अपने हाथों और पैरों पर चौपायों की तरह घिसटता हुआ तड़प रहा है। उसकी पीठ

जमीन की तरफ मुड़ी हुई है। उसका बटुआ उसके पास पड़ा है। मनुष्य और पशु– दोनों के अंगों से बना हुआ एक शैतान दो अन्य शैतानों के साथ खड़ा हुआ कंजूस के शरीर में एक पंजा घुसा रहा है··· व्यभिचार की बुराई का मूर्तिमान रूप एक नंगी नागकन्या, जिसकी छातियों को साँप और मेंढक चूस रहे हैं, इस लोकप्रिय कला के प्रचार में बार-बार सामने आती है···

फ्रीडरिश हीयर, जो एक कैथोलिक लेखक था, इस बात को अच्छी तरह समझता था कि यह नई कला, जिसने सामंती रोमानेस्क परंपराओं की अंतर्वस्तु और रूप को मिटाकर साफ कर दिया, अपने युग के सामाजिक परिवर्तनों और उलटफेरों से अनुबंधित थी। कई हजार भूमिहीन किसान एक जगह से दूसरी जगह मारे-मारे फिर रहे थे और उनके साथ चलते थे तमाम तरह के 'घुमंतू लोग', भगोड़े मठवासी, तीर्थयात्री, विद्यार्थी और आवारा लोग। धन की बढ़ती हुई शक्ति सामंती समाज के ढाँचे की ही जड़ खोद रही थी। पूँजीपति वर्ग के पूर्वज शहरी लोगों का एक नया, आत्मविश्वासी वर्ग उभर रहा था; अल्पसंख्यक भद्रलोगों का एक नया सामाजिक स्तर विकसित होने लगा था; पूर्व-मध्यकालीन कपड़ा उद्योग के कारखानों में पहली बार मजदूर भारी संख्या में एकत्र हो रहे थे; शहरी तथा अल्पसंख्यक भद्रलोगों, किसानों और मजदूरों के सामाजिक आंदोलन ने बाइबल को दुनिया के शासकों के विरुद्ध इस्तेमाल किए जा सकनेवाले हथियार में बदल दिया था और एक जुझारू नास्तिक निकाय को जन्म दे दिया था; एबीलार्ड तथा अन्य लोगों ने सामंती अनुवर्तन के खिलाफ संघर्ष करते समय पवित्र आत्मा का आह्वान किया था और श्रेणीबद्धता की शक्ति के खिलाफ प्राचीन परंपराओं को अपनाने के लिए प्रचार किया था; अरबी संस्कृति के प्रभाव ने लोगों के मानसिक उद्वेलन को और बढ़ा दिया था; 'ईसाई योरप' में गर्भ में ही पूँजीवादी क्रांति का भ्रूण हरकत करने लगा था।

शहरी भवन-निर्माण भ्रातृसंघों का जन्म नए युग का एक लक्षण था और ये भ्रातृसंघ स्वयं एक नई शैली के संचारक बन गए। हीयर के इस कथन में अतिशयोक्ति भले ही हो कि 'भवन निर्माण आंदोलन के धर्मयुद्धों वाले उत्साह के अंदर मध्ययुग की पुरानी दुनिया पिघल गई और फिर से ढली।' मगर एक व्यापक सामाजिक प्रवृत्ति के रूप में इस आंदोलन का महत्त्व स्वयंसिद्ध है। हीयर कहता है कि 'वैयक्तिक कृतियों तथा विषयों के वैविध्य में भी इस महान परिवर्तन को लक्षित किया जा सकता है।'

सां जुलियां-ओं-ब्रियूड में पत्थर के दो राजमिस्त्रियों से हमारा साक्षात्कार होता है : खुरदरी तराशवाले पक्के यथार्थवादी चेहरे··· योरप के इतिहास में पहली बार समाज का एक नया स्तर यह माँग करता दिखाई देता है कि

उसकी बात सुनी जाए, बल्कि पहले तो उसे देखा जाए··· एक नए 'जनगण' की, नई जनता की गतिशीलता अभिव्यक्ति के लिए संघर्ष कर रही है। और अब हमें भीड के वास्तविक दृश्यों के चित्रण प्राप्त होने लगते हैं—जैसे कि उदाहरण के लिए क्लेरमों-फेरों के महामंदिर में मिलते हैं। हर तरह के छोटे-बड़े तमाम साधारण लोगों की भीड़ रोटियों और मछलियों का चमत्कार दिखाते हुए ईसा के इर्द-गिर्द जुटी हुई है। उनके हाथ उस रोटी के लिए फैले हुए हैं, जो ईसा उन्हें दे रहा है। ये आकृतियाँ बड़े सशक्त यथार्थवाद के साथ अंकित की गई हैं, उनकी मुद्राओं और मुखाकृतियों की रूपरेखाएँ बड़े-बड़े और मजबूत स्पर्शों से बनी हैं। यहाँ कोमल, दृढ़, दयालु ईसा सचमुच 'जनता का ईसा' बन चुका है···

इस प्रकार ज्यों-ज्यों रोमानेस्क कला में परिवर्तन होता है और उसकी जगह गौथिक कला आती जाती है; ज्यों-ज्यों शुद्ध सामंतवाद की जगह एक ऐसी सामाजिक स्थिति आती है, जिसमें पूँजीपति वर्ग एक के बाद एक कदम आगे बढ़ाता चलता है; त्यों-त्यों एक नई सामाजिक अंतर्वस्तु कलाओं को भरने लगती है और नए रूप तथा अभिव्यक्ति के साधन उत्पन्न करती है। यही नई कला अंशतः यथार्थवादी है और अंशतः आह्लादकारी। कलाओं के धर्मनिरपेक्षीकरण की लंबी प्रक्रिया शुरू हो चुकी है—चारण-गीतों के साथ, दृश्यकलाओं में लोकप्रिय यथार्थवाद की शुरुरूआत के साथ, ईसा की आकृति के मानवीकरण के साथ, ईसाई दर्शन के ढाँचे के अंतर्गत तर्क और वैयक्तिक विरोध के उदय के साथ यह प्रक्रिया शुरू होती है। वह शैली जो सामंती जगत का आदर्शीकरण करती थी; जो मानवीय संबंधों को नहीं, केवल पदों और स्तरों को ही पहचानती थी; नए सामाजिक आंदोलनों तथा परिवर्तनों के साथ कदम मिलाकर चलने में अक्षम हो गई। नए वर्गों की अभिव्यक्ति की आवश्यकता नए साधन चाहती थी। यदि हम गौथिक कला के संपूर्ण विस्तार को देखें तो पाएँगे कि जहाँ भी आम जनता ने दृश्यकलाओं में अपनी भूमिका निभाई है, वहाँ यथार्थवादी अथवा प्रकृतवादी तरीके भी अपनाए गए हैं। आधुनिक खोजों से पता चलता है कि आदिम वर्गहीन समाज की कला की शुरुआत आदिम प्रकृतवाद से हुई थी; 'रूढ़ अंकन' और अमूर्तन का बोलबाला तो उत्तर-पाषाण युग में ही हुआ। बाद की तमाम अभिजातवर्गीय शासक-व्यवस्थाओं के अंतर्गत इनकी प्रमुखता रही, जबकि इनका विरोध करनेवाले आंदोलन हमेशा समाज के निम्न स्तर के लोगों के बीच से पैदा हुए। गौथिक कला का आंदोलन उस समय तक मौजूद सामंती व्यवस्था के अंदर कलाओं में पहला 'बूर्जुआ' आंदोलन था। इसका परिणाम अत्यंत अंतर्विरोधी था। एक तरफ उग्र और अत्यंत साहसी यथार्थवाद, दूसरी तरफ 'आँसुओं की घाटी' से पलायन करके कहीं दूर चले जाने के लिए किसी आध्यात्मिक, अभौतिक जीवन की उत्कट

अभिलाषा। गौथिक महामंदिर की मीनारें, जो अनंत की ओर इशारा करती हैं, खुद दुविधाग्रस्त मालूम होती हैं। वे एक तरफ आसमानों में हलचल मचा देनेवाली धृष्टता की अभिव्यक्ति हैं, तो दूसरी तरफ संसार त्यागकर चले जाने की आह्लादक अभिलाषा की अभिव्यक्ति भी हैं। समाज का वह स्तर, जो अपनी मुक्ति के स्वप्न देख रहा था, अभी सामंती व्यवस्था और उसकी परंपराओं से बँधा हुआ था। गौथिक कला की प्रभूत अंतर्विरोधी प्रकृति का यही कारण है; और इसी कारण से इस कला को एक तरफ अपनी निर्भीकता के लिए अत्यधिक सराहा गया है और दूसरी तरफ अपनी 'बर्बर' विसंगतियों के लिए इसे अत्यधिक गालियाँ दी गई हैं। लेकिन सबसे बड़ी बात यह है कि गौथिक का अर्थ अलौकिक मूल विषयों का मानवीकरण था, हालाँकि उसका यह सारभूत तत्त्व भयावह शैतानी राक्षसों और आवेशपूर्ण लोकोत्तरता के कारण अंशत: ओझल हो जाता है।

गियोट्टो

गियोट्टो इस नए मानववाद का पहला महान चितेरा था। उसकी कृतियों में ईसा का चित्रण सचमुच मानव-पुत्र के रूप में हुआ है। उनमें अलौकिक घटनाएँ लौकिक घटनाएँ बन गई हैं, लोकोत्तर-जगत मानवीय-जगत बन गया है। यहाँ तक कि संतों के प्रभामंडल का हल्का सुनहरा रंग भी अब पुराने चित्रों की तरह देदीप्यमान अधिभौतिक पृष्ठभूमि की अनुगूंज नहीं रह गया है, बल्कि शुद्ध मानवता के प्रकाश में रूपांतरित हो गया है। ये भित्तिचित्र किसी जड़ और अपरिवर्तनीय जगत की उद्घोषणा नहीं करते। हर चीज मनुष्यों की अन्य मनुष्यों से होनेवाली मुठभेड़ की तरह गतिमयता में चित्रित की गई है। कोई ऐसा रहस्योद्घाटन नहीं किया गया है, जो इतिहास के बाहर का हो और बिना शर्त आज्ञापालन की माँग करता हो। ईसा की कहानी कुछ ऐसी विश्वसनीयता और आत्मीयता के साथ कही गई है कि प्रेक्षक को लगता है, मानो उसे उसमें हिस्सेदारी करने के लिए आमंत्रित किया जा रहा हो। परिवर्तनहीन बिंबों का नहीं, बल्कि नाटकीय स्थितियों का चित्रण किया गया है; आकृतियाँ परस्पर संबंधित हैं जो चित्र की सतही लंबाई-चौड़ाई के दो आयामों में ही कैद नहीं हैं, बल्कि उससे बाहर आई हुई, आकाश में आगे बढ़ती हुई प्रतीत होती हैं, मानो वे यहीं और अभी प्रत्येक जीवित प्राणी से एकाकार होने के लिए प्रत्येक बंधन तोड़ डालना चाहती हों। इन धर्मनिरपेक्षीकृत और मानवीकृत बिंबों में एक नया सामाजिक यथार्थ, एक नई गैर-जड़सूत्री चेतना अपना अहसास कराती है।

मगर गियोट्टो की कलाकृतियों के प्रभावशाली 'यथार्थवाद' की सराहना करते समय हमें यह सोचने की भूल नहीं करनी चाहिए कि बाइजेंटाइन और आरंभिक रोमानेस्क कला 'अयथार्थ थी या कि वह मनमाने ढंग से यथार्थ को विकृत

करती थी। बाइजेंटाइन सम्राटों और सम्राज्ञियों तथा जड़ीभूत सुनहरी पृष्ठभूमि पर चित्रित देवदूतों और संतों का हेकड़ अकेलापन, बौने मातहतों से घिरा हुआ विराट और भव्य, स्वर्ग का-सा राजा; रोमानेस्क कला में ये सब सामाजिक यथार्थ का सच्चा प्रतिनिधित्व करते थे। आकृतियों में जो अकड़ और अमानवीय गतिहीनता दिखाई देती है, अनुपातों की जो 'अप्राकृतिकता' दिखाई देती है, उसका कारण यह कदापि नहीं था कि कलाकार को चित्र बनाना नहीं आता था। कलाकार शासक वर्ग के नौकर थे और वे एक 'शाश्वत' विश्वव्यवस्था का अंकन करना चाहते थे, ताकि बदलते हुए संबंधोंवाले मनुष्यों का नहीं, बल्कि श्रेष्ठ सामाजिक चरित्रों के मुखौटों का चित्रण कर सकें। सत्ता के अभिलक्षण उनके लिए सत्ताधारी पुरुषों से अधिक महत्त्वपूर्ण थे। कलाकार का प्रकार्य प्रकृति की प्रशंसा करना नहीं, बल्कि समाज-व्यवस्था की 'अति-प्रकृति' की प्रशंसा करना था। इसीलिए प्राकृतिक अनुपातों का कोई महत्त्व नहीं था, महत्त्व था पदों और वर्गों के रूढ़ सामाजिक मापदंड का।

समाज और शैली

मैंने बहुत संक्षेप में एक उदाहरण के जरिए यह दिखाने की चेष्टा की है कि नए विषयों का, अभिव्यक्ति के नए रूपों का और एक नई शैली का विकास किस प्रकार सामाजिक अंतर्वस्तु में होनेवाले परिवर्तनों का परिणाम होता है। लेकिन मुझे पूरा अहसास है कि मुझे इसमें अतिसरलीकरण से काम लेना पड़ा है। नई सामाजिक अंतर्वस्तु कभी भी सीधे ढंग से नहीं, बल्कि आड़े-तिरछे ढंग से व्यक्त होती है। यदि हम कला का समाजशास्त्र बनाने का कोई ऐसा प्रयास करना चाहते हैं, जो तुच्छता और असारता से मुक्त हो, तो हमें इस आड़े-तिरछेपन को अवश्य ध्यान में रखना चाहिए। मैं यहाँ एक विश्लेषण की ओर संकेत मात्र ही कर सकता हूँ और मैं जानता हूँ कि इसमें बहुत-से प्रश्न अनुत्तरित रह जाएँगे। मसलन गौथिक कला ने कुछ खास तरह के रूप—जैसे नुकीली मेहराबें, उड़ते हुए पुश्ते, तिरछी मेहराबदार छतें—ही क्यों अपनाए? दो आयामोंवाला बिंब तीन आयामोंवाला कैसे होने लगा? एक नई शैली को जन्म देनेवाले सामाजिक, तकनीकी और विचारधारात्मक तत्त्वों का परस्पर मिलन कैसे हुआ?

आर्नल्ड हौजर ने अपनी विचारोत्तेजक पुस्तक 'दि फिलोसोफी ऑफ आर्ट हिस्ट्री' (कला-इतिहास का दर्शन) में ऐसे कई प्रश्न उठाए हैं:

> वह क्या चीज थी, जिसने गौथिक की दिशा में परिवर्तन की शुरुआत की…तिरछी मेहराबदार छतें पहले बननी शुरू हुईं या ऊर्ध्वाधर संयोजन पहले शुरू हुए? क्या गौथिक महामंदिरों के निर्माताओं को ऊर्ध्वाधर

> संयोजन की अपनी धारणा उन साधनों से प्राप्त हुई थी, जो उसको मूर्त रूप देने के लिए उन्हें उपलब्ध थे? अथवा ऊँचाई के एक नए स्वप्न ने, उत्कर्ष की गौथिक समझ ने, कारीगरों से वे साधन पैदा करा लिए, जो उस स्वप्न को पत्थर और काँच में साकार करने के लिए जरूरी थे?

ऐसे प्रश्नों के उत्तर पाने के लिए हमें हौजर जैसे विशेषज्ञों की पुस्तकों का अध्ययन अवश्य करना चाहिए। लेकिन विद्वान से विद्वान व्यक्ति भी कभी-कभी इन प्रश्नों के बिल्कुल ठीक-ठीक उत्तर देने में दिक्कत महसूस कर सकता है। इसके कई कारण हैं जो आपस में उलझे हुए हैं, और यह निर्णय कर पाना कठिन है कि कौन-से बिंदु पर मात्रात्मक परिवर्तन गुणात्मक परिवर्तन बन गए। अतः हम हौजर की इस बात से सहमत हो सकते हैं कि :

> कला के सामाजिक इतिहास को व्याख्या की पद्धति के रूप में अपनाने पर जो आपत्तियाँ की जाती हैं, उनका कारण ज्यादातर यह होता है कि उस पर ऐसे लक्ष्य आरोपित कर दिए जाते हैं, जिनकी पूर्ति वह न तो कर ही सकता है और न करेगा ही। केवल अत्यंत अपरिपक्व ढंग का सामाजिक इतिहास ही किसी खास तरह की कला को किसी खास तरह के समाज की सजातीय, निष्कर्षमूलक एवं सीधी अभिव्यक्ति बताने की कोशिश करेगा। किसी ऐतिहासिक रूप से जटिल युग की कला कभी भी सजातीय नहीं हो सकती। इसका कारण और कुछ नहीं तो सिर्फ यही हो सकता है कि ऐसे युग का समाज स्वयं सजातीय नहीं होता और उसमें कला किसी एक सामाजिक स्तर की या समान हितोंवाले लोगों के किसी एक समूह की अभिव्यक्ति से ज्यादा कुछ नहीं हो सकती। किसी समाज में संस्कृति के जितने स्तर होंगे, कला में उतनी ही भिन्न प्रवृत्तियाँ एक साथ दिखाई देंगी।

मगर चूँकि सामाजिक वर्ग 'समान हितोंवाले लोगों के किसी एक समूह' के रूप में सर्वाधिक टिकाऊ और प्रभावशाली होते हैं, इसलिए कला में अभिव्यक्ति की जरूरतें और उन जरूरतों को पूरा करने के साधन वर्गानुबंधित होते हैं (हालाँकि हमें यह मानकर चलना चाहिए कि सामाजिक वर्ग कोई चारों तरफ से बंद किला नहीं होता, परस्पर विरोधी वर्ग भी एक-दूसरे को प्रभावित करते हैं, किसी पुराने शासक वर्ग द्वारा विकसित कला-रूपों तथा रूढ़ियों का प्रभाव उभरते हुए नए वर्गों पर पड़ सकता है, और स्वयं एक वर्ग के भीतर भी परिवर्तन और विकास हुआ करते हैं।) अतः हौजर ठीक ही कहता है कि :

> कला का सामाजिक इतिहास महज इतना बताता है—और यही एक ऐसी बात है, जिसे वह प्रमाणों से पुष्ट भी कर सकता है—कि कला-रूप न केवल

> चाक्षुष और मौखिक रूप से अनुबंधित वैयक्तिक चेतना के रूप हैं, बल्कि सामाजिक रूप से अनुबंधित विश्वदृष्टि की अभिव्यक्तियाँ भी हैं ।

इसमें हमें यह और जोड़ना चाहिए कि 'चाक्षुष और मौखिक रूप से अनुबंधित' वैयक्तिक अनुभव के रूप भी सामाजिक विकास से स्वतंत्र होकर विकसित नहीं होते । देखने और सुनने के नए तरीके विकसित या परिष्कृत ऐंद्रिय संवेदना के परिणाम मात्र नहीं होते, बल्कि नई सामाजिक वास्तविकताओं के परिणाम भी होते हैं । उदाहरण के लिए, महानगरों की लय, ध्वनि और गति देखने और सुनने के नए तरीकों को प्रोत्साहित करती है । एक किसान किसी भू-दृश्य को उसी तरह नहीं देखता, जिस तरह एक शहरी आदमी देखता है, आदि-आदि । मगर मुख्य बात यह है कि सामाजिक परिस्थितियों का सीधा प्रतिबिंबन कलाओं में कम ही होता है और नए कलात्मक रूप तथा विचार नई सामाजिक अंतर्वस्तु से पूरी तरह मेल नहीं खाते ।

फिर भी, जिसे हम 'शैली' कहते हैं, क्या वह कला में किसी कालखंड की, किसी सामाजिक युग की, एकसरीखी अभिव्यक्ति ही नहीं है ? क्या वही 'शैली' हमें आम रवैए में नहीं दिखाई देती, जो वेशभूषा और राजनीति तक, नैतिक नियमों और तौर-तरीकों तक, संगीत और कविता तक सर्वत्र पाया जाता है ? क्या 'शैली' ही समाज की सर्वाधिक सुस्पष्ट अभिव्यक्ति नहीं है ? शैली के प्रपंच का अध्ययन करने पर सबसे पहले हम यह पाते हैं कि विभिन्न प्रकार के तथा विभिन्न स्वभावों के कलाकारों ने रूपों, रीतियों और प्रवृत्तियों की एक व्याख्या को एक ऐसे कानून की तरह स्वीकार कर लिया है, जिससे वे स्वेच्छापूर्वक अनुशासित होना चाहते हैं । इस प्रकार एक व्यक्ति द्वारा किए जानेवाले उत्पादन में एक सामूहिक तत्त्व का प्रवेश हो जाता है, और यद्यपि कलाकारों की प्रतिभा और मौलिकता के आधार पर अलग-अलग कृतियों में भारी भिन्नता हो सकती है, फिर भी उनमें एक सामान्य तत्त्व को (जिसे परिभाषित करना अक्सर कठिन होता है) स्पष्ट रूप से पहचाना जा सकता है । अलौकिकला में रुचि रखनेवाले सिद्धांतकार इससे यह निष्कर्ष निकालते हैं कि कला सामाजिक परिस्थितियों से स्वतंत्र और स्वयं अपने ही नियमों के अनुसार विकसित होनेवाली एक रहस्यमयी 'जैव रचना' या 'जीवित देह' है । उनके अनुसार कला या तो सरल रूपों से उत्तरोत्तर जटिल रूपों की ओर बढ़ती है (भले ही उसका यह विकास सामाजिक विकासों के विरुद्ध जाता हो), अथवा कला एक जीवन है, जो युवावस्था और वृद्धावस्था के, जन्म और मृत्यु के एक निरंतर चलनेवाले चक्र के अनुसार चलता है । उनके अनुसार प्रत्येक 'सांस्कृतिक चक्र' अपने लिए एक नितांत विशिष्ट कला को उत्पन्न करता है, परंतु वह अतीत के समस्त 'सांस्कृतिक चक्रों' की कला की भाँति उन्हीं तमाम अवस्थाओं से गुजरती है । ऐसी परिकल्पनाओं के अनुसार कला का विकास केवल रूप का और कला की

अपनी आंतरिक समस्याओं का ही सवाल बन जाता है, शैली के बारे में यह मान लिया जाता है कि वह सामाजिक परिवर्तनों और वैयक्तिक उपलब्धियों का परिणाम नहीं, बल्कि एक स्वायत्त सत्ता है, जो सबको शासित करती है। इसीलिए यह भी मान लिया जाता है कि कलाकार, उसका संरक्षक और उसके ग्राहक—ये तीनों कला-कर्म को संपादित करनेवाले तीन अंग है; कला की रचना इन्हीं तीनों की मदद से होती है; लेकिन वह खुद भी अपने नियम इन तीनों पर लागू करती है। यदि यह दृष्टिकोण सही होता, तो प्रत्येक ऐतिहासिक युग में बिल्कुल एक जैसी ही शैली पाई जाती; क्योंकि शैली होती अलौकिक तत्त्व और कलाकृतियाँ होतीं उसकी अभिलक्षणाएँ। लेकिन यदि हम कला के इतिहास के विभिन्न कालों का सर्वेक्षण करें, तो पाएँगे कि यद्यपि हर काल की कला के विकास में एकसरीखी शैली की ओर बढ़ने की प्रवृत्ति पाई जाती थी, लेकिन विरोधी प्रवृत्तियों के द्वारा हमेशा इस प्रवृत्ति का विरोध भी किया गया था। दूसरे, कला की कुछ शाखाएँ तो विकसित हुईं, जबकि अन्य शाखाएँ पिछड़ गईं। कुछ आत्यंतिक वैयक्तिकता वाले कलाकार सामने आते रहे, जिन्होंने प्रचलित आम शैली का विरोध किया। विभिन्न आंदोलन आपस में टकराते और घुलते-मिलते रहे, विभिन्न प्रकार के तत्त्व एक-दूसरे के विरुद्ध संघर्षरत रहे और परस्पर अंतःप्रवेश भी करते रहे (जैसे गौथिक कला में यथार्थवाद और लोकोत्तरवाद)। दरअसल यह तसवीर शैली की परम एकता वाले सिद्धांत से कहीं ज्यादा जटिल तथा अंतर्विरोधपूर्ण है।

पुराने रूपों और रीतियों के बने रहने की क्षमता से कोई इनकार नहीं कर सकता। कलाकारों के अंदर हमेशा नए सिरे से सबकुछ शुरू करने की नहीं, बल्कि जहाँ तक विकास हो चुका है, वहाँ से चीजों को आगे ले जाने की, प्रचलित शैली को किसी नई शैली में रूपांतरित करने की, एक जायज इच्छा हुआ करती है। यदि हम किसी काल की शैली को समझना चाहते हैं, तो हमें उसको अलग से काटकर नहीं, बल्कि कला के इतिहास के संदर्भ में समग्रतः और ऐतिहासिक विकास के एक क्षण के रूप में देखना चाहिए। मगर यह बात केवल कलाओं के बारे में नहीं, बल्कि समस्त सामाजिक प्रपंचों के बारे में सच है। अचानक बहुत-से नए विषयों के उभार और उसके परिणामस्वरूप नई कलात्मक पद्धतियों के आगमन (जैसे कला में कार्य करते हुए मनुष्यों का आगमन) की, अथवा गियोट्टो, एल ग्रेको, ब्रूगेल, गोया या डोमिये जैसे कलाकारों की मौलिक उपलब्धियों की व्याख्या कला के 'जैव' या स्वायत्त विकास के जरिए नहीं की जा सकती। और फिर, यह सिद्धांत उस समय तो बिल्कुल ही धराशायी हो जाता है जब कला में यथार्थवाद के अस्थाई तौर पर प्रकट होने और गायब हो जाने की व्याख्या करने की कोशिश करता है; क्योंकि यह सिद्धांत हठपूर्वक इस तथ्य को नकारता है कि रीतिबद्ध कला आभिजात्य व्यवस्थाओं से और यथार्थवादी कला निम्नवर्गीय आंदोलनों से जुड़ी हुई होती है,

कि वीरता का युग समाप्त होने के साथ-साथ महाकाव्य का ह्रास हुआ और पूँजीपति वर्ग के विकास के साथ-साथ उपन्यास आगे बढ़ा, कि बहुस्वर संगीत सामंती व्यवस्था के साथ-साथ खत्म हो गया और एकस्वर संगीत पूँजीवादी युग के साथ-साथ विकसित हुआ, आदि-आदि। यह दावा करना कि कला में रूपात्मक समस्याएँ होती ही नहीं, कि समस्त समस्याएँ सीधे तौर पर सामाजिक स्थितियों से जुड़ी होती हैं, कला की प्रकृति के बारे में पूरी नासमझी का परिचायक होगा। लेकिन हौजर ने ठीक ही लिखा है कि :

> कला के इतिहास के लिए सबसे बड़ा खतरा—और यह खतरा जबसे रीग्ल के ऐतिहासिकतावाद ने इसके आधुनिक प्रणालीविज्ञान की नींव डाली है, तबसे यह बराबर सामने आता रहा है—यह है कि यह कहीं महज रूपों और समस्याओं का इतिहास बनकर न रह जाए⋯
>
> ये समस्याएँ और कार्यभार बड़े वास्तविक हैं। ये न तो किसी के दिमाग की उपज हैं और न प्रणालीवैज्ञानिक कल्पनाएँ हैं। प्रत्येक वैज्ञानिक कला-इतिहास को इनका पता लगाना चाहिए और इनके कारणों की खोज करनी चाहिए⋯ लेकिन कलाकृतियाँ इन समस्याओं को हल करने के लिए नहीं रची जातीं। ये समस्याएँ कलाकृतियों की रचना के दौरान उठती हैं और ऐसे सवालों के जवाब देने के लिए उठती हैं जिनका रूपात्मक या तकनीकी समस्याओं से बहुत ही कम संबंध होता है। दरअसल ये समस्याएँ विश्व-दृष्टि संबंधी सवालों को, जीवन-व्यवहार संबंधी सवालों को, आस्था और ज्ञान संबंधी सवालों को हल करने के दौरान उठती हैं।

अतः जब हम किसी विशिष्ट युग की कलात्मक उपलब्धियों पर विचार करें, तो हमें शैली तथा रूप संबंधी समस्याओं पर और सर्वप्रमुख शैली पर अवश्य विचार करना चाहिए, लेकिन साथ ही हमें उस शैली से अलग हटकर किए जानेवाले कार्यों पर विचार करना चाहिए। कला के इतिहास का सर्वेक्षण करते समय हमें कला को एक नामहीन साकल्य हरगिज नहीं मान लेना चाहिए, बल्कि उसे अलग-अलग कलाकारों का वह कार्य मानना चाहिए, जो उनकी अपनी विशिष्ट प्रतिभाओं तथा आकांक्षाओं के साथ संपन्न होता है। सबसे बड़ी बात यह है कि हमें उस काल की सामाजिक परिस्थितियों, आंदोलनों और वर्गीय संबंधों तथा संघर्षों का, और उनसे उत्पन्न होनेवाले विचारों का—धार्मिक, दार्शनिक तथा राजनीतिक विचारों का—अध्ययन अवश्य करना चाहिए, ताकि हम उस काल की कला को काल्पनिक नहीं, बल्कि वास्तविक संदर्भ में समझ सकें। हमें इस बात के प्रति बहुत सावधान रहना चाहिए कि कहीं हम प्रत्येक कलाकृति या शैली के तत्त्व को किसी वर्ग या सामाजिक स्थिति की सीधी और स्पष्ट अभिव्यक्ति तो नहीं मान रहे हैं। हमें इस

चीज का खास खयाल रखना चाहिए कि हम किसी लेखक, कलाकार या संगीतकार की कृति का निर्णय इस आधार पर न करें कि वह 'प्रगतिशील' है या 'प्रतिक्रियावादी' (क्योंकि ये दोनों चीजें घुली-मिली हो सकती हैं, जैसा कि लेनिन ने तोल्सतोय के साहित्य का विश्लेषण करते हुए कहा था) और इसके साथ-साथ *प्रत्येक* निर्णय में गुणवत्ता का प्रश्न अवश्य उठाया जाना चाहिए। लेकिन जब तक हम कलाओं पर समाजशास्त्र को लागू नहीं करते—यानी जब तक हम कला के बदलते हुए विषयों, रूपों तथा अंतर्वस्तु के सामाजिक कारणों की जाँच-पड़ताल नहीं करते—तब तक हम यथार्थ से कोसों दूर, अमूर्त कल्पनाओं और सौंदर्यवाद के ऊलजलूलपन तक ही पहुँचते रहेंगे। शैली का विश्लेषण चाहे जितनी बुद्धिमत्ता के साथ किया जाए, विशिष्ट समस्याओं और ब्योरों के बारे में उसकी अंतर्दृष्टि चाहे जितनी बढ़िया हो, वह विश्लेषण तब तक विफल होता रहेगा, जब तक उसके अंदर यह समझ नहीं होगी कि अंतर्वस्तु—अर्थात् अंततः सामाजिक तत्त्व—ही कला में शैली निर्माण का निर्णायक तत्त्व है।

रूप और सामाजिक अनुभव

फिर भी अंतर्वस्तु पर ही पूरा ध्यान केंद्रित कर लेना और रूप को दूसरे दरजे की चीज मानकर उसका महत्त्व घटाना मूर्खतापूर्ण होगा। कला में किसी चीज को रूप ही दिया जाता है और रूप ही किसी चीज को कलाकृति बनाता है। रूप कोई आकस्मिक, यादृच्छिक या अनावश्यक चीज नहीं है (जिस तरह किसी मणिभ का रूप आकस्मिक, यादृच्छिक या अनावश्यक नहीं होता)। रूप के नियमों और परंपराओं में भौतिक तत्त्व पर मनुष्य का आधिपत्य मूर्तिमान होता है। उनमें संप्रेषित अनुभव संरक्षित रहते हैं और समस्त उपलब्धियाँ सुरक्षित रहती हैं। ये नियम और परंपराएँ कला तथा जीवन के लिए आवश्यक व्यवस्था हैं।

प्राकृतिक या सामाजिक प्रपंचों को समझने के लिए यह मालूम करना निहायत जरूरी है कि वे अस्तित्व में कैसे आते हैं। किसी सामाजिक वस्तु का रूप—जो कार्य से उत्पन्न होता है—उसके प्रकार्य से सीधा संबद्ध होता है। आदिम मनुष्य पत्थर, लकड़ी या हड्डी को अपने काम का बनाने के लिए उसे एक रूप देता था। दूसरे शब्दों में, रूप सामाजिक उद्देश्य की अभिव्यक्ति है। अनुकरण के असंख्य प्रयोगों और प्रयासों ने धीरे-धीरे कुछ स्थाई रूपों को जन्म दिया, जिनमें किसी खास क्षेत्र के विगत अनुभव का कुल योग मूर्तिमान होता था। हजारों साल पहले घड़े का एक मानक आकार विकसित किया गया था। और घड़े एक तदर्थ उद्देश्य के लिए बनाए जाते थे। उनका निर्माण रूप के लिए नहीं, एक प्रकार्य के लिए किया जाता था। अंततः एक विशेषतः उपयोगी तथा व्यावहारिक रूप को अधिक युक्तिसंगत उत्पादन के लिए एक आदर्श तथा एक नमूने के तौर पर सुरक्षित रख लिया गया।

रूप दृढ़ीकृत सामाजिक अनुभव है।

रूप किसी हद तक भौतिक पदार्थों से भी अनुबंधित होता है। इसका अर्थ यह नहीं है—जैसा कि कुछ रहस्यवादी लोग मनवा लेना चाहते हैं—कि किसी खास पदार्थ में कोई खास रूप 'अंतर्निहित' रहता है। न इसका अर्थ यह है कि सभी पदार्थ अपनी-अपनी पूर्णता अथवा 'अ-पदार्थीकरण' के लिए यत्नशील रहते हैं। इसका अर्थ यह भी नहीं है कि पदार्थों को रूप देने की इच्छा कोई अधिभौतिक 'रूपोन्मुख इच्छा' है। परंतु प्रत्येक पदार्थ के अपने विशिष्ट गुणधर्म होते हैं, जो उसे विशिष्ट किंतु विभिन्न प्रकार से संभव रूप ग्रहण करने योग्य बनाते हैं। इस प्रकार मानव-आवासों के रूप ज्यादातर इस पर निर्भर करते हैं कि उनके निर्माण में कौन-सा पदार्थ लगा है—अर्थात् मकान घास-फूस से बना है अथवा लकड़ी, पत्थर या मिट्टी से बना है। तात्पर्य यह कि मकान बनाने के लिए सर्वाधिक सुलभ पदार्थ अंशतः आवास के रूप को निर्धारित करते हैं। इसी प्रकार मकान के अनुपात और उसकी सममिति (अथवा कार्य से उत्पन्न होनेवाली कोई भी चीज) सौंदर्यबोधीय 'रूपोन्मुख इच्छा' का परिणाम नहीं होती, बल्कि उसमें लगनेवाले पदार्थ की संरचना तथा भवन-निर्माण के विगत अनुभव का परिणाम होती है। आड़ा-तिरछा, बेढंगा मकान उतना अच्छा और टिकाऊ नहीं होगा, जितना कि सममिति के कुछ नियमों के अनुसार बनाया गया मकान। जिस प्रकार मणिभों की सममिति ऊर्जा के एक संतुलन और उसके परिणामस्वरूप होनेवाली ऊर्जा की बचत की अभिव्यक्ति है, ठीक उसी प्रकार किसी मकान या अन्य मानव-निर्मित वस्तु की सममिति भी संतुलन की अभिव्यक्ति है। यह सही है कि आदिम मनुष्य भौतिक तत्त्व को शासित करनेवाले सैद्धांतिक नियमों को नहीं जानता था, लेकिन व्यवहार तथा अभ्यास के दौरान सीधे अनुभव से उसने परिमाप तथा क्रम-व्यवस्था का मूल्य जान लिया। यदि हम यह बात ध्यान में रखें कि सामूहिक गतिविधि के अन्य क्षेत्रों में प्राप्त अपने अनुभव से उसके समक्ष लय और लयात्मक पुनरावृत्ति के मूल्य की पुष्टि हुई, तो हम पाएँगे कि आदिम मनुष्य क्रम-व्यवस्था का जो आदर करता था, और जिसमें हम एक रहस्यात्मक तत्त्व देखा करते हैं, उसमें रहस्य जैसी कोई बात नहीं है।

सामूहिक कार्य की प्रक्रियाओं से विकसित होनेवाले रूपों में—अर्थात् उन रूपों में, जो दृढ़ीकृत सामाजिक अनुभव होते हैं—अत्यंत रूढ़िग्रस्त हो जाने की प्रवृत्ति हुआ करती है। यदि हम उत्पादन, निर्माण आदि के विकास का अध्ययन करें, तो पाएँगे कि उसके लिए कोई नया पदार्थ अपना लेने पर भी लोगों में पुराने रूपों को सुरक्षित रखने की प्रवृत्ति मौजूद है। कभी-कभी तो सचमुच ऐसा लगता है कि पुराना रूप नए पदार्थ का अतिक्रमण कर गया है। घास-फूस, मिट्टी और लकड़ी से बनाई जानेवाली झोंपड़ियों की आदिम 'शैली' के तत्त्व किसी परवर्ती युग की

पत्थर की इमारतों में देखे जा सकते हैं। पाषाण युग के पत्थर के औजारों के रूप कांस्य तथा लौह युग के औजारों में भी पाए जाते हैं, जबकि नए पदार्थों ने उनको अधिक व्यावहारिक आकारों में ढालना संभव बना दिया था। रूप की इस दकियानूसी प्रवृत्ति में आश्चर्यजनक कुछ भी नहीं है। यह सभी समष्टियों की इस प्रवृत्ति का ही विस्तार है कि बड़ी जद्दोजहद के बाद पाए गए सामाजिक अनुभव को हाथ से जाने न दिया जाए, ताकि एक मूल्यवान विरासत के रूप में उसे पीढ़ी-दर-पीढ़ी आगे सौंपा जा सके। समष्टि के द्वारा विकसित रूप एक पवित्र चीज माना जाता था और उसके संबंध में इस नियम का पालन करना आवश्यक होता था कि *यह रूप ऐसा ही रहेगा और इसमें कोई परिवर्तन नहीं होगा*। ऐसे रूपों में कोई परिवर्तन करना पाप माना जाता था जिसके परिणाम खतरनाक हो सकते थे। रूप संबंधी इस रूढ़िवाद का विरोध करता था भौतिक वस्तुओं का उत्पादन, जो अनुभव से निरंतर समृद्ध होता जाता था। प्रकृति को और ज्यादा नजदीक से देखने तथा कार्यकुशलताओं के बढ़ते जाने के आधार पर अधिक उपयुक्त औजारों तथा पदार्थों का इस्तेमाल करके कार्य को सरलतम एवं कुशलतम बनाने की प्रवृत्ति रूप संबंधी रूढ़िवाद का विरोध करती थी।

रूप दरअसल कार्यकुशलता की ही अभिव्यक्ति है। लेकिन जब हम कुशलता की बात करते हैं, हमारा तात्पर्य केवल उन पदार्थगत संरचनाओं से नहीं होता जिन्हें आज हम कुशल मानते हैं, बल्कि हमारा तात्पर्य उन तमाम प्रभूत और बहुविध जादुई चीजों से भी होता है, जो आदिम मनुष्य के लिए कुशलता के सर्वोच्च रूप का प्रतिनिधित्व करती थीं। हम पहले ही बता चुके हैं कि उत्पादन करनेवाला तथा प्रकृति में परिवर्तन करनेवाला मनुष्य एक जादूगर था। हम यह भी बता चुके हैं कि ज्यों-ज्यों उसने एकरूपता के; 'समरूप निर्माण' के; कार्य, उपकरणों तथा मानवीय इच्छाओं के जरिए प्रकृति पर अधिकार करने के व्यापक महत्त्व को समझा, त्यों-त्यों उसमें प्रकृति पर विजय पाने की तात्कालिक संभावनाओं को बढ़ा-चढ़ाकर आँकने की प्रवृत्ति पैदा हुई और यह प्रवृत्ति उसे जादुई साधनों के जरिए यथार्थ को प्रभावित करने का धृष्ट प्रयास करने की दिशा में ले गई। जार्ज थामसन ने 'एस्कीलस एंड एथेंस' में कहा है कि आदिम जादू का आधार यह विचार है कि यथार्थ पर नियंत्रण करने का भ्रम खड़ा करके यथार्थ को नियंत्रित किया जा सकता है। मगर इसके साथ ही जादू चूँकि क्रिया की ओर प्रेरित करता है, इसलिए उसमें यह मूल्यवान समझ मूर्तिमान होती है कि मनुष्य बाह्य जगत के प्रति अपनाए गए आत्मपरक रवैए से बाह्य जगत को सचमुच बदल सकता है। आनुष्ठानिक स्वाँग के जरिए जब शिकारियों की शक्ति पुनर्जीवित और संगठित हो जाती है, तब वे वास्तव में स्वाँग भरने से पहले की तुलना में बेहतर शिकारी बन जाते हैं।

गणचिह्नवाद की उत्पत्ति और विकास की चर्चा करते हुए थामसन ने बताया है कि गणचिह्न माना जानेवाला पशु मूलतः वह पशु था, जिसे भोजन के रूप में खाकर जनजाति पलती थी। यह बात तथ्यों से पुष्ट होती है। उदाहरण के लिए आस्ट्रेलिया के वल्लाबाइ गोत्र के मुखिया को अपने दीक्षा-समारोह के अवसर पर गणचिह्न-पशु का थोड़ा सा मांस खाना पड़ता है। इसे यों कहा जाता है कि उसके लिए उस पशु को 'आत्मसात' करना आवश्यक है। आदिम मनुष्य जब कोई पौधा या किसी पशु का मांस खाता था, तब उसे एक प्रकार के पुनर्जीवन का, तेजस्विता की तरंग का अनुभव होता था। चूँकि उसे चयापचय की प्रक्रियाओं का ज्ञान नहीं था, इसलिए स्वाभाविक रूप से वह मान लेता था कि पशु को खाने पर पशु की 'जीवन-शक्ति' उसे प्राप्त हो गई है, उसका जीवन उसके शिकार के जीवन में मिल गया है, और दोनों का जीवन एकाकार हो गया है। जैविक चयापचय के ज़रिए, जिसकी व्याख्या वह जादुई ढंग से ही कर सकता था, वह खाए जानेवाले पशु से अपना 'तादात्म्य' स्थापित करता था। लेकिन जनजाति का प्रिय आहार कोई पशु जब शिकार की उन्नत तकनीकों के कारण ज्यादा मारे जाने के कारण दुर्लभ हो जाता था, या उसकी नस्ल लगभग खत्म होने लगती थी, तब उसके शिकार की वर्जना करके उसकी रक्षा की जाती थी। यह वर्जना कतिपय कठोर निषेधात्मक नियमों का समुच्चय हुआ करती थी। आदिम मनुष्यों का समूह जब जनजातियों में विभाजित होता था, तब प्रत्येक जनजाति का शिकार-क्षेत्र भिन्न हो जाता था। खाने-पीने की चीजें, शिकार के पशु आदि इस तरह बाँट लिए जाते थे कि सब जनजातियों का जोर एक ही तरह की चीजें खाने-पीने पर न रहे। समूह में रहते समय जो चीजें खाई जाती थीं, विभाजन के समय प्रत्येक जनजाति के लिए उनमें से किसी एक पौधे या पशु को खाना वर्जित कर दिया जाता था, ताकि समस्त जनजातियों के पोषण की व्यवस्था सुनिश्चित की जा सके। इस प्रकार प्रत्येक जनजाति के लिए कोई न कोई पौधा या पशु 'वर्जित' हुआ करता था और यदि कोई जनजाति इस वर्जना का उल्लंघन करती थी, तो यह पूरी समष्टि के जीवन को खतरे में डालनेवाला काम समझा जाता था, क्योंकि मनुष्यों के जीवन का तादात्म्य उनके आहार से किया जाता था। ज्यों-ज्यों उत्पादन की शक्तियों का विकास हुआ और पोषण के नए स्रोत खोजे जाने लगे, त्यों-त्यों गणचिह्न तथा वर्जना का मूल आर्थिक अभिप्राय समाप्त होता गया। मगर तब तक इनके रूप जन-जीवन में इतनी गहरी जड़ें जमा चुके थे कि लोगों ने उन्हें बनाए रखा और अंशतः उनमें नई अंतर्वस्तु का विकास किया। अब वे समाज के परंपरागत ढाँचे की रक्षा करनेवाले जादुई नियम बन गए।

यह परिकल्पना बड़ी आकर्षक है, लेकिन मैं यह मानना चाहता हूँ कि गणचिह्न और वर्जना शुरू से ही आर्थिक एवं लैंगिक दोनों दृष्टियों से महत्त्वपूर्ण

थे। मुझे लगता है कि लैंगिकता, आहार तथा कार्य को एक अविभाज्य साकल्य में देखना आदिम समष्टि की विशेषता थी और यह साकल्य स्वयं उस जीवन के समतुल्य था, जो अभी श्रम-विभाजन के जरिए विभेदीकृत नहीं हुआ था। ऐसे असंख्य अनुष्ठान हैं, जिनसे यह संकेत मिलता है कि आदिम मनुष्य के मन में बाह्य जगत से 'चयापचय', पुरुष और स्त्री लिंगों के बीच का 'चयापचय' और कार्य से सुनिश्चित होनेवाला शारीरिक चयापचय—तीनों मिलकर एक जीवन-प्रक्रिया बन जाते थे। दीक्षा संबंधी लगभग सभी अनुष्ठानों में, जिनके जरिए युवाओं को समष्टि में सम्मिलित किया जाता है (उस महासमष्टि की कल्पना भी 'शरीर' के रूप में की जाती है), युवाओं को कार्य का प्रधान अनुभव प्रदान करने के साथ-साथ लैंगिक अनुभव भी प्रदान किया जाता है।

गणचिह्न और वर्जना की बात हमने इसलिए की है कि एक तो इन जादुई विश्वासों से बहुत-से रूप विकसित हुए हैं; दूसरे, हम इनको कला के मूल उद्‌गम मानते हैं। बहुत-सी समझ में न आनेवाली बातों को समझने की आशा हम तभी कर सकते हैं, जब एक तो यह मानकर चलें कि आदिम मनुष्य ज्यादातर अपना तादात्म्य उन्हीं पशुओं और पौधों से करता था, जिन्हें खाकर वह जीवित रहता था—अर्थात् वह प्रकृति से ही अपना तादात्म्य करता था—और दूसरे, हम इस बात के प्रति सचेत रहें कि आदिम मनुष्य के लिए रूप और रूप की सादृश्यता का बड़ा महत्त्व था। विद्वान लोगों ने इस चीज की तरफ बार-बार हमारा ध्यान आकर्षित किया है। मैं फादर विथ्‌युइस के कुछ शब्द उद्‌धृत करना चाहता हूँ, यद्यपि मैं इस मानवविज्ञानी के निष्कर्षों से कतई सहमत नहीं हूँ :

> आदिम मनुष्य के चिंतन का ढंग बड़ा ठोस था। वह संपूर्णता में सोचता था। उसका चिंतन न तो कभी अमूर्त होता था, न कभी अमूर्तन करता था। वह ब्योरों का विश्लेषण कभी नहीं करता था, न उन्हें उचित महत्त्व देता था। चिंतन के इस ढंग के कारण आदिम मनुष्य के लिए चीजों की आंतरिक प्रकृति निर्णायक तत्त्व नहीं थी। निर्णायक तत्त्व था उनका बाह्य आकार-प्रकार, उनका रूप, जिसे आँख देखती है। समान रूपवाली हर चीज उसके लिए समान महत्त्व रखती थी।

स्पष्ट है कि विथ्‌युइस कार्य करनेवाले मनुष्यों की अमूर्तन की शक्ति को बहुत ही कम करके आँकता है, जिनका कार्य उन्हें अनिवार्यत: अमूर्तन के लिए प्रेरित करता है। मगर उसकी यह बात सही है कि रूप आदिम मनुष्य के लिए निर्णायक महत्त्व रखता था।

जादुई गुफा

यहाँ हमें उस सवाल पर विचार कर लेना चाहिए, जो अक्सर पूछा जाता है। यह सवाल है : यदि मानव द्वारा उत्पन्न वस्तुओं का रूप घनीभूत सामाजिक अनुभव का प्रतिनिधित्व करता है, तो हम मध्य पाषाणयुग के भव्य गुहा-चित्रों की व्याख्या कैसे करेंगे, जो एक अत्यंत अविकसित समाज की सराहनीय कलाकृतियाँ हैं ? हम उपयोगिता को उपकरणों या बरतनों या मकानों के रूप का सारतत्त्व मान सकते हैं, लेकिन जब हम अफ्रीका, स्कैंडिनेविया और दक्षिणी योरप के पाषाण-युगीन प्रस्तर-चित्रों को देखते हैं, तो क्या यह सोचने को बाध्य नहीं हो जाते हैं कि एक रहस्यमयी, अधिभौतिक, सर्जनात्मक शक्ति ने, एक दैवी प्रेरणा, अंतर्ज्ञान अथवा 'भाव' ने आदिम मनुष्यों को उस काल में ऐसी कलाकृतियों की रचना के लिए विवश किया होगा और रचने में समर्थ भी बनाया होगा ?

मैं काउंट बेगुआं द्वारा खोजी गई ट्रा फ्रेर की गुफा का उदाहरण देना चाहता हूँ, जिसमें पाए गए पशुओं के चित्र बहुत प्रसिद्ध हैं। उनमें पशु का मुखौटा लगाए उस 'जादूगर' का प्रसिद्ध चित्र भी है, जिसके बारे में बहुत कुछ लिखा गया है। इससे कोई इनकार नहीं कर सकता कि चट्टान के अंदर बनी इस अँधेरी गुफा की भैंसें बहुत ही अच्छे ढंग से चित्रित हुई हैं। इससे भी किसी को इनकार नहीं हो सकता कि बारहसिंगे का भेस बनाकर भैंसों के ऊपर बैठा हुआ जादूगर अत्यंत प्रभावशाली है। ये चित्र पशुओं के सूक्ष्म तथा गहन पर्यवेक्षण के आधार पर निर्मित हैं। परंतु इनके साथ ही बने हुए अन्य प्रस्तर-चित्र बहुत ही कमजोर तथा घटिया दरजे के हैं, जिन्हें देखते समय भले ही उनकी दीर्घायु के प्रति हमारे मन में आदर जागे, या हमारे मन में हर आदिम चीज को सराहने की इच्छा हो, उनकी कलाहीनता हमारी नजरों से छिप नहीं पाती। इस चीज का उल्लेख किया जाना अत्यंत आवश्यक है, क्योंकि कुछ विद्वानों में समस्त आदिम जातियों में 'प्रतिभा' का एक अलौकिक गुण देखने की प्रवृत्ति पाई जाती है, और वे दावा करते हैं कि सभ्य मनुष्य में यह 'प्रतिभा' नहीं रह गई है। मगर हकीकत यह है कि मध्य पाषाण युग के मनुष्य ने यदि कुछ विशेष रूप से उत्कृष्ट कलाकृतियों की रचना की थी, तो साथ ही कुछ बहुत ही घटिया दरजे की रचनाएँ भी की थीं।

बच्चों के द्वारा बनाए जानेवाले चित्रों से इन चित्रों की तुलना की जाए, तो बात समझने में सहायता मिलेगी। बच्चों के द्वारा बनाए जानेवाले चित्रों में बढंगी घसीटों और स्पष्ट दिखाई देती कमियों के साथ कभी-कभी बाह्य जगत के रूपों और आकारों की अद्भुत अंतर्दृष्टि के उदाहरण भी मिल जाते हैं; पशुओं और वस्तुओं को चित्रित करने में कभी-कभी बच्चों के अंदर ऐसी शानदार आश्वस्ति दिखाई देती है, जो प्रागैतिहासिक काल की कला की याद दिलाती है। इसका कुछ संबंध

बाल-मन की ताजगी से तथा इस तथ्य से हो सकता है कि उस पर पड़नेवाला प्रत्येक प्रभाव अभी सामाजिक जटिलताओं और परंपराओं के बोध से अछूता है। बच्चा दुनिया के एक छोटे-से हिस्से को ही देखता है, लेकिन उसे देखता वह बड़ी गहराई से है। लेकिन ऐसी तुलना बड़ी सावधानी के साथ करनी चाहिए, क्योंकि प्रागैतिहासिक काल का मनुष्य सभ्य बच्चे की दुनिया से बिल्कुल भिन्न दुनिया में रहता था। बीसवीं शताब्दी का बच्चा चाहे जितना सीधा और भोला हो, वह एक जटिल समाज की संरचना से बड़ी हद तक प्रभावित होता है। उदाहरण के लिए, किसी पशु का आज के एक बच्चे के लिए जो अर्थ हो सकता है, उसका मध्य-पाषाण युग के शिकारी के लिए नितांत भिन्न अर्थ था।

गुहा-चित्रों में प्रतिबिंबित अनुभव के परास पर विचार करने से पहले यह बात जरूर समझ लेनी चाहिए कि ये कलाकृतियाँ कलात्मक विकास की एक लंबी प्रक्रिया की चरम परिणति हैं। इनसे पहले की कलाकृतियाँ और भी ज्यादा आदिम ढंग की हुआ करती थीं—मिट्टी के बेढंगे पिंडों से बनी हुईं, जिन पर किसी पशु की खाल मढ़ दी जाती थी, ताकि वह आकृति जीवित पशु जैसी प्रतीत हो और अपनी जाति के अन्य पशुओं की प्रतिहिंसा को टालकर मनुष्यों की रक्षा का माध्यम बन सके। लियो फ्रोबेनियस ने, जिस पर एक सिद्धांतकार के रूप में तो प्रश्नचिह्न लगाया जा सकता है, लेकिन जो बहुत बढ़िया पर्यवेक्षक था, लिखा है :

> काउंट बेगुआं ने एन. कास्टेरेट के साथ होट-गारोन्न में मोंटेस्पाँ के निकट एक गुफा का पता लगाया। एक गलियारा पार करने के बाद उसने अपने आपको एक विशाल कक्ष में पाया, जिसके मध्य में मिट्टी से बने हुए एक पशु की आकृति थी। आकृति बहुत फूहड़ ढंग से बनी हुई थी, ब्योरों पर जरा भी ध्यान नहीं दिया गया था। इसमें पशु को अगले पैर पसारकर बैठा हुआ दिखाया गया था। खास बात यह थी कि पशु का सिर गायब था। पूरी आकृति के निर्माण में वैसा ही बेढंगापन था, जो सर्दियों में बच्चों के द्वारा बनाए जानेवाले बर्फ के आदमी में पाया जाता है। फिर भी आकृति के फूहड़पन से इस चीज की व्याख्या नहीं होती थी कि उसका सिर क्यों गायब है...पैरों की विशिष्ट बनावट और मजबूत, ऊँचे, गोल पुट्ठेवाली यह आकृति अपनी सामान्य रूपरेखा में भालू की आकृति लगती है; और सचमुच ही, भालू की एक खोपड़ी उसके अगले पैरों के बीच पाई गई।

फ्रोबेनियस ने अफ्रीका की कुलुबल्ली जनजाति के बारे में यह भी लिखा है :

> जब भी कोई शेर या चीता किसी आदमी को खा जाता है, एक झाड़ी में बलि का अनुष्ठान किया जाता है और उस वन्य पशु को मार डाला जाता है। इसके बाद 'मुलिकोर्रे न्यामा' नामक एक खास जगह झाड़ी के अंदर छोड़ दी

> जाती है। यह एक वृत्ताकार कंटीली झाड़ी होती है जिसके केंद्र में मिट्टी से बनी हिंसक जंतु की एक आकृति रख दी जाती है, जिसका सिर नहीं होता। इसके बाद मारे गए शेर या चीते की खाल उतारी जाती है, लेकिन सिर को खोपड़ी सहित सही सलामत छोड़ दिया जाता है। सिर सहित उस खाल को मिट्टी की आकृति पर मढ़ दिया जाता है। इसके बाद तमाम शूरवीर उस कंटीली झाड़ी को घेर लेते हैं और झाड़ी के अंदर रखी हुई पशु-आकृति के इर्द-गिर्द, झाड़ी के बाहर, ये शिकारी नाचने लगते हैं। इस बीच पशु के शरीर को दफना दिया जाता है।

मिट्टी के ये पिंड, जिन पर पशु की खाल मढ़ दी जाती थी, स्पष्टतः मानव-इतिहास में अभिघटन कला की पहली कृतियाँ हैं। आज हम जिसे कला कहते हैं, उसमें और इनमें बहुत कम साम्य है। पशु-जगत को शांत करके अपने अनुकूल बनाना—अर्थात् एक बिंब के द्वारा यथार्थ को अपने वश में करना—इनका एकमात्र उद्देश्य था। लेकिन जब एक बार मनुष्यों ने इस उद्देश्य के लिए पशुओं की प्रतिकृति उत्पन्न करना शुरू कर दिया, तो अन्य उत्पादनों की तरह इस उत्पादन को भी विकसित होकर परिष्कार की प्रक्रिया से गुजरना ही था। जादुई कारणों से यह बात बहुत महत्त्वपूर्ण थी कि प्रतिकृति में अधिक से अधिक समरूपता हो; समरूपता ही नहीं, बल्कि आदर्श और उसके बिंब में एक हद तक तादात्म्य भी हो। पहले-पहल यह तादात्म्य मारे गए पशु की खाल से पैदा किया गया, लेकिन जब वास्तविक पशु की खाल और खोपड़ी के बिना ही उसके बिंब बनने शुरू हो गए (ऐसा शायद बड़े पैमाने पर उनका उत्पादन करने के लिए किया गया होगा), तब अधिकतम सादृश्य जादू की एक जरूरत बन गया। हम मान सकते हैं कि खाल और खोपड़ी का स्थान पशु के रक्त ने ले लिया होगा। जादू की अपनी धारणा के अनुसार आदिम मनुष्य ने न केवल 'साकल्य के लिए एक अंश' का नियम स्वीकार कर लिया—अर्थात् आप किसी जीव का एक अंग पकड़ लेने पर भी उसे वश में कर सकते हैं—बल्कि रक्त को जीवन का सच्चा तत्त्व भी माना। यह मान्यता बहुत-से तथ्यों से पुष्ट होती है, जिनमें से केवल दो का उल्लेख करना पर्याप्त होगा। कार्डोफेनों की अफ्रीकी शिकारी जनजाति में यह विश्वास पाया जाता है कि शिकारी यदि जादुई सींग में मारे हुए पशु का रक्त भर ले तो वह अपने शिकार को पूरी तरह वश में कर सकता है। फ्रोबेनियस ऐसी जनजातियों के दीक्षा-समारोह के विषय में बताता है:

> समारोह के आरंभ में, मध्य में या अंत में एक हिरन अथवा चिकारा मारा जाता है और उसका एक सींग तोड़ लिया जाता है। बाद में इस सींग में मारे गए शिकार का रक्त भरा जाता है। सींग हिरन का होना ही जरूरी नहीं,

> भैंस का भी हो सकता है। गुफाओं में बनाए जानेवाले चित्र मारे हुए हिरन के रक्त से बनाए जाते हैं।

रक्त के जरिए तथा मूल से अपने सादृश्य के जरिए चित्र अपने आदर्श के 'समरूप' हो गए। इसके अलावा यदि चित्र में भाले की नोक उस जगह बना दी जाए, जहाँ आप उस पशु पर प्रहार करना चाहते हैं, तब तो यह समझिए कि पशु मारा ही गया और शिकार में सफलता निश्चित हो ही गई! और सचमुच ही ट्राफ्रेर की गुफा के भैंसों के चित्रों में भालों की ऐसी नोकें देखी जा सकती हैं। फिर भी यह सवाल रह जाता है कि पशु के बिंब के अद्‌भुत सादृश्य की व्याख्या कैसे की जाए?

यह सादृश्य एक जादुई अनिवार्यता थी। पाषाण युग का शिकारी चूँकि अपने शिकार को बहुत ध्यान से देखता था, इसलिए किसी हद तक समरूपता का निर्णय करने में वह पूरी तरह समर्थ होता था—और उसका विश्वास था कि समरूपता जितनी ज्यादा होगी, बिंब उतना ही प्रभावशाली होगा। अतः हमारी यह मान्यता उचित है कि जिस तरह उतकरणों के उत्पादन में क्रमशः नमूने बनाए जाने लगे, ठीक उसी तरह गुफा में काम करनेवाला कलाकार पूर्णः स्वतंत्रता में काम नहीं करता था, बल्कि उससे उम्मीद की जाती थी कि वह उपलब्ध रूपों में से सर्वाधिक प्रभावशाली रूपों का उपयोग करे—यानी वह उन रूपों को अपनाए, जो मूल वस्तु से अधिकतम सादृश्य रखते हों। हम जिसे शैली कहते हैं, वह अंततः स्वीकृत पारंपरिक रूपों के अलावा कुछ नहीं है। इतना ही नहीं, पाषाण युग का मनुष्य अपने शिकार का केवल अच्छा पर्यवेक्षक ही नहीं था, वह उसके साथ अपना तादात्म्य भी करता था। शिकार में सफलता प्राप्त करने के लिए उसे अपने शिकार के साथ तादात्म्य करने की लंबी प्रक्रिया अपनानी ही होती थी। और जिसे हम कलात्मक अंतर्दृष्टि कहते हैं, वह केवल इस अत्यंत व्यावहारिक 'आत्म-तादात्म्य' का ही उपफल है। शिकारी अपने शिकार का अनुकरण करता था। अपने मृगया-नृत्यों में वह अपने ऊपर पशु की खाल लपेट लेता था। उस समय वह पशु से इस हद तक अपना तादात्म्य कर लेता था, जिसकी आज हम कल्पना भी शायद ही कर पाएँ। और अंततः मानवीय तथा पशु-जगत के बीच की विभाजक रेखा प्रागैतिहासिक काल के मनुष्य के मन में स्पष्टतः परिभाषित नहीं हुआ करती थी। अनेक प्रकार से वह अभी पशु-जगत का ही हिस्सा था और धीरे-धीरे ही अपने आपको उससे अलग कर रहा था। मानवविज्ञानी क्लाट्स और हाइलबोर्न लिखते हैं:

> स्त्रियों के द्वारा पशु-शावकों को स्तनपान कराने की प्रथा आदिम लोगों में व्यापक रूप से पाई जाती है। इसे देखकर ऐसा लगता है, मानो इन जंगली लोगों में अभी मानवीय आत्मगौरव की भावना नहीं आ पाई है और ये स्वयं को पशुओं के बीच पशु ही समझते हैं··· आस्ट्रेलिया की आदिवासी औरत

।जस तरह डिंगो को अपना दूध पिलाती है—और जुंग ने इस संबंध में बताया है कि ऐसे अनेक मामले सामने आए हैं। उसने लिखा है कि एक पिता ने अपने नवजात शिशु को इसलिए मार डाला कि वह उसकी माँ का दूध पिल्लों की एक जोड़ी को पिलाना चाहता था। ठीक उसी तरह पोलिनेशियाई स्त्रियाँ कुत्तों को अपना दूध पिलाती पाई जाती हैं। थियोडाट ने यही बात कनाडा की इंडियन औरतों के बारे में लिखी है। रेमी के अनुसार हवाई में औरतें केवल अपने शिशुओं को ही नहीं, बल्कि कुत्तों और सूअरों के बच्चों को भी स्तनपान कराती हैं। न्यू मैक्लेनबर्ग में रहनेवाले पापुआ लोगों की और न्यूजीलैंड में रहनेवाले माओरी लोगों की औरतें भी सूअरों को अपना दूध पिलाती हैं। इतना ही नहीं, दक्षिणी अमरीका की इंडियन जनजातियों की स्त्रियाँ तो बंदरों, ओपोसमों, हिरनों आदि को भी स्तनपान कराती हैं।

मनुष्य जब शिकारी बना तो मानव और पशु-जगत के बीच अचानक रक्त से भरी एक खाई खुद गई। मनुष्य अब पशुओं का हत्यारा बन गया, हालाँकि वह अब भी उन्हें अपना पूर्वज या सगोत्री मानता था। उसने जीवन की एकता को भंग कर दिया था। हालाँकि उसने बार-बार अपने अपराध की प्रकृति के बारे में यह दिखावा करके स्वयं को धोखा देने की चेष्टा की कि मारे हुए पशु को खाना महज उसे 'आत्मसात' करना है; और इस प्रकार वह पशु मरता नहीं, बल्कि मानव-शरीर में जीवित बना रहता है। फिर भी वह उन पशुओं की प्रतिहिंसा से भयभीत रहता था, जो उसके पूर्वज और सगोत्री थे। स्त्री पशु को स्तनपान कराती है और पुरुष उसे मार डालता है, इस बात से बहुत-सी शिकारी जनजातियों में यह विश्वास पैदा हुआ कि स्त्रियों और शिकार किए जानेवाले पशुओं में कोई रहस्यमय संबंध है। उस संबंध को उन्होंने उसमें अंतर्निहित समस्त अंतर्विरोधों तथा भयों के साथ स्वीकार कर लिया।

पाषाण युग के मनुष्य के लिए पशु के बिंबों का क्या महत्त्व था, वह कौन-सी विकट बाध्यता थी, जिसके कारण जादूगर उनके बिंबों को यथासंभव मूल के समरूप बनाकर प्रकृति को वश में करने की चेष्टा किया करते थे—इसको समझने के लिए हमें उपर्युक्त तमाम बातों को ध्यान में रखना चाहिए। यहाँ किसी सौंदर्यात्मक सर्जनात्मक आनंद का कोई सवाल नहीं था, मामला इससे कहीं ज्यादा गहरा और गंभीर था। कुल मिलाकर इससे कहीं ज्यादा आतंककारी भी, क्योंकि यह समष्टि के जीवन और मृत्यु का अथवा अस्तित्व या अनस्तित्व का सवाल था। जैसा कि हम पहले कह आए हैं, जादूगर भैसों की आकृतियों पर बैठा हुआ है, उसने पशु का मुखौटा लगा रखा है और गुफा में प्रवेश करनेवाले हर आदमी की तरफ वह अपनी बड़ी और डरावनी आँख मे घूरता हुआ दिखाई देता है। यदि ट्रा फ्रेर की गुफा

से प्राप्त होने वाले तमाम संकेत भ्रामक नहीं हैं, तो यह गुफा वह जगह थी जहाँ दीक्षा-समारोह संपन्न किए जाते थे और जनजाति के युवा सदस्यों को समष्टि में सम्मिलित किया जाता था। इन समारोहों में उत्पादन (अर्थात् शिकार)के साथ-साथ लैंगिकता के अनुभव प्रदान किए जाते थे और युवाओं को समष्टि द्वारा विकसित सारे नियम तथा कर्तव्य पूरी तरह और क्रूरतापूर्वक समझाए जाते थे। इस प्रक्रिया में जीवनपर्यंत याद रहनेवाली यातनाएँ भी दी जाती थीं। इस प्रकार जनजाति के युवा सदस्यों को उस अजर-अमर समष्टि से जोड़ा जाता था, जिसके आदिपुरुष के बारे में यह विश्वास किया जाता था कि वह पीढ़ी-दर-पीढ़ी जीवित चला आ रहा है। कई जगह तो उस आदिपुरुष को उभयलिंगी भी माना जाता था। फ्रोबेनियस ने अफ्रीका के महाल्बी लोगों के बीच होनेवाले ऐसे समारोह के बारे में लिखा है :

> नौजवान लोग अपने अभिषेक से पहले न तो संभोग-सुख प्राप्त कर सकते हैं, न कोई बड़ा शिकार कर सकते हैं। उनकी वयस्कता पर एक समारोह किया जाता है, जिसके लिए उन्हें झाड़ी के अंदर ले जाया जाता है। वहाँ नृत्य का आयोजन होता है जिसमें सिर को चकरा देनेवाले शोर तब तक मचाए जाते हैं जब तक कि लड़के आनंदातिरेक की अवस्था में नहीं पहुँच जाते। उनके आनंदोल्लास की चरम अवस्था में एक चीता (या चीते जैसा कोई जीव) प्रकट होता है। उसका आगमन बड़ा आतंककारी होता है। दहशत के मारे लड़कों का दम निकलने लगता है। वह जीव लड़कों पर झपटता है और उन्हें घायल कर डालता है। कभी-कभी वह उनके गुप्तांगों को भी घायल कर देता है—ताकि उन जख्मों के निशान आजीवन बने रहें···इसके बाद व्यभिचारपूर्ण उच्छृंखलता के दिन शुरू होते हैं। यही वह समय है जब भैंसों के कुछ सींग तैयार किए जाते हैं, जो शिकारियों के लिए उनकी मृत्यु के दिन तक अत्यंत महत्त्वपूर्ण जादुई उपकरणों का स्थान रखते हैं। इन सींगों में वे अपने द्वारा मारे गए पशुओं का रक्त भरते हैं। स्त्रियों के लिए इन सींगों को छूना सर्वथा निषिद्ध होता है, क्योंकि यह माना जाता है कि यदि स्त्रियों ने उनका स्पर्श कर लिया तो मारे गए पशु सुंदर स्त्रियों का रूप धारण कर लेंगे, जिनके प्रति शिकारी अनजाने में अपने आपको समर्पित कर देगा और तब वे स्त्री-रूपधारी पशु अपनी मौत का बदला लेने के लिए शिकारी की हत्या कर डालेंगे।

अन्य जनजातियों में नौजवानों को पहाड़ों की गुफाओं में बंद कर दिया जाता है, जहाँ उनके लिए दीवारों पर चित्र बनाना अनिवार्य होता है। वे गुफा में बंद रहकर चित्र बनाते हैं और मारे गए हिरन के खून से चित्रों को रँगते हैं। इसके बाद प्रत्येक

नौजवान का एक अंडकोष कुचल दिया जाता है ।

इस तरह के सैकड़ों उदाहरणों में शिकार संबंधी जादू और लैंगिकता संबंधी जादू का घनिष्ठ संबंध बार-बार सामने आता है । पहली वर्जना शायद यह थी कि मासिक-धर्म और गर्भावस्था में संभोग न किया जाए। इन अवस्थाओं में स्त्री को पवित्र और अपवित्र दोनों ही माना जाता है । दोनों ही अवस्थाओं में वह एक ऐसा जीव बन जाती है, जिसे देखकर लोग घृणा भी करते हैं और उसे 'सौभाग्यशाली' भी मानते हैं । जार्ज थामसन ने बताया है कि दुनिया के हर हिस्से में रजस्वला या गर्भवती स्त्रियाँ पुरुषों को दूर रहने की चेतावनी देने के लिए तथा अपनी जनन-क्षमता को बढ़ाने के लिए अपने शरीर पर लाल गेरू मल लिया करती थीं । विवाह के अवसर पर स्त्रियों के माथे पर लाल टीका लगाया जाता था । प्राचीन यूनान में सद्यप्रसूता स्त्री को किसी और का खून कर देनेवाले या किसी की लाश को छू लेनेवाले व्यक्ति की भाँति ही अपवित्र माना जाता था । जन्म और मृत्यु की धारणाएँ परस्पर उलझ गई थीं—रजस्वला स्त्री का अर्थ हो गया मृत्यु, गर्भवती स्त्री का अर्थ हो गया पुनर्जीवन ।

शिकारी जनजातियों में एक और प्रथा पाई जाती हैं, जिसके अनुसार पुरुषों के शिकार पर जाने से पहले स्त्रियों को लैंगिक उत्तेजना का वातावरण बनानेवाला नृत्य करना पड़ता है । शिकारी उस समय स्त्रियों के साथ संभोग नहीं भी कर सकते हैं, लेकिन पशुओं को मारकर अपनी उस लैंगिक उत्तेजना को शांत करना उनके लिए अनिवार्य होता है । फ्रेजर ने बताया है कि नुटका साउंड इंडियन लोग बड़ी व्हेल का शिकार करने के सप्ताह के दौरान संभोग न करने के लिए बाध्य किए जाते हैं । एक सरदार जब व्हेल को नहीं पकड़ पाया, तब उसके कबीले के लोगों ने ब्रह्मचर्य संबंधी नियम तोड़ने के लिए उससे जवाब तलब किया । शिकार के साथ स्त्री का तादात्म्य अंशतः तो लैंगिक संघर्ष की शुरुआत से जुड़ा हुआ है, जिसे इतिहास का पहला वर्ग-संघर्ष भी कहा जा सकता है, लेकिन अंशतः इसका कारण प्राचीन काल के उस दृष्टिकोण में भी पाया जा सकता है, जिसके अनुसार तमाम समरूप चीजें समान मानी जाती थीं । बेशोफेन बताता है कि प्रागैतिहासिक काल के शिकारी जब अपनी स्त्रियों से संभोग करते थे, तब वे अपनी झोंपड़ी या गुफा के बाहर एक भाला जमीन में गाड़ देते थे, जो लिंग का प्रतीक होता था । विथ्युइस नीग्रो जनजातियों के नृत्यों के बारे में लिखता है :

> प्रत्येक मनुष्य की चिंतन-व्यवस्था में, जिसके जरिए वह समष्टि से अपना तादात्म्य करता है, हाथ में पकड़ा हुआ भाला कोई साधारण चीज नहीं होता, बल्कि एक जीती-जागती चीज (पुरुष का लिंग) होता है । और उसके सामनेवाला गड्ढा भी साधारण गड्ढा नहीं होता, बल्कि स्त्री की योनि का जीता-जागता रूप होता है । हर आदमी अपनी लैंगिक उत्तेजना का प्रदर्शन

करके एक-दूसरे की इस मान्यता की पुष्टि करता है।

स्त्री के साथ संभोग और शिकार को छेदना, रजस्वला स्त्री और रक्तस्रावी पशु, दोनों आदिम मनुष्य की कल्पना में एकाकार होकर जीवन-प्रक्रिया के परस्पर समरूप या समान तत्त्व बन गए, और लैंगिकता के इस वातावरण ने निस्संदेह उस जादूगर को भी प्रभावित किया, जो दीक्षा-समारोहों के काम आनेवाली गुफाओं में पशुओं के चित्र बनाया करता था।

इस सबसे यह विश्वास बना—जो कि आदिम शिकारी जनजातियों में बार-बार देखने को मिलता है—कि मरते हुए पशु की नजर से बचना चाहिए, क्योंकि यह नजर खासतौर से गुप्तांगों को प्रभावित करती है तथा मैथुन सामर्थ्य को नष्ट कर देती है। फ्रोबेनियस लिखता है :

> एक हिस्से को काबू में कर लेने पर पूरी चीज वश में हो जाती है। इसके लिए जरूरी नहीं कि हाथों से पकड़ने की वास्तविक क्रिया का रूप सामने आए ही—यह क्रिया एक चीख या पुकार से, और विशेषत: एक नजर डालकर भी संपन्न की जा सकती है। नजर सबसे खतरनाक चीज है। मरते समय आँखें फटी रह जाएँ, यह सबसे भयानक बात मानी जाती है।

जीवित प्राणी की आँख, जो प्रकाश की इंद्रिय और यथार्थ का दर्पण है, वह चीज है जिसमें जीवन अधिकतम गहनता के साथ स्वयं को व्यक्त करता है। दूर तक देखनेवाली मनुष्य की आँख से इच्छा-शक्ति का विकीर्णन होता है और मनुष्य दूसरे की इच्छा-शक्ति के विरुद्ध अपनी इच्छा-शक्ति को विजयी बनाने के लिए अपनी नजर से दूसरे की नजर का मुकाबला तब तक करता है, जब तक कि दूसरे की नजर झुककर या किसी और तरह से उस पर से हट नहीं जाती। मरते हुए पशु की आँख में शिकारी को ऐसा लगता है, मानो प्रकृति हत्यारे को, एकता का नाश करनेवाले को धिक्कार रही हो। और प्रकृति की यह एकता स्त्री के अंदर चली आ रही है, क्योंकि वह जन्मदात्री है, पोषण को स्रोत है। अत: मरता हुआ पशु और स्त्री एकाकार हो जाते हैं और खत्म होती हुई जिंदगी जननांगों से—जो स्वयं जीवन के ही अंग हैं—बदला लेती है। गुफा में चित्रित जादूगर के बिंब को तथा उसकी महत्त्वपूर्ण एवं भयोत्पादक दृष्टि को, जिससे वह गुफा में प्रवेश करनेवालों को देखता है, समझने के लिए हमें इन अंत:संबंधित विचारों को अवश्य ध्यान में रखना चाहिए।

सारांश यह कि यदि प्रत्यक्ष दिखाई देनेवाली तमाम चीजें भ्रामक नहीं हैं, तो ट्राफ्रेर की गुफा जादू का स्थान थी, जहाँ दीक्षा-संस्कार संपन्न किए जाते थे। हम यह मान सकते हैं कि गुफा की देखभाल करना जनजाति के जादूगर और उसके सहायकों का काम था। ये लोग 'कलाकार' थे, जो जादुई बिंबों की रचना करते थे।

इन बिंबों को यथार्थ के सदृश बनाना उनका कर्तव्य था, क्योंकि यह माना जाता था कि बिंब जितना यथार्थ के समरूप होगा, उतना ही प्रभावशाली होगा। इन कलाकारों को पारंपरिक रूपों की एक शृंखला पहले से विरासत में प्राप्त थी; उनके पास कुछ 'नमूने' थे, जो अपनी समरूपता के कारण सुरक्षित चले आ रहे थे; अर्थात् उनके पास एक परंपरागत 'शैली' थी। इसीलिए उन्हें किसी रहस्यमयी अंतःप्रेरणा' पर निर्भर नहीं रहना पड़ता था।

इस निष्कर्ष की पुष्टि हेर्बर्ट कून की पुस्तक 'दि राइज् ऑफ ह्यूमैनिटी' (मानवता का उदय) के इस अंश से होती है :

> निस्संदेह स्कैंडिनेवियाई चित्र भी जादुई उद्देश्यों से बनाए गए थे। इन चित्रों को जादूगर बनाते थे। लाप्प जादूगर आज तक भी उसी शैली में वैसे ही चित्र बनाते हैं। फ्रेडेरिका ड लेग्यून ने अलास्का के दक्षिण-पश्चिम में कूप इनलेट नामक क्षेत्र में तथा कोडियाक द्वीप-समूह में भी एस्कीमो चित्रों की खोज की है, जो स्कैंडिनेवियाई समूह की उत्तरकालीन अवस्था के उत्कीर्णनों से काफी मिलते-जुलते हैं। उनमें मनुष्यों, सीलों, मछलियों और हिरनों का रीतिबद्ध चित्रण किया गया है। एस्कीमो लोग अभी तक इस स्थान के निकट रहते थे और उन्होंने खोजी महिला को बताया कि ये चित्र किसने बनाए थे। उन्होंने यह भी बताया कि चित्रकार जनजाति का जादूगर था। खोजी महिला ने जब उनसे यह पूछा कि जादूगर ऐसे चित्र क्यों बनाते थे, तब उन्होंने बताया कि ये चित्र शिकार संबंधी गोपनीय अनुष्ठानों के अंग होते हैं और पशुओं को सम्मोहित करने के काम आते हैं। इन चित्रों से जादूगर और शिकारी लोग पशुओं को अपने वश में कर लेते हैं ··· प्रत्यक्ष है कि ये जादूगर हिम युग की तरह ही 'शैलियाँ' भी बना लेते थे। कभी-कभी विभिन्न स्थानों पर एक ही शैली के चित्र पाए जाते हैं

जादूगरों को इस बात से भी काफी सहायता मिलती थी कि मूल वस्तु से उनका 'तादात्म्य' अत्यंत गहरा होता था। इस 'तादात्म्य' में विषय और वस्तु का सामूहिक विलयन हो जाता था। सामूहिक लैंगिक उत्तेजना का वातावरण इस 'तादात्म्य' को और भी बढ़ा देता था, और हो सकता है कि कलाकृति के वास्तविक निर्माण से पहले सामूहिक लैंगिक आनंदातिरेक की एक अवस्था आती हो। अंततः, यदि हम यह बात ध्यान में रखें कि आदिम शिकारी का पूरा ध्यान अपने शिकार पर केंद्रित रहता था—वह किसी एक पशु के विशिष्ट लक्षणों पर नहीं, बल्कि शिकार किए जानेवाले पशु की पूरी जाति के लक्षणों पर ध्यान केंद्रित करता था; दूसरे शब्दों में, उसके लिए पशु की रूपरेखा ही महत्त्वपूर्ण थी, उसकी आकृति के विभिन्न ब्योरों का उसके लिए कोई महत्त्व नहीं था—तो मेरा खयाल है कि हम

पाषाण युग की कलाकृतियों की एक पर्याप्त व्याख्या पा सकेंगे। मुझे पूरा अहसास है कि मैं उन परिस्थितियों और प्रक्रियाओं की पुनर्रचना का प्रयास कर रहा हूँ, जिनके बारे में बहुत ही कम् सामग्री उपलब्ध है। बिल्कुल संभव है कि मैं कुछ महत्त्वपूर्ण चीजों को नजरअंदाज कर गया होऊँ या तथ्यों को मैंने बिल्कुल गलत ढंग से व्याख्यायित कर डाला हो; मगर जो बात मैं कहना चाहता हूँ, वह यह है कि आरंभिक (और फलस्वरूप बाद के भी) कला-रूपों के उद्‌भव को समझने के लिए किसी प्रकार की रहस्यवादी या आधिभौतिक कल्पनाओं की जरूरत नहीं है। यही कारण है कि मैंने केवल एक उदाहरण की जाँच-पड़ताल को अपेक्षाकृत इतना अधिक स्थान दिया है।

'स्रोत' की ओर लौटने की तड़प

कला-रूप यदि एक बार स्थापित हो जाएँ, कसौटी पर खरे उतर आएँ, प्रचलित हो जाएँ, और शब्द के पूरे अर्थ में 'स्वीकृत' हो जाएँ, तो फिर उनका चरित्र असाधारण रूप से रूढ़िवादी हो जाता है। हालाँकि पुराने रूपों का मूल जादुई अर्थ बहुत हद तक भुला दिया गया है, फिर भी लोग सभय श्रद्धा के साथ पुराने रूपों से चिपके हुए हैं। शब्दों, नृत्यों, चित्रों आदि के वे तमाम रूप, जिनका कभी एक विशिष्ट जादुई और सामाजिक अर्थ हुआ करता था, उन्नत एवं अत्यधिक विकसित समाजों की कला में भी सुरक्षित रहते हैं, और जादुई-सामाजिक विधि बहुत ही धीरे-धीरे सौंदर्यात्मक विधि बन जाती है। पुराने रूपों को अंशतः नष्ट करने, अंशतः बदलने और नए रूपों को जन्म देने के लिए एक नई अतर्वस्तु हमेशा ही आवश्यक रही है। केवल किसी अपेक्षाकृत विकसित वर्ग-समाज में ही—जैसे फारसी युद्धों के समय के एथेनियन समाज में—यह संभव हुआ कि कोई व्यक्ति प्राचीन समष्टि के सख्ती से निर्धारित नृत्य-मुद्राओं और जादुई ढंग से व्यवस्थित शब्द और गीत के रूपोंवाले वृंदगान से अलग होकर उससे अधिक सशक्त रूप में उभर सके। तब बलि संबंधी धार्मिक अनुष्ठानों का रूपांतरण नई सामाजिक घटनाओं की प्रस्तुति में हो गया, और अंत में धार्मिक एवं समष्टिगत तत्त्व पूरी तरह अधिक स्वतंत्र, अधिक मानवीय और वैयक्तिक तत्त्व में विलीन हो गया। पण्यवस्तुओं के उत्पादन और व्यापार से विकसित व्यक्तित्व और विशेषाधिकार-प्राप्त भूस्वामी वर्ग (वह चाहे धार्मिक हो चाहे धर्मनिरपेक्ष) के बीच यदि संघर्ष न होता तो दृश्यकला में मूलतः किसी जादुई उद्देश्य के लिए निर्मित प्राचीन रूपों में ढील देने या मनुष्य को एक व्यक्ति के रूप में देखने का साहस ही पैदा न होता। इसी संघर्ष ने नई प्रगीतात्मक कविता को जन्म दिया, जिसने जादुई मंत्रोच्चार में, समष्टिगत प्रार्थना में, देवताओं या मृतकों के प्रति किए जानेवाले अभिचार में मानवीय और वैयक्तिक तत्त्वों को सन्निविष्ट किया। इस प्रकार पुरानी बोतल में नई शराब भरी गई और नई

अंतर्वस्तु की अभिव्यक्ति के नए रूप प्राप्त करने में बहुत लंबा समय लगा।

तो, कला के रूप आमतौर पर दकियानूसी होते हैं और हर परिवर्तन का प्रतिरोध करते हैं। आजकल प्रचलित कुछ रूप अभी तक पुराने समष्टिगत संबंधों तथा कर्तव्यों का पता देते हैं। उपन्यास के 'खुले' रूप के बारे में यह बात सच नहीं है। आधुनिक नाटक के बारे में भी यह बात बहुत कम सच है। लेकिन दृश्यकलाओं के बारे में कुछ हद तक और संगीत तथा प्रगीत-काव्य के बारे में पूरी तरह सच है। कला का जादुई प्रकार्य तो बहुत पहले ही लुप्त हो गया था, उसके रूपों ने, अनेक संघर्षों के बाद, नई सामाजिक स्थितियों और माँगों से अपना समायोजन कर लिया है। फिर भी प्रागैतिहासिक काल के प्राचीन जादू का प्रेत आधुनिक कविता और संगीत में अभी तक मँडराता रहता है।

आधुनिक कला की बहुत-सी कृतियों तथा आंदोलनों में प्राचीन, मिथकीय अथवा 'आदिम' की ओर लौटने के सायास प्रयासों का भी इससे कुछ संबंध है। पण्यवस्तुओं का ही नहीं, बल्कि तकनीकी, आर्थिक और सामाजिक तंत्र से बनी समूची दुनिया का चरित्र पूजा-वस्तु जैसा हो गया है। इस दुनिया से कलाकार का पूर्ण पार्थक्य हो चुका है। परवर्ती पूँजीवादी जगत अत्यंत विशेषीकृत और विभेदीकृत हो गया है। इस सबसे कलाकार के मन में 'स्रोत' की ओर लौटने की एक तड़प पैदा होती है। यह एक ऐसी एकता की तड़प है, जो अपने आपमें पूर्ण हो। आज के कलाकार के मन में हर आसान, साफ-सुथरी और आत्मतुष्ट चीज के प्रति संदेह का भाव रहता है, जो उसे सादगी और रूखेपन की ओर, उस पुरातनवाद की ओर ले जाता है, जो उसकी इंद्रियों को खुश करने से इनकार करता है। दुनिया को प्रकाश, रंग और वातावरण में विलीन कर देनेवाले प्रभाववादियों की ऐंद्रियता से युक्त कला के बाद एक विरोधी आंदोलन चला, जिसमें झिलमिलाती हुई ऊपरी सतह को नकारने की, चीजों की मूल संरचना तक पहुँचने की, और गुजरते हुए क्षण के बजाए स्थायित्व को पकड़ने की इच्छा व्यक्त हुई। रूपात्मक एकाग्रता को लक्ष्य माना गया और कलाकार या उपन्यासकार की रचना लोगों को संगीत या कविता की तरह—अर्थात् अपने विषय से नहीं, बल्कि रूप के जरिए—'सीधे' विचलित करने का प्रयास करने लगी।

इस प्रकार 'स्रोत' की ओर लौटने की रूमानी ललक को नए सिरे से प्रोत्साहित करनेवाली कई चीजें इकट्ठी हो गईं। आधुनिक प्रगीत-काव्य में दो विरोधी प्रवृत्तियाँ पाई जाती हैं : एक का प्रयास यह होता है कि कविता को हर तरह के 'जादू' से मुक्त करके पूर्णतः सचेत ढंग से गढ़ा जाए; और दूसरी प्रवृत्ति 'स्रोत' की ओर लौटने की, शब्दों और शब्द-संयोजनों में से उनके परंपरागत अर्थों को निकाल फेंकने की, उन्हें यौवन की ताजगी से तथा बहुत पहले भुला दिए गए जादुई अर्थों से पुनः जोड़ने की इच्छा का प्रतिनिधित्व करती है। अरागां ने अपनी सुंदरतम

कविताओं में से एक में इस चीज को यों व्यक्त किया है :

मैं शब्दों का प्रयोग यांत्रिक बातें कहने के लिए करता हूँ
गिरती हुई बर्फ से भी ज्यादा यांत्रिक ढंग से
उन अनगढ़ शब्दों में जिन्हें आप अखबार में पढ़ते हैं
और उनसे मैं ऐसे बतियाता हूँ जैसे लोग बतियाते हैं
अचानक जैसे ताँबे का सिक्का डामर की सड़क पर गिरे
और हमें लौटकर जाने के लिए विवश कर दे
हमारे द्वारा दबा दिए गए अनर्थ की एक अवचेतन अनुगूँज है—
वह शब्द जो संयोग से गिरता है, वह शब्द जो किसी काम का नहीं

और यदि मैं चिड़ियों की बात करता हूँ, बात करता हूँ धीमे परिवर्तनों की
होलीहॉक के फूलों के बीच मुरझाते अगस्त की बात
और यदि मैं हवा की बात करता हूँ, करता हूँ गुलाबों की बात
मेरा संगीत टूट जाता है और बन जाता है सिसकियाँ ।

कवि उस शब्द से घृणा करता है, जो ताँबे के सिक्के की तरह एक हाथ से दूसरे हाथ में जाता रहता है । लेकिन जब वही शब्द अचानक जमीन पर गिरकर खनखनाता है, तब वह सिक्का नहीं रह जाता, बल्कि शुद्ध धातु बन जाता है । तब उसकी अनुगूँज उन साहचर्यों को जगाती है, जो बहुत पहले रोजमर्रा की भाषा के कचरे में दब चुके हैं । कविता में शब्द का केवल वस्तुपरक अर्थ ही नहीं होता, बल्कि एक गहरा, एक प्रकार से जादुई अर्थ भी होता है । उस आदिम मनुष्य की भावना, जो किसी चीज को नाम देकर उसका पुनर्सृजन करता था, और इस प्रकार उस चीज को अपनी बना लेता था, कविता में अभी तक अंतर्निहित है । कविता में बहुत-से शब्द उछलते हैं, मानो वे सीधे 'स्रोत' से आ रहे हों, और उनका प्रभाव ऐसा होता है मानो वे पहली बार बोले गए हों—यहीं और अभी, इसी विशिष्ट संदर्भ में, इसी विशिष्ट अर्थ के साथ । कविता का शब्द युवा, स्वच्छ और अछूता होता है, मानो अब तक छिपे हुए यथार्थ का एक टुकड़ा उसमें अभी-अभी मणिभीकृत हो गया । कुछ गंभीर लोग, जो उपयोगी चीजों में व्यस्त रहते हैं, प्रगीत-काव्य को बचकाना और बेकार मानते हैं, क्योंकि यह सीधे-सपाट वक्तव्यों तक सीमित नहीं रहता, बल्कि जादू से संबंध रखता है; क्योंकि यह शब्दों के साथ अवैध व्यापार करता है; क्योंकि यह हमारे समय के व्यावहारिक मुहावरे से बहुत दूर की भाषा बोलता है । सचमुच यह संदेह अभी तक बना हुआ है कि कवि की भाषा कतई सामान्य भाषा नहीं होती, जो लोगों के बीच सामान्य संप्रेषण के लिए इस्तेमाल की जाती है । यह संदेह पूर्णतः न्यायसंगत है । प्रत्येक कवि के अंदर यह इच्छा रही है कि या तो वह सीधी

अभिव्यक्ति में सक्षम सर्वथा नई भाषा पैदा करे, या फिर 'स्रोत' की ओर, उस भाषा की गहराइयों की ओर लौटे, जो प्राचीन है, साबुत है, जादुई शक्ति से संपन्न है। ज्यादातर महान प्रगीत-कवियों ने भाषा में ऐसे नए शब्द जोड़े हैं, जो पहले कभी सुने नहीं गए; ऐसे शब्दों को खोजा है, जो विस्मृत हो गए थे; या आम प्रचलित शब्दों को मौलिक और ताजा अर्थ दिए हैं। बहुत-से आधुनिक कवियों द्वारा भदेस या तकनीकी शब्दावली को कविता में आत्मसात करने के प्रयास भी इसी इच्छा के साथ गहराई से जुड़े हुए हैं। ब्रेश्ट के बारे में यही बात सच है, जिसने अपनी भाषा अपने जन्म-स्थान औग्सबर्ग की बोली से, लूथ के बाइबल की जर्मन से, मेलों-ठेलों के गाथा-गीतों से तथा अन्य स्रोतों से आसवित करके निकाली थी।

आत्मपरक अनुभव को इतनी आत्मपरक भाषा में व्यक्त करना कि सारी परंपराएँ टूट जाएँ और दूसरों के साथ सारा संप्रेषण असंभव हो जाए, कविता के प्रकार्य का विरोधी होता है। एक व्यक्ति का बिल्कुल अकथनीय अनुभव भी आखिर मानवीय अनुभव ही होता है। इसलिए हद दरजे की आत्मपरकता की स्थिति में भी वह एक सामाजिक अनुभव होता है। (यहाँ तक कि आज के कलाकारों का विशिष्ट आत्यंतिक एकाकीपन भी एक सामाजिक अनुभव है, जो और भी बहुत-से लोगों को होता है।) कवि अनुभव का खोजी होता है और उसके जरिए दूसरों में ऐसी क्षमता उत्पन्न करता है कि वे उसके अनुभव को—जो खोज लिया गया है और अंततः अभिव्यक्त भी हो गया है—खुद अपने ही अनुभव की तरह समझने और आत्मसात करने में समर्थ हो सकें। बोदलेयर की कविता में आधुनिक नगरों के एकाकीपन की जो खोज सामने आई, बह सिर्फ 'दुनिया में एक नया भूचाल लाई' हो, ऐसी बात नहीं। उसने एक ऐसा तार भी छेड़ा जिसकी प्रतिध्वनि उन लाखों लोगों के मन में गूँजी, जो पहले से ही अचेतन रूप से उसे सुनने को तैयार थे। ऐसी अनुगूँज पैदा करने के लिए कवि वर्तमान भाषा के साधनों का ही इस्तेमाल करता है, लेकिन इस तरह से करता है कि प्रत्येक शब्द एक नया अर्थ ग्रहण कर लेता है। नवीनता द्वंद्वात्मकता में, कविता के अंदर शब्दों की अंतःक्रिया में, और इस तथ्य में होती है कि प्रत्येक शब्द न केवल एक अंतर्वस्तु का संप्रेषण करता है, बल्कि अपने आप में भी मानो एक अंतर्वस्तु होता है। इस प्रकार वह मानो एक स्वायत्त यथार्थ बन जाता है। कविता में प्रत्येक शब्द की, मणिभ के एक परमाणु की भाँति, अपनी एक जगह होती है। इसी से कविता के रूप और उसकी संरचना का निर्माण होता है। कुछ शब्दों की स्थिति में किया गया परिवर्तन, जो ऊपर से देखने में बहुत छोटा और महत्त्वहीन लग सकता है, कविता को प्रभावहीन बना दे सकता है। असंभव नहीं है कि उससे कविता का रूप तथा उसकी संरचना नष्ट हो जाए, और मणिभीकृत काव्य-शरीर एक आकारहीन द्रव्यमान बनकर रह जाए।

कविता का संसार और उसकी भाषा

अभिजातवाद के काल में कविता किसी विचार या भावना को अत्यंत ललित और आकर्षक ढंग से व्यक्त करने का माध्यम मानी जाती थी। कविता एक प्रकार का मालगोदाम थी, या एक दरजी की दूकान, जहाँ भाषा को काट-छाँटकर किसी भी प्रदत्त अनुभूति या विचार के नाप की पोशाकें बनाकर दी जाती थीं। अलेक्जेंडर पोप की इस आश्वस्त शालीनता पर विचार कीजिए:

मगर वह आदमी कहाँ है, जो परामर्श दे सके
जो शिक्षा देकर प्रसन्न हो, पर ज्ञान का गर्व न करे?...
जो सर्वथा सही सुरुचि से संपन्न हो, पर कूपमंडूक न हो;
जिसमें पुस्तकों और मनुष्यों, दोनों का ज्ञान हो;
जो बातचीत में उदार हो, पर अहंकार से मुक्त हो
और पसंद करता हो विवेकपूर्वक प्रशंसा करना?

अथवा रेसीन के प्रभात-स्तोत्र की सारगर्भित वाक्पटुता को देखिए:

आओ अभ्यर्थना करें हम ज्योति-स्रोत की
जब तक अंत न हो जाए अपने जीवन का
अपनी अंतिम सुबह असीसे तब तक उसको
जब तक स्वयं न शाश्वत दोपहरी बन जाए...

इसके बाद, अचानक ही, इस अभिजातवादी उजले दृश्य के बीच से काला और हठीला लोकप्रिय गाथागीत प्रकट होता है। यह एक प्रकार का भावी किसान-विद्रोह था, जो प्रगीतात्मक रूप में व्यक्त हुआ था। इसका उत्स उन लोगों के बीच था, जो आरंभिक पूँजी-संचयन के कारण विपन्न हो गए थे। सन् 1765 में बिशप पर्सी ने इस तरह के गाथागीतों का पहला संकलन किया। इससे भी पहले ग्रे तथा मैकफर्सन बंदियों और चारणों के पुराने गीतों को सामने ला चुके थे। ग्रे उस वाक्पटुता की संक्षिप्तता और स्पष्टता का बड़ा प्रशंसक था, जिसमें पोप माहिर था। फिर भी वह यह मानता था कि बुद्धि और आलोचनात्मक क्षमता के एकांगी विकास तथा उसके अति-परिष्कृत युग की 'जीवंतता और विकृत अधीरता' में 'कल्पना से उत्पन्न शानदार कलाओं' के ह्रास के प्रारंभिक लक्षण मौजूद थे। उसने एक 'गौथिक आनंद-धाम' की, एक 'जादुई, जंगली उत्साह' की, एक 'बर्बर कल्पना' की, एक 'शब्द और लय के आकर्षक तथा गहरे सामंजस्य' की चर्चा की। उसके विचार से ये सब चीजें उन कल्पनाओं से उत्पन्न थीं, जो 'कुछ शताब्दियों पहले स्कॉटलैंड की ठंडी और उजाड़ पहाड़ियों में रमती थीं' और पुनर्जीवन पाने की प्रतीक्षा में पड़ी हुई थीं।

शहरों पर देहात का आक्रमण केवल इस रूप में नहीं हुआ कि बहुत-से दरिद्र और वर्गावरोहित किसान, जो मात्र 'भीड़' बनकर रह गए थे, शहरों में आ गए। देहात का आक्रमण शहरों पर इस रूप में भी हुआ कि अज्ञान और अंधविश्वासों से भरे काल्पनिक गीत और गाथागीत शहरों में आए। रेटीफ ड ला ब्रेटोन्न एक किसान का बेटा था और जिसके उपन्यास 'मॉस्योर निकोलस' के बारे में विल्हेल्म फॉन हुंबोल्ट ने लिखा था कि "यह अब तक की सबसे सच्ची किताब है", जब पेरिस आया तो अपने साथ शासक वर्गों के लिए निम्नवर्गीय अवज्ञा ही नहीं, बल्कि अक्खड़ ऐंद्रियता, अंधविश्वास, रहस्यवाद और अपनी देहाती जन्मभूमि का पागल गुस्सा भी लेकर आया था। गोया भी एक किसान का बेटा था और वह भी देहात से अपने सामान के रूप में बोरा भरे प्रेत और डाइनें लेकर आया था, जिनको उसने अचानक बहुत नफरत भरे क्रोध के साथ उन भद्र और प्रतिष्ठित स्त्री-पुरुषों के सिर पर उलट दिया, जो उसके प्रशंसक थे।

अभिजात वर्ग और चर्च के शासन के विरुद्ध जो स्वच्छंदतावादी विद्रोह हुआ, वह स्वयं भाषा के विरुद्ध विद्रोह तक पहुँच गया। डाइनों की शोभायात्राओं, शैतानों की शादियों और मध्यरात्रि में बजती हुई चर्च की घंटियों के नीचे विद्रोह की लय धप-धप करती रहती थी। जागृति के विरुद्ध, अंधविश्वासों की हिमायत दरअसल एक मुखौटा था, जिसके पीछे बने-ठने अभिजात वर्ग के प्रति अवज्ञा का भाव छिपा रहता था। नए युग की यह शुरुआत गड़े मुर्दे उखाड़ने के साथ हुई थी। गौट्टफ्रीड ऑगस्ट बर्गर के गाथागीत 'लेनोरे' में रक्त, चाँदनी, चर्च के अहाते की भयानक हवा आदि तमाम चीजें आ जुड़ी हैं :

पर फड़फड़ाते हुए पक्षियों के खुले
और कब्रों के ऊपर रहे दौड़ते
और कब्रों के पत्थर चमकते रहे
चाँद की लौ में पीले-से पड़ते हुए...

लोकप्रिय कविता के संबंध में एक 'हार्दिक उद्गार' व्यक्त करते हुए बर्गर ने माँग की कि जनता की 'कल्पना और संवेदनशीलता' का पता लगाया जाना चाहिए ताकि 'प्राकृतिक महाकाव्य की जादुई छड़ी' हर चीज को 'आलोड़ित और भ्रमित' कर डाले। उसने कहा कि प्रकृति "कविता को तो कल्पना और संवेदनशीलता का क्षेत्र प्रदान करती है, मगर तर्क और वाग्विदग्धता का क्षेत्र वह एक और ही महिला को सौंपती है, जिसका नाम है : पद्य-निर्माण की कला।" भाषा ने अभिजानवाद के नियमों को नष्ट कर डाला तथा एक नई, अशांत चेतना को संतुष्ट करने के लिए अवचेतन और बर्बर शब्दावली की ओर मुड़ गई। अब विचारों को पद्य के कपड़े पहनाने का काम खत्म हो गया, लालित्य और वाग्विदग्धता अब कविता के गुण

नहीं रहे। अब कविता में बिंब एक के बाद एक स्वप्न जैसी तर्कहीन और आतंक उत्पन्न करनेवाली शृंखला में प्रस्तुत होने लगे। कल्पना के 'आलोड़न और विभ्रम' ने अभिजातवाद के नियमों को नष्ट-भ्रष्ट कर डाला। उसके बाद प्रगीत-काव्य के हाथ से रूमानीपन की 'जादुई छड़ी' कभी नहीं छूटी।

समकालीनों में कविता के इस नए जन्म के प्रति युवा गेटे के अलावा किसी और ने इतनी पूर्ण प्रतिक्रिया व्यक्त नहीं की। गौथिक कला और लोकगीत से गेटे का पहला सामना उस वक्त हुआ, जब वह स्ट्रॉसबर्ग में विद्यार्थी था। उसकी इस आरंभिक कविता में घुड़सवारी की-सी लय के बीच-बीच बिंब बड़े उल्लासपूर्ण ढंग से चमकते हैं :

धड़क रहा था दिल मेरा, वह
बोला मुझसे—चल, जल्दी चल
पलक झपकते मैं घोड़े पर :
शाम धरा को झुला रही थी
रात पहाड़ों पर छाई थी
बाँज वृक्ष था खड़ा दैत्य-सा
कोहरे का कंबल-सा ओढ़े
अँधियारे की सौ-सौ आँखें
झाड़ी में से झाँक रही थीं···

कवि का 'मैं' स्वप्न जैसे साहचर्यों में एक काव्यात्मक सर्वेश्वरवाद में, प्रकृति के साथ एकाकार हो गया है। प्रकृति एक पैशाचिक जीवन के सहजज्ञान जैसी महसूस होती है, जिसकी आवाज काव्य-भाषा में गूँजती है। अनुभूति और भाषा की नई एकता में व्यक्त होनेवाली मनुष्य और प्रकृति की इसी एकता को वड्र्सवर्थ ने जादुई ढंग से पकड़ा है :

जैसे कोई भारी पत्थर लेटा-सा हो
पर्वत की नंगी चोटी पर
और चकित वह कर देता हो सबको
अद्भुत दृश्य दिखाकर
देख उसे सोचने लगें सब लोग
कि देखो, यह है कैसा
यहाँ कहाँ से, कैसे आया यह कि
लग रहा जीवित जैसा
जैसे कोई जीव समुद्री रेंग-रेंग कर पहुँच गया हो
रेती-पत्थर के कगार पर

और स्वयं सूरज से अपनी पीठ टिकाए
लेट गया हो तन पसारकर
वह आदमी लगा ऐसा ही जिंदा पूरी तरह न मुर्दा
अपने चरम बुढ़ापे में वह जागा पूरी तरह न सोया...

प्रकृति से मनुष्य के ऐक्य की पहचान प्रायः शृंगारिक मिलन के रूप में, एक प्रकार के रहस्यमय मिलन के रूप में की जाती थी। अर्थात् यह एकता भोली धार्मिक अनुभूति में अक्षम हो चुके शहरी आदमी की उस अस्तित्व से एकता थी, जो सम्मोहक भी था और साथ ही आतंकित करनेवाला भी। इसी प्रकार 'शुद्ध आवेग' के प्रति समर्पण की—जिसे स्टेंढाल स्वच्छंदतावादी युग की सारभूत विशेषता मानता था—अभिव्यक्ति पुनः होने लगी। यह अभिव्यक्ति होती थी प्रकृति के साथ एकाकार होने में, लैंगिकता में, और कवि के एकाकी 'मैं' में। भाषा अब गंभीर चिंतन-मनन की भाषा नहीं रही, बल्कि आवेश की भाषा बन गई। यह बेचैन, उत्तेजित, अक्सर हिंसक, हमेशा वैयक्तिक भाषा होती थी, जो नए व्यक्तिवादी पूँजीवादी युग के लिए अनुकूल भाषा थी।

प्रकृति कभी तो गेटे के 'दि एलम किंग' और 'दि फिशरमैन' जैसे गाथागीतों की खतरनाक मगर मोहक असुर-सुंदरी के रूप में दिखाई देती थी; कभी वह नोवालिस और क्लाइस्ट जैसे जर्मन स्वच्छंदतावादियों के विलासपूर्ण मृत्यु-स्वप्नों के रूप में दिखाई देती थी; तो कभी ब्लेक की कविता के चौंकानेवाले बिंबों तथा साहचर्यों के रूप में। स्वच्छंदतावाद के ये सारे तत्त्व कीट्स की जादुई कविता 'ला बैले डेम सांस मर्सी' (निर्दय सुंदरी) में एक साथ मौजूद हैं। अभिजातवाद के पतन के बाद प्रगीत-काव्य कई चीजों का एक संश्लेषण बन गया। ये चीजें थीं—'स्रोत' की ओर लौटने की तड़प, चारणों और बंदीजनों के-से 'शुद्ध' सहजज्ञान की आकांक्षा, आत्यंतिक आत्मपरकता, अहंवाद, और भाषा का ऐसा परिष्कार जिससे कविता के मूल विषय और उसकी तकनीक में पूर्ण सामंजस्य स्थापित किया जा सके। कीट्स की कविता इस संश्लेषण का सर्वोत्तम उदाहरण है। लोकप्रिय गाथागीतों में महत्त्व मूल विषय का होता था, यहाँ मूल विषय आत्मपरक अनुभव का प्रतीक मात्र बन गया। स्वच्छंदतावादी कवि की अस्तित्व-बोध संबंधी प्रेरणा को नियति ने नष्ट करके उदरस्थ कर लिया :

'ओ वीर शस्त्रधर, रोग लगा क्या तुमको
जो भटक रहे हो डरे-डरे एकाकी
झीलों में नरकट के पौधे सब सूखे
पेड़ों पर नहीं चहकता कोई पाँखी'

'ओ वीर शस्त्रधर, रोग लगा क्या तुमको

जो तुम हो इतने क्लांत और दुखियारे
गिलहरियों ने भर लिए अन्न अपने घर
कट चुके खेत भी हैं सारे के सारे...'

ये दोनों छंद, जो वेदना की एक चीख से शुरू होते हैं और फिर नीरवता में जाकर स्थिर हो जाते हैं, मानो विलाप करते कवि की साँस फूल गई हो, गाथागीत के अंत की पूर्व-सूचना दे देते हैं। पंक्तियाँ शुरू में मृत्युदंड पाए हुए आदमी के अंतिम हताश प्रयास की भाँति आवेशपूर्ण हैं, लेकिन आगे चलकर ठोकर खाने लगती हैं, लड़खड़ाने लगती हैं, 'भटकन' और सूखे हुए नरकट के पौधों में खोने लगती हैं, और अंततः भयावह निस्तब्धता तक—'पेड़ों पर नहीं चहकता कोई पाँखी' की अंतिमता तक—ले जाती हैं, जिनकी टूटी हुई लय ऐसी लगती है, ज्यों बर्फ की सिल्लियाँ एक के ऊपर एक रख दी गई हों। इसके बाद अगले छंद की उत्कट चीत्कार सुनाई देती है और पुनः अतीत के हाथों, शीत और निर्जनता के हाथों, एक अपरिहार्य मृत्युदंड तथा 'कट चुके खेत भी हैं' के शुष्क अवसाद के हाथो उसका गला घोंट दिया जाता है।

अब जादू का आह्वान शुरू होता है। पहले स्मृतियों के कुछ धुँधले-से टुकड़े आते हैं, भयानक रूप से असंबद्ध ब्योरे--भौंह पर कमल का फूल, कपोल का मुरझाया गुलाब, सूखे हुए नरकट के स्वप्निल ढंग के अस्पष्ट साहचर्य। इसके बाद अचानक एक नया तार झंकृत होता है—शून्य की ओर ताकती हुई यातनाप्राप्त आत्मपरकता महाकाव्यात्मक लोकप्रिय गाथागीत के प्रत्यक्षतः वस्तुपरक वर्णन के आगे आत्मसमर्पण कर देती है। लेकिन "वह लंबे केशों वाली थी, और चाल बड़ी मतवाली थी" जैसी सुरीली और प्रवाहयुक्त पंक्तियों में विघ्न डालती हुई यह पंक्ति भी आती है—"पर आँखें उसकी जंगली थीं।" यह पंक्ति पूरी कविता को धकेलकर पुनः शुरुआत की तरफ ठेल देती है, कविता के प्रवाह को तोड़ देती है, और किसी महाविपत्ति की पूर्वसूचना देने लगती है। निर्दय सुंदरी की उदास जंगली आँखें झरने, झाड़ी, मधुबन और दिव्य ओसकणों की सुकुमारता के बीच से घूरती हुई नजर आती हैं।

प्रकृति के प्रति स्वच्छंदतावादी रवैया अंतर्विरोधपूर्ण था। राजनीतिक तथा औद्योगिक क्रांतियों से हुई निराशाओं के बाद स्वच्छंदतावादियों को समाज से जो विरक्ति हुई, उसका प्रतिबिंबन इस रूप में हुआ कि प्रकृति को विध्वंसक, हिंस्र, राक्षसी गुण से युक्त मानने की प्रवृत्ति प्रमुख हो गई—वीनस राक्षसी के रूप में चित्रित होने लगी, डायना रक्त की प्यासी शिकारी औरत के रूप में सामने आने लगी। निर्दय सुंदरी कवि को मेडूसा की आँखों से देखती है; जिस मुँह से वह उसका रक्त पीती है, वह मृत्यु का मुँह है। उन्हीं दिनों शेली ने मेडूसा के सिर के बारे में लिखा था :

अलौकिक है उसका आतंक, अलौकिक है उसका सौंदर्य
मनोहरता परछाईं-सी पड़ी है अधरों-पलकों पर
मृत्यु की व्यथा-वेदनाएँ चमकती हैं जिसमें से तीव्र
भयानक और अग्निधर्मी, सतह के नीचे उबल-उबल···

रूमानी प्रेम के 'एपिप्शिडियोन' नामक उत्कृष्ट गीत में भी ऐसी ही अनुभूति है :

तू चंदा है बादल में छिप जाने वाला!
तू है जीवित रूप मृत्यु में रहने वाला!
तू है एक सितारा तूफानों पर जगमग!
तू विस्मय है, सुंदरता है, मगर भयानक!

प्रकृति स्वयं स्वप्न-सुंदरी में विलीन हो जाती है। काले जादू से पैदा की गई हेलेन बन जाती है। रूसो ने प्रकृति के बीच ऐसे बिंब प्रस्तुत किए हैं। गेटे के फाउस्ट ने हेलेन की आत्मा को अधोलोक से पुकारा था। हाइने ने उसका भुतहा जवाब सुना :

तुमने कैसा जादू करके मुझे पुनर्जीवन दे डाला
आग तुम्हारी आकांक्षा की मेरा जीवन बन आई है
अब यह आग बुझाने से भी नहीं बुझेगी
कोशिश भी मत करना तुम, यह तुमने ही तो सुलगाई है
लाओ अपने होंठ मिला दो मेरे इन प्यासे होंठों से
मुझे पता है, मानव-श्वास दिव्य होती है
लाओ अपनी आत्मा दो, मैं पी जाऊँगी
मृतकों की यह प्यास सदा अनबुझ होती है।

कीट्स के गाथागीत में घातक जागृति से पहले स्वप्न के अंदर एक स्वप्न आता है :

''फिर थपकी देकर मुझे सुलाया उसने
दुःख का मारा! मैं लगा देखने सपना
वह ठंडी रात पहाड़ी पर जो बीती
मैं भूला नहीं, न भूला हूँ वह सपना···''

''दुःख का मारा!'' की दर्दभरी चीख उस आईने को तोड़ देती है, जिसमें से सपने वाली औरत निकलकर आई थी; और वे प्रेत जो अभी तक छिपे हुए थे, अँधेरे से निकलकर दौड़ पड़ते हैं। स्वप्न देखनेवाले को वे बताते हैं कि वही अकेला प्रेमी नहीं है, बल्कि वह उन बहुत-से ऐंद्रिय किंतु शाश्वत प्रेमियों में से एक है, जो बड़े लब्धप्रतिष्ठ हैं और जिनकी शृंखला में ज्योफ्रे रूदेल, टान हौजर, ट्रीस्टाँ, लोंसलो और हेनरी द्वितीय के नाम आते हैं :

'मैंने देखे राजे-महाराजे, योद्धा
जो भय से पीले पड़े दिखाई मुझको
वे बोले—''यह सुंदरी बहुत ही निर्दय
जो दास बनाकर ले आई है तुमको...''

काव्यात्मक अर्थ से आवेशित ऐसे छंद आप अंग्रेजी जैसी भाषा में ही पा सकते हैं, जो कविता के लिए आधारभूत रूप से इतनी उपयुक्त भाषा है। ध्वनिरहित बिंबों वाली पहली दो पंक्तियों के बाद अँधेरे से एक रहस्यमयी चीख सुनाई पड़ती है। इसके बाद फिर शांत स्वप्न जैसी दो पंक्तियाँ आती हैं :

''मैंने उनके सूखे होंठों को देखा
मुँह खुले भयप्रद चेतावनी सरीखे...''

यह प्रगीतात्मक आतंक, ''यह सुंदरी बहुत ही निर्दय, जो दास बनाकर ले आई है तुमको'' की यह सघनता अद्वितीय है। इसके बाद जागृति आती है। कविता का अंत उसके आरंभ की ओर मुड़ जाता है। हमारे पास वह आत्मपरक यथार्थ रह जाता है, जिसके लिए वर्णित, वस्तुपरक घटनाएँ स्वप्न में उलटी-पलटी गई किताब के पन्नों से ज्यादा कुछ नहीं हैं। 'हेनरी ब्रूलार्द का जीवन' में स्टेंढाल आधा दर्जन बार यह बात दोहराता है कि स्मृति एक टूटकर गिरते भित्ति-चित्र के समान है—एक बाँह यहाँ पड़ी है, एक सिर वहाँ पड़ा है, कोई और टुकड़ा कहीं और पड़ा है—इसीलिए वह *चीजों* का वर्णन नहीं करता, बल्कि अपने ऊपर पड़नेवाले उनके प्रभाव को ऐसे चमकीले बिंबों के एक क्रम में प्रस्तुत करता है, जिनकी कड़ियाँ अंधकार में खोई हुई हैं। यह बिंबों और ध्वनियों का साहचर्य, यह वस्तुपरक का आत्मपरक के द्वारा आत्मसात किया जाना, स्वच्छंदतावादी कविता की पद्धति है। स्वच्छंदतावाद की एक सचेत प्रत्यवस्था के रूप में एक नई प्रगीतात्मक पद्धति तो बीसवीं शताब्दी में आकर ही विकसित हो पाई।

बोदलेयर की महान कविता 'ले वोयेज' (सागर-यात्रा) में भी बिंबों के साहचर्य का यही स्वच्छंदतावादी सिद्धांत अपनाया गया है। कीट्स के गाथागीत में निर्दय सुंदरी जिन चीजों से अपना रूपाकार ग्रहण करती है, वे हैं ''वेदना से भीगा हुआ और बुखार की ओस से नहाया हुआ कमल'' और ''मुरझाया हुआ गुलाब''। बोदलेयर में नक्शों और टिकटों की जोड़-तोड़ से पूरी दुनिया को सामने लाया गया है। लेकिन कितना फर्क है कीट्स के लोकगीत की झुमा देनेवाली अदा और बोदलेयर की विरोधालंकार वाली वाक्पटुता में! एक तरफ एक अंग्रेज की स्वत:स्फूर्तता है, दूसरी तरफ एक फ्रांसीसी की तर्कशीलता! अभिजातवाद फ्रांस में इंग्लैंड की अपेक्षा ज्यादा शक्तिशाली था। वहाँ अदालत और अकादमी की निरंकुशता को सीमित करनेवाले देहाती रईस या अड़ियल अननुपालक लोग नहीं

थे। वहाँ प्रकृति की कोई झाँकी नहीं थी। वहाँ सदाबहार झाड़ियों के औपचारिक रेखागणितीय शिकंजे को ढीला करनेवाले अंग्रेजी ढंग के आड़े-तिरछे पार्क नहीं थे। अँग्रेजी या जर्मन की तुलना में फ्रांसीसी लगभग एक मृत भाषा थी, जो वह परिवर्तन और कल्पना की वाहक नहीं हो सकती थी। और फ्रांस में स्वच्छंदतावाद किसी वर्ड्सवर्थ की-सी ताजगी के साथ नहीं, बल्कि शाटोब्रियों के शब्दाडंबर के साथ शुरू हुआ था। इस शब्दाडंबर से बच निकलने के लिए स्टेंढाल ने सिविल कोड की भाषा में अवगाहन किया और विक्टर ह्यूगो के शिष्य बोदलेयर को अपने गुरु की आडंबरी शैली से निजात पाने के लिए खासी कड़ी जद्दोजहद करनी पड़ी।

इतना ही नहीं, कीट्स की कविता की जड़ें चारणों और बंदीजनों के गाथागीतों में, पुराने जादुई मंत्रोच्चारों और गाथागीतों की टेकों में हैं, जबकि बोदलेयर की कविता किसी सभा में अदृश्य श्रोताओं के सम्मुख दिए गए भाषण जैसी है। कीट्स की कविता के पहले और अंतिम छंद की अनुरूपता एक लोकगीत की टेक पर आधारित है, जबकि बोदलेयर की कविता का पहला छंद किसी भाषण की प्रस्तावना जैसा और अंतिम दो छंद उसके उपसंहार जैसे लगते हैं। कीट्स के पहले और अंतिम छंद की शुरुआत में आई 'आह' दिल से निकली हुई पुकार जैसी लगती है, जबकि बोदलेयर के तीसरे छंद में आई 'आह' एक ठोस वर्णन से विरोधमूलक सामान्यीकरण की तरफ जाने की वाक्पटुता :

> आह! दिए के इस प्रकाश में विश्व बड़ा हो जाता कितना!
> वही विश्व कितना छोटा हो जाता स्मृति की आँखों में!

बोदलेयर की कविता रोंसार्द या ह्यूगो की परंपरा को तोड़ती नहीं, लेकिन अभिजातवादी कारुणिकता को यहाँ इस तरह लाया गया है कि वह सिर पटककर खुद ही टूट जाए, क्योंकि नए मूल विषय की माँग है कि उसे टूट ही जाना चाहिए। और उसका यह टूटना, जो अत्यंत कलात्मक दक्षता के साथ उपलब्ध किया गया है, उसका यह अचानक रुक जाना, सादगी के स्थान पर एक प्रबल आघात का आ जाना, नपे-तुलेपन की जगह हिंस्रता का आ जाना—यही था वह 'नया भूचाल', जिसने फ्रांसीसी प्रगीत-काव्य की भाषा को उलट-पलटकर रख दिया था। स्वच्छंदतावाद की एक मुख्य विशेषता यह थी कि उसने अभिजातवादी भाषा की व्यवस्थित संरचना को ध्वस्त कर दिया था और उसकी जगह शब्दों तथा शब्द-समूहों को नए तथा चौंकानेवाले ढंग से जोड़ना शुरू कर दिया था। लेकिन यदि केवल भाषा के ही संबंध में बात करें तो रिंबो से पहले फ्रांसीसी कविता में वह बीहड़ मौलिकता नहीं आ पाई थी, जो इंग्लैंड में ब्लेक की कविता में और जर्मनी में होल्डरलिन तथा क्लाइस्ट की कविता में उन्नीसवीं शताब्दी के आरंभ में ही आ चुकी थी।

'ले वोयेज' का दूसरा छंद इतनी स्पष्टता और सादगी के साथ निर्मित हुआ है, कि लगता है यह किसी अभिजातवादी लेखक की रचना हो; फिर भी इसकी निर्मिति में आत्मपरकता का कैसा तांडव है ! वैपरीत्य का कैसा आलोड़न-विलोड़न है ! छंद पर लय की कैसी विजय है !

एक सुबह हम विदा हुए आवेग लिए मन में कितने ही
असंतोष, कटु इच्छाओं से भरे हुए थे हृदय हमारे
खुद को लहरों की लय के झूले पर हम सब चले झुलाते
सागर की ससीमता में अपनी असीमता चले भुलाते ।

समुद्र पर बने इंद्रधनुष की तरह अंतिम छंद तक छाई हुई यह अंतिम पंक्ति उत्कंठा और विरक्ति का, अज्ञात में पलायन और सदा अपरिवर्तित बने रहनेवाले संसार में वापसी का, संपूर्ण आवेग को ग्रस लेनेवाली ऊब और हर चीज के अंत में अकेली आशा की तरह अस्पष्ट-सी नजर आती मृत्यु का करुण गीत है । असीम की लालसा—स्वच्छंदतावाद की सबसे बड़ी लालसा—कभी पूरी नहीं होती । ससीम जगत की यहाँ भर्त्सना की जाती है और उसे ''ऊब के रेगिस्तान में आतंक का नखलिस्तान'' कहकर खारिज किया जाता है । 'ले वोयेज' गेटे के 'फाउस्ट' और बायरन के 'चाइल्डे हेरोल्ड' से लेकर नोवालिस, क्लाइस्ट, नेर्वाल, कोलरिज और शेली के जिज्ञासामय मृत्यु-स्वप्नों तक के समूचे स्वच्छंदतावाद के प्रगीतात्मक उपसंहार की तरह है । लेकिन बोदलेयर की कविता में मृत्यु की इच्छा एक नई दुस्साहसी अवज्ञा का स्वर अपना लेती है । उसमें नोवालिस की कविता 'हिम्स टु दि नाइट' (रजनी-स्तोत्र) की तरह गर्भ की ओर निष्क्रिय प्रस्थान का भाव नहीं है, जिसमें कहा गया है :

भटक रहा हूँ इधर-उधर मैं
आखिर मंजिल पा जाऊँगा
चुभन विलासों की तीखी-सी
अनुभव करता रह जाऊँगा ।
घड़ी-दो घड़ी का बंधन है
और मुक्त मैं हो जाऊँगा
मुझे प्यार की गोद मिलेगी
बेसुध होकर सो जाऊँगा···
जीवनदायी मृत्यु आ रही
उसी लहर पर बह जाऊँगा···

शून्य की लालसा मृत्यु के नशे में बेसुध स्वच्छंदतावाद की एक प्रमुख विशेषता है । बोदलेयर की कविता में यह लालसा शून्य की लालसा नहीं रहती, बल्कि एक

नई चीज की लालसा बन जाती है। यह अनंत शांति की नहीं, बल्कि शाश्वत बेचैनी की लालसा है और इस 'पतनशील' कवि के कार्य की व्याप्ति लूसीफर के-से हर्ष तक हो जाती है, जो आविष्कार, खोज और नए क्षितिजों तथा नए यथार्थों पर विजय पाने का हर्ष है। यहाँ मृत्यु एक 'बूढ़े कप्तान' की आकृति ग्रहण कर लेती है। लेकिन यह समुद्रों का अहास्युरस, यह प्राचीन नाविक, यह उड़नेवाला डचमैन, बंधनमुक्ति और छुटकारे के लिए नहीं तरसता, बल्कि इसके विपरीत वह अज्ञात में प्रस्थान करने का प्रतीक है। बूढ़े कप्तान की प्रतीक्षा बड़ी अधीरता के साथ की जा रही है। (कविता पढ़ते समय जहाजी घाट का वातावरण अपना अहसास कराने लगता है—धक्का-मुक्की करते लोग, मस्तूल और बादबान, इसके बाद अचानक खामोशी, और फिर नीले समुद्र का वह विस्तार, जिसमें से वह बूढ़ा आदमी आता दिखाई पड़ता है।) और जब वह आ जाता है, तो पुराने मित्र की तरह उसका स्वागत किया जाता है :

ओ बूढ़े कप्तान ! मृत्यु ! अब चलने की बेला आ पहुँची !
ऊब चुके हैं इस धरती से, मृत्यु ! चलो अब चलें यहाँ से !

यहाँ-और-अभी से पलायन की, वर्तमान के अकथनीय खालीपन और ऊब से पलायन की इच्छा की ऐसी प्रभावशाली अभिव्यक्ति दुर्लभ है। मृत्यु सकुचाती-सी मालूम होती है। वह यहाँ अन्य अनेक स्वच्छंदतावादी रचनाओं में चित्रित मृत्यु की तरह फुसलाकर ले जानेवाली मृत्यु नहीं है। यहाँ तो कवि स्वयं उसके साथ जाने के लिए, उसको गले लगाने के लिए, उत्सुक है :

गगन और सागर चाहे स्याही जैसे काले हो जाएँ
लेकिन मन प्रसन्न हैं अपने, देख रहे, क्या तुम्हें बताएँ !
प्यालों में ढालो विष अपना, हँसते-हँसते हम पी जाएँ !

और इसके बाद स्वच्छंदतावादी 'मैं' के अनुरोध की चरम सीमा आती है, जो स्वयं को अविनश्वर समझनेवाला निर्भीक मस्तिष्क है, जो बाह्य जगत से अपने आपको अधिक शक्तिशाली मानता है, जो अतृप्त है इसलिए अमरता की आशा करता है, जो हृदय से भी ज्यादा उत्साही है :

आग हमारे मस्तिष्कों की इस प्रचंडता से जलती है
अतल गह्वरों में कूदें हम, यह इच्छा मन में पलती है
स्वर्ग मिले या नरक मिले, परवाह नहीं कुछ हमको इसकी
हम अज्ञात अतल में जाकर खोज करेंगे नव जीवन की !

स्वच्छंदतावादी कवियों की बहुत-सी कविताएँ, जिनमें वैराग्य की भावना लबालब भरी रहती है, एक सुरीली मूर्च्छना में जाकर समाप्त होती है। उदाहरण के लिए

कोलरिज की कविता 'डिजेक्शन' (विषाद) का अंत देखिए :

तुम अनंत से निर्देशित हे सरल आत्मा !
हे देवी ! सहचरी ! मुझे प्राणों से प्रिय तुम !
रहो सदा ऐसी ही, यों ही हर्ष मनाती !

अथवा मोराइक की कविता 'आरप्लिड' के अंत में देखिए :

बंदी तुझे बनाया है जिन राजाओं ने
वे ही तेरी दिव्य मूर्ति को शीश नवाते ।

बोदलेयर का यह तरीका कि वह अपनी अंतिम पंक्ति को ऐसी चरमसीमा बना देता है, जो हमें छिन्न-भिन्न कर डालती है, महज वाक्पटुता नहीं है । यह वाक्पटुता से बहुत बड़ी चीज है । विश्व-साहित्य में बहुत कम पंक्तियाँ ऐसी होंगी, जो ''हम अज्ञात अतल में जाकर खोज करेंगे नव जीवन की'' जैसी ऊर्जस्विता का मुकाबला कर सकें । यहाँ नई जिंदगी अज्ञात के अतल में से एक विशाल, खड़ी चट्टान की तरह, एक धक्के के साथ निकलती हुई आती प्रतीत होती है । अतल के विस्तार में से अपने शीर्ष पर प्रातःकालीन आकाश को उठाए एक स्तंभ की तरह निकलती हुई-सी । कानून अथवा नैतिकता की परवाह न करनेवाला, ''स्वर्ग मिले या नरक मिले, परवाह नहीं'' कहनेवाला स्वच्छंदतावादी 'शुद्ध आवेग' इन पंक्तियों में खुद बोलता हुआ लगता है ।

बोदलेयर निरंतर आवेग से ऊब में, दुस्साहस से पस्ती में आता-जाता रहता है । उसकी यह दशा पूँजीवादी युग के मूल अंतर्विरोध को ही व्यक्त करती है । कम्युनिस्ट घोषणापत्र में लिखा है :

> उत्पादन-प्रणाली में होनेवाले क्रांतिकारी परिवर्तन, समस्त सामाजिक परिस्थितियों में लगातार होनेवाली उथल-पुथल, हमेशा बनी रहनेवाली अनिश्चितता और उत्तेजना—पूँजीवादी युग को पहले के तमाम युगों से भिन्न बनाती है । तमाम स्थिर और तुरंत जम जानेवाले संबंध, जिनके साथ प्राचीन और पूज्य पूर्वग्रहों तथा मतों की एक पूरी शृंखला होती है, मिटा दिए जाते हैं, और सभी नए बननेवाले संबंध जड़ीभूत होने से पहले ही पुराने पड़ जाते हैं । जो कुछ भी विशेषाधिकार-प्राप्त और स्थापित है, हवा में उड़ जाता है; जो कुछ भी पावन है, भ्रष्ट हो जाता है…

''स्वर्ग मिले या नरक मिले, परवाह नहीं'', नए जीवन की खोज में सागर-यात्रा आरंभ हो चुकी है, भले ही जहाज का कप्तान मृत्यु हो !

'ले वोयेज' अपनी अंतर्वस्तु, रूप और भाषा की दृष्टि से सामाजिक परिवर्तन के एक मोड़ की कविता है । पूँजीवादी जगत में क्षय की हवा बहती है । वैभव में से

खोखलापन झाँकता है। आवेग में से ऊब मुँह फाड़ती दिखाई देती है। क्या किया जाए ? आदमी जहाँ है वहीं पड़ा रहे या अज्ञात की ओर चल पड़े ? स्थिर खड़ा रहे या लड़खड़ाते हुए ही सही, आगे बढ़े ? स्वच्छंदतावादी बोदलेयर मृत्यु को आवाज देता है। विद्रोही बोदलेयर शून्य पर नए की विजय की व्यवस्था करता है। अपनी कविता के मूल-विषय के जरिए, उसके रूप के जरिए, उसकी भाषा के जरिए, बोदलेयर एक वस्तुपरक सामाजिक स्थिति के प्रति अपनी आत्मपरक प्रतिक्रिया व्यक्त करता है।

संगीत

समस्त कलाओं में संगीत सबसे ज्यादा अमूर्त एवं रूपात्मक कला है, इसलिए संगीत में रूप और अंतर्वस्तु की समस्या कई कठिनाइयाँ पैदा करती है। संगीत की अंतर्वस्तु का संप्रेषण कई प्रकार से होता है। अंतर्वस्तु और रूप की विभाजक रेखा इतनी धूमिल हो जाती है कि इस क्षेत्र में समाजशास्त्रीय व्याख्या का हमेशा जबर्दस्त प्रतिरोध होता रहा है। परवर्ती पूँजीवादी जगत यों तो कलाओं की कैसी भी समाजशास्त्रीय व्याख्या से गहरी नफरत करता है; लेकिन संगीत के मामले में यह नफरत और भी जोरदार ढंग से व्यक्त की जाती है, क्योंकि यहाँ उसे कतिपय ऐसे तर्कों का सहारा मिल जाता है, जो बड़े सशक्त माने जाते हैं।

मैं बीथोविन पर स्त्राविंस्की द्वारा की गई कुछ टिप्पणियों को इस प्रवृत्ति की प्रातिनिधिक अभिव्यक्ति के रूप में उद्धृत करना चाहता हूँ :

> संगीत-वाद्य ही उसे प्रेरित करता है और वही उसके संगीत संबंधी विचारों का निर्धारण करता है।…लेकिन इतने सारे दार्शनिकों, नीतिशास्त्रियों और समाजशास्त्रियों ने बीथोविन के बारे में जो इतनी सारी किताबें लिखी हैं, क्या वे वाकई उसके संगीत के बारे में हैं ? यह कितनी तुच्छ बात है कि अपनी तीसरी सिंफनी की रचना बीथोविन ने बोनापार्ट के गणतंत्र से प्रेरित होकर की थी या सम्राट् नेपोलियन से प्रेरित होकर ! महत्त्व केवल संगीत का है…पढ़े-लिखे लोगों ने बीथोविन की व्याख्याओं का ठेका-सा ले रखा है। निहायत जरूरी है कि यह ठेका उनसे वापस लिया जाए। यह काम उनका नहीं, बल्कि उन लोगों का है, जो संगीत में संगीत के अलावा और कुछ नहीं सुनते…अपनी प्यानो-रचनाओं में बीथोविन का प्रस्थान-बिंदु प्यानो है; अपनी सिंफनियों में उसका प्रस्थान-बिंदु पूर्वरंग है; अपने कक्ष-संगीत में उसका प्रस्थान-बिंदु है उसकी यंत्रीय स्वरलिपि…मुझे नहीं लगता कि मेरा यह कहना गलत है कि वह जिन महान रचनाओं के लिए विख्यात है, वे उस पद्धति की तार्किक परिणति हैं, जिससे वह वाद्य-यंत्रों की *ध्वनि* का उपयोग करता है।

चूँकि मैं सिर्फ एक 'पढ़ा-लिखा आदमी' हूँ, इसलिए मुझे बीथोविन के संगीत की व्याख्या हरगिज नहीं करनी चाहिए ! स्त्राविंस्की का यह कहना बिल्कुल ठीक है कि बीथोविन की रचनाओं की समीक्षा निरे समाजशास्त्रीय दृष्टिकोण से नहीं की जानी चाहिए, बल्कि उन्हें *संगीत के रूप में* समझा जाना चाहिए। लेकिन संगीत है क्या ? यह केवल ध्वनियों की एक व्यवस्था है, या इसके अलावा और कुछ भी है ? बीथोविन का प्रस्थान-बिंदु संगीत-वाद्य है, फ्रांस की क्रांति नहीं। कैसी विलक्षण प्रत्यवस्था है ! क्या संगीतकार सिर्फ संगीत का जानकार होता है ? क्या क्रांतियों की उसे कोई जानकारी नहीं होती ? क्या एक चीज की जानकारी दूसरी चीज की जानकारी का निषेध करती है ? बीथोविन के संगीत की व्याख्या केवल इस आधार पर करना कि उसने जैकोबी लोगों के लिए सिंफनी रची (क्योंकि कोई आदमी अच्छा जैकोबी और बेकार संगीतज्ञ हो सकता है), मूर्खतापूर्ण होगा; मगर इससे भी ज्यादा ऊलजलूल होगा यह दावा करना कि बीथोविन के संगीत का स्रोत केवल उसकी वाद्य-यंत्रों की जानकारी में था और अपने समय के विचारों की जानकारी में नहीं था।

संगीत स्वरों को व्यापक वैविध्य वाले संयोजनों में व्यवस्थित कर देने से बनता है—अर्थात् यह एक अमूर्त और रूपात्मक कला है—यह बात निर्विवाद रूप से सत्य मानी जाती है। लेकिन क्या बात बस इतनी-सी ही है ? क्या संगीत अंतर्वस्तु से शून्य होता है ? और, क्या इसका कारण यह है कि वह वस्तुपरक नहीं होता ? हेगेल ने 'फिलोसॉफी ऑफ आर्ट' (कला का दर्शन) में इसका एक महत्त्वपूर्ण उत्तर दिया है :

> अंतर्वस्तु और अभिव्यक्ति-प्रणाली की यह आदर्श स्थिति—इस अर्थ में कि संगीत समस्त बाह्य वस्तुओं से रहित होता है—संगीत के शुद्ध *रूपात्मक* पक्ष को ही परिभाषित करती है। निस्संदेह उसमें अंतर्वस्तु होती है, लेकिन संगीत की अंतर्वस्तु का अर्थ वही नहीं होता, जो हम दृश्य कलाओं की या कविता की बात करते समय समझते हैं। इसमें जिस चीज का अभाव होता है, वह यही वस्तुपरक बाह्य वस्तु है, चाहे हम इसे कोई वास्तविक बाह्य प्रपंच मानें, चाहे बौद्धिक विचारों और बिंबों की वस्तुपरकता मानें।

और हेगेल आगे फिर कहता है :

> संगीत को सच्ची कला का दर्जा तभी दिया जा सकता है, जब आध्यात्मिक अर्थ-तत्त्व को स्वरों और उनके बहुविध संयोजनों के ऐंद्रिय माध्यम में अच्छी तरह से अभिव्यक्त कर दिया जाए; भले ही शब्दों के माध्यम से इस अंतर्वस्तु को एक स्वतंत्र और अधिक स्पष्ट अर्थ प्राप्त हो जाता हो, या मजबूरी में स्वयं स्वर-संगीत तथा सामंजस्यपूर्ण संबंधों और सुरीली

सजीवता के जरिए भावनात्मक रूप से उसको ग्रहण किया जाता हो। संगीत के रूपों और अभिव्यक्ति के तरीकों में सदियों से लगातार जो परिवर्तन होते आ रहे हैं, उनकी—या समूचे इतिहास में संगीत के विकास की—व्याख्या केवल इस आधार पर नहीं की जा सकती कि ज्यों-ज्यों नए वाद्य-यंत्र आते गए, या संगीतकारों की तकनीकी कुशलता और संगीत की सूक्ष्मता बढ़ती गई, त्यों-त्यों संगीत में परिवर्तन आते गए या उसका विकास होता गया। जब तक हम इतिहास के परिवर्तन-क्रम को भी ध्यान में नहीं रखते, तब तक हम इस प्रपंच की व्याख्या नहीं कर सकते। (यहाँ तक कि किन्ही वाद्य-यंत्रों का उपयोग या अस्वीकार भी अंशतः सामाजिक परिस्थितियों और 'विचारधारात्मक' कारणों से जुड़ा रहता है। उदाहरण के लिए, हालाँकि एथेंस की वीणा में तार बेहतर ढंग से लगाए जाते थे, फिर भी स्पार्टा ने उसे अपनाने से इनकार कर दिया; अथवा सिकंदरी ईसाइयत ने, जिसने शास्त्रीय तारवाद्यों को तो तीसरी और चौथी शताब्दियों में स्वीकार कर लिया था, पूर्वी देशों के तालवाद्यों को अस्वीकार कर दिया।) बीथोविन ने संगीतात्मक प्रभावों को उपलब्ध करने के लिए निश्चय ही "वाद्य-यंत्रों की ध्वनि का उपयोग" किया था। लेकिन किस उद्देश्य के लिए? हेगेल कहता है, संगीत की प्रकृति ही यह है कि "विशिष्ट स्वर-संबंधों में व्यवस्थित ध्वनियों में इस हद तक प्राण भर दिया जाए कि अभिव्यक्ति उन्नत होकर केवल कला के द्वारा और कला के लिए ही बनाया गया तत्त्व बन जाए।" यही तत्त्व, जो 'उन्नत' होकर व्यवस्थित ध्वनि बन जाता है, संगीत की 'अंतर्वस्तु' है; और संगीत की यही 'अंतर्वस्तु' वह अनुभव है, जिसको संगीतकार संप्रेषित करना चाहता है—और संगीतकार का यह अनुभव केवल संगीतात्मक नहीं, बल्कि व्यक्तिगत और सामाजिक भी होता है, जो उस ऐतिहासिक काल से अनुबंधित होता है, जिसमें संगीतकार जीता है और उसकी रचनाएँ जीती हैं। दूसरी तरफ हमें ईमानदारी के साथ पांडित्य- प्रदर्शन किए बिना यह पता लगाने की कोशिश करनी चाहिए कि संगीत की रचना-विशेष की अंतर्वस्तु और उसका संगीतात्मक रूप किन-किन बहुविध तरीकों से सामाजिक परिस्थिति से मेल खाता है। लेकिन "संगीत में संगीत के अलावा और कुछ न सुनना", उस तत्त्व को जिसे 'उन्नत' बनाया गया है, महत्त्वहीन कहकर खारिज कर देना, एक ऐसा घटियापन है जो किसी संगीत-रचना को उसके गुण या रूप पर विचार किए बिना शुद्ध समाजशास्त्रीय शब्दावली में व्याख्यायित करने से भी घटिया है।

स्त्राविंस्की के इस वाक्पटुतापूर्ण कथन का अभिप्राय क्या है कि बीथोविन 'इरोइका' की रचना के लिए बोनापार्ट के गणतंत्र से प्रेरित हुआ अथवा सम्राट नेपोलियन से, इसका कोई महत्त्व नहीं है? यदि स्त्राविंस्की यह कहना चाहता है कि सम्राट नेपोलियन (अथवा क्रांति के विरुद्ध सक्रिय कोई अन्य घटना या प्रपंच) भी

एक महान संगीतकार को एक महान रचना के लिए समान रूप से प्रेरित कर सकता था, तो उसका कथन इतना स्पष्ट है कि उसका खंडन करने की भी कोई जरूरत ही नहीं रह जाती। कोई यह दावा नहीं करता कि केवल क्रांति ही महान कलाकृतियों की प्रेरणा-स्रोत होती है। लेकिन *बीथोविन के लिए* फ्रांसीसी क्रांति का अनुभव निर्णायक था—साम्राज्य का अथवा मैटरनिश की व्यवस्था का अनुभव निर्णायक नहीं था। यह तथ्य बीथोविन के कृतित्व और व्यक्तित्व को समझने के लिए निश्चित रूप से महत्त्वपूर्ण है। यह बात सच है कि अंतर्वस्तु कितनी ही महान हो, किसी बुरे संगीतकार को महान संगीत की रचना में समर्थ नहीं बना सकती। लेकिन बीथोविन की प्रशंसा हम सिर्फ इसलिए नहीं करते कि उसे रूप पर कमाल हासिल था। उसकी प्रशंसा हम इसलिए भी करते हैं कि उसके संगीत में एक क्रांतिकारी काल की जबर्दस्त अंतर्वस्तु मौजूद है।

संगीत की अंतर्वस्तु उतनी स्पष्ट नहीं होती, जितनी साहित्य या दृश्य कलाओं की होती है। यही कारण है कि संगीत का दुरुपयोग चेतना की धार को कुंद करनेवाले साधन के रूप में इतनी आसानी से किया जा सकता है। फिर भी महान संगीत की अंतर्वस्तु ऐसी नितांत अनिश्चित भी नहीं होती कि—स्त्राविंस्की का उदाहरण लेकर ही बात करें तो—इस बात का कोई महत्त्व ही न रहे कि उसका निर्धारण क्रांति से होता है या क्रांति के साथ की गई गद्दारी से। ऐसा ही दृष्टिकोण—यानी यह दृष्टिकोण कि संगीत में केवल सामान्य और निष्प्रयोजन भावनाओं की अभिव्यक्ति होती है—शोपेनहावर की पुस्तक 'दि वर्ल्ड एज विल एंड आइडिया' (इच्छा तथा भावरूप विश्व) में पाया जाता है :

> अतः संगीत इस या उस किसी विशिष्ट और निश्चित हर्ष या विषाद या वेदना या भय या प्रसन्नता या आनंद या मानसिक शांति को व्यक्त नहीं करता; बल्कि स्वयं हर्ष, विषाद, वेदना, भय, प्रसन्नता, आनंद, मानसिक शांति *को ही* व्यक्त करता है। और ये चीजें किसी हद तक अमूर्त होती हैं, अपनी सारभूत प्रकृति में होती हैं, इसके साथ कुछ लगा-लिपटा नहीं होता, और इसीलिए इनका कोई प्रयोजन नहीं होता।

इसी तरह इस बात का भी कोई महत्त्व नहीं कि संगीत की किसी रचना में निहित 'हर्ष' कैसे उत्पन्न होता है। वह 'हर्ष' शेयर-बाजार में किसी सटोरिए को कुछ पैसा बना लेने से हुए हर्ष से उत्पन्न हो सकता है, किसी बच्चे को क्रिसमस का पेड़ देखकर हुई खुशी से उत्पन्न हो सकता है, किसी शराबी को शैंपेन की बोतल मिल जाने पर हुए संतोष से उत्पन्न हो सकता है, या किसी संघर्षधर्मी व्यक्ति को अपने उद्देश्य की सफलता से प्राप्त हर्ष से उत्पन्न हो सकता है। इस प्रकार 'हर्ष' के प्रयोजन और उसकी विशिष्ट प्रकृति को अप्रासंगिक माना जाता है और यह माना

जाता है कि संगीत में केवल अमूर्त हर्ष की ही अभिव्यक्ति होती है। इस मान्यता के आधार पर संभवतः यह माना जाएगा कि बीथोविन के संगीत से उत्पन्न होनेवाले हर्ष और लेहार के संगीत से उत्पन्न होनेवाले हर्ष में फर्क सिर्फ गुणवत्ता का है, आधारभूत सिद्धांत का नहीं। हेगेल का विचार इससे भिन्न है। वह लिखता है :

> आत्मा के द्वारा अपनी अंतर्निहित प्रकृति की शुद्ध भावनात्मक पहचान और संगीतात्मक ध्वनि में इस बोध की अभिव्यक्ति को महज मनःस्थिति की अनुकूलता माना जाता है··· यह मान्यता बहुत सामान्य और अमूर्त है··· और इसमें यह खतरा रहता है कि यह आमतौर पर खोखली और तुच्छ बन जाती है··· उदाहरण के लिए यदि कोई गीत हमारे अंदर शोक की भावना, किसी क्षति के होने पर विलाप की भावना जगाता है तो हम अनिवार्यतः स्वयं से यह पूछते हैं कि उस क्षति की प्रकृति क्या है? ···संक्षेप में, संगीत का संबंध प्रथमतः अंतरात्मा के रूप मात्र से नहीं, बल्कि *उस भरे-पूरे आभ्यंतरिक जीवन से होता है,* जिसकी विशिष्ट अंतर्वस्तु जागृत की गई भावना की विशिष्ट प्रकृति के साथ गहरे तौर पर संबंधित होती है। इससे अभिव्यक्ति का ढंग अनिवार्यतः अंतर्वस्तु की वैविध्यमूलक प्रकृति के अनुसार सारभूत भिन्नताओं के सहित सामने आएगा, अथवा उसे इसी तरह सामने आना चाहिए।

स्त्राविस्की चाहता है कि हम बीथोविन के संगीत का निर्णय केवल उसके रूप के आधार पर—यानी *ध्वनि के रूप में* उसके प्रभाव की समग्रता के आधार पर—ही करें। शोपेनहावर का रवैया भी ऐसा ही है, हालाँकि उसमें गहराई कुछ ज्यादा है :

> अब अगर हम शुद्ध वाद्य-संगीत पर एक नजर डालें तो बीथोविन की सिंफनी हमारे लिए सबसे बड़ा विभ्रम पैदा कर सकती है, जो हालाँकि अत्यंत पूर्ण व्यवस्था पर आधारित होती है, जिसमें अत्यंत प्रबल द्वंद्व होता है, लेकिन जो अगले ही क्षण अत्यंत सुंदर स्वरसाम्य बन जाती है···इस सिंफनी में हर्ष, विषाद, प्रेम, घृणा, आतंक, आशा आदि समस्त मानवीय आवेग और भावनाएँ असंख्य अंशों तक व्यक्त होती हैं, फिर भी वे सब *अमूर्तन में* और किसी प्रकार के विशिष्टीकरण से रहित ही व्यक्त होती हैं। यह उनका रूप मात्र होता है जिसमें तत्त्व कुछ नहीं होता, मानो यह भौतिक तत्त्व से रहित आत्मा का संसार हो।

यहाँ भी ''भरे-पूरे आभ्यंतरिक जीवन'' को एक ठंडे और उजाड़ अमूर्तन में बदल दिया गया है। फिर भी यह आभ्यंतरिक जीवन शुद्ध रूप या शुद्ध आत्मा का मसला नहीं है। यह बहुत निश्चित और विशिष्ट तरीके से पैदा होता है, और वह तरीका

यह है कि बीथोविन ने अपने समय के प्रति क्या और कैसा सलूक किया। इस आभ्यंतरिक जीवन का संबंध उस *यथार्थ* जगत से है, जिसमें कोई हर्ष या विषाद *अमूर्त* नहीं होता, बल्कि सप्रयोजन हर्ष और सप्रयोजन विषाद ही होता है।

'ईरोइका' में शवयात्रा की धुन *अमूर्तन में* व्यक्त शोक नहीं है, जो किसी भी विशिष्ट अर्थ से रहित हो। वह क्रांतिकारी भावना से आवेशित वीरतापूर्ण शोक है। न तो शोक व्यक्त करने का यह ढंग किसी के द्वारा अपनी मृत प्रियतमा के लिए शोक व्यक्त करने का ढंग है, और न यह आवेग ही सूली पर चढ़ा दिए गए ईसा के लिए ईसाइयों के द्वारा प्रकट किए जानेवाले विषाद से मेल खाता है। बीथोविन की सिंफनी में जो शोक व्यक्त होता है, वह क्रांतिकारी शोक है, जैकोबी शोक है। हेगेल के इस प्रश्न का कि "उस क्षति की प्रकृति क्या है?" का निर्भ्रांत उत्तर बीथोविन के संगीत से मिल जाता है। इसी प्रकार नौवीं सिंफनी की समवेत गति में फूट पड़नेवाला हर्ष *कोई भी* हर्ष नहीं, *अमूर्त* हर्ष नहीं, बल्कि वह हर्ष है जो भारी अंतर्विरोधों से विरक्ति और हताशा के बावजूद तथा उसकी अवहेलना से, उस हताशा के निषेध से पैदा होता है जिसे एक अत्यंत सचेत रूप दिया गया है। इसके अलावा इस हर्ष में उस शहरी जनता की पूर्वकल्पना भी निहित है, जिसका देहाती उल्लास से, फसलों से और किसानों के नृत्य से कोई संबंध नहीं है। या फिर, यदि हम बीथोविन के उत्तरवर्ती कक्ष-संगीत की 'अंतर्वस्तु' की परीक्षा करें तो अनिवार्यतः यह पाएँगे कि उसमें एक भयंकर एकाकीपन व्यक्त होता है। लेकिन यह एकाकीपन भी *अमूर्त* नहीं है; और किसी पावन साधु के एकाकीपन से अथवा पहाड़ पर बर्फ जम जाने से अपनी झोंपड़ी में बंद हो जानेवाले किसी किसान के एकाकीपन से बहुत भिन्न है। यह तो वह नया, शहरी एकाकीपन है, जो आधुनिक पूँजीवादी युग की जनता के साथ अस्तित्व में आया और जिसकी पहली संगीतात्मक अभिव्यक्ति बीथोविन के संगीत में हुई। दूसरे शब्दों में, यदि हम बीथोविन के संगीत का जरा गहराई से अध्ययन करें तो हम यह नहीं पाएँगे कि उसमें व्यक्त आवेग और भावनाएँ "*अमूर्त* और किसी प्रकार के विशिष्टीकरण से रहित" हैं; इसके बजाय हम उसमें कुछ बहुत ही विशिष्ट आवेग और विशिष्ट भावनाएँ पाते हैं, जो अभिव्यक्ति के उस विशिष्ट रूप में पहले कभी नहीं पाई गईं।

अब एक आधुनिक उदाहरण के तौर पर हांस आइजलर की रचना 'कैंटाटा ऑन दि थर्टींथ एनीवर्सरी ऑफ लेनिन्स डेथ' (लेनिन की मृत्यु की तेरहवीं बरसी पर रचित संगीत-काव्य) पर विचार करें। इसमें शोक की अभिव्यक्ति जिस नए और मौलिक ढंग से हुई है, वह ठोस, सामाजिक रूप से निर्धारित संगीत-तत्त्वों का उदाहरण है, भले ही उसका चरित्र अमूर्त और रूपात्मक हो। सही है कि आइजलर के सामने एक शब्द-रचना थी—ब्रेश्ट द्वारा रचित शब्द-रचना—जो पारंपरिक कारुणिकता को सर्वथा अस्वीकार करती है, फिर भी संगीतकार का काम आसान

नहीं था। लेनिन का शोक हम कैसे मनाएँ? संगीतात्मक रूप में इस प्रश्न का उत्तर देने के लिए केवल प्रतिभा ही अपेक्षित नहीं थी, बल्कि एक ऊँचे दरजे की राजनीतिक चेतना और व्यापक कलात्मक अनुभव भी अपेक्षित था। सबसे पहले तो संगीतकार को इस बात की साफ समझ होनी चाहिए थी कि वह किन तत्त्वों से बचे। लेनिन के लिए मनाए जानेवाले शोक में सांस्कारिक भावना का लेशमात्र भी नहीं होना चाहिए; उसमें न तो धार्मिक शांति-यज्ञ की भावना होनी चाहिए, न बारोक शैली के संकीर्तन की। लेकिन 'ईरोइका' की-सी कारुणिकता भी—जो पूँजीवादी-जनवादी क्रांति की चीज थी—सर्वहारा-समाजवादी क्रांति और उसके दिवंगत नेता की प्रकृति के अनुकूल नहीं हो सकती थी। रूमानी असंयम या किसी प्रकार की अति-भावुकता के होने का तो उसमें कोई सवाल ही नहीं उठता था। संगीतकार को पूरी तरह एक नई शैली की खोज करनी थी, जिसमें सादगी हो, सूक्ष्मता हो, संयम हो, सांगीतिक संकेत की आडंबरहीनता हो—और यह संकेत किसी रहस्यमय परलोक की तरफ नहीं, बल्कि दूर भविष्य की तरफ, एक उज्ज्वलतर भौतिक जगत की तरफ किया गया संकेत हो—जिसमें 'मृत्यु और रूपांतरण' न हो, पुनर्जीवन और स्वर्गारोहण न हो; बल्कि लेनिन जिस मजदूर वर्ग के शिक्षक थे, उस मजदूर वर्ग के बीच लेनिन के जीवित रहने का प्रभाव हो। यह अंतर्वस्तु की समस्या थी, जो रूप की समस्या तक गई और जिसको हल करके एक नया रूप प्राप्त किया गया—बारह स्वरों की व्यवस्था के निश्चित क्रम में ही पतले एकल स्वरों की अंतःक्रिया तथा उसकी जबर्दस्त और अभिभूत कर देनेवाली अनुगूँज। अपने रूपात्मक निर्माण में 'लेनिन संगीत-काव्य' सर्वथा नया है; लेकिन यह रूप के लिए निर्मित रूप नहीं है, बल्कि एक नई अंतर्वस्तु से निर्धारित रूप है।

मैं संगीत में अंतर्वस्तु और रूप की समस्या को स्पष्ट करने की चेष्टा कर रहा हूँ, लेकिन मैं इसकी कठिनाई के बारे में कोई लीपा-पोती करना नहीं चाहता। शब्दों के साथ दिए जानेवाले संगीत में तो 'अंतर्वस्तु' कमोबेश शब्द-रचना से ही मिल जाती है—यद्यपि संभव है कि इस प्रकार का संगीत भी शब्द-रचना से अपना नाता तोड़ ले या उस पर हावी हो जाए। इतना ही नहीं, यह भी संभव है कि शब्दों के साथ चलनेवाला संगीत उन शब्दों को रेखांकित करके उनका प्रभाव बढ़ाने के बजाए उनका खंडन करके अपना एक विशिष्ट एवं सशक्त प्रभाव पैदा कर ले। लेकिन वाद्य-संगीत की 'अंतर्वस्तु' को कैसे परिभाषित किया जाए? अलौकिकतावादियों के लिए यह कोई कठिन समस्या नहीं है। शोपेनहावर के लिए संगीत "गोचर जगत से बिल्कुल स्वतंत्र" होता है; यह "स्वयं इच्छा-शक्ति की प्रतिलिपि" है; और यही कारण है कि "संगीत का प्रभाव अन्य कलाओं की तुलना में इतना ज्यादा सशक्त और अंतर्भेदी होता है", क्योंकि अन्य कलाएँ तो सिर्फ छाया की बात करती हैं, जबकि संगीत सारतत्त्व की बात करता है। हेगेल के लिए संगीत

में अंतर्वस्तु की जगह आत्मा का आभ्यंतरिक, आत्मपरक, स्वतंत्र जीवन' होता है—हालाँकि द्वंद्ववाद का उस्ताद होने के कारण वह संगीत के ठोस और विशिष्ट तत्त्वों के बारे में और भी बहुत कुछ कहता है, जो शोपेनहावर नहीं कहता। कोई द्वंद्वात्मक भौतिकवादी आसानी से यह नहीं बता सकता कि संगीत की 'अंतर्वस्तु' क्या मानी जाए? और सबसे बड़ी बात यह कि वह इसको किसी आम फार्मूले के आधार पर परिभाषित नहीं कर सकता। उसे प्रत्येक रचना की परीक्षा अनेक प्रकार से करनी पड़ेगी और विस्तृत रूप में संगीत के ऐतिहासिक विकास को, संपूर्ण रूप में संगीत के बदलते हुए प्रकार्य को, और संगीत के अलग-अलग रूपों को ध्यान में रखना होगा। यह काम अभी होना बाकी है। मैं संगीत का सिद्धांतकार नहीं हूँ और केवल कुछ संकेत ही कर सकता हूँ। यदि मैं कोई भूल करूँ और कोई भूल-सुधार सुझाया जाए, तो मैं उसका स्वागत करूँगा।

संगीत का उद्देश्य शुरू से ही समष्टिगत भावनाओं को उभारना—कार्य के लिए, उच्छृंखल वासनापूर्ति के लिए, अथवा युद्ध के लिए उद्दीपन का काम करना—रहा है। संगीत संवेदनाओं को स्तब्ध या उत्तेजित करने का, सम्मोहित करके निष्क्रिय या सक्रिय बनाने का साधन था। उसका काम बाह्य जगत के प्रपंच का प्रतिबिंबन करना नहीं, बल्कि मनुष्य को एक भिन्न मनोदशा में ले जाना था। इसलिए हम यह सवाल नहीं उठा सकते कि आरंभिक काल के संगीत की 'अंतर्वस्तु' क्या थी। मिथ्या प्रश्न निरर्थक उत्तरों को जन्म देते हैं। नगाड़े की धमक, लकड़ी के टुकड़ों की खड़क, धातु की खनक में कोई अंतर्वस्तु नहीं होती। संगठित ध्वनि का मनुष्य पर पड़नेवाला प्रभाव ही उसका एकमात्र अर्थ है। संगीत का सामाजिक प्रकार्य यही प्रभाव डालना था, किसी यथार्थ को प्रस्तुत करना उसका प्रकार्य नहीं था। जैसा कि हांस आइजलर ने कहा है, कतिपय निश्चित लयों से, स्वरों के क्रम से और ध्वनि-बिंबों से 'स्वचालित साहचर्य' उभरते थे। आज भी संगीत का बहुत कुछ प्रभाव इसी प्रकार के 'स्वचालित साहचर्यों' से उपलब्ध किया जाता है (सैनिक प्रयाण-संगीत, शवयात्रा-संगीत, नृत्य की लय आदि), जो ऐसे व्यक्ति के लिए भी सीधी हिस्सेदारी की संभावना पैदा करते हैं, जिसने संगीत की शिक्षा न पाई हो। समष्टिगत भावनाएँ उभारनेवाली, कुछ समय के लिए लोगों को *भावनात्मक रूप से समान* बना देनेवाली संगीत की यह शक्ति सैनिक और धार्मिक संगठनों के लिए विशेष रूप से उपयोगी रही है। बुद्धि को आच्छादित कर लेने की, मदमत्त कर देने की, आह्लादपूर्ण आज्ञाकारिता उत्पन्न कर देने की, अथवा यहाँ तक कि लोगों को जान देने के लिए प्रोत्साहित कर देने की क्षमता संगीत में अन्य कलाओं की तुलना में सबसे ज्यादा होती है।

संगीत की इस विचित्र शक्ति का इस्तेमाल सभी धार्मिक संस्थाओं ने—रोमन कैथोलिक चर्च ने सबसे अधिक—किया है। प्रारंभिक मध्ययुग में कैथोलिक चर्च

यह माँग नहीं करता था कि संगीत 'सुंदर' हो, इसके विपरीत वह तो 'असुंदर' संगीत की माँग करता था। उस समय संगीत का प्रकार्य श्रद्धालुओं को दयनीय अनुताप और आत्यंतिक दीनता की दिशा में ले जाना, वैयक्तिकता के प्रत्येक चिह्न को मिटा देना और उन्हें एक आज्ञाकारी समष्टि में बदल देना था। यह सही है कि प्रत्येक व्यक्ति को अपने निजी पापों की ही याद आती थी, लेकिन संगीत उन्हें इस अहसास में डुबा देता था कि सर्वत्र पाप ही पाप है और सभी लोग उद्धार की कामना कर रहे हैं। इस संगीत की 'अंतर्वस्तु' हमेशा एक ही होती थी—तुम एक बेकार, असहाय, पापी जीव हो; ईसा के कष्टों से अपना तादात्म्य करो, तुम्हारा उद्धार हो जाएगा। हेगेल ने पुराने चर्च-संगीत के इस प्रकार्य के बारे में लिखा है :

> पुराने चर्च-संगीत में, यदि हम ईसा को सलीब पर लटकाने के क्षण को उदाहरण के रूप में लें तो, पाते हैं कि आवेग को ईसा के कष्ट पाने, मरने और दफनाए जाने के रूप में देखने के केंद्रीय विचार के जो गहरे अर्थ खुलते हैं, उनकी कल्पना अलग-अलग इस रूप में की गई है कि यह महज किसी व्यक्ति की *निजी* सहानुभूति की भावना या इन तथ्यों से होनेवाले व्यक्तिगत दु:ख की अभिव्यक्ति नहीं, बल्कि इसके साथ-साथ स्वयं इन तथ्यों की भी अभिव्यक्ति है। अथवा, दूसरे शब्दों में कहें तो इन तथ्यों के अर्थों की गहराई संगीत की समस्वरता और उसकी सुरीली गति के जरिए सप्रयोजन हो जाती है। निश्चय ही यह सच है कि यहाँ भी संगीत श्रोताओं की भावना को ही प्रभावित करता है। हम वास्तव में सलीब पर लटकाए गए ईसा के दर्द को नहीं *देखते* हैं; हम महज उसका सामान्य *भाव* ग्रहण नहीं करते हैं। शुरू से अंत तक लक्ष्य यह रहता है कि हम अपने अस्तित्व की गहराइयों में इस मृत्यु और इस दैवी कष्ट के आदर्श तत्त्व को अनुभव करें; कि हम संपूर्ण हृदय और आत्मा से उसके यथार्थ को आत्मसात करें, ताकि वह हमारा अभिन्न अंग बन जाए और हर चीज को अलग हटाकर हमारे सपूर्ण सचेत जीवन में व्याप्त हो जाए।

दूसरे शब्दों में, प्रभावशाली चर्च-संगीत कोई *अनिश्चित* अनुभूति पैदा नहीं करता, जो व्यक्ति के मन में बहुत-से विभिन्न साहचर्यों की अनुमति देती हो (जैसा कि, उदाहरण के लिए, आधुनिक सिंफनी-संगीत करता है), इसके विपरीत वह श्रोता को एक ऐसी *निश्चित* प्रतिक्रिया के लिए बाध्य करता है, जिसमें आत्मपरकता की लेशमात्र भी गुंजाइश न हो।

इसका अर्थ यह हुआ कि इस प्रकार के चर्च-संगीत की 'अंतर्वस्तु' पूजन-पद्धति-विषयक शब्द-रचना से और उसके द्वारा उत्पन्न दैवी कष्टसहन, मानवीय पापमयता और इसी तरह के अन्य साहचर्यों से निर्धारित होती है। लेकिन

यहाँ एक महत्त्वपूर्ण तत्त्व और होता है—वह है स्वयं भक्त-मंडली, जिसमें सामूहिक रूप से उपस्थित लोग मात्र 'श्रोता' नहीं होते हैं, बल्कि जो एक वास्तविक समुदाय होती है। इन श्रोताओं की संवेदना को, जैसा कि हेगेल ने कहा है, कोई अनिश्चित आत्मपरक अनुभूति उत्पन्न करने के लिए नहीं, बल्कि एक इकसार समष्टिगत भावना उत्पन्न करने के लिए 'प्रभावित किया' जाता है। ऐसे संगीत का उद्देश्य एक निश्चित एवं वांछित मनोदशा उत्पन्न करना होता है। वह सुसंगत रूप से उसी मनोदशा को उत्पन्न करने की दिशा में सक्रिय होता है। उसका प्रकार्य किसी अनुभूति को 'व्यक्त' करना उतना नहीं होता, जितना कि उस अनुभूति को उत्पन्न करना। कहा जा सकता है (हालाँकि यह कहते समय हमें कुछ सावधान रहना चाहिए) कि ऐसे संगीत की 'अंतर्वस्तु' उसके अंदर ही नहीं होती, बल्कि उससे बाहर भी होती है; वह अभिव्यक्ति और प्रभाव से, गतिमय ध्वनियों और विचलित श्रोताओं से मिलकर बनती है। यही बात कामुक नृत्य-संगीत और प्रयाण-संगीत के बारे में सच है। नृत्य-संगीत अपने आपमें अंतर्वस्तु रहित होता है; उसका प्रकार्य नृत्य इच्छा उत्पन्न करना है; और वह अपनी अंतर्वस्तु नर्तकों की गति एवं उत्तेजना के जरिए प्राप्त करता है। कोई भी नृत्य हो—आनुष्ठानिक नृत्य या मंद नृत्य, वियेना का वाल्ट्ज या रॉक-एन-रॉल— उसकी विशिष्ट प्रकृति सामाजिक रूप से निर्धारित होती है। विचित्र बात यह है कि सामाजिक तत्त्व की अभिव्यक्ति केवल संगीत के रूप में होती है—अर्थात् सामाजिक 'अंतर्वस्तु' का संप्रेषण केवल रूप के जरिए होता है—जबकि अन्य किसी प्रकार की अंतर्वस्तु उसमें प्रायः नहीं रहती। यही बात सैनिक प्रयाण-धुनों पर लागू होती है, जिनका रूप सामाजिक रूप से निर्धारित होता है, लेकिन जिनकी 'अंतर्वस्तु' प्रयाण करते सैनिकों से प्राप्त होती है। लेकिन जब इस प्रकार के संगीत-रूपों को किसी सिंफनी में या अन्य किसी ठोस संगीत-रचना में आत्मसात कर लिया जाता है, तब वे—अपने 'स्वचालित साहचर्यों' के कारण—स्वयं 'अंतर्वस्तु' से युक्त प्रतीत होने लगते हैं, मानो उन्हें अपना एक निजी जीवन प्राप्त हो गया हो। इसीलिए हम पाते हैं कि संगीत में—जो सबसे ज्यादा उलझन में डालनेवाली कला है—अंतर्वस्तु हमेशा रूप में रूपांतरित होती रहती है और रूप हमेशा अंतर्वस्तु में रूपांतरित होता रहता है। सामाजिक अंतर्वस्तु स्वयं को संगीत की रचना में ही व्यक्त कर सकती है, या फिर, नई अंतर्वस्तु पुराने रूपों को नए प्रकार्य प्रदान करके उनका इस्तेमाल कर सकती है।

संगीत और संगीत में फर्क होता है, और यह भेद अवश्य किया जाना चाहिए। एक संगीत वह है, जिसका एकमात्र उद्देश्य जान-बूझकर लोगों पर एक इकसार प्रभाव पैदा करना और इस प्रकार सभा में उपस्थित सभी लोगों को एक ही जैसी समष्टिगत क्रिया के लिए उत्तेजित करना होता है। दूसरा संगीत वह है, जिसका

अर्थ अपने आपमें अनुभूतियों, विचारों, संवेदनाओं अथवा अनुभवों को व्यक्त करना होता है जो लोगों को एक जैसी प्रतिक्रियाओं के जरिए समशील बनाकर आपस में जोड़ने के बजाय वैयक्तिक, आत्मपरक साहचर्यों को खुल खेलने का मौका देता है। प्रारंभिक मध्ययुग का पावन संगीत पहली कोटि का होता था, जिसके आधार पर हम कह सकते हैं कि उसका एक 'वस्तुपरक' चरित्र होता था, इसके विपरीत पूँजीपति वर्ग के साथ-साथ उभरनेवाले धर्मनिरपेक्ष संगीत का चरित्र 'आत्मपरक', अभिव्यंजनात्मक होता था। यदि हम संगीत के धर्म-निरपेक्षीकरण की लंबी तथा अंतर्विरोधपूर्ण प्रक्रिया की जाँच-पड़ताल करें तो हमें मानना पड़ेगा कि संगीत प्रमुख रूप से एक सामाजिक प्रपंच है; कि जिसमें यद्यपि ध्वनियों का ही संयोजन होता है, लेकिन ध्वनियों का यह संयोजन ही एक विशिष्ट समय के सामाजिक संगठन से मेल खाता है। संगीत का धर्मनिरपेक्षीकरण, जो चारणों तथा महान विधर्मी आंदोलनों के साथ शुरू हुआ था—अर्थात् शूरवीरों तथा नागरिकों के आरंभिक विद्रोह के साथ शुरू हुआ था—धीरे-धीरे पावन संगीत तक फैल गया। इस तरह धार्मिक संगीत भी लौकिक संगीत बन गया। पुराना चर्च-संगीत चर्च के साथ अविच्छिन्न रूप से जुड़ा हुआ था। उसे अपनी 'अंतर्वस्तु' उपासना-पद्धति से प्राप्त होती थी। उसका काम था श्रोता को आनंद प्रदान करने के बजाए कठोर तथा निर्वैयक्तिक बड़प्पन के साथ उसे वशवर्ती बनाना। यह काम वह श्रोता को दैवी उद्देश्य से तादात्म्य करने और घुटने टेकने के लिए मजबूर करके करता था। मगर पेर्गोलेसी की संगीत-रचना 'स्टाबाट माटेर' को देखें। इसकी शालीन एवं आनंददायी लौकिकता पहले के चर्च-संगीत के मुकाबले कहीं ज्यादा प्रभावशाली है। अब यह रचना चर्च से बँधी हुई नहीं है, इसको किसी भी सभागार में प्रस्तुत किया जा सकता है। यह लगभग एक ऑपेरा का रूप धारण कर चुकी है। लेकिन इसकी 'अंतर्वस्तु' अब भी धार्मिक शब्द-रचना से प्राप्त है। संगीत भी अब शब्द-रचना के साथ छेड़छाड़ करने लगता है, ताकि अपने अर्थ को मानवीय और आत्मपरक स्तर तक ले जा सके, बहुत-से अलग-अलग साहचर्यों को जागृत कर सके। और भी आगे आएँ तो बाख और हैंडेल के महान कीर्तन धार्मिक अंतर्वस्तु के जबर्दस्त मानवीकरण का नमूना पेश करते हैं। ये संगीतकार चर्च से निकलकर संगीत-सभागार में आए थे, तो यह आकस्मिक नहीं था। उनका संगीत श्रोता की आत्मपरकता को बहाकर साफ कर देने के बजाए उसे और भी सशक्त बनाता है, उसकी पुष्टि करता है। हाइडन के ईसाई-उपासना संबंधी संगीत की लौकिक सौम्यता में और पुराने चर्च-संगीत की कुचल देनेवाली कठोर अलौकिकता में कितना अंतर है! पावन संगीत का धर्मनिरपेक्षीकरण अंततः बीथोविन की संगीत-रचना 'मीसा सीलेम्निस' में पूर्ण होता है। वह इतनी महान रचना है कि हर चर्च उसके लिए छोटा पड़ता है। इस रचना को किसी चर्च में

प्रस्तुत करना मूर्खतापूर्ण होगा; क्योंकि इसकी अभिव्यंजनात्मक आत्मपरकता किसी भी धार्मिक अनुष्ठान के रूढ़ ढाँचे को निरर्थक बना देती है। इस रचना में लोबान की गंध लेशमात्र भी नहीं है। अलौकिकता के कुहासे का चिह्न भी इसमें नहीं मिलेगा। जिस शब्द-रचना के आधार पर संगीत-रचना की गई है, उसी की यह अवहेलना करती है। यह ईश्वर की, पापमयता की या पश्चात्ताप की, घुटने टेकने की या दीनता प्रकट करने की कोई बात नहीं करती, बल्कि उस मनुष्य की बात करती है जो सीधा तनकर खड़ा हुआ अपनी पीड़ा और प्रसन्नता की घोषणा करता है, अपनी महानता और विजय की घोषणा करता है। इस ईसाई-उपासना संबंधी संगीत की 'अंतर्वस्तु' ईश्वर नहीं, बल्कि क्रांतिकारी काल का मनुष्य है।

संगीत का प्रगतिशील धर्मनिरपेक्षीकरण संगीत के बदलते हुए रूपों में भी देखा जा सकता है। मोटे तौर पर बहुस्वरता को सामंती युग का संगीत कहकर परिभाषित किया जा सकता है। यह उस व्यवस्था का संगीत था, जिसमें हर आवाज की जगह बँटी हुई थी, एक के बाद दूसरी आवाज परस्पर प्रतिस्पर्द्धा किए बिना, गमक की तानों की कठोर नियमितता में आती थी। इससे भिन्न समस्वरता उभरते हुए पूँजीपति वर्ग का संगीत था। यह सामाजिक परिवर्तन के काल का संगीत था, जिसमें पहले तो प्रतिस्पर्द्धा के सिद्धांत ने (मैनहाइम शैली) और बाद में वर्ग-संघर्ष के सिद्धांत ने यह माँग की कि संगीत को मूलविषयों के बीच बढ़ते हुए विरोध को व्यक्त करना चाहिए। अब संगीत के चरित्र का निर्माण केवल एक मूल विषय को बहुस्वरता में ढालकर प्रस्तुत कर देने से नहीं होता था, बल्कि मूल विषयों के पारस्परिक संघर्ष के जरिए, अभी तक अज्ञात तनावों और वैषम्यों के जरिए, अभी तक अज्ञात अभिव्यंजनात्मकता और संवेदनशीलता के जरिए होता था। संगीत अब किसी समशील समुदाय से मुखातिब नहीं रहा, बल्कि पंचमेल खिचड़ी जैसे 'श्रोता-समूह' से मुखातिब हो गया। यह सब अकस्मात नहीं हो गया था, बल्कि नया संगीत पुराने संगीत की गोद में ही पलकर बड़ा हुआ—ठीक वैसे ही जैसे पूँजीपति वर्ग पुरानी सामंती व्यवस्था की गोद में पलकर बड़ा हुआ था। समस्वरता का सिद्धांत अभी तक मौजूद बहुस्वरता में ही प्रविष्ट हो गया था, जिसके कारण—मिसाल के तौर पर—बाख बहुस्वरता के ही नियम का पालन करता हुआ प्रतीत होता है, जबकि वास्तव में वह समस्वरता का पहला महान प्रतिपादक था। सचमुच यह कहा जा सकता है कि जहाँ भी संगीत में समस्वरता और अभिव्यंजनात्मकता का प्रवेश होता दिखाई देता है, वहाँ-वहाँ मानो पूँजीपति वर्ग व्यापारिक प्रतिस्पर्द्धा का उदात्तीकरण सांगीतिक मूल विषयों की प्रतिस्पर्द्धा के रूप में करता हुआ दरवाजे पर दस्तक दे रहा है।

संगीत के धर्मनिरपेक्षीकरण का अर्थ था पूँजीपति वर्ग का प्रभुत्व। ऐसा लगता है, मानो संगीत के मंदिर में पुजारी को हटाकर उसकी जगह व्यापारी आकर बैठ

गया हो। अब संगीत एक सनातन धार्मिक व्यवस्था की अभिव्यक्ति नहीं रहा, बल्कि धर्पनिरपेक्ष संघर्षों की अभिव्यक्ति बन गया। सिफनी का विकास एक ही मूल विषयवाले बारोक संगीत में से अंतर्विरोध के एक नए रूप में हुआ। पूर्ववर्ती युगों की एकता की जगह प्रतिस्पर्द्धा आ गई। साम्य की जगह वैषम्यों के बीच होनेवाला संघर्ष आ गया। संगीत में एक क्रांतिकारी तत्त्व प्रविष्ट हो चुका था।

नई अंतर्वस्तु कुछ रचनाओं में बहुत स्पष्ट रूप में मौजूद थी, लेकिन अन्य बहुत-सी रचनाओं में वह एक आम रवैए के रूप में, अपने समय की एक या दूसरी प्रवृत्ति के रूप में, एक अंतर्निहित मनःस्थिति के रूप में, कभी सामाजिक तो कभी व्यक्तिगत रूप में (आत्मविश्वासी मानवतावाद, शौर्यपूर्ण आशावाद, मोहभंग, एकाकीपन, उदासी आदि के रूपों में), और कभी रूपात्मक कार्यभार को पूरा करने में बरती जानेवाली हठीली आत्मपरकता के रूप में संदिग्ध और अस्पष्ट बनी रहती थी। इस धर्मनिरपेक्षीकृत संगीत की एक विशिष्ट पहचान यह थी कि यह उत्तरोत्तर संगीत-प्रेमी श्रोता की ओर उन्मुख होता गया, जबकि पावन संगीत शिक्षित संगीत-प्रेमी को नहीं, बल्कि श्रद्धालुओं की उस भीड़ को ध्यान में रखता था, जो सौंदर्यात्मक तुष्टि के लिए नहीं बल्कि धार्मिक तुष्टि के लिए उत्सुक रहती थी। पहली नजर में यह बात उस संगीत के बारे में असंगत लग सकती है, जिसकी जड़ें मनुष्य के वास्तविक संसार में थीं, जिसमें लोकप्रिय नृत्यों तथा लोकगीतों का भी समावेश होता था। इस लोकप्रिय तत्त्व (जिसे कभी-कभी हम अतिरिक्त महत्त्व दे बैठते हैं) और स्वचालित साहचर्यों की उस संपदा ने, जो श्रोता की मदद करने के लिए आती थी, नए संगीत की अभिव्यंजनात्मकता एवं संवेदनशीलता के साथ मिलकर रूपात्मक संरचनावाली संगीत-रचनाओं को इतना जटिल बना दिया कि प्रशिक्षित श्रोताओं के लिए भी उन्हें समझना संभव नहीं रहा। वे बड़े श्रोता-समुदायों को सीधे प्रभावित करने में असमर्थ हो गईं। उदाहरण के लिए 'ईरोइका' की अंतिम लय, जो निम्नवर्गीय जनता से सीधी अपील करती है, बीथोविन की उन रचनाओं में रो है, जो रूपात्मक दृष्टि से अत्यंत कठिन हैं। इसमें बारोक संगीत के एक रूप 'पास्साकाग्लिया' को बारोक परंपरा की सीमाएँ तोड़कर निकल पड़नेवाली सिंफनी में इस तरह शामिल किया गया है कि सामान्य श्रोता उसे समझ ही नहीं सकता, केवल संगीत का जानकार ही उसकी सराहना कर सकता है। सबसे पहले हेगेल ने अपने समय के वाद्य-संगीत की इस विचित्रता पर ध्यान दिया था। उसने लिखा :

> साधारण आदमी को... संगीत में सबसे ज्यादा पसंद आनेवाली चीज है-- भावनाओं और विचारों की तत्काल बोधगम्य अभिव्यक्ति, जिसकी अंतर्वस्तु प्रत्यक्ष हो। परिणामस्वरूप उसकी रुचि ऐसे संगीत में होती है, जिसके साथ कुछ (शब्द, नृत्य, नाट्य आदि—अनु.) हो। इसके विपरीत

> संगीत का मर्मज्ञ, जो सांगीतिक ध्वनियों और वाद्यों के संबंध को संगीत-रचना के रूप में समझ सकता है, स्वर-सामंजस्य के आरोह-अवरोह के कलात्मक परिणामों का तथा संगीत में गुँथे हुए रागों और स्वर-संधानों का अपना मूल्य समझते हुए उनका आनंद लेता है⋯यह सही है कि संगीतकार अपनी रचना को एक निश्चित अर्थ से, विशिष्ट विचारों और भावनाओं की अंतर्वस्तु से जोड़ सकता है। यह अंतर्वस्तु एक सर्वथा स्वतंत्र लय में स्पष्ट रूप से व्यक्त की जा सकती है; लेकिन इसके विपरीत, वह ऐसी किसी योजना की पूरी उपेक्षा करते हुए संगीत की संरचना मात्र पर ही अपना ध्यान केंद्रित कर सकता है⋯संगीतकार यदि वाद्य-संगीत में भी रचना के इन दोनों पक्षों को ध्यान में रखे तो संगीत का चारित्रिक प्रभाव और भी गहरा हो सकता है। अर्थात् किसी अंतर्वस्तु की अभिव्यक्ति, भले ही वह ऊपर बताए गए पहले तरीके में पाई जानेवाली अंतर्वस्तु की तुलना में जरूरी तौर पर कुछ कम स्पष्ट हो, और उसकी सांगीतिक रचना, दोनों पर यदि पूरा-पूरा ध्यान दिया जाए तो संगीतकार कभी स्वरानुक्रम पर जोर दे सकता है और कभी समस्वरता के गांभीर्य तथा विशिष्ट रंग को उभार सकता है। अथवा अंततः दोनों को परस्पर संयुक्त कर सकता है।

संगीत जब पावन संगीत नहीं रहा, यानी जब धर्म से उसने अपना नाता तोड़ लिया, तब उसके अमूर्त और रूपात्मक चरित्र की यह माँग सामने आई कि उसमें प्रवीणता, मौलिकता और सूक्ष्म आविष्कारकता हो। इसमें खतरे भी थे। बहुत-सा वाद्य-संगीत ऐसा शुद्ध संगीत बन गया, जिसका आनंद संगीत के मर्मज्ञ ही ले सकते थे। परिणामस्वरूप दो प्रकार के संगीत का विकास हुआ है--एक 'ऊँचे दरजे का' जनगण से कटा हुआ संगीत, और दूसरा 'नीचे दरजे का' मनोरंजक संगीत, जिसकी मूल्यवत्ता आमतौर पर बहुत कम होती है। यद्यपि परवर्ती पूँजीवादी जगत में इन दोनों के बीच की दूरी एक गंभीर समस्या बन गई है, फिर भी इस समस्या को समाजशास्त्रीय ढंग से अति-सरलीकृत नहीं बनाया जाना चाहिए। हमें यह हरगिज नहीं भूलना चाहिए कि बाख, मौजार्ट, बीथोविन और ब्राहम्स की बहुत-सी महत्त्वपूर्ण रचनाएँ कभी भी 'लोकप्रिय' नहीं रहीं और आज के दिन तक उनका आनंद समाज का एक छोटा-सा हिस्सा ही ले सकता है। (इस हिस्से को बड़ा बनाना व्यवस्थित संगीत-शिक्षा का एक उद्देश्य है।) संगीत में किए जानेवाले प्रयोगों के साथ न्याय करने और उनकी कलात्मक जरूरत को समझने के लिए दो चीजों का ध्यान रखना निहायत जरूरी है : एक तो यह कि संगीतकार, किसी भी अन्य कलाकार की ही तरह, अंततः एक *सामाजिक* आवश्यकता की पूर्ति करता है। लेकिन कलाकार के रूप में उसकी अपनी भी एक आवश्यकता होती है कि वह जो कुछ कर रहा है, उसमें आनंद ले। पावन संगीत में इस आनंद के लिए

कोई जगह नहीं थी या इसे अपने आपको वेश बदलकर छिपाना पड़ता था; लेकिन दासता से मुक्त हो चुके धर्मनिरपेक्ष संगीत में यह आनंद अपने अधिकार माँगता है। हेगेल जब यह कहता है कि संगीतकार अंतर्वस्तु से बिल्कुल अलग हटकर ''अपनी रचना की सांगीतिक संरचना पर और उसके आधार पर हुई निर्मिति के नैपुण्य एवं लालित्य पर'' ही ध्यान केंद्रित कर सकता है, तब वह उसी आनंद को स्वीकृति प्रदान करता है, जो कलाकार को अपनी कला की जटिल और बहुविध संभावनाओं का उपयोग करने में प्राप्त होता है। (मैं 'ईरोइका' की अंतिम लय का उदाहरण पहले ही दे चुका हूँ, जिसमें बीथोविन अपनी सिंफनी के भावनात्मक रूप से आवेशित क्रांतिकारी चरित्र को परे हटाकर रूपात्मक संभावनाओं के साथ खेलता है और स्वयं को अपने सर्वोच्च कलात्मक नैपुण्य के प्रयोग में लीन कर देता है।)

कला की प्रकृति और उसके सारतत्त्व की बात करते समय हमें इस तथ्य को नजरअंदाज नहीं करना चाहिए कि रूप संबंधी अत्यंत जटिल समस्याओं को सुलझाने में कलाकार जो प्रत्यक्षतः चितामुक्त आनंद प्राप्त करता है, उसमें एक गंभीर नैतिक तत्त्व निहित रहता है। गणित में यह संभव है कि आप एक सवाल का सही हल तो प्राप्त कर लें, मगर यदि वह हल भद्दे ढंग से हासिल किया गया हो तो उसे असंतोषजनक मानकर खारिज भी कर दें। इसीलिए गणितज्ञ लोग समस्याओं के 'सुचारु' समाधानों और फार्मूलों की बात किया करते हैं। उनके हिसाब से 'सुचारु' समाधानों का अर्थ यह होता है कि प्रश्नों के उत्तर न केवल सही हों, बल्कि रूपात्मक पूर्णता की दृष्टि से सुंदर लगनेवाले भी हों। यही बात, उच्चतम अंश तक, कला के बारे में सच है। रूपात्मक कठिनाइयों का एक 'सुचारु' समाधान अपने आपमें एक बहुत बड़ा गुण है। कलाकृति का रूप महज उसकी अंतर्वस्तु के लिए उपयुक्त वाहन मात्र नहीं है; वह न केवल अंतर्वस्तु से पैदा होनेवाली कठिनाइयों का ही एक मौलिक और 'सुचारु' समाधान है, बल्कि उन कठिनाइयों पर विजय पाने में कलाकार को मिलनेवाले आनंद से उत्पन्न होनेवाली कठिनाइयों का भी एक मौलिक और 'सुचारु' समाधान है। रूप हमेशा एक प्रकार की विजय होता है, क्योंकि वह एक समस्या का समाधान है। इस प्रकार एक सौंदर्यात्मक गुण नैतिक गुण बन जाता है। कोई संगीतकार केवल साधारण लोगों के लिए ही संगीत-रचना नहीं कर सकता, क्योंकि ऐसा करने पर उसका संगीत दरिद्र तथा जड़ हो जाएगा। वाद्य-संगीत पर यह बात सबसे ज्यादा लागू होती है। उसके लिए नितांत आवश्यक है कि वह उन रूपात्मक समस्याओं से जूझे, जिनके समाधानों की सराहना विशेष रूप से शिक्षित श्रोता ही कर सकते हैं। मगर उन श्रोताओं को भी यह बात याद रखनी चाहिए कि यदि वे संगीत की रूपात्मक संरचना का अधिकतम आनंद प्राप्त करना चाहते हैं, तो उन्हें उसकी अंतर्वस्तु पर भी उतना ही

ध्यान देना है, चाहे वह कितनी ही सूक्ष्म और पकड़ में न आनेवाली क्यों न हो। सूक्ष्म रूपात्मक आविष्कार और समाधान साधारण लोगों की पकड़ में आने से रह जा सकते हैं; इतना ही नहीं, वे उन्हें अजीब तथा अरुचिकर भी प्रतीत हो सकते हैं; फिर भी वे कलाकृति की समृद्धि और संगीत (या अन्य किसी भी कला) के विकास के लिए आवश्यक हैं। यही रूपात्मक आविष्कारकता, अभिव्यक्ति के साधनों के साथ की जानेवाली यही अत्यंत गंभीर 'खिलवाड़,' कभी-कभी किसी कलाकृति का गुण बन जाती है। मायकोव्स्की ने अपने निबंध 'कविता कैसे बनाएँ' में एक 'सड़कछाप तुकबंदी' का हवाला दिया है। यह गीत उसने पेत्रोग्राद की रक्षा करते हुए लाल सेना के जवानों के लिए लिखा था। गीत का हवाला देकर वह लिखता है—"वह नवीनता जो इस गीत को औचित्य प्रदान करती है, इसकी तुकों में है…।" इसके बाद वह उस तुक को उद्धृत करता है। "यही नवीनता पूरी चीज को जरूरी, काव्यात्मक और प्रातिनिधिक बनाती है।" माना जा सकता है कि लाल सेना के जवान इस रूपात्मक आविष्कार के प्रति शायद ही सचेत रहे हों, फिर भी सर्वहारा क्रांति का यह महान कवि हमें बताता है कि इसी चीज ने उसके लाल सेनावाले गीत को कविता बनाया और उसे अपनी गुणवत्ता प्रदान की। संगीत के बारे में यह बात और भी ज्यादा सच है, जिसमें रूप और अंतर्वस्तु आपस में इतने घुल-मिल जाते हैं कि उन्हें शायद ही अलगाया जा सके।

चूँकि संगीत में रूपात्मक तत्त्व इतना प्रबल होता है, इसलिए उसमें 'रूपवाद' के आ जाने का खतरा बराबर मौजूद रहता है। लेकिन संगीत चूँकि सबसे ज्यादा रूपात्मक और सबसे ज्यादा अमूर्त कला है, ठीक इसी वजह से हमें संगीत की कुछ रचनाओं और प्रवृत्तियों को पर्याप्त कारणों के बिना 'रूपवादी' कहकर खारिज करते समय अत्यंत सतर्कता बरतनी चाहिए, अन्यथा हम बारोक संगीत की बहुस्वरता में, बाख की प्यानो-रचनाओं में, यहाँ तक कि मोजार्ट, बीथोविन और ब्राह्म्स की कुछ रचनाओं में भी रूपवाद के चिह्न खोजने लगेंगे। मैं समझता हूँ कि ईमानदारी से विचार करें तो निम्नलिखित चीजों को संगीत के अंदर रूपवाद कहा जा सकता है :

एक: आत्मतुष्ट कला-नैपुण्य, जो स्वयं ही अपना लक्ष्य होता है। अर्थात् ऐसा कला-नैपुण्य जो संगीत की संरचनात्मक समस्याओं को हल करने की परवाह नहीं करता, बल्कि जो केवल तकनीकी दक्षता पर, धृष्टतापूर्ण प्रदर्शन पर, श्रोताओं को सन्न करने पर ही ध्यान देता है। इस प्रकार के रूपवादी कला-नैपुण्य पर अक्सर यह आरोप लगाया जाता है कि इसमें एक कलात्मक हेकड़ी होती है। ऐसा संगीत श्रोता की परवाह नहीं करता, लेकिन वास्तविकता यह है कि श्रोता की परवाह न करना तो दूर, यह वस्तुतः उसकी प्रशंसा पर ही निर्भर होता है। अतः इस पर आरोप कलात्मक हेकड़ी का नहीं, बल्कि प्रशंसाकामी मिथ्या अहंकार का होना

चाहिए।

दो: भौंडी नकल, पुरानी चीजों की दासोचित पुनरावृत्ति, बेसुरेपन की दुनिया में लोगों को समस्वरता और मिठास से अघाना, सिर पर मँडराते जेट बम-वर्षकों की गड़गड़ाहट का गला घोंटने के इरादे से चरागाही गीतों की धुनें सुनाना। इस प्रकार का 'आधुनिक' संगीत योरपीय संगीत-परंपरा के मूलधन के ब्याज पर पलनेवाला निकम्मा संगीत है। इसका रूपवाद असत्यों का रूपवाद है। यह दिवालियों के द्वारा उड़ाई जानेवाली ऐसी दावत है, जिसका उद्घाटन 'मार्सेदेल्स' से होता है (जिसको ओफेनबाख द्वारा रचित पैरोडी के रूप में नहीं, बल्कि इस रूप में बजाया जाता है कि ठूँस-ठूँसकर खानेवाले पेटू लोग उस अतीत को श्रद्धांजलि देने हेतु क्षण भर के लिए खड़े हो जाएँ, जिसे उन्होंने ही विकृत और अपमानित कर डाला है।) इस प्रकार का संगीत उस अंतर्वस्तु को दोहराता है, जो समाप्त हो चुकी है। यह संगीत उन रूपों को दोहराता है, जिनमें न तो अब कोई शक्ति रह गई है, न कोई अर्थ बचा है। यह संगीत उस खोखलेपन में जीता है, जिसमें भरी हुई जिंदगी और सृजन-शक्ति निकल चुकी है। यह संगीत ऐसी झूठी शान के साथ इतराता हुआ चलता है, मानो पिछले सौ वर्षों में कुछ भी महत्त्वपूर्ण न हुआ हो; मानो संगीतकार का काम आज बीसवीं सदी के मध्य में भी अभिजातवादी और पूँजीपति वर्ग के रूमानी संगीत तक जुगाली करते जाना ही हो। वह संगीत एक जमाने में महान संगीत था, लेकिन बदली हुई परिस्थितियों में उससे सर्जनात्मक रूप में कुछ सीखने के बजाए उसकी नकल करना सबसे भद्दे और दरिद्र ढंग का रूपवाद है।

तीन: समस्त ऊष्मा और अनुभूति को जबर्दस्ती निकाल फेंकना। संगीत में पागलपन की हद तक पहुँचनेवाली भावुकता का जो दौर आया था, उसके बाद उसको एक शीतल-जलोपचार से स्वस्थ बनाना तो जरूरी था, ताकि उस पर जो अतिरिक्त चरबी चढ़ गई थी वह छँटे; और उसमें खोया हुआ अनुशासन और गरिमा फिर से लाई जा सके। लेकिन हम इस सिद्धांत को स्वीकार नहीं कर सकते कि अनुभूति की अभिव्यक्ति से संगीत का कोई लेना-देना ही नहीं है, या संगीत में शुद्ध रूप ही साकार होता है। यदि मान भी लें कि सारी अनुभूति को मिटाकर अखिल ब्रह्मांड के नक्षत्रों और मणिभों के, परमाणुओं और इलेक्ट्रानों के संगीत को पकड़ा जा सकता है, तो भी यह सिद्धांत स्वीकार्य नहीं हो सकता। हमें इस सभावना से इनकार नहीं करना चाहिए कि अजैव पदार्थ के नियमों की अभिव्यक्ति सांगीतिक रूप में हो सकती है। इस दिशा में किए जानेवाले प्रयोगों को तो हमें कतई अस्वीकार नहीं करना चाहिए; लेकिन हमें अनुभूतियों, संवेदनाओं और विचारों की अभिव्यक्ति के रूप में संगीत के *मानवीय* चरित्र को त्यागने के लिए भी तैयार नहीं हो जाना चाहिए। पावन संगीत, जो किसी प्रकार की आत्मपरकता को नहीं मानता था और एक सामाजिक रूप से अनुबंधित 'वस्तुपरकता' का दावा करता था, बड़ा

शानदार संगीत था। लेकिन आज के आधुनिक संगीत के कुछ हिस्से की व्याख्या; उसके हिम-शीतल, बौद्धिकीकृत छद्म-धार्मिक गुण की व्याख्या; 'पावन' की ओर लौटने के उसके बनावटी, सायास, गढ़े हुए तत्त्व की व्याख्या; हमारे युग की अंतर्वस्तु के साथ चलने में गंभीर रूप से अक्षम उसके तत्त्व की व्याख्या आत्यंतिक पार्थक्य के एक लक्षण के रूप में ही की जा सकती है। यह एक सचेत, प्रदर्शनात्मक रूपवाद है, जो व्यर्थ में ही एक अव्यक्त 'ब्रह्मांडीय' अंतर्वस्तु की बात करके हमें धोखा देने की कोशिश करता है।

मैंने संगीत में रूप और अंतर्वस्तु की समस्या को बहुत संक्षेप में स्पष्ट करने की कोशिश की है और मैं अपने प्रयास की अपर्याप्तता को जानता हूँ। यहाँ सरलीकरण अत्यंत खतरनाक हो सकता है। संगीत की अंतर्वस्तु इतनी बहुविध और इतनी दुर्ग्राह्य होती है कि अन्य कलाओं की तरह वह साफ पकड़ में नहीं आती। लेकिन ठीक इसी वजह से, संगीत का भावी विकास इस बात से निर्धारित होगा कि वह किस हद तक उस नए रवैए को, जीवन की उस नई समझ को, उस नई बुद्धिमत्ता को, उस नई समष्टि को अभिव्यक्त करता है; जो मजदूर वर्ग का रवैया है, मजदूर वर्ग के जीवन की समझ है, मजदूर वर्ग की बुद्धिमत्ता है, और मजदूर वर्ग की समष्टि है।

पाँचवाँ अध्याय

यथार्थ का लोप और उसकी खोज

जर्मन स्वच्छंदतावादी लुडविग टीक ने हाइनरिश फॉन क्लाइस्ट की कृतियों के अपने द्वारा संपादित संकलन की भूमिका में पहली बार 'यथार्थ के लोप' की बात कही थी । यह 'यथार्थ का लोप', जिसका अहसास स्वच्छंदतावाद के काल में बहुत अस्पष्ट रूप में हुआ था, अत्यधिक औद्योगीकृत परवर्ती पूँजीवादी जगत की केंद्रीय समस्या बन गया है ।

औद्योगीकृत और व्यवसायीकृत पूँजीवादी जगत अभेद्य भौतिक संपर्क और संबंधवाला एक *बाह्य जगत* बन गया है । इस जगत में रहनेवाला मनुष्य इससे और अपने आपसे भी पृथक्कृत मनुष्य है । आधुनिक कला और साहित्य को अक्सर यह कहकर लताड़ा जाता है कि वे 'यथार्थ का नाश' कर रहे हैं । ऐसी प्रवृत्तियाँ वास्तव में मौजूद हैं; लेकिन वास्तव में यथार्थ का उन्मूलन लेखक या कलाकार नहीं कर रहे हैं । कल का भी नहीं, बल्कि परसों का यथार्थ, जो बहुत पहले अपना प्रेत बन चुका था—मुहावरों, पूर्वग्रहों और पाखंडों के जड़ ढाँचे में शव की तरह सुरक्षित रखा जा रहा है । अनुसंधानों, परीक्षणों, विश्लेषणों, आँकड़ों, सम्मेलनों, रपटों और अखबारी सुर्खियों के व्यापक तंत्र की अंतिम उपलब्धि के रूप में जो चीज पैदा होती है, वह है अखबार में क्रमशः छपनेवाली चित्रपट्टी । यह उस भ्रांत जगत का साकार रूप है, जो सबका है और किसी का भी नहीं है, जिसमें भ्रम अंतर्विरोध को हटाकर उसकी जगह प्रतिष्ठित हो जाता है । 'विभिन्न दृष्टिकोणों' के अंबार का कुल परिणाम होता है दिमागों की घृणित एकरूपता । प्रश्नों के उत्तर नहीं मिलते, बल्कि उत्तर स्वयं प्रश्नों के उपदेष्टा हो जाते हैं । दर्जन भर मुहावरे, जिनमें से कुछ पहले कभी यथार्थ को प्रतिबिंबित करते थे, आज बार-बार परोसे जाते हैं । यथार्थ से उनकी समरूपता इतनी ही है, जितनी किसी तेल-व्यापारी और धार्मिक चित्र में हो सकती है ।

आस्ट्रियाई व्यंग्यकार कार्ल क्रोस ने लिखा था, "मुझे विश्वास हो गया है कि घटनाएँ अब घटित नहीं होतीं, उनके बदले पिष्टोक्तियाँ स्वतःस्फूर्त ढंग से अपना

काम करती रहती हैं ।'' चीजें लोगों से बड़ी हो गई हैं, साधन साध्यों से बड़े हो गए हैं, उपकरण उत्पादक से बड़े हो गए हैं । कार्ल क्रोस ने प्रेस के बारे में लिखा था :

> एक बार फिर···एक उपकरण हमारे हाथ से निकल गया है । जिस आदमी को हमने आग की सूचना देने के लिए बिठाया है—जिसे समूची राजसत्ता में सबसे निचले दरजे की भूमिका निभानी चाहिए—उसे हमने राजसत्ता के ऊपर, आग के ऊपर, जलते हुए मकान के ऊपर, तथ्य के ऊपर और अपनी कल्पना के ऊपर बिठा दिया है ।

ये पंक्तियाँ आधी सदी पहले लिखी गई थीं । तब से अब तक 'यथार्थ का नाश' करने की प्रक्रिया भयावह ढंग से आगे बढ़ चुकी है ।

अत्यंत ईमानदार और अत्यंत प्रभावशाली बहुत-से कलाकार और लेखक यथार्थ के इस लोप के बारे में सचेत हैं । वे सड़े हुए फार्मूलों और चालू मुहावरों से भ्रमित होने से इनकार करते हैं । वे शासक 'जनमत' के द्वारा अपने ऊपर थोपी गई व्यवस्था को यथार्थ मानने से इनकार करते हैं । वे चीजों को उसी रूप में देखने का आग्रह करते हैं 'जैसी कि वे हैं ।' वे प्रचार के तमाम रूपों से नफरत करते हैं । वे तमाम विचारधाराओं पर संदेह करते हैं । वे छद्म-तथ्यों, मुहावरों और रूढ़ियों की भ्रामक दुनिया से परे यथार्थ की खोज करने निकलते हैं । वे दृढ़ निश्चय कर चुके हैं कि उसी चीज के बारे में बोलेंगे, जिसे वे देख सकते हैं, सुन सकते हैं या सीधे समझ सकते हैं । वे छोटे से छोटे ब्योरे को पकड़ते हैं—दिखाई और सुनाई देनेवाले ऐसे ब्योरे को, जिसके 'यथार्थ' होने को चुनौती न दी जा सके । ऐसे ब्योरों से परे जानेवाली हर चीज उनके लिए संदिग्ध है । उन्हीं ब्योरों से वे सचेत रूप से और टिप्पणी किए बिना, यथार्थ की पुनर्रचना करने की चेष्टा करते हैं । नव-प्रत्यक्षवाद का व्यापक आंदोलन पूरी तरह नकारात्मक नहीं है, यह अंशतः पूर्वग्रहरहित ईमानदारी की कामना से मेल खाता है ।

परवर्ती पूँजीवादी जगत के उपन्यास के जुगुप्साजनक और नीरस विस्तार के विरुद्ध अपने संघर्ष में रूप की संक्षिप्तता, शुद्धता और हल्केपन की खोज में फ्रैंज काफ्का ने एक कथात्मक पद्धति का विकास किया, जिसमें बेहद छोटे-छोटे ब्योरे ऐसी रूपरेखा बनाने के लिए आपस में जोड़े जाते हैं, जो यथार्थ का धुँधला-सा आभास देती है । काफ्का ने एक बार एक औरत के बारे में, जिसे वह प्यार करता था, लिखा था, ''बाहरी तौर पर—अक्सर नहीं तो कभी-कभी ही—मैं फ. में अगर कुछ देख पाता हूँ तो वे कुछ छोटे-छोटे ब्योरे हैं, और जो इतने कम हैं कि उन्हें आसानी से गिना जा सकता है । यही चीज उसके बिंब को इतना स्पष्ट, शुद्ध, स्वतःस्फूर्त, परिभाषित मगर साथ ही हवाई बनाती है ।'' यही वह सिद्धांत है, जिसके अनुसार काफ्का ने अपने चरित्रों और स्थितियों का चित्रण किया ।

यथार्थ को सिर्फ ''छोटे-से सही तथ्य, छोटे-से सही ब्योरे'' का दरजा देने का यह सिद्धांत—जिसे नथाली सरात दोहराते नहीं थकती—फ्रांस के 'अ-उपन्यास' (एंटी-नावेल) में खींचकर अति तक ले जाया गया है। उसमें ब्योरे के बाद ब्योरा आता है, और हर ब्योरा द्वि-आयामी, परिप्रेक्ष्यरहित, कभी भी 'यहाँ' और 'अभी' से परे न जानेवाला होता है। काम् के उपन्यास 'ल एट्रेंजर' (अजनबी) का यह अंश देखिए :

> शाम को मारी मुझसे मिलने आई और उसने मुझसे पूछा, क्या मैं उससे शादी करना चाहता हूँ। मैंने कहा, मुझे कोई एतराज नहीं, अगर वह चाहती है तो हम शादी कर सकते हैं। इसके बाद उसने यह जानना चाहा कि क्या मैं उसे प्यार करता हूँ। मैंने हमेशा की तरह जवाब दिया कि इसका कोई मतलब नहीं है, पर मैं शायद उसे प्यार नहीं करता। तब मुझसे शादी क्यों करते हो? उसने पूछा। मैंने बतलाया कि इसका कोई महत्त्व नहीं है और वह चाहती है तो हम शादी कर सकते हैं। जो भी हो, वही सबकुछ पूछती रही; मैं सिर्फ हाँ किए जा रहा था। इसके बाद उसने कहा कि शादी एक गंभीर चीज है। मैंने उत्तर दिया : नहीं। क्षण भर के लिए वह चुप हो गई और उसने मेरी तरफ देखा।

यह जोर देकर व्यक्त की गई निस्संगता और ठंडापन वस्तुओं, अनुभूतियों अथवा घटनाओं के बीच किसी प्राथमिकता को पहचानने से किया गया इनकार है। मगर ऐसी न्यूनोक्ति का नतीजा यह होता है कि भौतिक संबंध बहुत बढ़ी-चढ़ी शक्ति प्राप्त कर लेते हैं (लगभग वैसे ही जैसे स्वच्छंदतावादी 'भाग्य' की त्रासदियों में, जहाँ मानवीय नियति को रहस्यमयी वस्तुएँ नियंत्रित करती हैं)। ग्रिये कहता है कि जगत न तो अर्थपूर्ण है, न ऊलजलूल, वह तो बस है। ''हमारे चारों तरफ चीजें ही चीजें हैं, और भले ही हमारे विशेषणों का काम उन्हें आत्मा और उद्देश्य प्रदान करना हो, चीजें हैं। उनकी सतह साफ और चिकनी है, साबुत है, लेकिन उसमें अनेकार्थता की चमक या पारदर्शिता नहीं है।''

यह सिद्धांत एक जड़ता की स्थिति तक ले जाता है। बिंबों को एक क्रम में झटकेदार ढंग से जोड़ दिया जाता है, जिसमें कोई निरंतरता नहीं होती, बल्कि एक खंडित सांतरता होती है। गुजरता हुआ क्षण अयथार्थ होता है, केवल स्मृति में स्थितियाँ यथार्थ में जाकर जम जाती हैं। नथाली सरात ने प्रूस्ट के बारे में लिखा था कि वह ''मानसिक प्रक्रियाओं को बहुत दूर से और उस समय देखता था जब वे पूर्ण हो चुकी होती थीं; प्रशांत होकर मानो स्मृति में जम चुकी होती थीं। रब्ब ग्रिये का उपन्यास 'ले वोयूर' इस पद्धति के सारतत्त्व का प्रतिनिधित्व करता है—लोग। दूसरी वस्तुओं के बीच केवल वस्तुएँ हैं, एक हत्या में और एक घड़ी के बिकने में

कोई फर्क नहीं है, अपराध में और सीगल पक्षी की चीख में कोई फर्क नहीं है; एक घटना में और एक भ्रामक स्वप्न में अथवा गवाह की झूठी गवाही में कोई फर्क नहीं है। यानी यथार्थ का कोई परिप्रेक्ष्य नहीं है, कोई मूल्य नहीं है, कोई मापदंड नहीं है।

कई मायनों में 'अ-उपन्यास' की पद्धति साइबरनेटिक्स—स्वचालित या आत्मनियंत्रित गतिशील व्यवस्थाओं के अध्ययन—के विकास से जुड़ी हुई मालूम होती है। 'सीखने', 'सोचने' और अपने आपको सुधारने में समर्थ यंत्रों के अस्तित्व ने व्यवहारवाद और नवप्रत्यक्षवाद को प्रोत्साहित किया है। मनुष्य और इन द्वंद्वात्मक यंत्रों के फर्क को स्पष्ट किया जाना अब निहायत जरूरी हो गया है। मनुष्य की *प्रकृति* को अब नए सिरे से समझना और द्वंद्वात्मक भौतिकवाद का विस्तार करना तथा उसे और सटीक बनाना अत्यंत आवश्यक है। साइबरनेटिक्स ने हिसाब लगा लिया है कि ऐसे यंत्रों का निर्माण संभव है—और अंशतः कुछ ऐसे यंत्र बना भी लिए गए हैं—जो इस तरह से व्यवहार करते हैं मानो उनमें चेतना हो, हालाँकि वास्तव में चेतनायुक्त यंत्रों का अस्तित्व न तो है, न हो ही सकता है। इसलिए साइबरनेटिक्स के कुछ प्रमुख जानकार यह मानते हैं कि चेतना अप्रासंगिक है। इतना ही नहीं, वे तो यहाँ तक मानते हैं कि चेतना कुछ होती ही नहीं। इसलिए वे व्यवस्थाओं के *व्यवहार* मात्र की बात करते हैं। डब्ल्यू. रौस एशबी, जो नोरबर्ट वीनर के साथ का आधुनिक साइबरनेटिक्स का नेता है, अपनी पुस्तक 'डिजायन फॉर ए ब्रेन' (एक मस्तिष्क की रूपरेखा) में लिखता है :

> पूरी पुस्तक में चेतना और उससे संबंधित आत्मपरक तत्त्वों का उपयोग नहीं किया गया है। इसका सीधा-सादा कारण यह है कि मुझे उनकी बात करना कहीं भी जरूरी नहीं लगा... अपनी चेतना किसी के लिए एकदम स्पष्ट हो सकती है, लेकिन अभी तक ऐसे किसी तरीके का पता नहीं चल पाया है, जिससे वह अपना अनुभव दूसरे को प्रत्यक्ष करके दिखा सके।

मैं यहाँ नव-प्रत्यक्षवाद और द्वंद्वात्मक भौतिकवाद के बीच चली बहस के तमाम तर्कों को दोहराना नहीं चाहता। मैं सिर्फ यह संकेत करना चाहता हूँ कि 'अ-उपन्यास' किस तरह इन नव-प्रत्यक्षवादी विचारों से संबंधित है और कितनी आश्चर्यजनक हद तक इन उपन्यासों में लोगों को साइबरनेटिक्स के 'काले डब्बे' की-सी हीनता की स्थिति में पहुँचा दिया गया है, जहाँ मनुष्य की प्रकृति और उसके सारतत्त्व के संबंधों का कोई महत्त्व नहीं, महत्त्व केवल निवेश और उत्पादन के संबंधों का रह जाता है। साइबरनेटिक्स की क्रांतिकारी खोजों से निकाले गए मिथ्या दार्शनिक निष्कर्षों को एक साहित्यिक पद्धति से भी जोड़ दिया गया है, जो कुछेक अलग-अलग मामलों में तो उसी तरह उपयोगी हो सकती है जिस तरह

विज्ञान में कहीं-कहीं व्यवहारवाद उपयोगी हो जाता है; लेकिन समग्रता में यह पद्धति अमानुषीकरण का केवल वर्णन ही नहीं करती, बल्कि उसे ऐसी अंतिमता का चरित्र प्रदान करती है कि लगता है, अमानुषीकरण से बचने या उसे दूर करने का कोई उपाय ही नहीं है।

'अ-उपन्यास' की पद्धति लुप्त हो चुके यथार्थ को पुनः प्राप्त करने की पद्धति नहीं है। खोखले मुहावरों और गढ़े-गढ़ाए रूढ़ साहचर्यों के स्थान पर यह पद्धति नितांत निरर्थक ब्योरों और पूरी तरह असंबद्ध ऐंद्रिय प्रभावों को प्रस्तुत करती है। अखबारी सुर्खियों के मिथ्या तथ्यों को अस्वीकार करते-करते इस साहित्य ने तथ्यों को ही बिल्कुल नकार दिया है। दुनिया में जो कुछ भी ठोस है, गल-घुलकर गायब हो जाता है; आकृतियाँ अस्तव्यस्त आदिम कुहासे में भटकती हैं; उनके लिए न तो आगे कोई रास्ता है, न पीछे; है केवल एक समयहीन, दिशाहीन 'अस्तित्व'। व्यवस्था द्वारा उत्पन्न एक भ्रांत संसार के स्थान पर एक निजी दुनिया रची जाती है, लेकिन यह दुनिया भी प्रेतों की दुनिया होती है जो व्यवस्था द्वारा उत्पन्न भ्रांत दुनिया से कम भ्रांत नहीं होती। लेखक का इरादा होता है ऐसे अबोधगम्य अस्तित्व को प्रस्तुत करना, जो समयहीन अंधकार में मनुष्य का 'समयहीन' अस्तित्व है। लेकिन हेगेल ने लिखा है, ''अस्तित्व अपने आप में यथार्थ नहीं होता ''यथार्थ केवल वही है जो बोधगम्य है।'' और मार्क्स का कहना है—''केवल बोधगम्य वास्तविक जगत ही यथार्थ है।' *जो साहित्य जान-बूझकर बोधगम्यता को नकारता है, उसमें यथार्थ की निर्णायक धार नहीं होती।* हो सकता है, इस साहित्य में अंतर्वस्तु के रूप में आनेवाली अयथार्थता मानकीकृत भ्रांत जगत के विरोध में आई हो, लेकिन वस्तुतः यह उसी भ्रांत जगत की छाया है।

लेकिन अपने देखे हुए ब्योरों को ही लेकर चलनेवाले तमाम लेखक उसी दुनिया में नहीं पहुँचते, जहाँ सबकुछ निर्जीव वस्तु की तरह जड़ होकर जम चुका है। कुछ लेखक इस दुनिया के पार भी जाते हैं। जे. डी. सेलिंगर ऐसा ही लेखक है। वह भी व्यवहारवादी पद्धति का इस्तेमाल करता है और छोटे-छोटे ब्योरों की शृंखला के जरिए लोगों के व्यवहार का चित्रण करता है। यहाँ उसके उपन्यास 'फ्रेनी एंड जूई' का अनायास उठा लिया गया एक अंश प्रस्तुत है :

> नवंबर सन् 1955 में एक सोमवार को सुबह साढ़े दस बजे। जूई ग्लास नामक एक पच्चीस वर्षीय नौजवान पूरी तरह भरे हुए टब में स्नान के लिए बैठा चार साल पुराना एक पत्र पढ़ रहा था। यह लगभग एक अंतहीन-सा दिखाई देनेवाला पत्र था, जो प्रतिलिपि के लिए इस्तेमाल किए जानेवाले पीले कागज के कई पन्नों पर टाइप किया हुआ था, और उस पत्र को अपने घुटनों के दो सूखे द्वीपों पर टिकाकर उचकाए रखने में उसे कुछ कठिनाई हो रही थी। उसके दाईं तरफ एक सीली हुई-सी दिखाई देनेवाली सिगरेट टब

> में ही बनी हुई तामचीनी की साबुनदानी के सिरे पर टिकी हुई थी और जाहिर है कि वह अच्छी तरह सुलग रही थी, क्योंकि पत्र पर से पूरी तरह नजर हटाए बिना जब-तब वह उसे उठा लेता था और एक-दो कश लगा लेता था। उसकी राख अदबदाकर टब के पानी में ही गिरती, चाहे सीधी पानी में पड़े चाहे पत्र के पन्नों पर गिरकर पड़े। वह इस चीज के फूहड़पन से अनजान लगता था, लेकिन इस बात का अहसास उसे जरूर था, हालाँकि अभी-अभी हुआ था, कि पानी की गरमी उसके ऊपर निर्जलीकरण का प्रभाव डालने लगी है। पढ़ने में—या दोबारा पढ़ने में—जितनी ही देर होती जा रही थी, उतनी ही जल्दी-जल्दी और कम बेध्यानी के साथ वह अपनी कलाई के पिछले हिस्से से माथे और ऊपर के होंठ पर आया पसीना पोंछता जा रहा था...

मगर ब्योरों, संकेतों, बातचीत के टुकड़ों, धुँधली रेखाओंवाली स्थितियों की पच्चीकारी से सेलिंगर वातावरण की अधिकतम सर्जना कर देता है और मनोवैज्ञानिक तथा सामाजिक यथार्थ के ताजा पक्षों को खोजता है। उसकी कहानियों में टिप्पणियाँ और प्रचार नहीं है, फिर भी वे एक असामान्य ढंग से और शायद इसी कारण से उत्तेजित करती हैं तथा बाँधनेवाली होती हैं। सेलिंगर की रचनाओं में उन नौजवान लोगों के माध्यम से यथार्थ को नई तरह से खोजा जाता है, जो अपने चारों ओर की दुनिया से तंग आए हुए हैं और किसी न किसी रूप में जीवन के अर्थ की तलाश में हैं। यही वह 'अ-उपन्यास' के व्यवहारवाद से बहुत बाहर और परे जानेवाली सामाजिक आलोचना का असाधारण सूक्ष्म रूप है, जो सेलिंगर की रचना को इतनी मूल्यवान और आकर्षक बनाता है। इनमें दुनिया को बच्चों की या युवा लोगों की आँखों से देखा जाता है; इसीलिए यह दुनिया हमें बने-बनाए मुहावरों से घिरी एक परंपरागत व्यवस्था जैसी नहीं लगती, बल्कि एक अनपेक्षित और आघात करनेवाला यथार्थ लगती है। इसी प्रकार का एक उदाहरण है रेमंड क्वीन्यू के उपन्यास के आधार पर बनी फिलम 'जाजी डांस ले मेट्रो' (जाजी नामक लड़की सुरंग-मार्ग में), जिसमें एक छोटी-सी देहाती लड़की पेरिस के वयस्कों की दुनिया को, उस व्यवस्था के जघन्य यथार्थ को खोजती है, जिसमें एक खिलौना बम बन जाता है, एक माचिस की तीली विस्फोट से जमीन को उड़ाकर आसमान तक उछाल देती है, मकान के अग्रभाग ढह जाते हैं, और फासीवादी आतंक, हत्या और भय खँडहरों से रेंगते हुए बाहर आ जाते हैं और फिल्म के अंत में जब माँ अपने प्रेमी से मिलकर लौटती है और बच्ची से पूछती है कि उसने अपना दिन कैसे बिताया, तो जाजी कटु तिरस्कार के साथ उत्तर देती है—"मैं बड़ी हो गई हूँ।" अपने तमाम कल्पनातीत अंतर्विरोधों वाले पूँजीवादी जगत की एक बच्ची के द्वारा की गई खोज

को दिखानेवाली इस कटु फिल्म का एक सकारात्मक और अविस्मरणीय रूप से सुंदर प्रतिरूप है सोवियत फिल्म 'ए मैन गोज टुवर्ड्स दि सन' (एक आदमी सूरज की तरफ जाता है)। इस फिल्म में भी एक बच्चा है, और यह बच्चा विकसित होते हुए समाजवादी जगत की खोज करता है। ये दोनों फिल्में सारी दुनिया में साथ-साथ दिखाई जानी चाहिए। इनसे दो बातों का सबसे पक्का सबूत मिलेगा : एक तो अपरंपरागत रूप से देखे गए प्रचारात्मकता या मिथ्या कारुणिकता से रहित, दो दुनियाओं के बीच के भारी वैषम्य का, और दूसरे, आधुनिक कला के एक जैसे तरीकों से दोनों दुनियाओं को प्रस्तुत कर सकने की अपार संभावनाओं का।

बहुत-से आधुनिक कलाकारों तथा लेखकों का यह विश्वास है कि घिसे-पिटे बिंबों के पूरे परास का आधुनिक यथार्थ से कोई लेना-देना नहीं है और अपने समय की विशिष्ट स्थितियों को खोजना तथा निरंतर नए, सशक्त, ताजा बिंबों को लाना जरूरी है। मायकोव्स्की, चैपलिन, काफ्का, ब्रेश्ट, जॉयस, ओ' केसी, मकारेंको, फॉकनर, लेजे, पिकासो—ये सब महान खोजी हैं। समाजवादी और गैर-समाजवादी कलाकारों तथा लेखकों के नाम मैंने जान-बूझकर यहाँ मिला दिए हैं, क्योंकि घिसे-पिटे बिंबों का अस्वीकार और एक नई 'विश्व चित्रावली' की खोज इन सबमें समान रूप से पाई जाती है। भिन्नता इनमें पद्धति की नहीं, बल्कि परिप्रेक्ष्य की है।

वाल्टर बेंजामिन की पुस्तक 'थीसिस ऑन दि फिलोसॉफी ऑफ हिस्ट्री' (इतिहास-दर्शन का सिद्धांत) में निम्नलिखित पंक्तियाँ मिलती हैं :

> कला का एक चित्र है 'एंजेलस नोवस'। इसमें एक देवदूत को इस प्रकार चित्रित किया गया है, मानो वह किसी चीज को देखकर भय से सिकुड़ रहा हो। उसकी आँखें फटी हुई हैं, उसका मुँह खुला हुआ है, उसके पंख फैले हुए हैं। इतिहास का देवदूत ऐसा ही दिखाई देना चाहिए। उसने अपना मुँह अतीत की ओर फेर लिया है। हमें जहाँ घटनाओं की शृंखला दिखाई देती है, उसे वहाँ केवल एक महाविपदा दिखाई देती है, जो लगातार खँडहरों पर खँडहर रखती जाती है और ऊपर से उन्हें उठा-उठाकर उसके पैरों में गिराती जाती है। देवदूत निश्चय ही वहीं डटे रहना चाहता है, ताकि मृतकों को जिला सके और क्षत-विक्षतों को पुनः पूर्ण बना सके। लेकिन स्वर्ग से एक तूफान आ रहा है, एक ऐसा तूफान, जिसने देवदूत के पंखों को जकड़ लिया है और जो इतना शक्तिशाली है कि देवदूत अपने पंखों को समेट नहीं पा रहा है। यह तूफान उसे मजबूर कर रहा है कि उस भविष्य की ओर बढ़े, जिसकी तरफ उसने पीठ फेर रखी है, जबकि उसके सामने खँडहरों का ढेर ऊँचा उठता हुआ आसमान छूने लगा है। यह तूफान वह चीज है, जिसे हम प्रगति कहते हैं।

इसी देवदूत ने प्रूस्ट और जॉयस को, काफ्का और एलियट को प्रेरित किया—यानी खंड-खंड अतीत, अतीत रूपी यथार्थ, उनकी सृजनशील कल्पना के आगे विराट रूप धारण करता गया। 'ल एन्ने दर्निएर ए मेरीनबाद' नामक फिल्म में, जिसकी पटकथा रब्ब ग्रिये ने लिखी थी, वर्तमान को मुखौटों, प्रेतों और रेत में चलते हुए कदमों की आवाज के रूप में संयोजित किया गया है; भविष्य को पूर्ण अंधकार से आच्छन्न दिखाया गया है; और केवल स्मृति के पथरीले बिंब को ही यथार्थ के रूप में प्रस्तुत किया गया है। मगर मायकोव्स्की और ब्रेश्ट का देवदूत भिन्न है। इसका एक दूसरा चेहरा भी है, जो भविष्योन्मुख है। यह भिन्न 'एंजेलस नोवस' केवल यही नहीं देखता कि खँडहरों में क्या है, बल्कि उसको भी देखता है, जो अभी तक अधूरा है, जो कभी धुँधला-सा दिखाई पड़ता है, कभी बिल्कुल ही आँखों से ओझल हो जाता है, और कभी अद्भुत रूप में सामने आता है। इस दूसरे, भिन्न देवदूत के यथार्थ के परास में सिर्फ वही नहीं आता, जो तथ्य बन चुका है, बल्कि वह भी आता है जो संभव है। वह जिन वास्तविकताओं और मौलिक स्थितियों को खोजता है, वे रमणीय नहीं हैं, लेकिन प्रोत्साहनकारी हैं; वे सुकून नहीं देतीं, लेकिन आगे का रास्ता दिखाती हैं।

काफ्का ने उस देवदूत का सपना देखा, जो अचानक एक मुर्दा चीज में बदल गया—"जिंदा देवदूत नहीं, बल्कि काठ की एक रँगी हुई आकृति, जो मानो किसी जलपोत की कमान से उतार लाई गई हो, वैसी ही जैसी कि आप नाविकों की सरायों में छत से लटकी हुई देखते हैं। आगे कुछ नहीं...।" यह तमाम जिंदा चीजों के वस्तुओं में बदलते जाने का एक बीभत्स स्वप्न था। आइसेंस्टाइन ने 'बैटलशिप पोटेमकिन' नामक फिल्म में इससे सर्वथा विपरीत स्थिति की खोज की। जब विद्रोही जलपोत को निशाना बनानेवाली तोपें घूमकर अपना निशाना बदल लेती हैं, तब इन मुर्दा चीजों पर मनुष्य की विजय दर्शक को अभिभूत कर देती है। मनुष्य का स्वतंत्र निर्णय अपने आपको वस्तुओं तक संप्रेषित कर देता है। विराट यांत्रिक शक्ति के युग में यह दिखाना कला का एक महान प्रकार्य है कि स्वतंत्र निर्णय का अस्तित्व है और मनुष्य जिन स्थितियों को चाहता है, यानी जो स्थितियाँ उसके लिए जरूरी हैं, उनके निर्माण में वह समर्थ है। चैपलिन भी दैनंदिन जीवन की अपनी बेतुकी पैरोडियों में इस विजय की ओर संकेत करता है—यह विजय आइसेंस्टाइन द्वारा दिखाई गई क्रांतिकारी विजय नहीं है, फिर भी विजय तो है ही, क्योंकि यह यंत्र द्वारा दास बना लिए गए मनुष्यों द्वारा यंत्र पर प्राप्त विजय है। पिकासो ने चित्रकला के माध्यम से विस्फोट के जरिए खंड-खंड करके उड़ा दी गई दुनिया को दिखाया, मगर किसी नामरहिता नियति के रूप में या अविरल ब्रह्मांडीय घटना के रूप में नहीं, बल्कि 'गुएर्निका' के रूप में, फासीवादी तानाशाही के खतरे से घिरे मानवीय अस्तित्व के रूप में। यह शानदार कलाकृति यथार्थ को तो अत्यधिक संकेंद्रित रूप

में प्रस्तुत करती ही है, यातनाग्रस्त मनुष्यता का पक्ष लेती हुई उसे यातना देनेवालों के खिलाफ सरेआम अभियोगपत्र भी लिखती है। पिकासो ने 'गुएर्निका' की रचना इस प्रकार की है कि आप उसे 'विस्फोट', 'विध्वंस', 'आततायी की छाप' के अलावा और कुछ कह ही नहीं सकते। फासीवाद-विरोधी कोई भी व्यक्ति इस चित्र को देखकर यह नहीं पूछेगा कि 'इस चित्र का मतलब क्या है?' यह सवाल फासीवादियों के लिए छोड़ दिया गया है कि वे इसे देखें और अपराध-भाव के साथ आँखें फेर लें। अकादमिक ऐतिहासिक चित्रमाला के वे सैकड़ों शैली-चित्र, जो यथार्थवादी कहे जाते हैं, जल्दी ही भुला दिए जाएंगे; लेकिन इस जबर्दस्त कलाकृति के कटु एवं आत्यंतिक यथार्थ में हमारी आनेवाली पीढ़ियाँ हमारे समय की ऐतिहासिक घटनाओं की पहचान करती रहेंगी।

इसके बाद ब्रेश्ट को लीजिए। उसकी रचनाओं में नई स्थिति अक्सर पुरानी स्थिति से एकदम उल्टी होती है। मिसाल के तौर पर 'काकेशियन चाक सर्कल' (खड़िया का घेरा) में एक विशिष्ट समय में सोलोमन द्वारा दिए गए निर्णय को बदलकर ज्यादा मानवीय बना दिया गया है। इस नाटक में बच्चा उस औरत को नहीं दिया जाता, जो उसकी असली माँ है, बल्कि उस औरत को दिया जाता है जिसमें सचमुच मातृत्व की भावना है। गैलीलियो की स्थिति को देखें : एक आदमी जानता है कि वह नायक है, मगर नायक बनने से इनकार करता है। असहिष्णु अंधविश्वास का विरोधी गैलीलियो इसलिए धूल चाटने को तैयार हो जाता है कि उसका काम उसकी मौत के बाद भी जिंदा रहे। नई और मौलिक स्थितियों के ये चित्रण उत्तरोत्तर उस नए यथार्थ का पूर्ण बिंब रचते जाएँगे, जो घिसी-पिटी बातों, मतवादों, मुहावरों, फाइलों और मिथ्या तथ्यों, पूर्वग्रहों, रूढ़ियों और उन तमाम चीजों का विरोधी है, जिन्हें व्यवस्था के द्वारा 'यथार्थ' कहकर सम्मानित किया जाता है।

यथार्थ का यह पूर्ण बिंब मार्क्सवाद के द्वंद्वात्मक दर्शन के बिना नहीं रचा जा सकता। मगर गैर-मार्क्सवादी कलाकार और लेखक भी उस दुनिया की खोज में हिस्सेदारी कर रहे हैं, जिसमें हम रहते हैं, और वे भी इसके विभिन्न पक्षों को कलात्मक अभिव्यक्ति प्रदान कर रहे हैं। पूर्वग्रहरहित, अर्थात् पूरी ईमानदारी के साथ किए गए यथार्थ-चित्रण का प्रत्येक प्रयास हम सबको आगे बढ़ने में मदद देता है। यह बात नहीं कि सिर्फ ईमानदारी से ही हमारे युग के जटिल यथार्थ को प्रस्तुत किया जा सकता है—उससे केवल आंशिक या खंडित रूप में ही यथार्थ-चित्रण संभव होगा—लेकिन ईमानदारी के बिना तो कुछ भी संभव नहीं है।

कला और जनता

समाजवादी साहित्य और कला ने नई सामाजिक वास्तविकताओं के जो प्रयास शुरू किए, वे कुछ काल के लिए लालफीताशाही के द्वारा कुंठित हो गए। आज भी यह खतरा बना हुआ है कि समय-समय पर लालफीताशाही इनका विरोध करती रहे। मगर संक्रमण की जिस अवस्था में आज हम जी रहे हैं, उसकी समस्यामूलक प्रकृति का कारण सिर्फ लालफीताशाही द्वारा किया जानेवाला हस्तक्षेप नहीं है। कारण ज्यादा गहरे हैं। समकालीन समाजवादी साहित्य और कला का निर्णायक कार्यभार—अर्थात् नए यथार्थ को अभिव्यक्ति के तदनुकूल माध्यमों से प्रस्तुत करने का काम—एक अन्य समकालीन समस्या से घनिष्ठतापूर्वक जुड़ा हुआ है। वह समस्या है सांस्कृतिक जीवन में करोड़ों लोगों का प्रवेश।

गेटे ने जब 'फाउस्ट' की रचना की थी, तब वाइमर की ग्रांड डची में नब्बे प्रतिशत लोग अनपढ़ थे। कला और साहित्य का विशेषाधिकार केवल मुट्ठी भर उच्च वर्गीय लोगों को प्राप्त था। मगर औद्योगिक समाज को ऐसे लोगों की जरूरत होती है, जो पढ़-लिख सकते हों। उद्योग के साथ-साथ ज्ञान की और ज्ञान के साथ-साथ और ज्यादा ज्ञान की जरूरत बढ़ती गई। वाल्टर बेंजामिन ने लिखा है, "हमेशा से ही कला का एक सर्वाधिक महत्त्वपूर्ण प्रकार्य रहा है एक ऐसी माँग पैदा करना, जिसकी पूर्ति पूरी तरह होने का समय अभी न आया हो।" और आंद्रे ब्रेतों ने लिखा है, 'कोई कलाकृति तभी मूल्यवान होती है, जब भविष्य की आहटें उसमें मौजूद होती हैं।" लेकिन अग्रगामी लोगों के द्वारा भावी जरूरतों की पूर्वकल्पना के अलावा खोई हुई जमीन को वापस पाने की एक मौजूदा जरूरत भी हुआ करती है, और यह जरूरत मुख्यतः मनोरंजन की माँग का रूप धारण करती है। इस माँग से मुनाफा कमाना पूँजीवादी जगत में 'लोकप्रिय कला' के उत्पादकों और वितरकों का मुख्य उद्देश्य होता है। मशीनों से एक चीज की बहुत-सी प्रतियाँ बनाने की अपार संभावनाओं के कारण यह संभव हो गया है कि बड़े पैमाने पर अच्छी पुस्तकें वितरित की जाएँ; भारी संख्या में अच्छे चित्र छापकर प्रकाशित किए जाएँ; संगीत की अच्छी रचनाओं को 'डिब्बाबंद' करके घर-घर पहुँचाया जाए; और अच्छी फिल्में करोड़ों लोगों को दिखाई जाएँ। लेकिन दूसरी तरफ पूँजीवादी जगत ने कलात्मक स्वापकों—यानी बुद्धि को मंद करनेवाली या दिमाग को सुलानेवाली चीजों—से मुनाफा कमाने की ढेरों संभावनाएँ खोज निकाली हैं। इन स्वापकों का उत्पादक यह मानकर चलता है कि ज्यादातर उपभोक्ता एकांतवासी हैं, जिनकी बर्बर वृत्तियों को मुझे संतुष्ट करना चाहिए। लेकिन इस मान्यता के आधार पर वह वस्तुतः उन बर्बर वृत्तियों को उभारने का काम करता है। वह उन वृत्तियों को जगाए रखता है और व्यवस्थित ढंग से उत्तेजित करता है। तब स्वप्न-बिंब बिकने

लगते हैं—गरीब लड़की करोड़पति से शादी करती है; सीधा-सादा लड़का सिर्फ अपनी पाशविक शक्ति के बल पर सारी बाधाएँ पार कर जाता है और शत्रुतापूर्ण भद्र लोक के विरोधियों पर विजय पा जाता है। परीकथा के मूलभाव को वर्तमान का-सा रूप दिया जाता है और बड़े पैमाने पर उसका उत्पादन किया जाता है। और यह सब उस समय होता है, जिस समय कलाकार और लेखक घिसी-पिटी चीजों के खिलाफ संघर्ष कर रहे होते हैं; और एक नए यथार्थ को प्रस्तुत करने के साधनों के लिए कष्टसाध्य प्रयोग कर रहे होते हैं!

यह असंगति भयावह है : एक तरफ तो है नई वास्तविकताओं की अभिव्यक्ति के लिए नए साधनों की जरूरी तलाश और यह चेतना कि 'हमारे कलात्मक साधन पुराने पड़कर बेकार और खत्म हो चुके हैं; हम उनसे उकता चुके हैं और नए तरीकों की खोजबीन कर रहे हैं।" (टामस मान); और दूसरी तरफ हैं मनुष्यों के विपुल समूह, जिनके लिए पुरानी कला भी एकदम नई-सी चीज है, जिन्हें अभी अच्छे और बुरे में फर्क करना नहीं आया है, जिनकी रुचि का निर्माण होना अभी बाकी है, और जिनकी गुण की कद्र करने की क्षमता का विकास अभी किया जाना है। टामस मान के उपन्यास 'डॉक्टर फाउस्ट्स' में संगीतकार आद्रियान लेवरकून यह मानता है कि कला उस "शिक्षित उच्च वर्ग की ही चीज बनकर रह गई है, जो 'सहृदय' कहलाता है", लेकिन समूची कला को इस वर्ग के चंगुल से छुड़ाना जरूरी है, "क्योंकि इस उच्च वर्ग का अस्तित्व जल्दी ही नष्ट हो जाएगा—असल में तो वह नष्ट हो ही चुका है—और तब कला का कोई नामलेवा नहीं बचेगा। वह किसी की नहीं होगी और खत्म हो जाएगी। उसके जिंदा रहने का एक ही तरीका है कि वह 'जनता' से जुड़े। इसी बात को जरा कम रूमानी ढंग से कहें, तो यह कह सकते हैं कि वह मनुष्य से जुड़े।" और यदि ऐसा हो गया तो कला "एक बार फिर समुदाय की सेवा करनेवाली बन सकेगी। वह समुदाय केवल शिक्षा के आधार पर परस्पर जुड़े हुए लोगों का ही समुदाय नहीं होगा। वह ऐसा समुदाय नहीं होगा, जिसके बारे में कहा जाए कि *उसकी एक संस्कृति है;* बल्कि वह ऐसा समुदाय होगा, जो संभवतः *स्वयं एक संस्कृति होगा।* ...वह कला मनुष्यता से घनिष्ठ रूप में संबद्ध होगी।"

सोवियत संघ में इस लक्ष्य को प्राप्त करने के गंभीर प्रयास किए जा रहे हैं। परवर्ती पूँजीवादी जगत में कला को एक प्रकार का शौक या मनबहलाव माना जाता है। वह कोई ऐसी चीज नहीं मानी जाती, जिस पर व्यापार और राजनीति जैसे गंभीर मामलों में व्यस्त लोगों के द्वारा ध्यान दिया जाए। समाजवादी जगत कला पर गंभीरता से ध्यान देता है। मैंने मास्को के युवा श्रमिकों के साथ येसेनिन, ब्लॉक, मायकोव्स्की, येव्तुशेंको और वोज्नेसेंस्की के बारे में चर्चाएँ की हैं और उनकी बुद्धि तथा समझ की सराहना की है। हजारों-लाखों, बल्कि करोड़ों लोग न

केवल नई पुस्तकों, फिल्मों, नाटकों और संगीत-रचनाओं के प्रेमी हैं, बल्कि उनसे प्रेरित होकर वे आपस में आवेशपूर्ण बहसें भी करते हैं। वहाँ लोग यह मानकर चलते हैं कि शब्दों और बिंबों में सामाजिक, शैक्षणिक एवं निर्माणात्मक शक्ति होती है। कलाकृति को वहाँ कोई क्षणिक घटना नहीं, बल्कि ऐसा कर्म माना जाता है, जिसके दूरगामी परिणाम होते हैं। कलाकृति यथार्थ से उत्पन्न होती है और पुनः यथार्थ को प्रभावित करती है। नौजवान लोग एक-एक कविता पर सारी-सारी रात बहस करते हैं। कविता सड़कों पर आ गई है। किसी उपन्यास में चित्रित कोई चरित्र या स्थिति सामाजिक जीवन और दर्शन की निणार्यक समस्याएँ उठा देती है। समाजवादी जगत में कला और कला की चर्चा जीवन को आगे बढ़ानेवाले आवश्यक अंग बन गए हैं।

''कला पर गंभीरता से ध्यान देने'' की यह प्रवृत्ति निश्चय ही बहुत बढ़िया है, लेकिन यह प्रवृत्ति कई गलतियों और अतियों तक भी ले गई है। कला से मनुष्य तक पहुँचने का रास्ता, ''कला को मनुष्यता से घनिष्ठ रूप में संबद्ध'' करने का रास्ता, पार्टी-सचिव के कार्यालय से किसी संगठन तक की न्यूनतम दूरी नहीं है। यह रास्ता छोटा नहीं, लंबा ही होगा, और यह रास्ता कलाकारों द्वारा किए जानेवाले बहुत सारे तथा बहुविध प्रयोगों से और बड़े पैमाने पर, उदारतापूर्वक जनता को शिक्षित करने के काम से गुजरता हुआ अपनी मंजिल पर पहुँचेगा। पूँजीवादी जगत में खतरनाक चीज 'रूपवाद' नहीं है; अमूर्त चित्रों और कविताओं से, धारावाहिक संगीत या 'अ-उपन्यास' से भी उतना खतरा नहीं है। असली और महाभयानक खतरा है उन मूर्खतापूर्ण फिल्मों से; काल्पनिक चित्र-पट्टियों से; मूर्खता, भ्रष्टता और अपराध को बढ़ावा देनेवाली पण्यवस्तुओं से; जो अत्यधिक ठोस और जीवन से जुड़ी हुई होती हैं, और जिन्हें आप चाहें तो एक प्रकार से 'यथार्थवादी' भी कह सकते हैं। साम्यवाद-विरोध में 'अमूर्त' तरीकों का इस्तेमाल नहीं किया जाता। युद्ध सूक्ष्म कलाकृतियों से नहीं भड़काए जाते। उन्हें भड़काने के लिए लोगों को दरअसल बहुत मोटी खूराक दी जाती है। सोवियत संघ में आपको उत्तम नाटकों, उत्तम पुस्तकों और उत्तम फिल्मों के साथ-साथ उबाऊ नाटक, उबाऊ पुस्तकें और उबाऊ फिल्में मिल जाएँगी; कला के साथ-साथ फूहड़पन भी मिल जाएगा; आवेगपूर्ण सच्चाई के साथ-साथ छिछली भावुकता भी मिल जाएगी; लेकिन पूँजीवादी अश्लील कला की भ्रष्ट करनेवाली अनिष्टकारी गंदगी नहीं मिलेगी। इस महान फर्क का मूल्य जितना आँका जाए, उतना कम है। सोवियत संघ में एक ही नकारात्मक तत्त्व दिखाई देता है —मौजूदा समय के लिए अनुपयोगी हो चुके पुराने अभिव्यक्ति-रूपों से रूढ़िवादी ढंग से चिपके रहना। मगर यह सिर्फ संक्रमण-काल की समस्या है।

मोटरकार पहले-पहल बनी, तो उसका रूप घोड़ेवाली बग्घी जैसा रखा गया।

मगर इंजन रूपी नई अंतर्वस्तु पुराने रूप से ज्यादा ताकतवर निकली। बढ़ती हुई रफ्तार की माँगों से नए रूप विकसित हुए और प्रौद्योगिकी एक नई तरह की सुंदरता को जन्म देनेवाली बनी। प्रत्येक विजेता वर्ग अपनी रुचि का निर्माण आमतौर पर वहाँ से शुरू करता है, जहाँ तक पराजित वर्ग अपनी रुचि को पहुँचा गया होता है। उसमें इमारत के पुराने अग्रभाग के पीछे ही नई जिंदगी का निर्माण करने की प्रवृत्ति होती है। अठारहवीं शताब्दी में पूँजीपति वर्ग का उदय हुआ, तो गौथिक वास्तुकला अचानक 'आधुनिक' हो गई और खँडहरों में आकर्षण खोजा जाने लगा। पूँजीपति अपनी पूँजी को शान-शौकत से सजाकर सामने लाने के लिए किसी पुराने दुर्ग का—इससे भी अधिक किसी दुर्ग के खँडहर का—स्वामी होने का स्वाँग रचता था। यह चीज अतीत में उसके कुलीन होने का प्रतीक बन गई थी। सन् 1760 में स्टर्लिंग नामक एक सौदागर ने एक खँडहर खरीदा था और उसका जीर्णोद्धार ऐसी उत्कृष्ट कलात्मकता के साथ कराया था कि "आपको लगे, खँडहर अभी भरभराकर आपके ऊपर गिर पड़ेगा।" सौ वर्ष बाद जर्मनी और आस्ट्रिया के पूँजीपति वर्ग के उदय के समय भी यही प्रपंच सामने आया। पाखंड विजयी हो रहा था और उस विजयी पाखंड की वास्तुकला एक बनावटी 'नव-गौथिक' रूप में अस्तित्व में आ रही थी। बैंकों की इमारतें ऐसी बनाई जाती थीं कि बाहर से दुर्ग दिखाई पड़ें; रेलवे स्टेशन इस तरह बनाए जाते थे कि दूर से महामंदिर प्रतीत हों। आधुनिक वास्तुकला के एक प्रणेता आडोल्फ लोस ने इस तरह की सजावट को 'अपराध' की संज्ञा दी थी और अंधकारपूर्ण घरों व दफ्तरों के गचकारीवाले आडंबरपूर्ण अग्रभागों को पूँजीपति वर्ग के अंतर्निहित पाखंड की वास्तुकलात्मक अभिव्यक्ति के रूप में देखा था।

इसी प्रकार बहुत-से मजदूर राजनीतिक विजय प्राप्त करने के बाद निम्न-पूँजीवादी रुचि को अपनाना शुरू कर देते हैं। नतीजा यह होता है कि शुरू-शुरू में बहुत-से प्रगतिशील बुद्धिजीवियों और अधिकांश मजदूर वर्ग के कला संबंधी विचारों के बीच एक असंगति पैदा हो जाती है। यह भी हो सकता है कि सामाजिक दृष्टि से जो कुछ प्रगतिशील है, और कला की दृष्टि से जो कुछ आधुनिक है, उसके बीच का अंतराल इतने ऊलजलूल ढंग से बढ़ जाए कि 'आधुनिक' शब्द ही कुछ अधिकारियों की जबान पर जाकर गाली बन जाए। युवा पीढ़ी इस विचित्र अंतर्विरोध पर धीरे-धीरे विजय प्राप्त कर लेती है। वह सिर्फ प्रगतिशील ही नहीं, सच्चे अर्थों में आधुनिक भी होना चाहती है। वह एक आधुनिक जीवन-शैली की—यानी अपने समय के अनुकूल जीवन-शैली की—तलाश करती है। हर तरह के नवोन्मेषों की ताक में रहती है। इस प्रकार संस्कृति के क्षेत्र में पुराने और नए के बीच एक संघर्ष शुरू हो जाता है और पुराणपंथी लोग अक्सर "सीधे-सादे आदमी की स्वस्थ नैसर्गिक वृत्तियों" की बात

करना शुरू कर देते हैं। मुझे ऐसी बातें पूरी तरह से बेचैन कर डालती हैं। मुझे इनमें से लोगों को नीची नजर से देखनेवाले बड़प्पन की बू आती हुई मालूम पड़ती है। क्या यह बहु-प्रशंसित 'सीधा-सादा आदमी'—यह साधारण, भोलाभाला पाठक, श्रोता या दर्शक—अब कहीं रह गया है ? और यदि कहीं है भी, तो क्या यही सर्वोच्च न्यायाधीश है ? क्या यही वह पूर्ण एवं बहुआयामी व्यक्तित्व है, जिसका निर्माण समाजवाद का लक्ष्य है? 'सीधा-सादा आदमी' आदिम सामाजिक परिस्थितियों का आदमी था, जो नैसर्गिक वृत्ति, सहज ज्ञान और परंपरा के मिश्रण से बनी कलाकृतियाँ उत्पन्न करता था। ऐसे लोग हमारी औद्योगिक, नगरबहुल सभ्यता में उत्तरोत्तर दुर्लभ होते जा रहे हैं। सामंती युग के चारणों में स्वतःस्फूर्ति और रीति के मिश्रण की जो विशिष्टता पाई जाती थी, वह लुप्त हो गई है। उद्योग और नगर ने उसका विघटन कर डाला है। औद्योगिक समाज में आदमी विभिन्न एवं बहुविध उत्तेजनाएँ एवं संवेदनाएँ ग्रहण करता है। उसकी रुचि कोई कोरा कागज नहीं है, जिस पर अभी तक कुछ भी न लिखा गया हो। इसके विपरीत उसकी रुचि बड़े पैमाने पर पैदा की जानेवाली उन तमाम पण्यवस्तुओं से प्रभावित होती है, जो बचपन से ही उसके जीवन को बाढ़ के पानी की तरह भर देती हैं। उसका कलात्मक निर्णय ज्यादातर मामलों में एक पूर्वग्रह मात्र होता है। अगर जनमत-संग्रह कराया जाए, तो वियेना की कोई चालू गीत-नाटिका मोजार्ट के संगीत से लगभग हर कहीं बाजी मार ले जाएगी।

यह 'सीधा-सादा आदमी' दरअसल पिष्टोक्तियों की काल्पनिक दुनिया का आदमी है। उसका अस्तित्व उसी तरह हवाई है, जिस तरह 'मजदूर' या 'बुद्धिजीवी' का। सरलीकरण करनेवाले लोग भिन्नताओं को कम करके आँकते हैं, लेकिन पूँजीवादी जगत में भी, जिसकी व्यावसायिकता तमाम सांस्कृतिक भिन्नताओं को मिटाकर समाप्त कर देने की चेष्टा करती है, भिन्नताएँ उनके अनुमान से अनंत रूप में ज्यादा होती हैं। बड़े पैमाने पर उत्पादित घटिया बाजारू चीजों का प्रभाव बहुत ज्यादा होता है, लेकिन उनका स्वतःस्फूर्त विरोध भी होता है। पिछले दिनों वियेना में आस्ट्रियाई रेल-मजदूरों के चित्रों और रेखाचित्रों की एक प्रदर्शनी लगाई गई थी। तमाम अपेक्षाओं के विरुद्ध उसमें प्रदर्शित चित्रों में से केवल एक-तिहाई चित्र ही प्रकृतवाद और मिथ्या भावुकता की घालमेल से बनाए हुए थे; शेष दो-तिहाई चित्रों पर वान गौख, गोगां, सेजां, पिकासो और आधुनिक आस्ट्रियाई कलाकारों का प्रभाव था। इसलिए यह मानना बिल्कुल गलत होगा कि 'मजदूर' या 'सीधे-सादे लोग' आधुनिक कला को स्वभावतः खारिज ही करते हैं। पारंपरिक कला को प्रमुखता देनेवाले मजदूरों का प्रतिशत संभवतः व्यापारियों, कंपनी-निदेशकों या राजनीतिज्ञों से अधिक नहीं होगा।

अतः समाजवादी समाज का मुख्य कार्यभार, जहाँ अब 'कला का बाजार'

पूँजीवादी सटोरियों द्वारा बड़े पैमाने पर पैदा की गई बाजारू चीजों से पटा नहीं रहता, दोहरा होता है : जनता को कला का समुचित आनंद लेने की दिशा में प्रेरित करना, यानी उसकी समझदारी को जाग्रत एवं उद्दीप्त करना; और कलाकारों के सामाजिक उत्तरदायित्व पर जोर देना। इस उत्तरदायित्व का अर्थ यह नहीं हो सकता कि कलाकार प्रमुखता प्राप्त रुचि के अनुसार रचना करने लगे, या कि अमुक-अमुक के आदेशों के अनुसार लेखन करे, चित्र बनाए, या संगीत-रचना करे। लेकिन इसका अर्थ यह अवश्य होता है कि शून्य में रचना करने के बजाए वह समझे कि अंततः वह समाज द्वारा सौंपा गया काम ही कर रहा है। जैसा कि मायकोव्स्की ने बहुत पहले बताया था, कई मामलों में यह संभव है कि व्यापक समाज द्वारा सौंपे गए सामान्य कार्य में और किसी विशिष्ट संस्था द्वारा सौंपे गए किसी विशिष्ट कार्य में तालमेल न बैठ पाए। कलाकृति के लिए यह जरूरी नहीं है कि वह शुरू से ही सबकी समझ में आ जाए और सबके द्वारा स्वीकृत हो जाए। कला का प्रकार्य दरवाजे तोड़ डालना नहीं, बल्कि बंद दरवाजों को खोलना है। लेकिन कलाकार नए यथार्थ की खोज सिर्फ अपने लिए नहीं करता; यह खोज वह दूसरों के लिए भी करता है—उन सबके लिए, जो यह जानना चाहते हैं कि वे कैसी दुनिया में रह रहे हैं, कहाँ से आए हैं और कहाँ जा रहे हैं। वह एक समुदाय के लिए उत्पादन करता है। पूँजीवादी जगत में इस तथ्य को भुला दिया गया है, लेकिन प्राचीन एथेंस में और गौथिक कला के युग में लोग इस चीज को मानकर चलते थे। कलाकार के व्यक्तित्व की स्वतंत्रता का सामंजस्य समष्टि के साथ हो, यह संश्लेषण वांछनीय है; मगर यह चीज आनन-फानन नहीं हो सकती। इसके लिए काफी जड़तारहित चिंतन और प्रयोग किए जाने जरूरी हैं। हर महान क्रांति एक विस्फोटक संश्लेषण होती है, लेकिन गतिशील संतुलन में व्यवधान बार-बार आते रहते हैं और बदलती हुई परिस्थितियों में नए संश्लेषणों की स्थापना बार-बार करनी पड़ती है। युवा मायकोव्स्की के रूमानी और व्यक्तिवादी विद्रोह को उसकी महान अंतर्वस्तु क्रांति से प्राप्त हुई थी। उसमें व्यक्तिगत और सामूहिक अनुभव मिलकर एकाकार हो गया था। ऐसी एकता स्थाई नहीं हो सकती और आदेशों के जरिए तो कभी भी सुरक्षित नहीं रखी जा सकती। लेकिन समाजवादी कला को हमेशा एकता की पुनर्प्रतिष्ठा के इसी कार्यभार से शक्ति संचित करनी चाहिए, ताकि एक धीमी और कष्टसाध्य प्रक्रिया से गुजरकर अंततः पार्थक्य के सारे लक्षण समाप्त किए जा सकें।

यहाँ हर तरह की गलतफहमियों के पैदा होने की गुंजाइश है। सोवियत संघ या जनता के जनतंत्रों में कला की माँग-पूर्ति न तो क्लासिक कृतियों के बड़े-बड़े संस्करण प्रकाशित करके, और न सिर्फ समाजवादी कलाकारों और लेखकों की रचनाएँ प्रकाशित करके की जा सकती है। शुद्ध मनोरंजन करनेवाली कला की

माँग एक जायज माँग है, अतः मौलिक नवोन्मेष करनेवाले कलाकारों के साथ-साथ 'औसत' कलाकारों की भी एक बड़ी संख्या होगी ही। मनोरंजन और गंभीर कला के बीच की सीमा-रेखा स्पष्ट रूप से नहीं खींची जा सकती, लेकिन यह कोई अपरिवर्तनीय नियम भी नहीं है—उस समाज में तो कतई नहीं, जो सचेत रूप से समस्त जनगण को ज्ञान एवं संस्कृति की शिक्षा देना चाहता है। जिस तरह मनोरंजन का अर्थ बेवकूफी नहीं होना चाहिए, उसी तरह गंभीर कला का अर्थ उबाऊपन नहीं होना चाहिए। जनता की शिक्षा और कलाकारों की सामाजिक चेतना—दोनों की कोशिश यह होनी चाहिए कि कला बेवकूफी और उबाऊपन, दोनों से मुक्त हो। साम्यवाद की दिशा में अग्रसर समाज को ऐसी बहुत-सी पुस्तकों, नाट्यकृतियों और संगीत-रचनाओं की जरूरत है, जो मनोरंजक हों और आसानी से समझ में आ जाएँ; लेकिन साथ ही साथ भावनात्मक और बौद्धिक रूप से शिक्षा देने का काम भी करें। इस जरूरत के साथ घिसे-पिटे सरलीकरणों का तथा ऊँचे नैतिक स्वर के वेष में सामने आनेवाली भौंडी प्रचारात्मकता का खतरा भी लगा रहता है। स्टेंढाल ने अपनी जवानी के दिनों में लिखा था, "कैसा भी नैतिक इरादा, अर्थात् कलाकार का कोई भी स्वार्थपूर्ण इरादा, कलाकृति की हत्या कर देता है।" कोई भी समाजवादी कलाकार नैतिक इरादे के बिना रचना नहीं कर सकता, लेकिन उसे हमेशा ही यह कोशिश करनी चाहिए कि यह इरादा 'स्वार्थपूर्ण' इरादा न बन जाए; प्रचार की दृष्टि से किया गया सरलीकरण न बन जाए; बल्कि कला की दृष्टि से उदात्त और परिष्कृत बने। यही उद्देश्य 'मनोरंजन' का उत्पादन करनेवाले कलाकारों का, अर्थात् तात्कालिक जरूरतों को ही पूरा करने के उद्देश्य से काम करनेवाले कलाकारों का होना चाहिए। समाजवादी जगत में मनोरंजन करनेवाली रचनाएँ भी परिपक्व मनुष्यों से मुखातिब होती हैं। अगर वे अपनी जनता की संरक्षक बनने की कोशिश करेंगी, तो अपने उद्देश्य में पूरी तरह विफल होंगी।

जो लोग दर्जनों की संख्या में सुघड़ और आपत्तिरहित साहित्यिक या सांगीतिक रचनाएँ करते हैं, उनकी निंदा करना मूर्खतापूर्ण होगा; लेकिन इससे कहीं ज्यादा गंभीर गलती यह होगी कि ऐसे लोगों को उन कलाकारों के सामने उदाहरण के रूप में प्रस्तुत किया जाए, जो नई वास्तविकताओं को नए कलात्मक साधनों से अभिव्यक्ति देने का प्रयास करते हैं। यह बात तो समझ में आती है कि बहुत-से समाजवादी कलाकार कठिन संक्रमणकालीन स्थितियों में पुरानी शैलियों से क्यों चिपके रहते हैं (बात यह है कि समाजवादी समाज को भी, जिसका सारतत्त्व ही नवीनता है, कुछ रूढ़िवादी प्रवृत्तियों की जरूरत होती है; कुछ और नहीं तो इसीलिए कि उन प्रवृत्तियों के विरुद्ध संघर्ष में नवीनता ज्यादा बलशाली तथा ज्यादा अटल हो सके)। लेकिन नई शैलियों का सृजन मौलिक कलाकार—

मायकोव्स्की, आइसेंस्टाइन, ब्रेश्ट या आइजलर जैसे कलाकार—ही करते हैं। और ऐसे कलाकार ही भविष्य में जीवित रहते हैं। आज भी, और सिर्फ समाजवादी जगत में ही नहीं, पूँजीवादी जगत में भी, पुराने की नकल की तुलना में नया ही अधिक प्रभावशाली सिद्ध होता है। कारण यह है कि यद्यपि दोनों आर्थिक व्यवस्थाएँ आधारभूत रूप से परस्पर-विरोधी हैं, और दोनों के बीच संघर्ष तथा प्रतिस्पर्द्धा नए सामाजिक यथार्थ की एक केंद्रीय समस्या है; फिर भी आधुनिक जीवन के बहुत-से तत्त्व दोनों व्यवस्थाओं में समान हैं—जैसे औद्योगीकरण, प्रौद्योगिकी, विज्ञान, महानगर, गति, लय, बहुत-से आधुनिक अनुभव, संवेदनाएँ और उत्प्रेरणाएँ। महानगरीय जिंदगी माँग करती है कि उसे किसी देहाती कस्बे की निंदियाई-सी जिंदगी से भिन्न रूप में अभिव्यक्त किया जाए। स्कीईंग करनेवाले या मोटर-साइकिल पर सवारी करनेवाले को प्रकृति का जो अनुभव होता है, वह किसी किसान को या मटरगश्ती करनेवाले सैलानी को होनेवाले अनुभव से भिन्न होता है। आधुनिक मजदूर वर्ग और उसके बुद्धिजीवियों के जीवन की अंतर्वस्तु व शैली का पिछली शताब्दी की काव्य-पद्धतियों से कोई सीधा संबंध नहीं रह गया है। हम अपने पूर्वजों की अपेक्षा भिन्न तरीकों से देखते, सुनते और संगठित होते हैं। जिन चीजों से उन्हें धक्का-सा लगता था—जैसे प्रभाववादियों के द्वारा किया जानेवाला रंगों का प्रयोग अथवा वैगनर के संगीत की कर्कशता—वे चीजें अब हमें जरा भी विचलित नहीं करतीं। आज का औसत दर्शक या श्रोता ऐसी चीजों से अच्छी तरह परिचित है और अब ऐसी चीजों को 'आधुनिक' नहीं मानता।

साइबरनेटिक्स ने ऐसे यंत्रों की संभावना पर विचार कर लिया है, जो यथार्थ के अब तक अछूते क्षेत्रों से संबंधित प्रश्नों के सैद्धांतिक उत्तर दे सकेंगे, जबकि ये उत्तर मानव-मस्तिष्क की बोध-क्षमता से परे होंगे। विज्ञान ऐसी आश्चर्यचकित कर देनेवाली संभावना के आगे आत्मसमर्पण करके अपनी हार स्वीकार नहीं करता। वह कंप्यूटरों द्वारा दिए जानेवाले ऐसे उत्तरों को भी तिरस्कारपूर्वक अस्वीकार नहीं करता, जिनको समझने में मानव-मस्तिष्क अभी असमर्थ है, इसके विपरीत साइबरनेटिक्स के जानकार कहते हैं कि मानव-मस्तिष्क को नई धारणाओं के साथ कदम मिलाकर चलने की क्षमता से युक्त करने के लिए ध्वनि-विस्तारकों की तरह 'मस्तिष्क-विस्तारकों' के निर्माण की जरूरत पड़ सकती है। विज्ञान और कला यथार्थ को वश में करने के दो अत्यंत भिन्न रूप हैं। और दोनों की कोई सीधी तुलना करना भ्रामक हो सकता है, फिर भी विज्ञान की ही तरह कला के बारे में भी यह सच है कि वह अब तक की अदृश्य चीजों को दृश्य बनाकर, अश्रव्य चीजों को श्रव्य बनाकर यथार्थ के नए क्षेत्रों की खोज करती है। कलात्मक बोध भी कोई स्थिर चीज नहीं है, उसका भी विस्तार किया जा सकता है। 'विस्तारकों' के जरिए नई धारणाओं के साथ उसका भी तालमेल ज्यादा अच्छी

तरह से बिठाया जा सकता है। समाजवाद यह मानता है कि मनुष्य में विकास की अनंत क्षमताएँ हैं, अतः उसे किसी भी नई चीज को नई होने मात्र के आधार पर खारिज नहीं कर देना चाहिए, बल्कि जो चीजें शुरू-शुरू में अबोधगम्य लगें, उनको समझने के लिए 'विस्तारकों' का इस्तेमाल करना चाहिए, और समझ में आ जाने पर उनका गंभीर परीक्षण तथा विश्लेषण करना चाहिए।

अक्सर यह होता है कि पिछली शताब्दी के मध्य से अब तक अभिव्यक्ति के जितने भी कलात्मक साधनों की खोज हुई है, उन सबको एक साथ 'पतनशील' कहकर खारिज कर दिया जाता है। निश्चित रूप से यह बात सही है कि परवर्ती पूँजीवादी जगत विकास के बजाय ह्रास के पथ पर है, इसलिए स्वभावतः पतनशील है। लेकिन वह सर्वत्र एक जैसा हरगिज नहीं है, बल्कि इसके विपरीत उसमें बहुत-से अंतर्विरोध भरे पड़े हैं। ये अंतर्विरोध केवल पूँजीपति वर्ग और मजदूर वर्ग के बीच ही नहीं हैं, बल्कि प्रत्येक सामाजिक स्तर के बीच हैं। बुद्धिजीवियों के बीच खासतौर पर नए और पुराने का संघर्ष बड़ा उग्र होता है। नया हमेशा नया होने के कारण ही मजदूर वर्ग का पक्षधर होता हो, ऐसी बात बिल्कुल नहीं है। बात इससे कहीं ज्यादा जटिल है। एक तरफ पूँजीवादी जगत लगातार समाजवादी जगत से प्रभावित हो रहा है, और यह प्रभाव स्वयं अंतर्विरोधों से भरा हुआ है, क्योंकि इससे न केवल साम्यवाद-विरोध को उकसावा मिलता है, बल्कि बौद्धिक जिज्ञासा भी उद्दीप्त होती है। कलाकारों द्वारा किया जानेवाला पूँजीवादी जगत का विरोध, साम्यवाद के तथ्य के प्रति उनकी प्रत्यक्ष या परोक्ष प्रतिक्रिया, उनके द्वारा की जानेवाली एक अत्यंत जटिल यथार्थ की खोज—ये सब चीजें अभिव्यक्ति के नए रूपों और माध्यमों को जन्म देती हैं, जिनमें पुराने का पतन और नए का किण्वन इस तरह घुला-मिला रहता है कि उसे अलग-अलग नहीं किया जा सकता। बहुत-से मामलों में तो यह फर्क करना हमारे लिए असंभव हो जाता है कि कौन-सी चीज बेकार है और कौन-सी भविष्य के लिए मूल्यवान। लेकिन पूँजीवादी जगत के साहित्य और कला में पाए जानेवाले तमाम आधुनिक तत्त्वों को 'खराब' कहकर खारिज कर देना लास्साल के इस विचार की तरह है कि मजदूर वर्ग हर कहीं एक जैसे प्रतिक्रियावाद से टकराता है। मार्क्स ने लास्साल के इस विचार की भर्त्सना की थी। ऐसी सघन एकरूपता कलाओं में तो क्या, राजनीति में भी नहीं पाई जाती। फिर अपने समय की कलाओं की बात ही क्या, किसी भी समय की कलाओं में ऐसी एकरूपता नहीं मिलती।

समाजवादी जगत में रूढ़िवादी तत्त्वों द्वारा 'सीध-सादे आदमी' की आदर्शीकृत प्रतिमा को सारे कलात्मक मामलों का अंतिम निर्णायक मानने का आग्रह एक प्रतिगामी प्रवृत्ति है। समाजवाद की अप्रतिरोध्य अग्रगति का ही यह एक अंग है कि 'सीधा-सादा आदमी' धीरे-धीरे गूढ़ और अत्यधिक विशिष्टीकृत

मनुष्य बनता जाए। जनगण की संरचना कतिपय प्रशासकों के दिमाग की तुलना में बहुत जल्दी बदलती है। यह तो हम देख ही रहे हैं कि कुशल श्रमिकों और बौद्धिक तकनीकविदों के बीच की विभाजक-रेखा धूमिल पड़ने लगी है; मजदूर वर्ग और बुद्धिजीवी समुदाय एक-दूसरे में घुलने-मिलने लगे हैं; मजदूर वर्ग के उच्च शिक्षा प्राप्त बेटी-बेटे बौद्धिक दुस्साहस तथा साहसिक कलात्मक प्रयोगों में रुचि अर्जित कर रहे हैं। जब वे अपने पिताओं को मूर, लेजे या पिकासो का नाम लेते हुए सिहरते देखते हैं; या रिंबो, यीट्स और रिल्के को 'दुर्बोध' कहते सुनते हैं; या जब उनके पिता कहते हैं कि बारह सुरोंवाला संगीत शैतान का काम है; तो वे मुस्करा देते हैं। समाजवादी जगत की युवा पीढ़ी इन चीजों को जानने के अधिकार से वंचित नहीं की जाएगी। ऐसा भी नहीं कि ये नौजवान लोग इन चीजों को जानने के बाद वहीं ठहर जाएँगे। नई सोवियत फिल्में और कुछ युवा लेखकों, मूर्तिकारों तथा चित्रकारों की रचनाएँ इस विश्वास की पुष्टि करती हैं कि हम जल्दी ही सोवियत कला को इस तरह फूलते-फलते देखेंगे कि उसमें समाजवादी अंतर्वस्तु तमाम बाधाओं पर विजय पाकर एक सच्चे आधुनिक रूप में व्यक्त हुई है।

उत्थान और पतन के बीच

परवर्ती पूँजीवादी जगत अब भी महत्त्वपूर्ण कला उत्पन्न करने में समर्थ है (और समाजवादी जगत का अस्तित्व तथा उसकी चुनौती, उसके द्वारा प्रस्तुत नैतिक तथा बौद्धिक प्रश्न, इस मामले में अत्यधिक सहायक हैं) लेकिन दूरगामी दृष्टि से देखें तो समाजवादी कला परवर्ती पूँजीवादी कला की अपेक्षा बेहतर स्थिति में है। परवर्ती पूँजीवादी कला में यद्यपि अभी बहुत कुछ दे सकने का सामर्थ्य शेष है, फिर भी उसमें एक चीज की कमी है : उसके पास भविष्य का व्यापक स्वप्न नहीं है; आशायुक्त ऐतिहासिक परिप्रेक्ष्य नहीं है। भले ही कुछ मामलों में निराशा हाथ लगी हो, यह स्वप्न अभी भी समाजवादी जगत के पास ही है। यह रोटी और अंतरिक्षयानों के सवाल से, समृद्धि और तकनीकी पूर्णता के सवाल से, कहीं ज्यादा बड़ा सवाल है। यह 'जीवन के अर्थ' का मसला है—जीवन के उस अर्थ का, जो अधिभौतिक नहीं, बल्कि मानवीय अर्थ है।

समाजवाद जिन तमाम द्वंद्वों से गुजरा है, उनके बावजूद मनुष्य के लिए मौजूद असीम संभावनाओं में विश्वास करता है। परवर्ती पूँजीवादी जगत के बहुत-से अत्यंत प्रभावशाली और ईमानदार कलाकारों तथा लेखकों ने भविष्य की जो झाँकी प्रस्तुत की है वह नकारात्मक ही नहीं, सर्वनाश की भविष्यवाणी जैसी भी है। सतही आशावाद इन निराशापूर्ण विचारों का मुकाबला नहीं कर सकता, क्योंकि आज सचमुच, इतिहास में पहली बार, यह संभावना पैदा हो गई है कि कहीं संपूर्ण मानव-जाति आत्महत्या न कर डाले। कई साल पहले कार्ल क्रोस की एक सूक्ति में

इसका पूर्वाभास मिला था। उसने कहा था, "दुनिया का आधुनिक अंत उस समय होगा जब यंत्र पूर्णता प्राप्त कर लेंगे और साथ ही मनुष्य कार्य करने में अक्षम सिद्ध होने लगेगा।" तकनीकी प्रगति की तुलना में मानवीय चेतना बहुत पिछड़ गई है। इसलिए समाजवादी कलाकार और लेखक पूँजीवादी कला और साहित्य में चित्रित अंधकारपूर्ण भविष्य की झाँकी के विरुद्ध हल्की दलीलों से काम नहीं चला सकते। यदि परमाणु-युद्ध के बाद पृथ्वी पर जीवन बच भी गया, तो उस जीवन का, और चंद्रमा जैसी ऊबड-खाबड़ पृथ्वी के उस संदूषित वातावरण का, समाजवादी जगत की परिकल्पना से कोई संबंध नहीं होगा।

इसलिए युद्ध को रोकना सभी समाज-व्यवस्थाओं के विवेकवान मनुष्यों का कर्तव्य है। जो लोग विवेक की शक्ति में विश्वास नहीं करते, उनका विश्वास है कि सर्वनाश अवश्यंभावी है; विध्वंस की पीली परछाईं उनकी रचना पर भी पड़ती है। दुनिया के खत्म हो जाने की इस संभावना के विरुद्ध समाजवादी कलाकार एक विवेकपूर्ण, अतएव मानवीय जगत की *संभावना* प्रस्तुत करते हैं। पहली संभावना जिस तरह पूर्वनिर्धारित नहीं है, उसी तरह दूसरी संभावना भी अपरिहार्य नहीं है। मनुष्य कौन-सी संभावना को चुने, यह इतना पहले कभी व्यक्ति पर निर्भर नहीं था, जितना आज है। हेब्बेल की ये पंक्तियाँ आज हमेशा से ज्यादा सच्ची लगती हैं :

शायद इस क्षण,
तुम हो अपने भाग्य-विधाता
जैसा इसे बनाना चाहो, बना सकोगे।
हर मनुष्य के जीवन में वह क्षण आता है
जब वह अपना भाग्य-विधाता बन सकता है
बागडोर अपने जीवन की
अपने आप थाम सकता है।

जिस दुनिया में शक्ति का केंद्रीकरण इतना ज्यादा हो चुका है, और उस शक्ति के कार्यकलाप इतने दुर्बोध हो चुके हैं, उस दुनिया में बहुत-से लोग यह सोचते हैं कि उनके व्यक्तिगत निर्णय का कोई महत्त्व नहीं है, और वे 'भाग्य' के आगे आत्मसमर्पण कर देते हैं। ऐसी स्थिति में समाजवादी कला की केंद्रीय समस्या यह हो जाती है कि नामहीन वस्तुओं के पीछे मौजूद मनुष्य को, और उन पर मनुष्य की विजय की संभावना को शानदार मुहावरों और अति-आग्रही आशावाद से बचाते हुए कैसे चित्रित किया जाए। विलियम फॉकनर का एक जबर्दस्त उपन्यास है 'सैंक्चुअरी' (शरणस्थली)। यह उन लोगों की नपुंसकता के बारे में लिखी गई त्रासदी है, जो अपनी निर्धारित सामाजिक स्थितियों की कैद से बाहर निकल आने

के प्रयास में मारे जाते हैं या पीछे खदेड़ दिए जाते हैं। इस उपन्यास की समाजवादी प्रतिकृति अभी तक नहीं लिखी गई है। अलेक्सेई तोल्सतोय के उपन्यास 'रोड टु कालवारी' (कालवारी जानेवाली सड़क) का मूल विषय इससे मिलता-जुलता-सा है, लेकिन उसमें जो परिस्थिति ली गई है, वह क्रांति की विशिष्ट आपातस्थिति है। इस मूल विषय को लेकर चलनेवाले लेखक के लिए यह तो जरूरी है ही कि उसमें फॉकनर जैसी प्रतिभा हो, यह भी ज़रूरी है कि उसमें अचूक ईमानदारी हो और तमाम कार्यनीतिक मुलाहिजों को नजरअंदाज कर देने का दृढ़ निश्चय हो, चाहे वे मुलाहिजे कितने भी उचित हों। 'द्वंद्वरहित' उपन्यास का आदेश करनेवाला वह सिद्धांत (जिसका जन्म स्तालिन के समय में हुआ था) जिसमें समाजवादी समाज में उभर सकनेवाली तमाम समस्याओं के अत्रासदीय समाधानों का दावा किया जाता था, और जो परिणामस्वरूप प्रत्येक कहानी के सुखांत होने की माँग करता था, सौभाग्य से छोड़ दिया गया है। उसके साथ-साथ समाजवाद के अंतर्गत बढ़ती हुई वर्गीय भिन्नताओं का सिद्धांत भी त्याग दिया गया है, जो उतना ही मिथ्या सिद्धांत था। लेकिन द्वंद्वों के चित्रण से बचकर तथा यथार्थ की जगह इच्छापूर्तियों को ला रखने की प्रवृत्ति अभी तक बरकरार है।

समाजवादी कला में भविष्य के स्वप्न को वर्तमान का आदर्शीकरण नहीं समझा जाना चाहिए। यह गलत समझ जितनी ही कम होगी, उसमें उतनी ही प्रामाणिकता होगी, उतना ही दृढ़ निश्चय होगा। परवर्ती पूँजीवादी जगत के गंभीर कलाकारों और लेखकों की सच्ची निराशा को 'पतनशील' कहकर परे नहीं हटाया जा सकता; न उसके विरुद्ध यह तर्क दिया जा सकता है कि विश्व-इतिहास की बृहद् योजना के अनुसार हर चीज वास्तव में वैसी ही हो रही है, जैसी होनी चाहिए थी। सर्वनाश की आशंका को *विचारणीय* माना जाना चाहिए, लेकिन उसे *परिहार्य* दिखाया जाना चाहिए। इसका मतलब यह नहीं कि अब सारी समाजवादी कला का मूल विषय सिर्फ शांति के लिए संघर्ष होना चाहिए। लेकिन इसका मतलब यह जरूर है कि परवर्ती पूँजीवादी कला में आमतौर पर हर कहीं पाए जानेवाले 'अपरिहार्य' विनाश के तर्क का उत्तर ऐसी रचनाओं से दिया जाना चाहिए, जो यह दिखाती हों कि इस विनाश से कैसे बचा जा सकता है। मगर ऐसी रचनाओं का यथार्थ होना निहायत जरूरी है। उनमें प्रचारात्मक उद्देश्यों के तहत की जानेवाली काट-छाँट नहीं होनी चाहिए।

यदि शांति की रक्षा करना एक महान और सबका समान कार्यभार है—और हर चीज से लगता है कि ऐसा है—तो समाजवादी कला को अपना पूरा ध्यान सिर्फ समाजवादी देशों की आंतरिक समस्याओं पर केंद्रित नहीं करना चाहिए, बल्कि विश्व-कला में अपने सारभूत योगदान के रूप में पूरी दुनिया को संबोधित करना चाहिए। गोर्की, मायकोव्स्की, ईसाक बावल, एलेक्सेई तोल्सतोय, आइसेंस्टाइन

और पूदोवकिन की कृतियाँ गैर-समाजवादी पाठकों, दर्शकों और श्रोताओं की एक व्यापक संख्या के लिए अर्थवान हैं। इसके विपरीत चैपलिन, डि-सीका, फॉकनर, हेमिंग्वे, लोर्का और यीट्स के बहुत-से प्रेमी समाजवादी देशों में हैं। हालाँकि हम भिन्न सामाजिक व्यवस्थाओं के लोग हैं और हमारे लक्ष्य भिन्न-भिन्न हैं, फिर भी रहते हम एक ही दुनिया में हैं। हमारी दुनिया को रूसी साहित्य के साथ ही साथ अमरीकी साहित्य की भी जरूरत है, रूसी संगीत के साथ ही साथ फ्रांसीसी तथा आस्ट्रियाई संगीत की भी जरूरत है, जापानी फिल्मों के साथ ही साथ इतालवी, ब्रिटिश और सोवियत फिल्मों की भी जरूरत है। उसे आधुनिक मैक्सिकी चित्रकारों के साथ ही साथ हेनरी मूर की, ब्रेश्ट के साथ ही साथ ओ' केसी की, शागाल के साथ ही साथ पिकासो की भी जरूरत है। दोनों व्यवस्थाओं के बीच राजनीतिक संघर्ष चलता रहेगा। लेकिन यह संघर्ष युद्ध में नहीं, शांति में चले—यह हम सभी के अस्तित्व की शर्त है। दोनों तरफ के लोग शून्य में बात करने के बजाए एक-दूसरे से बात करें, एक-दूसरे की समस्याओं, लक्ष्यों और आकांक्षाओं को समझें, यह समकालीन साहित्य और कला का सबसे बड़ा प्रकार्य बन गया है।

आनेवाले कल से आगे का स्वप्न

हमारी बातों के विरोध में प्रस्तुत की जानेवाली तर्क-शृंखला कुछ-कुछ इस प्रकार की हो सकती है— क्या आत्मविश्वास है! लेकिन जनाब, कला की जरूरत के बारे में आप किस आधार पर इतने आश्वस्त हैं? कला तो अब दम तोड़ रही है। विज्ञान और प्रौद्योगिकी ने उसे खदेड़कर निकाल दिया है। जब मानव-जाति स्वयं उड़कर चंद्रमा तक पहुँच सकती है, तब चाँदनी से अभिभूत होनेवाले कवियों की क्या वाकई कोई जरूरत रह गई है? विमान देवताओं से ज्यादा तेज रफ्तार से उड़ते हैं, कार पैगासस से ज्यादा कार्यकुशल होती है। अंतरिक्ष-यात्री उन चीजों को अपनी आँखों से देख सकता है, जिनके कवि लोग केवल स्वप्न देखा करते थे। याद कीजिए, बायरन का केन लूसीफर के साथ अंतरिक्ष में कैसे उड़ता था:

"*केन:* हे ईश्वर या शैतान, जो भी हो तुम,
क्या तुम्हीं हो हमारी पृथ्वी?
लूसीफर: क्या तुम पहचानते नहीं हो पिता,
उस मिट्टी को, जिसने तुम्हें जन्म दिया था?
केन: क्या ऐसा हो सकता है?
ओ लघु नीले वृत्त, दूर ईथर में हिलते हुए,
बताओ, क्या तुम ही हो अपनी पृथ्वी?
और तुम्हारे पास चमकता तुमसे भी छोटा वह छल्ला।

क्या यह वही चंद्रमा है जो आलोकित करता था
अपनी पार्थिव रातें ?...
    ज्यों-ज्यों हम बढ़ते जाते हैं
सूरज की किरणों जैसे आगे ही आगे
त्यों-त्यों यह लघु से लघुतर होता जाता है
एक प्रभामंडल से यह घिरता जाता है
यह प्रकाश क्या वही नहीं है
जो पड़ता था मुझे दिखाई स्वर्ग-छोर से ?
जो करता था आलोकित सुंदर तारों को ?

''क्या इस कविता में वर्णित स्वप्न की तुलना में गगारिन, तितोव या ग्लेन द्वारा अंतरिक्ष से गद्य में भेजी गई सूचनाएँ ज्यादा अभिभूतकारी नहीं हैं ? क्या कला मानवता की बाल्यावस्था और किशोरावस्था की-सी चीज नहीं बन गई है ? क्या अब, जबकि हम वयस्क हो चुके हैं, उसके बिना अपना काम नहीं चला सकते ?

यह तो स्पष्ट है कि अब पूँजीवाद में यह सामर्थ्य नहीं रही कि वह कला के किसी नवजागरण को जन्म दे सके । लेकिन समाजवाद ? क्या यह सोचा भी जा सकता है कि कोई दूसरा होमर या शेक्सपियर, मोजार्ट या गेटे पैदा होगा ? और पैदा हो भी जाए, तो क्या समाज को उसकी जरूरत होगी ? क्या कला उस यथार्थ का ही एक सम्मोहक पर्याय, मनुष्यों द्वारा किया गया एक जादुई आह्वान नहीं है, जिसके साथ कदम मिलाकर चलना मनुष्यों के लिए असंभव होता है ? क्या इसमें मानसिक निष्क्रियता की एक पूर्वधारणा शामिल नहीं है, जो स्वप्न को क्रिया के रूप में, छाया को अस्तित्व के रूप में और बादल को जूनो के रूप में स्वीकार कर लेती थी ? निकट भविष्य में ही हमारे पास ऐसे पूर्ण साइबरनेटिक यंत्र हो जाएँगे, जो गणितीय परिशुद्धता के साथ यथार्थ को पकड़ पाने में समर्थ होंगे । कोई अनुभूति उन यंत्रों को गुमराह नहीं कर सकेगी । कोई आवेग उन्हें गलती करने के लिए नहीं ललचा सकेगा । पूर्ण स्वचालन, असीम उत्पादन तथा असीम उपभोग के युग में कला का क्या उपयोग होगा ? हेलेन के इस भुतहे आवरण का क्या उपयोग बाकी रह जाएगा ?''

भविष्य में यंत्र मनुष्य को ऐसे यांत्रिक श्रम से मुक्त कर देंगे, जो मनुष्य के लिए अकरणीय माना जाने लगेगा । मगर यंत्र ज्यों-ज्यों अधिक कार्यक्षम तथा पूर्ण होते जाएँगे, त्यों-त्यों यह स्पष्ट होता जाएगा कि *अपूर्णता ही मनुष्य की महानता है* । साइबरनेटिक यंत्रों की भाँति मनुष्य भी एक गतिशील, आत्मपूर्णक व्यवस्था है, लेकिन वह अपने आप में पूर्ण नहीं है । वह हमेशा अनंत की ओर खुला हुआ रहता है । वह कभी भी सिर्फ तर्क के नियमों को माननेवाला शुद्ध तर्कशील प्राणी नहीं बन सकता । ओविड ने लिखा था, ''पहले जो काम हम नैसर्गिक वृत्ति से लेते थे, वही

काम अब हम बुद्धि से लेते हैं।" नैसर्गिक वृत्ति में अपूर्णता थी, बुद्धि ने मनुष्य को पूर्णता की दिशा में आगे बढ़ाया। लेकिन वह नैसर्गिक वृत्ति, वह प्राकृतिक आवेग ही मनुष्य को सर्जनात्मक बनाता रहा है और मनुष्य की यह सर्जनात्मक अपूर्णता हमेशा उसे यंत्र से भिन्न तथा विशिष्ट बनाती रहेगी।

"माना।" मेरा अदृश्य विरोधी कह सकता है, "लेकिन पूर्ण यंत्र को वेदना की अभिव्यक्ति की जरूरत नहीं होगी, क्योंकि वह वेदना का अनुभव करेगा ही नहीं। पीड़ा और प्रसन्नता से परे वह यथार्थ के रहस्यों को खोजने का काम करता चला जाएगा। अगर यह मान भी लिया जाए कि मनुष्य कभी भी यंत्र जैसी पूर्ण अमोघता प्राप्त नहीं कर सकता, तो भी साम्यवादी समाज में उसे कला की क्या जरूरत होगी? आप कह चुके हैं कि कला का उद्देश्य हमारी सहायता करना है—हमारी, यानी उन मनुष्यों की, जो एक विभाजित, अबूझ और भयानक वर्ग-समाज के विखंडित, अभागे और अकेले अर्द्ध-मानव हैं—और कला हमारी सहायता करके हमें पूर्णतर, समृद्धतर, सशक्ततर जीवन की दिशा में, या दूसरे शब्दों में, हमें मनुष्य बनने की दिशा में ले जाती है। लेकिन उस वक्त क्या होगा जब समाज स्वयं ही सच्चे मानवीय जीवन को सुनिश्चित कर देगा? समस्त सच्ची कला हमेशा उस मानवता का आह्वान करती रही है, जो उस समय तक अस्तित्व में नहीं आ पाई थी। जब हम उस मानवता को प्राप्त कर लेंगे, तब इस तमाम फाउस्टी जादू की क्या जरूरत रह जाएगी?"

इस तरह के सवाल भोली आशाओं से पैदा होते हैं—या फिर ऐसे भय से कि मानवीय विकास किसी दिन अपने चरम लक्ष्य तक पहुँच जाएगा—यानी हर कहीं सुख होगा, सारे सपने पूरे हो जाएँगे, और इतिहास का चक्र पूरा हो जाएगा। लेकिन यदि ऐसा हुआ तो यह मानवता के प्राक् इतिहास की ही अवस्था में पहुँचने जैसी बात होगी। मान भी लें कि वही स्वर्ग होगा, लेकिन मनुष्य को स्वर्ग में स्थिर बैठे रहने के लिए अभिशप्त नहीं होना पड़ेगा। वह उसके आगे भी विकास करता रहेगा। वह हमेशा अपने आपसे बड़ा, जितना हो सकता है, उससे कुछ अधिक बनना चाहेगा। वह हमेशा अपनी प्रकृति की सीमा के विरुद्ध विद्रोह करता रहेगा, वह हमेशा अपने से परे जाने की कोशिश करता रहेगा, वह हमेशा अमरता के लिए संघर्ष करता रहेगा। यदि सर्वज्ञ, सर्वशक्तिमान और सर्वव्यापी बनने की उसकी इच्छा कभी समाप्त हो गई, तो वह मनुष्य नहीं रहेगा। अतः मनुष्य को प्रकृति का हर संभव रहस्य खोजने तथा उससे काम लेने के लिए विज्ञान की जरूरत हमेशा बनी रहेगी। अपने जीवन के ही नहीं, बल्कि अपनी कल्पना के भी उस यथार्थ से जुड़ने के लिए, जिस पर उसका अधिकार अभी तक नहीं हुआ है, उसे कला की जरूरत हमेशा रहेगी।

मानव-विकास के प्रथम समष्टि-काल में कला प्रकृति की रहस्यमयी शक्ति के

विरुद्ध संघर्ष करने के लिए एक महान सहायक अस्त्र थी। मूलतः कला जादू थी और सारतः धर्म तथा विज्ञान से एकाकार थी। विकास के दूसरे काल में—अर्थात् श्रम-विभाजन, वर्ग-भेद और हर प्रकार के सामाजिक द्वंद्वों की शुरुआत के काल में—कला इन द्वंद्वों की प्रकृति को समझने, मौजूदा यथार्थ को सही-सही पहचानकर उसकी जगह बदले हुए यथार्थ की कल्पना करने, और व्यक्ति को अन्य समस्त मनुष्यों के साथ साझेदारी के स्तर पर जुड़ने का सेतु देकर उसके एकाकीपन को दूर करने का मुख्य साधन बनी। आज के परवर्ती पूँजीवादी जगत में, जबकि वर्ग-संघर्ष और ज्यादा सघन हो गया है, कला में सामाजिक विचारों से मुक्ति पाने, व्यक्ति को और ज्यादा हताश एकाकीपन में धकेल ले जाने, एक नपुंसक अहंवाद को प्रोत्साहित करने, तथा यथार्थ को जादुई अनुष्ठानों तथा पाखंडी मतवादों से मंडित एक मिथ्या मिथक बनाने की प्रवृत्ति पाई जाती है। और आज के समाजवादी ज़गत में कला की प्रवृत्ति यह है कि वह निर्धारित सामाजिक आवश्यकताओं की पूर्ति करे और जागरण तथा प्रचार के सरल साधन की तरह काम में लाई जाए। लेकिन जब हम मानव-विकास के तीसरे, यानी साम्यवादी काल में पहुँचेंगे—जब व्यक्ति और समुदाय के बीच कोई द्वंद्व नहीं रहेगा; जब समाज प्रचुरता के युग का वर्गहीन समाज होगा—तब कला का सारभूत प्रकार्य न तो जादू होगा, न जागरण।

उस समय की कला कैसी होगी, इसकी हम केवल धुँधली-सी कल्पना ही कर सकते हैं, और हमारी कल्पनाएँ गलत भी हो सकती हैं। मार्क्सवाद किसी आदर्श कल्पना-लोक को विज्ञान की पूरी सख्ती के साथ अस्वीकार करता है; फिर भी कल्पना-लोक उसकी स्वर्णिम पृष्ठभूमि है। अतः भविष्य की कल्पना करते हुए हम दुनिया की एक तस्वीर बनाएँ, तो अनुचित न होगा। उस दुनिया में रहनेवाले मनुष्य मेहनत से थके-टूटे मनुष्य नहीं होंगे, आज की चिंताओं और कल के बोझ से दबे हुए नहीं होंगे, और कला के साथ 'अंतरंगता से जुड़ने' के लिए उनके पास फुरसत का भरपूर समय होगा।

इस भय की कोई आवश्यकता नहीं है कि एक समृद्ध और अत्यधिक विभेदीकृत समाज में कलाएँ दरिद्र हो जाएँगी। विभेदीकरण वर्गों का नहीं, व्यक्तित्वों का होगा; सामाजिक मुखौटों का नहीं, व्यक्तियों का होगा। हर चीज अंतरंगता और सार्वजनीनता की, विलक्षणता और समस्यामूलकता की, विवेक और आवेग की अंतःक्रिया को प्रोत्साहित करेगी। कलाकृतियों की प्रतिलिपियाँ बनाने के साधन इतने विकसित हो जाएँगे कि 'जनसाधारण' व्यक्ति बन सकेंगे और व्यक्ति अपने घर बैठा कला से परिचित हो सकेगा। इसके साथ-साथ आम जनता के त्योहारों और तरह-तरह की प्रतियोगिताओं में लोगों को सीधी भागीदारी करने के लिए प्रोत्साहन मिलेगा। इस बात की पूरी संभावना है कि उपन्यास तो लिखा ही जाए, जिसका सारभूत प्रकार्य समाज का विश्लेषण तथा आलोचना

करना है, महाकाव्य की रचना भी फिर से होने लगे; क्योंकि महाकाव्य वह साहित्य-रूप है जिसमें सामाजिक यथार्थ की अभिपुष्टि होती है। त्रासदी का अस्तित्व निस्संदेह बना रहेगा, क्योंकि एक तो किसी भी समाज का विकास—चाहे वह वर्गहीन समाज ही क्यों न हो—अंतर्विरोधों और द्वंद्वों के बिना नहीं हो सकता; और दूसरे, मनुष्य के मन में रहनेवाली रक्त और मृत्यु संबंधी अंधी प्यास का उन्मूलन शायद नहीं हो सकता। कला में भद्दी और अश्लील चीजों की हमारी आज की चाह केवल इस चीज का परिणाममात्र नहीं हो सकती कि आधुनिक जीवन में भयंकर और हास्यास्पद चीजें एक साथ चलती हैं; यह कॉमेडी के पुनर्जन्म की भविष्यवाणी भी हो सकती है। अभी तक कॉमेडी का मतलब रहा है आलोचना—विध्वंसक हास्य, या जैसा कि मार्क्स ने कहा था "अतीत को खुशी-खुशी दी गई विदाई"—लेकिन सुदूर भविष्य में कॉमेडी के अंदर संप्रभुता प्राप्त मनुष्य के जीवन का, उसकी स्वतंत्रता का, उसकी प्रसन्नता का, उसकी स्फूर्ति का प्रतिबिंबन भी हो सकता है।

शायद यह केवल व्यक्तिगत रुचि से बड़ी कोई चीज है, जो विभिन्न प्रकार के कलाकारों के नामों को एक साथ जोड़ देती है, जैसे—होमर, एरिस्टोफेनस, वियाँ, गियोट्टो, सर्वांतीस, शेक्सपियर, ब्रूगेल, गेटे, स्टेंढाल, पुश्किन, कैलर, ब्रेश्ट, पिकासो और सबसे ऊपर मोजार्ट, हमेशा-हमेशा मोजार्ट। इन कलाकारों की भिन्नताएँ केवल एक चीज पर जोर देती हैं, जो इन सबमें समान है, और वह चीज है—जो कुछ भी बोझिल, शुद्धतावादी और दमनात्मक है, उसका विजयोल्लसित अस्वीकार। इनकी बहुत-सी कृतियों में यथार्थ को कल्पना से इस हद तक आसवित किया गया है कि वे बिल्कुल भारहीन प्रतीत होती हैं—उनमें चीजों का गुरुत्व मानो गायब हो जाता है और सारी चीजें शून्य तथा अनंत के बीच निलंबित मालूम होती हैं। आतंक का सुर धीमा नहीं किया जाता, भय से इनकार नहीं किया जाता, लेकिन हर चीज का स्पर्श लालित्य के साथ किया जाता है और कोई भी चीज प्रफुल्लता से रहित नहीं होती। कैलिबां और एरियेल के द्वीप पर प्रौस्पेरो क्रूरता, अंधकार और रक्तपात को कॉमेडी में रूपांतरित कर देता है, रोशनी से आप्लावित बादलों में बदल देता है। शेक्सपियर के इस नाटक में कला का जादू *प्रतीति* को *अस्तित्व* में और सौंदर्य को शून्य में घुला-मिला देता है। प्रौस्पेरो कहता है :

> ...अपने ये सारे अभिनेता
> जैसा मैंने तुम्हें बताया, प्रेतात्मा थे,
> था अस्तित्व हवाई इनका, अंतर्धान रहा करते थे
> इसी तरह की वायवीयता की अतिसूक्ष्म बुनावट जैसे
> हम सब भी हैं।
> मेघाच्छादित ये मीनारें, भव्य भवन, ये मंदिर सारे

और स्वयं यह भूमंडल भी
और सभी कुछ इस पर स्थित
नष्ट एक दिन हो जाएगा
यह स्वप्निल-सी शोभायात्रा मिट जाएगी
कोई चिह्न न रह जाएगा।
हम सब भी तो ऐसे ही हैं स्वप्न सरीखे…

प्रौस्पेरो की जादुई छड़ी में भी एक त्रासदिक शक्ति है :

…अपनी इस जादुई कला से
हिला दिया था मैंने भारी अंतरीप को
पर्वत-स्कंधों से मैंने वृक्ष उखाड़े
और जगाया कब्रों में सोने वालों को
लेकिन अब मैं अपनी इस जादुई छड़ी को
यहीं त्यागता…

प्रौस्पेरो का जादू अंततः अपने आपको 'स्वर्गीय संगीत' में, 'वायवी सम्मोहन' में और बुद्धिमानी से भरी उत्फुल्लता में रूपांतरित कर लेता है। लियोनार्डो द्वारा चित्रित मोनालिसा की मुस्कान का सार भी यही है। यही सार है स्टेंढाल द्वारा चित्रित उस चमकीले आसमान का, जिसके विरुद्ध वह हल्के हाथ से आवेग, असफलता और मृत्यु की रूपरेखाएँ खींचता है। ब्रेश्ट की रचनाओं में पाए जानेवाले प्रबोधन और रूमानीपन के, विवेक और मजाक के मिश्रण का सार भी यही है। और मोजार्ट का संगीत तो ऐसी कला का निचोड़ ही है, जिसमें सांगीतिक तनाव का ऐसा सूक्ष्म तालमेल बिठाया गया है कि हल्का-सा परिवर्तन भी आह्लाद की चरम सीमा तक पहुँचाकर हमें मुग्ध कर देता है। प्रौस्पेरो ने जादू की जो छड़ी त्याग दी थी, कला ने कभी नहीं त्यागी। कला में वह पीढ़ी-दर-पीढ़ी चली आ रही है। साम्यवाद में जीवन की (केवल उपभोग-वस्तुओं की नहीं) प्रचुरता होगी, और वह प्रसन्नतापूर्वक, किसी भी तरह की उदासी के बिना 'हम सब भी हैं स्वप्न सरीखे' की अभिपुष्टि करेगी।

स्वच्छंदतावादी लोग जिस 'सार्वजनीन' कलाकृति की आकांक्षा करते थे—और यह अपने आपमें मनुष्य की स्वयं से तथा दुनिया से जुड़ने की एक गहनतर आकांक्षा की अभिव्यक्ति थी—वह आकांक्षा (वैगनर के सिद्धांतों के विपरीत) एक नई तरह की कॉमेडी में पूरी हो सकती है, जो रंगमंच की समस्त संभावनाओं का उपयोग करेगी तथा शब्द और बिंब का, नृत्य और संगीत का, तर्क और मसखरेपन का, ऐंद्रियता और विवेक का संश्लेषण करेगी। शहादत और त्याग, रक्त और लोबान की गंध, धर्म और कला का गठबंधन—ये सब मानवता के प्राक्इतिहास की चीजें हैं

और यह हो सकता है कि कॉमेडी मनुष्य की मुक्ति की सबसे सटीक अभिव्यक्ति बने।

हांस आइजलर ने 'ऑन स्टुपिडिटी इन आर्ट' (कला की मूर्खता के बारे में)शीर्षक से अपने संवादों में लिखा है—''निम्न-पूँजीवादी निराश आदमी का रोना-धोना, फेरी लगाकर चीजें बेचनेवाले थके-टूटे आदमी की रिरियाहट—संगीत में *यह सब भी* होता है और पूँजीवादी व्यवस्था के अंतर्गत तो ऐसा लगता है, जैसे यही संगीत की प्रातिनिधिक विशेषता है।'' अपेक्षा की जा सकती है कि साम्यवादी भविष्य में संगीत समस्त रूमानी चीख-पुकार, आत्मसंतुष्ट मूर्खता, हर तरह के उन्माद और भौंडे प्रचार से मुक्त हो जाएगा; वह ऐसे श्रोताओं को ध्यान में रखकर रचा जाएगा, जो न तो स्नायविक रूप से अत्युत्तेजित होंगे, न भावुकतापूर्ण ढंग से श्लथ होंगे। उसका प्रभाव स्तब्ध करनेवाला नहीं, बल्कि तरोताजा बनानेवाला होगा। मस्तिष्क को सुलानेवाला नहीं, बल्कि जागृत करनेवाला होगा। और यद्यपि यह अभिव्यक्ति के बहुत-से नए साधन अपनाएगा तथा अतीत की नकल कभी नहीं करेगा, फिर भी उसमें मोजार्ट के संगीत की प्रशांत समृद्धता का, मोजार्ट के संगीत की बुद्धिमानी भरी ढिठाई का कुछ न कुछ अंश जरूर रहेगा।

चित्रकला और मूर्तिकला का प्रकार्य संग्रहालयों को भरना मात्र नहीं होगा। चित्रों और मूर्तियों को व्यक्तिगत और सार्वजनिक, दोनों रूपों में संरक्षण प्राप्त होगा। तमाम सभागारों, मैदानों, क्रीड़ांगनों, तरणतालों, विश्वविद्यालयों, हवाईअड्डों, रंगशालाओं और आवासीय गृह-समूहों में अपने-अपने चरित्रों के अनुरूप मूर्तियाँ और चित्रकला की कृतियाँ लगाई जाएँगी। दृश्य कलाएँ वर्गीय तथा साम्राज्यवादी आधिपत्य के पुराने जमानों की शैली की एकरूपता को तज देंगी। बहुत संभव है कि शैली की एकरूपता को संस्कृति की विशिष्ट पहचान मानने का विचार पुराना सिद्ध हो जाए। ज्यादा संभावना इसी बात की है कि शैलियों की व्यापक विविधता उस संस्कृति और काल की नई विशेषता मानी जाए, जिसमें समस्त राष्ट्र मिलकर एक हो जाएँगे, नया संश्लेषण सारी क्षेत्रीयता और जड़ता को समाप्त कर देगा, और कोई भी केंद्र—चाहे वह वर्गीय हो या राष्ट्रीय—प्रमुख नहीं रहेगा। वर्गहीन समाज में हमें कोई एक शैली नहीं, बल्कि *शैलियों की भरमार* मिलेगी।

मनुष्य चूँकि मर्त्य है और इसीलिए अपूर्ण भी, अतः वह हमेशा अपने चारों ओर के यथार्थ का अंग भी रहेगा और उसके विरुद्ध संघर्षरत भी रहेगा। उसे बार-बार इस अंतर्विरोध का सामना करना पड़ेगा कि वह एक सीमित 'मैं' होने के साथ ही साथ संपूर्ण समाज का एक अंग भी है। रहस्यवादी लोग एक तीसरी अवस्था में पहुँचने की कोशिश करते रहे हैं, जहाँ मनुष्य 'अपने आपसे मुक्त' होकर उस संपूर्णता में जा मिले, जिसे रहस्यवादी ढंग से ईश्वर कहा जाता है। हम

रहस्यवादी नहीं हैं और उस विरोधाभासी अवस्था की आकांक्षा नहीं करते, जिसमें मनुष्य 'आत्म' पर ही अधिकतम ध्यान केंद्रित करे और उसी 'आत्म' को समाप्त कर डाले। हम उस विरोधाभासी अवस्था की आकांक्षा नहीं करते, जिसमें मनुष्य यथार्थ को पूरी तरह नकारे और फिर उसी नकारे हुए यथार्थ में लीन होना चाहे। हम उस विरोधाभासी अवस्था के आकांक्षी नहीं हैं, जिसमें मनुष्य प्राणतत्त्व से सर्वथा शून्य अमरत्व प्राप्त करना चाहे। हमारा लक्ष्य चेतनाहीनता की अवस्था में पहुँचना नहीं, बल्कि चेतना के सर्वोच्च रूप तक पहुँचना है। मगर व्यक्ति की सर्वोच्च प्राप्तव्य चेतना भी 'मैं' के अंदर संपूर्णता का पुनर्सृजन करने में समर्थ नहीं हो सकती। अर्थात् वह एक व्यक्ति के अंदर संपूर्ण मानव-जाति को सम्मिलित कर लेने में समर्थ नहीं हो सकती। अतः जिस प्रकार भाषा हजारों साल के संचित समष्टिगत अनुभव के रूप में प्रत्येक व्यक्ति के अंदर विद्यमान रहती है; जिस प्रकार विज्ञान संपूर्ण मानव-जाति द्वारा अर्जित ज्ञान से व्यक्ति को लैस कर देता है; ठीक उसी प्रकार कला स्थाई प्रकार्य है *प्रत्येक व्यक्ति के अनुभव के रूप में* उस पूर्णता का पुनर्सृजन करना, *जो वह व्यक्ति स्वयं नहीं है*। अर्थात् उसका स्थाई प्रकार्य है व्यापक मानवता की संपूर्णता को वैयक्तिक अनुभव के रूप में प्रस्तुत करना। कला का जादू यही है कि वह पुनर्सृजन की इस प्रक्रिया के जरिए यह दिखा देती है कि यथार्थ को रूपांतरित किया जा सकता है, वश में किया जा सकता है, खेल में परिणत किया जा सकता है।

यह तादात्म्य, स्वयं को दूसरों में रूपांतरित कर लेने की यह अद्यंत मानवीय क्षमता, हर तरह की कला के लिए जरूरी है, क्योंकि इसके जरिए मनुष्य अनंत रूपधारी प्रोटियस की तरह कोई भी रूप धारण कर सकता है; अपने अनुभवों के अंबार के नीचे दबकर कुचले बिना हजारों जिंदगियाँ जी सकता है। बाल्जाक सड़क पर अपने आगे-आगे चलनेवाले लोगों की चाल-ढाल की नकल किया करता था, ताकि वह उन्हें—अजनबियों के रूप में ही सही—अपने अस्तित्व में आत्मसात कर ले। अपने उपन्यासों के चरित्रों में वह इतना तल्लीन हो जाता था कि अपने चारों ओर के यथार्थ की तुलना में अपने द्वारा रचे गए चरित्र उसे ज्यादा वास्तविक लगने लगते थे। हम लोग कला का आनंद लेने मात्र का काम करते हैं और बाल्जाक के-से इस 'पागलपन' के खतरे से अक्सर बच जाते हैं। लेकिन किसी कलाकृति के अनुभव से गुजरते समय हमारा सीमित 'मैं' भी अद्‌भुत रूप से विस्तृत हो जाता है। हमारे अंदर तादात्म्य की एक प्रक्रिया चलती है और हम लगभग अनायास यह महसूस कर सकते हैं कि कलाकृतियाँ हमें प्रेक्षकों के रूप में ही नहीं, बल्कि सह-सर्जकों के रूप में भी बाँध लेती हैं; हालाँकि यह कोई स्थाई बंधन नहीं होता। अतः इस बात में सच्चाई बहुत कम है कि कला हमें जीवन का पर्याय प्रदान करती है। लेकिन हमें यह समझने की कोशिश जरूर करनी चाहिए कि आज का

असंतुष्ट मनुष्य, जो अपने उदास अहं का तादात्म्य राजकुमारों, गुंडों और पागल प्रेमियों से करता है, भावी समाज के स्वतंत्र तथा आत्मसचेत मनुष्य से कितना भिन्न है। उस मनुष्य को बड़े पैमाने पर पैदा किए जानेवाले आदिम आदर्शों की आवश्यकता नहीं रहेगी, लेकिन चूँकि उसका जीवन अंतर्वस्तु से भरापूरा होगा, इसलिए वह उससे भी ज्यादा भव्य एवं समृद्धतर अंतर्वस्तु प्राप्त करने की चेष्टा करेगा। ज्यों-ज्यों मनुष्य अपना विकास करता हुआ महान से महानतर बनता जाएगा, त्यों-त्यों कला भी मनुष्य के अपने साथी मनुष्यों, प्रकृति और समाज से तादात्म्य करने के एक साधन के रूप में; वर्तमान और भविष्य की हर चीज की अनुभूति करने और उसके साथ जीने के एक साधन के रूप में ; महान से महानतर होती जाएगी। तादात्म्य की प्रक्रिया जब शुरू हुई थी, तब उसके अंतर्गत बहुत थोड़े-से प्राणी और प्राकृतिक प्रपंच आते थे। अब उसका विस्तार इतना अधिक हो चुका है कि यदि उसके मूल रूप के साथ आज के उसके रूप को मिलाकर देखें तो पहचान भी नहीं पाएँगे। उत्तरोत्तर विस्तृत होती हुई यह प्रक्रिया भविष्य में इतनी व्यापक हो जाएगी कि मनुष्य संपूर्ण मानव-जाति से, संपूर्ण जगत से, तादात्म्य कर सकेगा।

अपने उपन्यास 'विल्हेल्म माइस्टर' में गेटे ने मकारी नामक एक अद्‌भुत और अबूझ चरित्र की रचना की है। मकारी एक अजीब औरत है, जो स्वयं को सौर-मंडल समझती है और संपूर्ण ब्रह्मांड से स्थापित उसकी जादुई एकता को एक यथातथ्यवादी खगोलविज्ञानी देखता है तथा उसकी पुष्टि करता है। गेटे लिखता है :

> मकारी का हमारे सौर-मंडल के साथ कुछ ऐसा संबंध है, जिसका नाम लेने का भी साहस शायद ही कोई कर सके। वह अपने मन में, अपनी आत्मा में, अपनी कल्पना में, सिर्फ उसका चिंतन-मनन ही नहीं करती। नहीं, वह तो मानो स्वयं सौर-मंडल का अभिन्न अंग ही है। उसे लगता है कि वह उन अंतरिक्षीय चक्रों में घूम रही है, लेकिन उसकी गति अन्य गृह-नक्षत्रों की गति से भिन्न और विशिष्ट है। बचपन से ही वह सूर्य के चारों ओर चक्कर लगा रही है, और बिल्कुल ठीक-ठीक कहा जाए—जैसा कि हमें अभी-अभी पता चला है—तो वह सर्पिल गति से घूमती हुई केंद्र से उत्तरोत्तर दूर होती जा रही है और बाहरी क्षेत्रों की तरफ घूमती हुई आगे बढ़ रही है…
>
> उसकी यह विशेषता हालाँकि बड़ी गरिमामयी है, लेकिन बहुत बचपन से ही यह विशेषता उसपर एक भारी जिम्मेदारी की तरह थोप दी गई थी…इस परिस्थिति की अतिशयता इस बात से थोड़ी कम हो जाती है कि वह भी अपने दिन और रात मनाती हुई मालूम होती थी, क्योंकि जब उसका आंतरिक प्रकाश मंद होने लगता, वह पूरी निष्ठा के साथ अपने बाह्य

कर्तव्यों का पालन करने की कोशिश करती, लेकिन अंदर की वह रोशनी फिर भभक उठती तो वह सुख की नींद सो जाती।

यह विचित्र वर्णन, जो कतिपय रहस्यवादियों के वृत्तांतों की याद दिलाता है, गेटे के सर्वेश्वरवाद की अभिव्यक्ति है। मकारी सृजनशील मनुष्य की संपूर्ण जगत से एकात्मता का प्रतीक है और उसके पास मौजूद खगोलविज्ञानी विज्ञान का मानवीकृत रूप है; हालाँकि यह बात सच है कि 'उसकी परिस्थिति की अतिशयता' में सामाजिक तत्त्व की कमी है—अर्थात् सृजनशील मनुष्य की एकता केवल प्राकृतिक जगत से ही नहीं, बल्कि शेष मानवता से भी होती है, यह बात इसमें शामिल नहीं की गई है। अब तक समाज को हम जिस रूप में जानते रहे हैं, उसमें ऐसी 'अतिशयता' बहुत थोड़े-से स्त्री-पुरुषों का भाग्य अथवा 'भारी जिम्मेदारी' बन पाती है। लेकिन जब एक सच्चे मानवीय समाज में बहुत-बहुत ज्यादा लोगों के अंदर से सर्जनात्मक ऊर्जा के झरने फूटकर निकलेंगे, कलाकार का अनुभव तब कोई विशेषाधिकार नहीं रहेगा, बल्कि स्वतंत्र और सक्रिय मनुष्यों का एक सामान्य गुण होगा; और हम *सामाजिक प्रतिभा* की उपलब्धि कर दिखाएँगे।

मनुष्य, जो कार्य के द्वारा मनुष्य बना, जो प्रकृति को निर्मिति में रूपांतरित करनेवाले प्राणी के रूप में पशु-जगत से बाहर निकलकर आया, और इसीलिए जो जादूगर बना, मनुष्य बना, सामाजिक यथार्थ का सर्जक बना, हमेशा महान जादूगर बना रहेगा। वह हमेशा अग्नि को आकाश से पृथ्वी पर उतार लानेवाला प्रोमेथियस बना रहेगा, हमेशा प्रकृति को अपने संगीत से सम्मोहित करनेवाला ओरेफियस बना रहेगा। जब तक मनुष्यता नहीं मरती, कला भी अमर रहेगी।

अनुक्रमणिका